최 신 판

은행 필기시험 대비서

기업은행 직무수행능력

경영경제 400제

기업은행 기출문제 완벽분석
빈틈없는 독학을 위한 상세한 해설
다양한 난이도별 객관식 문제 대비

혼JOB취업연구소

IBK

혼JOB

INTRO

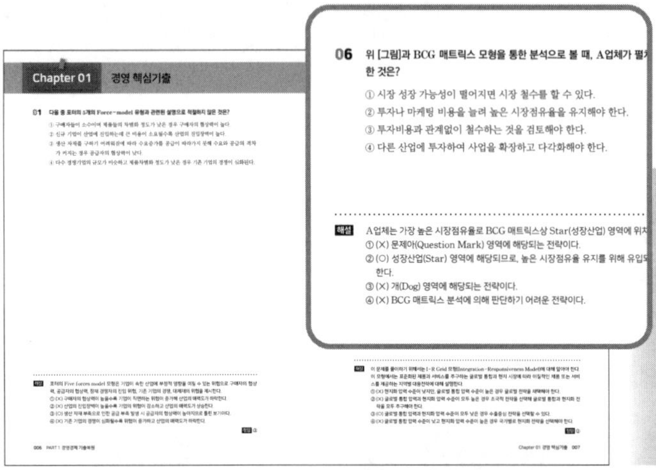

→ **[경영경제 기출복원]**

IBK기업은행 필기시험에 출제된 경영·경제 기출문제 중 대표성을 지닌 객관식 40문항(경영 28문항, 경제 12문항)을 복원했습니다. 어떠한 문제가 출제되었는지 기출 경향을 파악해 보시기 바랍니다.

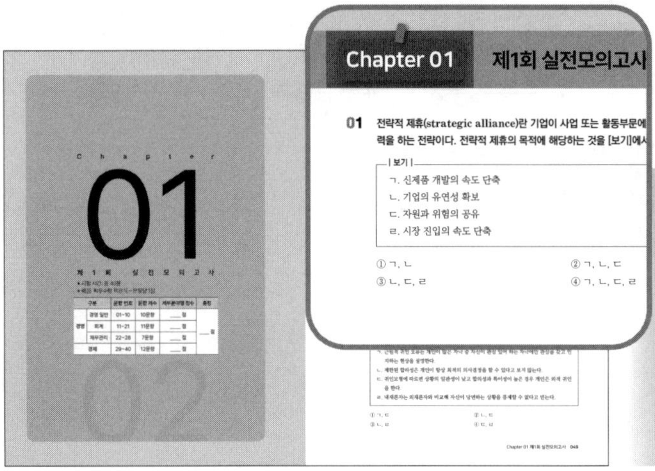

→ **[경영경제 실전모의고사]**

최근 IBK기업은행 직무수행 경영·경제 분야 객관식의 유형, 소재, 난이도를 고려하여 회차별 40문항씩 총 10회차로 구성했습니다. 자신의 실력을 점검하며, 실전적응력을 높이시길 바랍니다.

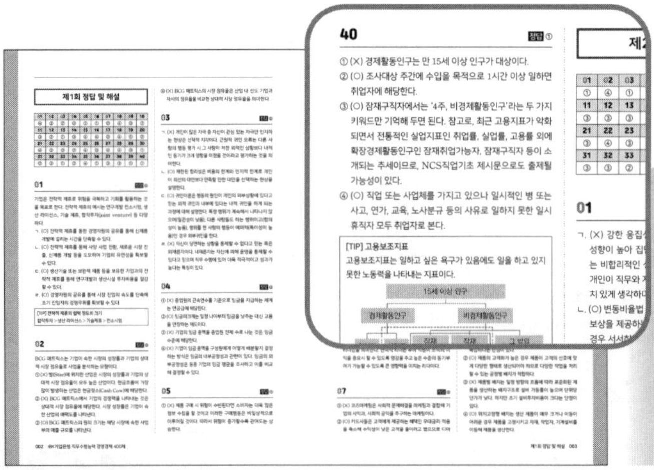

→ **[상세한 해설과 TIP]**

수험자가 독학이 가능하도록 선택지별로 최대한 상세하게 해설을 풀어놓았습니다. 또한 문제 풀이에 꼭 필요한 개념, 고득점을 위해 알아 두면 좋은 개념 등을 수록했습니다.

CONTENTS

PART 1
경영경제 기출복원

PART 2
경영경제 실전모의고사

별책

정오 사항 안내

시중 어느 수험서보다 짜임새 있게 구성하고 상세한 해설을 제공했다고 자부하나, 미처 발견하지 못한 정오 사항이 있을 수 있습니다.

이 점에 대해서는 독자분들의 너그러운 양해를 구하며, 정오표는 **[혼JOB 홈페이지(www.honjob.co.kr) → 고객센터 → 정오표]**를 참고해 주시기 바랍니다.

PART 1

경영경제 기출복원

○ 그동안 IBK기업은행 필기시험에 출제된 경영·경제 분야 기출문제 중 대표성을 지닌 객관식 40문항(경영 28문항, 경제 12문항)을 복원했습니다.

○ 본격적인 실전모의고사 풀이에 앞서 기출 경향을 파악하고 자신의 실력을 진단해 보는 용도로 활용해 보시기 바랍니다.

○ 기출복원 문제와 함께 수록된 상세한 해설과 TIP을 참고하면 보다 효과적인 준비가 가능할 것입니다.

IBK기업은행 직무수행능력
경영경제 400제

Chapter 01 경영 핵심기출

01 **다음 중 포터의 5개의 Force-model 유형과 관련된 설명으로 적절하지 않은 것은?**

① 구매자들이 소수이며 제품들의 차별화 정도가 낮은 경우 구매자의 협상력이 높다.
② 신규 기업이 산업에 진입하는데 큰 비용이 소요될수록 산업의 진입장벽이 높다.
③ 생산 자재를 구하기 어려워짐에 따라 수요증가를 공급이 따라가지 못해 수요와 공급의 격차가 커지는 경우 공급자의 협상력이 낮다.
④ 다수 경쟁기업의 규모가 비슷하고 제품차별화 정도가 낮은 경우 기존 기업의 경쟁이 심화된다.

해설 포터의 Five forces model 모형은 기업이 속한 산업에 부정적 영향을 미칠 수 있는 위협으로 구매자의 협상력, 공급자의 협상력, 잠재 경쟁자의 진입 위협, 기존 기업의 경쟁, 대체재의 위협을 제시한다.
① (×) 구매자의 협상력이 높을수록 기업이 직면하는 위협이 증가해 산업의 매력도가 하락한다.
② (×) 산업의 진입장벽이 높을수록 기업의 위협이 감소하고 산업의 매력도가 상승한다.
③ (○) 생산 자재 부족으로 인한 공급 부족 발생 시 공급자의 협상력이 높아지므로 틀린 보기이다.
④ (×) 기존 기업의 경쟁이 심화될수록 위협이 증가하고 산업의 매력도가 하락한다.

정답 ③

02 **다음 그래프의 각 영역에 위치한 A, B, C, D 기업의 IR 전략으로 옳은 것을 고르면?**

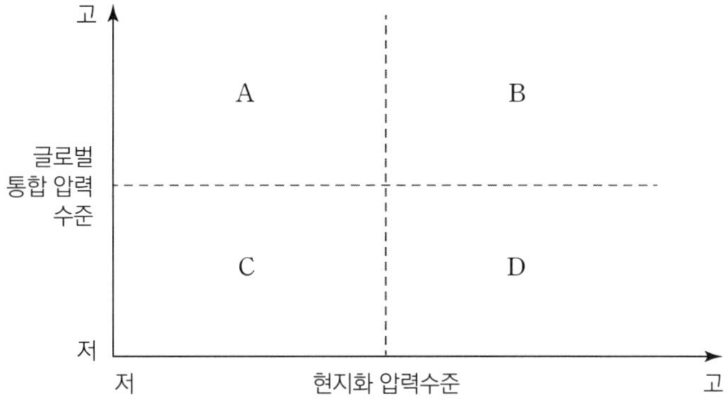

① A기업은 현지화 전략을 채택한다.

② B기업은 글로벌 통합 전략을 채택한다.

③ C기업은 국내 상품과 동일한 상품을 수정 없이 동일하게 수출한다.

④ D기업은 글로벌 전략과 현지화 전략 둘 다 채택한다.

해설 이 문제를 풀이하기 위해서는 I-R Grid 모형(Integration-Responsiveness Model)에 대해 알아야 한다. 이 모형에서는 표준화된 제품과 서비스를 추구하는 글로벌 통합과 현지 시장에 따라 이질적인 제품 또는 서비스를 제공하는 지역별 대응전략에 대해 설명한다.

① (X) 현지화 압력 수준이 낮지만, 글로벌 통합 압력 수준이 높은 경우 글로벌 전략을 채택해야 한다.

② (X) 글로벌 통합 압력과 현지화 압력 수준이 모두 높은 경우 초국적 전략을 선택해 글로벌 통합과 현지화 전략을 모두 추구해야 한다.

③ (O) 글로벌 통합 압력과 현지화 압력 수준이 모두 낮은 경우 수출중심 전략을 선택할 수 있다.

④ (X) 글로벌 통합 압력 수준이 낮고 현지화 압력 수준이 높은 경우 국가별로 현지화 전략을 선택해야 한다.

정답 ③

03 **다음 중 기업의 수직적 통합의 단점으로 적절한 것을 고르면?**

① 수직적 통합은 환경변화에 대응하는 기업의 유연성이 악화될 수 있다는 단점이 있다.
② 시장거래보다 제품 또는 상품의 품질을 통제하기 어렵다는 단점이 있다.
③ 비용을 절감해 전방과 후방의 거래가 불안정해질 수 있다는 단점이 있다.
④ 시장거래보다 비용이 많이 든다는 단점이 있다.

해설 ① (○) 수직적 통합이란 기업이 제품 또는 서비스를 생산하는 과정부터 최종 유통하는 과정까지 실행하는 일련의 활동 중 일부를 기업 안으로 통합하는 것을 의미한다. 따라서 수직적 통합을 수행한 경우 전방 또는 후방 기업의 공급사슬을 변경하기 어려워지기 때문에 환경변화에 대응하는 유연성이 악화될 수 있다.
② (×) 수직적 통합은 가치사슬의 전방 후방 공급을 안정화하기 때문에 상품 품질 통제 가능성이 증가한다.
③ (×) 수직적 통합은 전방과 후방의 거래가 안정적으로 이루어질 수 있다는 장점이 있다.
④ (×) 기업은 시장거래와 수직적 통합의 비용을 고려해 비용을 줄이고 수익을 증가시키는 방법을 고려한다.

정답 ①

04 다음 기사에 주어진 상황을 브룸의 기대이론과 비교할 때 옳은 것을 [보기]에서 모두 고르면?

> **"정당한 권리" vs "배부른 고민"… 성과급 공방, 왜 지금 터져 나왔나?**
>
> 회사 A는 최근 지난해 영업이익(약 5조 원)이 전년 대비 84% 늘어난 대가로 연봉의 20%를 초과이익배분금(PS)으로 지급한다는 공지를 냈다가, 직원들의 거센 반발에 부딪혔다. 단순한 금액 수준보다 성과급이 이렇게 매겨진 이유가 납득되지 않는다는 게 불만의 핵심이었다. 직원들은 성과 관련 지표인 EVA에 대해 공개해 달라고 요청했지만, 회사 측에서는 민감한 사항이기 때문에 공개하기 어렵다는 반응을 보였다. 이에 관련인들은 "보상 체계를 더 투명하게 바꾸고 직원들로부터 일정 수준의 동의를 얻어야 성과급 본연의 취지를 살릴 수 있다."고 지적했다.

| 보기 |

ㄱ. 성과 결정 관련 근거가 명확하지 않은 경우 기대성이 감소한다.
ㄴ. 위와 같은 경우 직원들이 기대하는 성과급을 받기 어려워지고 이에 유의성이 감소한다.
ㄷ. 기업이 성과 결정 수단인 EVA에 대해 투명하게 공개한다면 수단성이 증가한다.

① ㄱ ② ㄴ
③ ㄱ, ㄷ ④ ㄴ, ㄷ

해설 브룸의 기대이론은 기대성(Expectancy), 수단성(Instrumentality), 유의성(Valence)에 의해 개인의 동기부여 정도가 결정되는 이론이다.
ㄱ. (X) 기대성은 개인이 노력할 때 특정 목표를 성취할 수 있는지에 대한 주관적인 믿음을 나타내는 지표로, 불명확한 성과 결정 관련 지표와 관련이 없다. 참고로, 개인의 기대성은 교육과 훈련을 통해 증가시킬 수 있다.
ㄴ. (O) 사례와 같은 경우 직원들이 기대하는 보상인 성과급을 받기 어려워지므로 유의성이 감소한다.
ㄷ. (X) 기업이 성과 결정 수단인 EVA를 투명하게 공개한다면 유의성이 증가한다.

정답 ②

[05~06] 다음 [그림]을 보고 이어지는 물음에 답하시오.

[그림 1] 2011~2020년 세계 e-Book 시장 규모 및 성장률

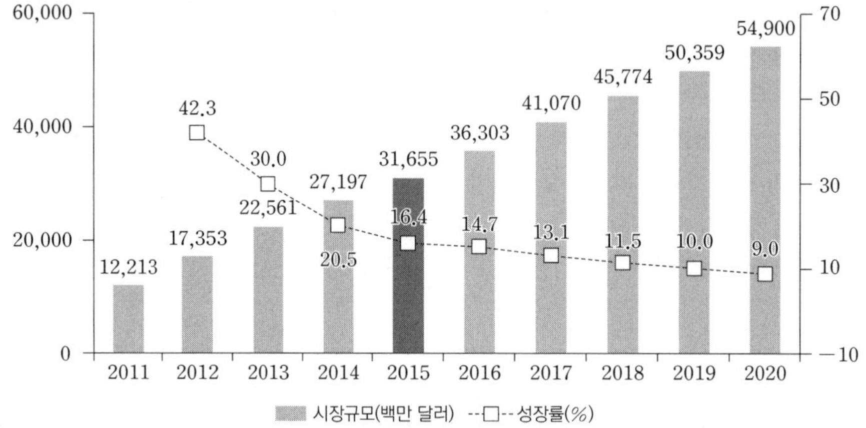

[그림 2] 2015년 세계 e-Book 시장 A~D업체별 시장점유율

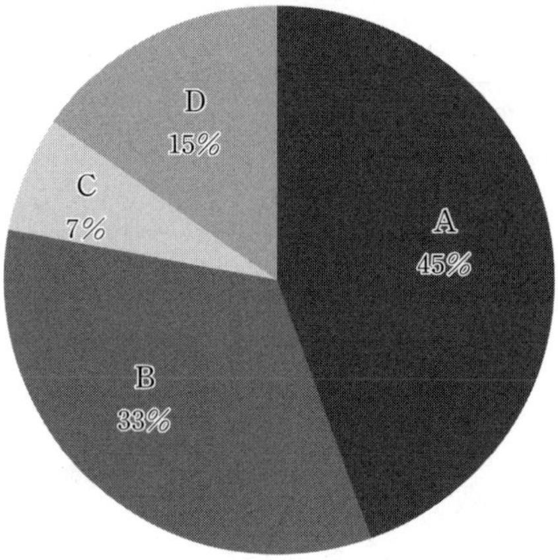

05 **BCG(Boston Consulting Group) 매트릭스는 시장의 성장률과 상대적 시장점유율을 기준으로 사업단위의 전략적 평가와 선택에 사용되는 사업포트폴리오 모형이다. 위 [그림]에 따를 때, C업체가 2015년 현재 BCG 매트릭스상 위치하고 있는 곳은? (단, 시장의 성장률은 10%를 기준으로 하여 고성장과 저성장을 구분하는 것으로 한다)**

① 캐시카우(Cash Cow)
② 스타(Star)
③ 문제아(Question Mark)
④ 개(Dog)

해설 C업체는 높은 성장률을 보이고 있는 e-Book 시장에서 상대적 시장점유율이 가장 낮은 곳에 위치하고 있다. 즉, 문제아(Question Mark)에 있다.

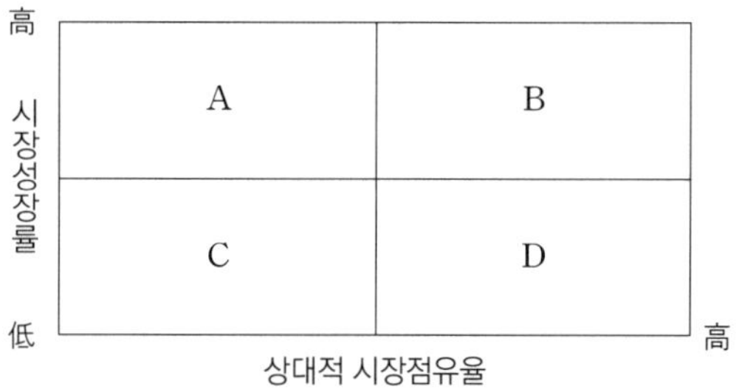

- A영역: 'Question Mark(문제아, 개발사업)'로 고성장에 따른 투자로 현금유출이 큰 사업의 초기 영역에 해당된다.
- B영역: 'Star(성장사업)'로 현금 유입과 현금유출이 모두 큰 영역이다.
- C영역: 'Dog(사양사업)'로 투자비용과 관계없이 수익이 낮거나 손실이 발생하는 영역이다.
- D영역: 'Cash Cow(수익수종사업)'로 이윤과 현금 흐름이 크기 때문에 안정화 전략을 추진하는 영역이다. 기업의 자원배분은 일반적으로 Cash Cow 사업에서 투자가 필요한 Question Mark 사업으로 투자되어 Star 사업으로 키우는 순환구조를 갖는다.

> [TIP] BCG 매트릭스
> 상대적 시장점유율과 시장성장률로 각 사업부를 평가하고 자원분배 의사결정에 활용되는 분석방법이다.

정답 ③

06 위 [그림]과 BCG 매트릭스 모형을 통한 분석으로 볼 때, A업체가 펼쳐야 할 전략으로 가장 적절한 것은?

① 시장 성장 가능성이 떨어지면 시장 철수를 할 수 있다.
② 투자나 마케팅 비용을 늘려 높은 시장점유율을 유지해야 한다.
③ 투자비용과 관계없이 철수하는 것을 검토해야 한다.
④ 다른 산업에 투자하여 사업을 확장하고 다각화해야 한다.

해설 A업체는 가장 높은 시장점유율로 BCG 매트릭스상 Star(성장산업) 영역에 위치하고 있다.
① (X) 문제아(Question Mark) 영역에 해당되는 전략이다.
② (O) 성장산업(Star) 영역에 해당되므로, 높은 시장점유율 유지를 위해 유입되는 현금을 투자하고 지출해야 한다.
③ (X) 개(Dog) 영역에 해당되는 전략이다.
④ (X) BCG 매트릭스 분석에 의해 판단하기 어려운 전략이다.

정답 ②

07 다음 [그림]은 A기업의 SWOT 분석 결과이다. [그림]에 따를 때 A기업이 취할 행동전략으로 가장 적절한 것은?

[그림]

S	W
• 브랜드 충성도 • 수출 경쟁력 있는 상품 • 다양한 제품 포트폴리오	• 상대적으로 비싼 제품 • 혁신 속도의 둔화 • 한정된 제품 공급처
O	**T**
• 원재료와 부품 가격 하락 • 제품에 대한 수요 증가 • 신규 시장 확장 가능성	• 세계 경제 성장 둔화 • 잠재적 소송 • 변화하는 소비자 요구

① 수출 역량 강화를 통해 글로벌 시장에 진출하고 신규 시장을 선점한다.
② 기존 브랜드 이미지 제고를 위해 홍보비 투자를 늘린다.
③ 생산공정에서 원가절감을 위해 프로세스를 개선한다.
④ 하청업체 인수합병을 통해 부품 원가절감을 도모한다.

해설 원재료와 부품가격이 하락한 상황에서 추가적인 원가절감을 행동전략으로 삼는 것은 적합하지 않기 때문에 선택지 ③, ④를 제외하고 나머지 선택지들을 고려하는 것이 문제를 신속하게 푸는 데 도움이 된다.
① (○) A기업은 세계 경제 성장 속도가 감소하는 상황에서 신규 시장을 개척하는 ST전략(강점-위협 전략)을 사용하는 것이 가장 적합하다.
② 브랜드 충성도가 높은 것은 기업의 강점에 해당하므로 브랜드 이미지 제고를 위한 약점보완 전략은 적합하지 않다.

[TIP] SWOT 분석

SWOT 분석은 외부환경 변화에 따른 기회(Opportunities), 위협(Threats)요인과 내부능력에서의 강점(Strengths), 약점(Weakness)요인 분석을 통해 전략을 도출하는 분석 기법이다.

내부요인 / 외부요인	강점(Strength)	약점(Weakness)
기회(Opportunity)	SO전략 (강점-기회전략) 강점 강화, 기회 활용, 가장 공격적	WO전략 (약점-기회전략) 약점 보완, 기회 활용
위협(Threat)	ST전략 (강점-위협전략) 강점 활용, 외부 위협요소 최소화	WT전략 (약점-위협전략) 약점 보완, 위협 회피, 방어적

정답 ①

08 다음 [그림]과 [표]를 보고 A~D의 시기별 특징을 설명한 것으로 옳지 않은 것을 고르면?

[그림] 제품수명주기에 따른 판매량과 이익

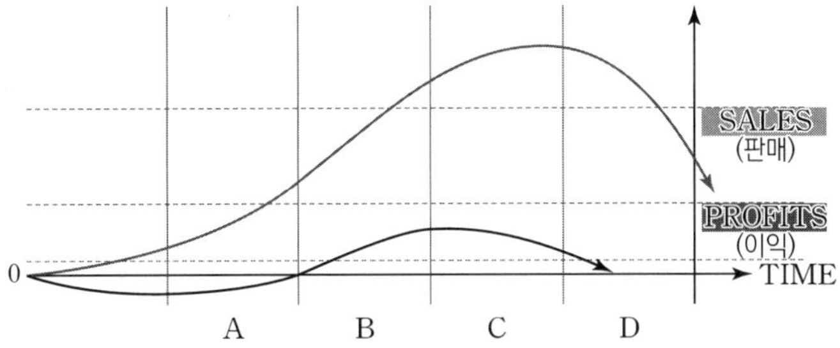

[표] 제품수명주기별 현금 흐름

구분	A	B	C	D
영업활동	−	+	+	+
투자활동	−	−	−	+
재무활동	+	+	−	−

① 도입기는 이익은 발생하지 않고, 초기 투자와 고정비용이 많이 지출되는 시기이다.

② 성장기는 이익이 발생하나, 차입에 의한 투자도 지출되는 시기이다.

③ 성숙기에는 영업에서 발생하는 이익으로 투자와 차입금 상환이 진행된다.

④ 쇠퇴기에는 이익으로 차입금을 상환하면서 설비에 대한 투자도 발생한다.

해설 ④ (X) 쇠퇴기에는 이익이 줄고 생산이 감소함에 따라 생산에 필요한 설비 등의 조정 및 매각이 이루어지므로 투자를 회수한다.

정답 ④

09 **다음의 [보기]를 읽고 주어진 자료만을 고려해 각 현금흐름이 증가 또는 감소하는지 여부가 올바르게 짝지어진 것은?**

| 보기 |

㈜A는 영업이익이 많이 발생한다. 해당 기업이 당 사업연도에 차입을 통해 공장건물을 구입했을 때 영업활동 현금흐름은 (㉠)이고 투자활동 현금흐름은 (㉡)이며 재무활동 현금흐름은 (㉢)이다.

	㉠	㉡	㉢
①	양(+)	양(+)	음(−)
②	양(+)	음(−)	음(−)
③	양(+)	음(−)	양(+)
④	음(−)	음(−)	양(+)

해설 이 문제는 기업의 거래가 각 현금흐름에 미치는 영향에 대한 내용이다. 영업활동 현금흐름은 기업의 수익 창출 활동과 관련된 현금흐름이고, 투자활동 현금흐름은 장기성 자산과 투자자산의 취득과 처분과 관련된 현금흐름이다. 재무활동 현금흐름은 차입금과 납입자본과 관련된 현금흐름이다.

해당 기업에서는 영업이익이 많이 발생하므로 영업현금흐름이 유입되어 양수이다. 공장건물 구입으로 인해 현금이 유출되므로 투자활동 현금흐름은 음수이다. 또한, 차입을 추가적으로 했으므로 재무활동 현금흐름 유입이 증가해 재무활동 현금흐름이 양수이다.

정답 ③

10 다음의 주어진 [상황]이 X1년도와 X2년도의 당기순이익에 미치는 영향으로 올바르게 짝지어진 것은?

> [상황]
>
> 회사가 X1년 영업 관련 지출을 비용으로 처리해야 하는데 이를 유형자산인 기계장치로 계상했다.

	X1년	X2년
①	과소	과대
②	과대	과소
③	과대	과대
④	과소	과소

해설 X1년 영업 관련 지출을 비용으로 처리해야 하는데 이를 자산으로 계상한 것은 비용의 과소계상과 자산의 과대계상을 유발하므로 당기순이익이 과대평가된다.

X2년에는 과대계상된 유형자산으로 계상된 금액에서 감가상각비가 발생해 당기순이익이 과소평가된다.

정답 ②

11 **다음의 [보기]에서 설명한 거래로 인해 증가한 자본금과 주식발행초과금으로 옳은 것은?**

| 보기 |

신약 개발회사인 A기업이 임상비용으로 사용하기 위한 투자금 1억을 조달했다고 발표했다. 투자금 1억은 2,000주의 주식발행으로 조달했으며 주당 액면가는 5,000원이다. 이번 유상증자는 주주배정 후 실권주 일반공모 방식으로 ○○증권이 주관한다.

	자본금	주식발행초과금
①	100,000,000원 증가	10,000,000원 증가
②	10,000,000원 증가	10,000,000원 증가
③	100,000,000원 증가	90,000,000원 증가
④	10,000,000원 증가	90,000,000원 증가

해설 문제 풀이 시 자본금과 자본총액의 개념을 확실히 알아야 한다. 자본총액은 자산에서 부채를 차감한 잔여 금액이고 자본금은 상법의 규정에 따라 액면금액과 발행주식 수를 곱한 금액이다.

자본금 증가액＝액면가×주식 수＝5,000원×2,000주＝10,000,000원

주식발행초과금 증가액＝총자본 증가－자본금 증가＝100,000,000원－10,000,000원＝90,000,000원

정답 ④

12 다음 글의 ㉠에 들어갈 개념에 대한 설명으로 가장 적절한 것은?

> ㈜가나산업은 1주당 액면금액 1,000원인 보통주를 주당 액면가 100원의 10주로 (㉠) 하겠다고 발표했다. 회사는 주식거래 활성화와 투자자들의 지분 확보를 쉽게 하려고 총 발행 주식수를 늘렸다고 발표했다. (㉠)을/를 통해 주가를 재설정하는 데 도움이 될 것으로 보이며 주식 관리의 유연성이 증가할 것이라고 기대된다.

① ㉠은 무상감자에 해당한다.
② ㉠으로 인해 자본금에 변화가 발생하지 않는다.
③ ㉠은 이익잉여금을 자본금에 전입하는 것이다.
④ ㉠으로 인해 주주의 배당수령액이 늘어난다.

해설 ㉠은 한 장의 증권을 여러 개의 소액증권으로 분할하는 액면분할에 해당한다.
① (X) 무상감자란 주주에게 보상 없이 기업의 자본금을 줄여 회사의 적자 보전 등에 사용하는 것이다.
② (O) 액면분할 시 총 자본 금액에는 변화가 없으며 총 발행 주식수만 증가한다.
③ (X) 이익잉여금을 자본금에 전입하는 것은 주식배당에 해당한다.
④ (X) 액면분할은 주주의 총 배당수령액에 영향을 미치지 않는다.

정답 ②

[13~14] 다음 [보기]를 참고해 물음에 답하시오.

| 보기 |

ㄱ. A는 주주 우선 배정을 통해 1조 5천억 원을 유상증자하였다. 공모 청약을 받았을 때의 발행가격은 주당 1만 8,000원으로 책정하고 있다. 회사는 유상증자 금액 중 7,000억 원은 시설투자에, 나머지 8,000억 원은 채무상환에 사용할 예정이라고 발표했다.

ㄴ. C는 제3자 배정 유상증자를 통해 B에게 50억 원을 투자하였다.

13 [보기]의 ㄱ에서 설명하는 A 회사의 상황과 가장 거리가 먼 것은?

① 유상증자 시 자본총액과 총 주식수가 증가한다.
② 유상증자 시행 시 자본금과 유동자산이 모두 증가한다.
③ 실권주가 발생하더라도 기존 주주 지분율에 영향이 없다.
④ 주당 액면금액이 500원이면 주식발행초과금이 증가한다.

해설 ㄱ은 주주 우선 배정의 공모 방식 유상증자에 대한 설명이다.

① (○) 유상증자 시 현금유입액만큼 자본총액이 증가하고 총 주식수는 유상증자로 발행한 주식 수만큼 증가하므로 옳은 내용이다.
② (○) 유상증자 시 자본금의 증자로 인한 현금 유입으로 현금이 증가하므로 옳은 내용이다.
③ (×) 실권주는 유상증자 시 주주배정 신주 중 주주가 인수하지 않은 주식이다. 해당 유상증자 방식은 주주에게 우선적으로 유상증자 시행 후 실권주를 불특정 다수에 공모하는 방식이므로 기존 주주 지분율에 변화가 있을 수 있다.
④ (○) 주식발행 초과금＝(주당 발행가－주당 액면가)×발행 주식 수이다. 액면가가 500원인 경우 한 주당 발행가격은 1만 8,000원으로 유상증자 시 주식발행초과금이 증가한다.

정답 ③

14 **[보기]의 A와 C에 대한 설명으로 옳지 않은 것은?**

① A의 유상증자에서는 실권주가 발생할 수 있다.
② C는 기존 주주의 실권주가 발생하지 않는다.
③ B는 유상증자를 통해 C로부터 투자를 받은 것이다.
④ A는 자산이 감소하고 C는 자산이 증가한다.

해설 ① (○) 실권주는 유상증자 시 주주 배정 신주 중 주주가 인수하지 않은 주식이다. A의 유상증자는 주주 우선 배정 공모 방식이므로 실권주가 발생할 수 있다.
② (○) C는 제3자 배정방식의 유상증자로 실권주가 발생하지 않는다.
③ (○) B는 제3자인 C로부터 유상증자를 통해 자금을 조달했다.
④ (×) A와 C 모두 유상증자로 인해 자산과 자본이 증가했다.

정답 ④

15 **㈜가나다는 천연가스를 생산하고 판매하는 기업이다. 현재 ㈜가나다의 영업이익률은 동종업계 대비 우수한 편이다. 회사는 현재 가스밸브, 설비 등으로 유형자산의 비중이 높으며 앞으로 차입금을 더 늘리고자 한다. 주어진 자료를 바탕으로 했을 때 ㈜가나다에 대한 설명으로 적절하지 않은 것은?**

① 이 업체는 준수한 영업이익률이 예상되어 영업이익률이 0에 가까워질 것이라고 본다.

② 이 업체는 차입금이 많아서 이자보상배율이 낮아질 가능성이 높다

③ 이 업체는 앞으로 유형자산의 비율이 높아져 유동비율이 낮아질 가능성이 높다.

④ 이 업체는 유형자산의 비중이 높아 고정비율이 높다.

해설 ① (X) 영업이익률＝영업이익/매출＝(매출－원가－판매관리비)/매출로 영업이익률이 높을수록 1에 가깝다.

② (O) 이자보상배율＝영업이익/이자비용으로 차입금 증가 시 이자비용 증가로 이자보상배율이 낮아진다.

③ (O) 유동비율＝유동자산/유동부채이다. 유동자산은 단기에 현금화 할 수 있는 자산, 예금, 유가증권을 의미하므로 유동자산의 비율이 낮아지고 유동부채가 증가하는 경우 유동비율이 감소할 수 있다.

④ (O) 천연가스 생산 기업은 장기간 사용하는 유형자산의 비중이 높다. 고정비율＝고정자산/자기자본이므로 유형자산의 비중이 높은 경우 고정비율 또한 높다.

정답 ①

16 **다음 [포괄손익계산서]는 A기업의 재무정보를 나타내고 있다. 다음 [포괄손익계산서]에 근거한 내용으로 옳지 않은 것을 고르면?**

[포괄손익계산서]

X1. 1. 1~12. 31

	당기	전기
매출	95	100
매출원가	60	60
매출총이익	35	40
판매관리비	17	20
영업이익	18	20
법인세비용	9	10
당기순이익	9	10

① 매출액이 전기에 비해 5% 감소했고 판매관리비는 5%보다 더 감소했다.

② 판매관리비가 감소해 매출총이익이 감소했다.

③ 영업이익이 과세소득이라고 할 때 법인세율은 50%라는 것을 유추할 수 있다.

④ 판매관리비 감소를 통해 영업이익이 크게 하락하는 것을 방지했다고 볼 수 있다.

해설 ① (○) 매출액은 95/100－1＝5% 감소, 판매관리비는 17/20－1＝15% 감소했다.

② (X) 매출총이익＝매출－매출원가, 판매관리비는 매출총이익과 관련이 없으며 판매관리비 감소는 영업이익과 당기순이익 증가에 기여한다.

③ (○) 단기 영업이익 18×법인세율 50%＝당기순이익 9, 전기 영업이익 20×법인세율 50%＝당기순이익 10

④ (○) 매출이 감소했고 매출원가가 감소하지 않아 매출총이익이 전년보다 5 하락했지만, 판매관리비 또한 3 하락해 영업이익이 2 감소했으므로 옳은 내용이다.

정답 ②

17 **다음은 ㈜가나제약의 자산재평가와 관련한 [기사]와 [㈜가나제약 재무상태표]이다. 다음의 내용에 따를 때 적절하지 않은 것을 고르면? (단, 아래 기사에서 주어진 사례 외에는 기타포괄손익 증감이 없었다)**

> **㈜가나제약, 자산재평가로 기업가치 제고 총력**
>
> 가나제약이 기업가치 제고를 위해 자산재평가를 선택했다. 보유 부지의 시가를 장부에 반영해 차액 100억 원을 남겼는데, 자기자본 규모를 키워 기업가치 증대를 기대하는 모습이다. 지난해 수익성이 악화된 점은 부담 요소지만 재무안정성 지표는 개선될 전망이다. 2019년 말 기준 해당 토지의 장부가액은 100억 원이었다. 이번 자산재평가를 통한 가치는 200억 원으로 책정됐다. 자산재평가에 따른 잉여금 100억 원은 2019년 순자산 총액 약 1,000억 원 대비 10%에 달하는 규모이다. 관계자는 "자산재평가는 회사의 기업가치가 시가총액에 반영되길 원하는 주주들의 요구를 감안한 주주 친화 정책의 일환이기도 하다."라고 덧붙였다.

[㈜가나제약 재무상태표]

	2020년 말	2019년 말
자산총액	2,200억 원	2,000억 원
부채총액	1,000억 원	1,000억 원
자본총액	1,200억 원	1,000억 원
자본금	100억 원	100억 원
주식발행초과금	500억 원	500억 원
자본조정	100억 원	100억 원
기타포괄손익누계액	100억 원	0원
이익잉여금	400억 원	300억 원

① 재평가 시 토지 전체를 재평가해야 한다,
② 재평가 시 당기순이익이 재평가를 하지 않을 때보다 100억 원 증가한다.
③ 재평가 시 자본총액이 재평가를 하지 않을 때보다 100억 원 증가한다.
④ 재평가 시 자산총액이 재평가를 하지 않을 때보다 100억 원 증가한다.

해설 ① (○) 유형자산 재평가 시 해당 자산이 포함되는 유형자산 분류 전체를 동시에 재평가해야 한다.
② (×) 재평가로 인해 토지의 장부금액이 100억 원 증가했고, 기타포괄손익 누계액 100억 원 증가분은 모두 토지 재평가로 인한 것이기 때문에 재평가 시 당기순이익에는 영향을 미치지 않는다.
③ (○) 재평가 시 자본총액이 100억 원 증가하므로 옳은 내용이다.
④ (○) 재평가 시 자산총액 100억 원 증가하므로 옳은 내용이다.

정답 ②

18 **다음 [상황]은 X1년 초 잘못된 회계처리 내용이다. 이에 대하여 X1년 초 기준으로 자산, 부채, 이윤의 과소·과대계상을 올바르게 표현한 것은?**

> [상황]
>
> ㄱ. X1. 01. 01~X1. 06. 31까지의 보험료 20만 원을 X1. 01. 01에 보험료(비용)로 인식하였다.
>
> ㄴ. X1. 01. 01~X1. 06. 31까지 임대료 30만 원을 X1. 01. 01에 임대수익(수익)으로 인식하였다.

① ㄱ, 자산 과대, 이익 과소
② ㄱ, 자산 과소, 이익 과대
③ ㄴ, 부채 과대, 이익 과소
④ ㄴ, 부채 과소, 이익 과대

해설 ㄱ. 보험료는 X1년 1월 1일 선급보험료(자산)로 인식하고 X1년 6월 말까지 월할상각해 비용으로 인식해야 한다. 하지만 [상황]에서는 X1년 초 모두 비용으로 인식해 자산 과소, 이익 과소의 문제가 발생한다.
ㄴ. 임대수익은 X1년 1월 1일 선수수익(부채)으로 인식, X1년 6월 말까지 월할상각해 수익으로 인식해야 한다. 하지만 [상황]에서는 X1년 초 모두 수익으로 인식해 부채 과소, 이익 과대계상의 문제가 발생한다.

정답 ④

19 **다음 [자료]에 근거한 설명으로 옳지 않은 것은?**

[자료]

구분	A회사	B회사
취득가	110억 원	100억 원
감가상각 기간	10년	—
잔존가치	10억 원	0원
상각률	—	50%
감가상각방법	정액법	정률법

① A회사는 B회사보다 총 감가상각액이 크다.

② B회사의 감가상각방법은 초기에 더 많이 상각하고, 나중에 덜 상각하는 방법이다.

③ X1년 초 자산 취득 시 A회사의 X2년 감가상각비는 10억 원이다.

④ X1년 초 자산 취득 시 B회사의 X2년 감가상각비는 25억 원이다.

해설 ① (X) A회사의 총 감가상각액=취득가 110억 원－잔존가치 10억 원=100억 원, B회사의 총 감가상각액=취득가 100억 원－잔존가치 0원=100억 원

② (O) B회사는 감가상각방법으로 정률법을 택한다. 정률법은 정액법보다 초기 상각액이 크다는 특징이 있다.

③ (O) A회사의 X2년 감가상각비=(110억 원－10억 원)/10년=10억 원

④ (O) B회사의 X2년 감가상각비=100억 원×(1－50%)×50%=25억 원

정답 ①

20 **투자자 A는 ㈜성실에 투자를 고려하고 있다. ㈜성실의 주가가 주당 10,000원이고 옵션의 행사가도 10,000원으로 동일하다고 했을 때 다음 중 주식의 가격하락을 방어하면서 주가 상승 시 이익을 얻을 수 있는 방법을 고르면?**

① ㈜성실주식 매수, 콜옵션 매수
② ㈜성실주식 매수, 풋옵션 매수
③ ㈜성실주식 매도, 풋옵션 매수
④ ㈜성실주식 매도, 풋옵션 매도

해설 ① (X) 콜옵션은 만기 시 행사가격으로 주식을 매입할 수 있는 권리이므로 주가 상승 시 이익을 볼 수 있는 권리이다.
② (O) 주식을 매수한 경우 주가 상승 시 이익을 얻을 수 있다. 또한, 풋옵션은 만기 시 행사가격으로 주식을 매도할 수 있는 권리이므로 풋옵션 매수 시 주식의 가격하락을 방어할 수 있다.
③ (X) 주식을 매도하고 풋옵션을 매수한 경우 주가 하락 시에는 이익을 얻을 수 있지만, 주가 상승 시에는 이익을 얻을 수 없다.
④ (X) 주식과 풋옵션을 모두 매도한 경우 주가 상승 시에는 이익을 얻을 수 없으므로 틀린 보기이다.

정답 ②

21 **개별 펀드의 기대수익률과 표준편차가 다음 표와 같을 때 펀드 A~D 중 지배원리에 의해 채택될 가능성이 가장 낮은 펀드는?**

펀드의 종류	기대수익률(%)	표준편차(%)
A	11	20
B	9	15
C	6	10
D	5	10

① A ② B
③ C ④ D

해설 지배원리는 동일 수익률을 얻을 수 있는 자산 중 위험이 적은 자산을 선호하고 동일 위험을 부담하는 자산 중 수익률이 높은 자산을 선호하는 것을 의미한다.
④ (○) 펀드 D는 펀드 C와 표준편차가 같으므로 동일 위험이 수반되지만, 수익률은 펀드 D가 펀드 C보다 낮다. 따라서 지배원리에 따르면 펀드 C가 펀드 D를 지배하므로 투자자는 펀드D를 선택하지 않는다.

정답 ④

22 **다음의 [표]는 투자자산에 대한 정보이다. 주어진 [표]를 바탕으로 배당할인모형을 고려했을 때, 가장 올바른 투자방안을 고르면?**

[표]

투자수익률	10%
우선주 직전 배당금액	50원
현재 우선주 주가	500원
배당성장률	5%

① 자산의 이론가격이 시장가격보다 낮으므로 매수한다.
② 자산의 이론가격이 시장가격보다 높으므로 매수한다
③ 자산의 이론가격이 시장가격보다 낮으므로 매수하지 않는다.
④ 자산의 이론수익률과 시장수익률이 같기 때문에 매수 여부를 알지 못한다.

해설 이 문제를 풀이하기 위해서는 배당할인모형을 통해 주가를 구할 수 있어야 한다.
d_1=1기간 후 받게 되는 배당금, k_e=투자수익률, g=순이익 성장률(배당성장률)일 때 배당할인모형에 따르면 현재의 적정 주가(P_0)$=d_1/(k_e-g)=d_0\times(1+g)/(k_e-g)=50\times(1+5\%)/(10\%-5\%)=1{,}050$원이다.
따라서 이론 적정가격인 1,050원이 시장가격 500원보다 높으므로 자산을 매수한다.

정답 ②

23 **유통사 A는 서울과 세종에 지점이 있으며 아래의 자료는 지점별 재무비율을 나타내고 있다. 주어진 자료를 바탕으로 손익 해석에 대한 설명으로 적절하지 않은 것을 고르면?**

[지점별 재무비율]

구분	서울		세종	
	전기	당기	전기	당기
당좌비율	130%	140%	110%	100%
이자보상배율	9배	8배	3배	4배
매출액순이익률	12%	8%	15%	20%
매출액 증가율	5%	3%	5%	8%

① 전기 대비 당기 당좌비율로 분석했을 때 서울지점이 세종지점보다 단기지급능력이 상승했다.
② 이자보상비율로 분석했을 때 이 비율이 낮은 세종지점 쪽이 안정적이다.
③ 매출액 순이익률로 분석했을 때 세종지점은 수익성이 개선되었다.
④ 당기 매출액 증가율로 분석했을 때 서울의 성장이 둔화되었다.

해설 ① (○) 당좌비율＝당좌자산/유동부채로 당좌비율이 높을수록 단기지급능력이 우수하다. 따라서 당좌비율이 증가한 서울지점의 단기지급능력이 상승했다.
② (×) 이자보상비율＝영업이익/이자비용으로 이자보상비율이 높을수록 안정적이기 때문에 틀린 보기이다.
③ (○) 매출액 순이익률＝순이익/매출로 세종시의 매출액 순이익률이 증가해 수익성이 개선되었다고 할 수 있다.
④ (○) 서울의 매출액 증가율이 전기에 비해 하락했으므로 성장이 둔화되었다고 할 수 있다.

정답 ②

24 **고든의 배당성장 모형을 바탕으로 다음의 표에 근거해 구한 적정 주가에 대한 설명으로 옳은 것을 고르면?**

> 고든 배당성장 모형에 따른 적정 주가
>
> $$P_0 = d_1/(k_e - g)$$
>
> (단, P_0=현재 주가, d_1=1년 뒤 배당금, k_e=자본비용, g=배당금 성장률이다)

당기 말 주당 배당금	1,000원
주주요구수익률	10%
순이익 성장률	5%

① 성장률이 증가하면 주가는 하락한다.

② 배당이 증가하면 주가가 하락하는 반비례 관계가 형성된다.

③ 주주의 요구수익률이 증가하면 주가는 상승한다.

④ 당기 말 주당 배당금을 500원으로 줄인다면, 주식가격은 10,000으로 하락한다.

해설 고든의 배당성장 이론은 기업 성장 시 이익과 배당금액이 모두 증가한다고 가정한다.

① (X) 성장률(g)이 증가하면 적정 주가는 상승하므로 틀린 보기이다.

② (X) 배당 증가 시 주가가 상승하는 비례관계이므로 틀린 보기이다.

③ (X) 주주의 요구수익률(k_e)이 증가하는 경우 주가는 하락하므로 틀린 보기이다.

④ (O) 배당금 500원일 때 적정 주가 $P_0 = d_1/(k_e - g) = 500/(10\% - 5\%) = 10,000$원이다. 기존에 배당금 1,000원일 때 적정 주가는 $P_0 = d_1/(k_e - g) = 1,000/(10\% - 5\%) = 20,000$원이므로 배당금 감소 시 주가가 하락한다.

정답 ④

25 다음의 주어진 자료를 바탕으로 계산한 1년 뒤 환율 예상액으로 옳은 것은?

미국 채권 수익률	1달러→1.01달러
한국 채권 수익률	1,000원→1,020원
현재 환율	1,000원=1달러

① 980원/달러
② 990원/달러
③ 1,010원/달러
④ 1,020원/달러

해설 이 문제를 풀이하기 위해서는 환율결정이론의 국제피셔효과에 대해 알아야 한다. 국제 피셔효과에 따르면 환율의 상승률을 각 나라의 명목금리 차이로 구할 수 있다.

환율의 상승률=한국 명목금리−미국 명목금리=2%−1%=1%이다.

1년 뒤 예상 환율=1,000×(1+1%)=1,010원/달러이다.

정답 ③

26 다음 중 투자안 가치평가 기법에 대한 설명으로 옳지 않은 것을 고르면?

① 할인율이 20%일 때 현재 80을 투자해 1년 후 120의 수익을 얻을 수 있는 경우 NPV는 20이다.

② 회수기간법은 계산이 간편하고 이해하기 쉽다는 장점이 있다.

③ 회수기간법은 투자안 의사 결정 시 투자안을 가산할 수 있다는 점에서 NPV법보다 비교우위에 있다.

④ 회수기간법은 화폐의 시간적 가치를 고려하지 않고 회수기간 이후의 현금흐름을 무시한다는 단점이 있다.

해설 ① (○) $NPV=-80+120/1.2=20$

② (○) 회수기간법의 장점은 계산의 편리성과 이해의 용이함으로 실무에 적용하기 쉽다는 점이다.

③ (×) 투자안 의사결정 시 투자안을 가산할 수 있는 방법은 NPV법이다.

④ (○) 회수기간법은 최초 투자액을 모두 회수하는 데 걸리는 기간을 계산하는 투자안 평가 기법으로 회수기간이 가장 짧은 기법이 가장 유리한 투자안이다.

정답 ③

27 다음 [자료]에 근거할 때 옳지 않은 것은?

[자료]

- PER: 10
- 총 발행 주식 수: X주
- 매출액이익률: 10%
- 1주당 주가: 50원

① 당기순이익이 1,000원일 때 주식 수는 200주이다.
② 주식 수가 1,000개일 때 당기순이익은 5,000원이다.
③ 주식 수가 1,000개일 때 매출은 4만 원이다.
④ 매출이 1만 원일 때 주식 수는 200주이다.

해설
- EPS(주당순이익)＝순이익/총주식 수
- 주가수익비율 (PER: Price Earning Ratio)＝주가/EPS

① (O) PER＝주가/EPS＝10＝50원/5원
EPS＝5원＝당기순이익(1,000원)/주식 수, 주식 수＝200주
② (O) PER＝주가/EPS＝10＝50원/5원
EPS＝5원＝당기순이익/주식 수(1,000주), 당기순이익＝5,000원
③ (X) 주식 수가 1,000개일 때 매출은 5만 원이다.
매출액 이익률＝10%＝당기순이익/매출액＝5,000원/매출액, 매출액＝5만 원
④ (O) 매출액 이익률＝10%＝당기순이익/1만 원, 당기순이익＝1,000원
PER(10)＝주가(50원)/EPS
EPS＝5원＝1,000원/주식 수, 주식 수＝200주

정답 ③

28 **다음 [복권] 중 투자자 A는 복권 Ⅰ와 Ⅲ를 고민하다 Ⅲ를 선택했고, 투자자 B는 복권 Ⅱ와 Ⅲ를 고민하다 Ⅱ를 선택하였다. 투자자 A, B의 선택에 근거하여 각각의 투자성향을 옳게 짝지은 것은? (단, 위험 회피, 위험 선호만 있다)**

[복권]

복권 종류	복권 금액	당첨금	당첨 확률
Ⅰ	1만 원	1억 원	0.01%
Ⅱ	5,000원	5,000만 원	0.005%
Ⅲ	3,000원	7,000만 원	0.008%

	A	B
①	위험 회피	위험 선호
②	위험 회피	위험 회피
③	위험 선호	위험 선호
④	위험 선호	위험 회피

해설
- 복권 Ⅰ 기대손익＝－1만 원＋1억 원×0.01%＝0원
- 복권 Ⅱ 기대손익＝－5,000원＋5,000만 원×0.005%＝－2,500원
- 복권 Ⅲ 기대손익＝－3,000원＋7,000만 원×0.008%＝2,600원
- 투자자 A는 기대손익이 0원인 복권 I와 기대손익이 2,600원인 복권 Ⅲ 중 기대손익이 더 큰 복권 Ⅲ를 선택했기 때문에 적어도 위험 선호적이 아니다.
- 투자자 B는 기대손익이 －2,500원인 복권 Ⅱ와 기대손익이 2,600원인 복권 Ⅲ 중 기대손익이 더 적은 복권 Ⅱ를 선택했다. 기대손익이 더 적지만 당첨확률이 낮아 위험이 높은 복권 Ⅱ를 선택했기 때문에 위험 선호적이다.

정답 ①

29 **다음은 기업 A와 기업 B의 보상을 나타낸 보수행렬과 관련된 문제이다. 두 기업 A, B가 현재의 상태를 유지하는 경우, 둘 다 "유지"를 내쉬균형으로 선택하게 하는 ㉠, ㉡, ㉢에 들어갈 값으로 올바르게 짝지어진 것은? (단, 주어진 표의 괄호는 (A의 보수, B의 보수)를 나타낸다)**

구분		B	
		개선	유지
A	개선	(㉠, 6)	(5, 8)
	유지	(9, ㉡)	(6, ㉢)

	㉠	㉡	㉢
①	10	6	3
②	10	6	5
③	7	4	5
④	7	7	5

해설 기업 A의 내쉬균형은 아래와 같이 구할 수 있다.

- 기업 B가 개선을 선택하는 경우 기업 A는 ㉠(개선 선택)과 9(유지 선택) 중 더 큰 보수를 선택하는 것이 내쉬 전략이다. 유지가 내쉬균형이 되기 위해서는 ㉠ < 9이어야 한다.
- 기업 B가 유지를 선택하는 경우 기업 A는 유지를 선택하는 것이 내쉬 전략이다.
  기업B의 내쉬균형은 아래와 같이 구할 수 있다.
- 기업 A가 개선 선택 시 기업 B는 유지를 선택하는 것이 내쉬 전략이다.
- 기업 A가 유지 선택 시 기업 B는 ㉡(개선선택)과 ㉢(유지선택) 중 더 큰 보수를 선택하는 것이 내쉬 전략이다. 유지가 내쉬균형이 되기 위해서는 ㉡ < ㉢이어야 한다.

기업A와 B모두 유지를 선택하는 것이 내쉬균형이 되기 위해서는 ㉠ < 9, ㉡ < ㉢이 충족되어야 하므로 정답은 ③이다.

정답 ③

30 **다음의 [표]는 세탁기, 냉장고, 인덕션의 한계비용과 제품에 대한 소비자A, B의 최대 지불용의 가격에 대한 정보이다. 기업이 개별로 팔 때보다 두 제품을 묶어 팔아 기업의 입장에서 이윤을 극대화 할 수 있는 상품 묶음이 있다. 해당 제품의 묶음과 묶음을 모두 판매 시 얻을 수 있는 최대 이윤으로 올바르게 짝지어진 것은?**

[표]

구분	최대지불용의가격		
	세탁기	냉장고	인덕션
A	120	80	40
B	100	90	60
한계비용	50	60	20

① 세탁기와 냉장고, 90만 원
② 세탁기와 냉장고, 160만 원
③ 세탁기와 인덕션, 180만 원
④ 냉장고와 인덕션, 100만 원

해설 묶어 팔기는 여러 재화를 묶음으로 판매해 각 재화를 따로 판매할 때보다 이윤을 증가시키려는 전략이다.
각 제품을 개별판매 했을 때 얻을 수 있는 최대 이윤을 계산하면 세탁기는 (100－50)×2대＝100만 원, 냉장고는 (80－60)×2대＝40만 원, 인덕션은 (40－20)×2대＝40만 원이다.

- 세탁기와 냉장고를 묶어팔기해 190만 원으로 가격을 설정하는 경우 얻을 수 있는 이윤은 190×2묶음－(50＋60)×2묶음＝160만 원이다. 따라서 개별판매로 140만 원의 이윤을 얻는 것 보다 20만 원 더 이윤이 증가한다.
- 세탁기와 인덕션을 묶어팔기 하는 경우 160만 원으로 가격을 설정하는 경우 얻을 수 있는 이윤은 160×2묶음－(50＋20)×2묶음＝180만 원이다. 따라서 개별판매를 통해 140만 원의 이윤을 얻는 것보다 40만 원 더 이윤이 증가해 이윤이 가장 크게 증가한다.
- 냉장고와 인덕션을 묶어팔기 하는 경우 120만 원으로 가격을 설정하는 경우 얻을 수 있는 이윤은 120×2묶음－(60＋20)×2묶음＝80만 원이다. 따라서 개별판매를 통해 80만 원의 이윤을 얻는 것과 동일한 이윤을 가져다준다.

정답 ③

31 **다음은 1995~2015년의 중국의 명목GDP/M2통화량을 나타낸 그래프이다. 그래프에 대한 설명으로 적절한 것은?**

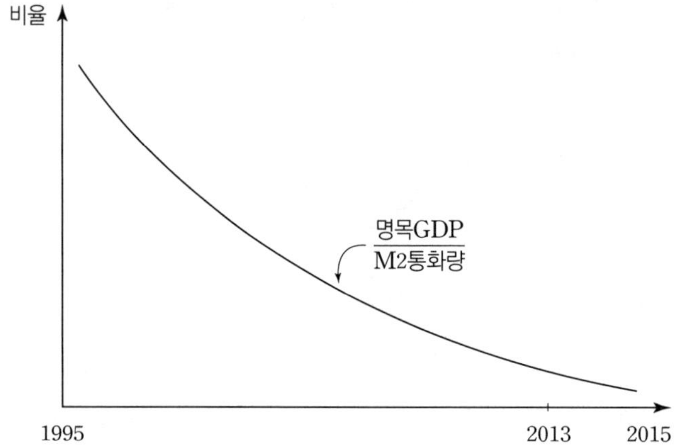

① 중국의 시중금리는 지속으로 상승했다.

② 중국의 실질 경제 성장률은 꾸준히 증가하고 있다.

③ 원화 표시 중국 환율이 지속해서 상승했다.

④ 중국의 자국 내 화폐수요가 감소하고 국민 간 통화 거래가 더 적어진다.

해설 ① (X) 지속적으로 통화량이 증가하는 경우 금리가 하락하므로 틀린 보기이다.

② (X) 명목 GDP에서 통화량 증가로 인한 인플레이션 효과를 제외해 실질 GDP를 구할 수 있다. 위의 자료에서는 명목GDP/통화량의 값이 감소하므로 실질 경제 성장률이 증가한다고 볼 수 없다.

③ (X) 중국 통화량의 증가로 중국 통화의 가치가 하락해 원화 표시 환율이 하락하므로 틀린 보기이다.

④ (O) 중국의 통화량 증가로 통화의 가치가 떨어져 화폐수요가 감소하고 통화 거래 또한 감소하므로 옳은 보기이다.

정답 ④

32 **다음은 0~1기의 거시경제 그래프이다. 그래프에 대한 설명으로 옳은 것은?**

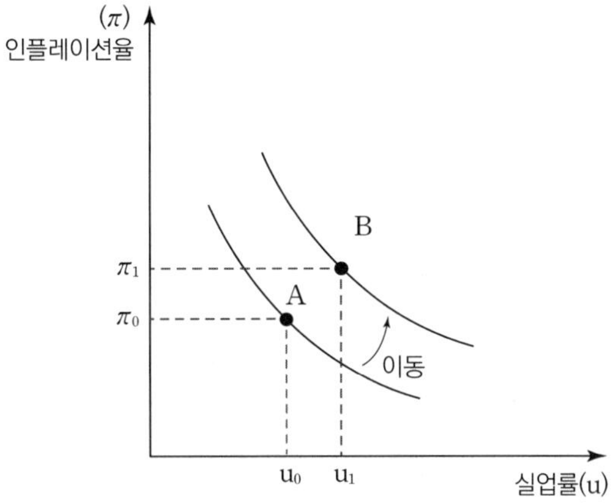

① 전년 대비 금융 스트레스 지수가 하락했다.

② 수요견인 인플레이션으로 인해 곡선의 이동이 발생했다.

③ 그래프의 이동은 원자재 가격상승으로 인해 발생할 수 있다.

④ 중앙은행의 연속된 기준금리 인상이 원인이 될 수 있다.

해설 이 문제를 풀이하기 위해서는 실업률과 인플레이션의 상충 관계를 나타내는 필립스곡선에 대해 알아야 한다.

① (X) 금융 스트레스 지수는 정책과 금융시장의 불확실성에 따라 경제 주체가 느끼는 피로감을 나타낸 지수이다. 필립스 곡선이 우측으로 이동한 것은 실업률과 인플레이션 모두 증가한 것을 의미하므로 금융 스트레스 지수가 상승했다.

② (X) 수요견인 인플레이션은 수요 증가로 인해 발생하는 인플레이션을 의미한다. 필립스곡선이 우측으로 이동한 것은 원자재 가격상승, 석유 파동 등으로 인한 비용인플레이션과 관련 있으므로 틀린 보기이다.

③ (O) 원자재 가격상승으로 필립스곡선이 우측 이동해 인플레이션과 실업률 모두 높아질 수 있다.

④ (X) 중앙은행이 인플레이션율을 낮추기 위해 금리를 인상하면 실업률이 증가한다. 따라서 중앙은행의 연속된 기준금리 인상은 곡선의 이동이 아닌 곡선상의 이동을 유발한다.

정답 ③

33 **다음은 각 나라의 빅맥가격과 시장환율에 대한 표이다. 구매력 평가설을 고려해 주어진 자료에 대한 설명으로 적절하지 않은 것을 고르면?**

[나라별 빅맥가격과 시장환율]

구분	환율	빅맥 가격
미국	—	6달러
영국	1파운드=2달러	1.6파운드
스위스	1달러=1프랑	5스위스프랑
한국	1달러=1,200원	4,800원

① 스위스의 빅맥 가격은 미국에 비해 저렴한 편이다.
② 구매력 평가설에 따르면 파운드가 저평가되었다.
③ 영국에서 빅맥을 사서 미국 가서 팔면 차익 남기기가 가능하다.
④ 원/달러 환율이 상승할 예정이다.

해설 ① (O) 스위스의 빅맥가격을 달러로 환산하면 5달러이므로 미국보다 저렴하다.
② (O) 구매력 평가설에 따르면 같은 물건에 대한 가격이 동일해야 한다. 따라서 구매력 평가설로 인한 환율은 6/1.6=3.75 달러/파운드이다. 현재 환율은 2달러/파운드이므로 파운드가 저평가되었다.
③ (O) 영국의 빅맥 가격을 현재 환율 기준으로 달러로 변환하면 1.6파운드×2달러=3.2달러이므로 옳은 보기이다.
④ (X) 구매력 평가설에 의한 환율은 4,800원/6달러=800원/달러이다. 현재 시장 환율보다 구매력 평가설로 구한 환율이 낮으므로 환율이 하락할 것으로 예상된다.

정답 ④

34 **곡물법은 1815년부터 1846년까지 대영제국이 곡물과 음식 수입에 대해 제한을 한 법이다. 다음 [보기] 중 곡물법에 대한 설명으로 옳은 것을 모두 고르면?**

| 보기 |

ㄱ. 곡물법 제정으로 인해 농지에 비해 공장에 대한 투자 유인이 증가한다.
ㄴ. 곡물법이 폐지되면 사회적 잉여가 증가한다.
ㄷ. 곡물법이 폐지되면, 생산자 잉여와 소비자 잉여가 모두 증가한다.
ㄹ. 곡물법 시행 시 시행하지 않는 것보다 시장 거래량이 감소하고 균형가격이 상승한다.

① ㄱ, ㄴ
② ㄱ, ㄷ
③ ㄱ, ㄹ
④ ㄴ, ㄹ

해설 이 문제를 풀이하기 위해서는 곡물법이 곡물의 수입을 규제하는 수입쿼터제에 해당하는 것을 이해해야 한다.
ㄱ. (X) 곡물법 제정으로 곡물 수입으로 인한 국내 곡물가격의 하락을 방어했으므로 곡물을 재배하는 농지에 대한 투자유인이 증가한다.
ㄴ. (O) 곡물법으로 인해 사회적 비효율이 발생하므로 곡물법 폐지 시 사회적 잉여가 증가한다.
ㄷ. (X) 곡물법이 폐지되는 경우 생산자 잉여는 감소하지만 소비자 잉여는 증가한다. 또한, 사회적 총 잉여는 증가하고 사회적 후생손실은 감소한다.
ㄹ. (O) 수입쿼터 수행 시 수입량이 제한되어 시장 거래량이 감소하고 균형 가격 또한 상승한다.

정답 ④

35 **다음 [그림]의 세금 (가)와 (나)에 대한 설명으로 옳은 것은?**

[그림]

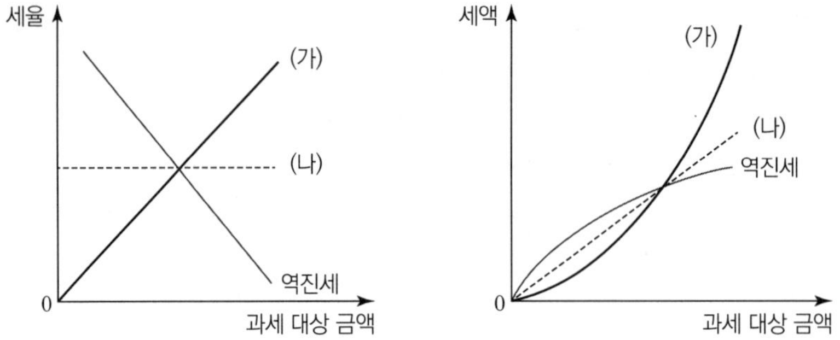

① (가)에 해당하는 우리나라의 조세제도에는 부가가치세가 있다.

② (가)는 소득 증가에 상관없이 동일한 세율을 적용한다는 특징이 있다.

③ (나)는 조세의 역진성이 있다.

④ (나)는 소득 재분배 효과가 있다.

해설 [그림]의 (가)는 누진세, (나) 비례세에 해당한다.

①, ② (X) 누진세란 소득 증가 시 적용하는 세율이 높아지는 세금이다. 소득이 높을수록 적용 세율이 높기에 고소득자에게 세금이 많이 과세되어 소득 재분배 효과가 있다. 우리나라의 법인세와 소득세가 이에 해당한다.

③ (O), ④ (X) 비례세는 소득에 상관없이 동일한 세율을 적용하는 세금으로 부가가치세가 이에 해당한다. 소득과 상관없이 동일한 세율을 적용하기 때문에 소득이 낮은 사람과 소득이 높은 사람이 같은 세율을 적용한다는 점에서 조세의 역진성이 있다고 할 수 있다. 조세의 역진성이란 소득이 낮은 사람이 상대적으로 세금 부담을 많이 지는 것을 의미한다.

정답 ③

36 **김 계장은 맥주와 땅콩의 수요를 분석해 [표]와 같은 결과를 얻었다. 다음 [공식]을 참고했을 때, 이에 대한 설명으로 옳은 것을 고르면? (단, 맥주 수요의 교차탄력성에서 Y는 땅콩이다. 땅콩의 경우에도 이와 같아 Y는 맥주이다)**

[표]

구분	수요의 가격탄력성	수요의 교차탄력성	수요의 소득탄력성
맥주	−0.6	−0.2	1
땅콩	−1.4	−1.7	−0.4

[공식]

- 수요의 가격탄력성＝X재 수요량의 변화율(%)/X재 가격의 변화율(%)
- 수요의 교차탄력성＝X재 수요량의 변화율(%)/Y재 가격의 변화율(%)
- 수요의 소득탄력성＝X재 수요량의 변화율(%)/소득의 변화율(%)

① 맥주와 땅콩은 대체재의 관계에 있다.
② 땅콩 가격 인상 시 땅콩 판매 수입은 증가할 것이다.
③ 맥주 가격이 0.6% 상승했을 때 수요량은 1% 감소한다.
④ 땅콩은 열등재이다.

해설 ① (X) 맥주와 땅콩의 교차탄력성을 비교하면 알 수 있다. 맥주의 경우 땅콩(Y재) 가격이 상승하면 맥주 수요가 감소(−0.2)한다. 수요가 증가하면 대체재, 변화가 없으면 독립재, 감소하면 보완재이다. 땅콩의 경우, 맥주의 가격 상승에 따라 수요가 감소하였으므로 맥주와 땅콩은 보완재 관계에 있음을 알 수 있다.
② (X) 땅콩의 가격탄력성은 1보다 크다. 이는 가격 상승 시 수요가 더 크게 감소한다는 뜻이므로, 그 결과 판매 수입은 감소할 것이다. 만약 판매 수입 증가가 목적이라면 가격을 낮춰야 한다.
③ (X) 맥주 가격 1% 상승 시, 수요량이 0.6% 감소한다.
④ (O) 소득 증가 시 수요가 감소했으므로 땅콩은 열등재이다.

정답 ④

37 다음 글을 읽고 ㉠, ㉡에 들어갈 용어로 바르게 짝지어진 것을 고르면?

> 기대효용이론에서 기대효용과 동일한 효용을 가져다주는 소득을 (㉠)(이)라 하며, 기대소득과 (㉠) 간의 차이를 가리켜 (㉡)(이)라고 한다.

	㉠	㉡
①	헤도닉 임금	확실성 등가
②	임금보상 격차	위험 프리미엄
③	위험 프리미엄	헤도닉 임금
④	확실성 등가	위험 프리미엄

해설 기대효용이론은 기본적으로 확률을 전제하기 때문에 기대치(제시문의 '기대소득'을 말한다)에 해당하는 효용을 확실한 수준의 소득(제시문의 '동일한 효용을 가져다주는 소득'을 말한다)으로 나타낼 수 있다. 이를 '확실성 등가'라고 한다. '위험 프리미엄'은 기대치와 확실성 등가의 차이로, 불확실한 기대치를 확실한 수준의 소득으로 교환할 때 지불할 용의가 있는 금액을 말한다. 따라서 ㉠에 들어갈 용어는 '확실성 등가', ㉡에 들어갈 용어는 '위험 프리미엄'이다.

정답 ④

38 **다음의 내용에 따를 때 앞으로 나타날 현상을 예측한 것으로 적절하지 않은 것은?**

> 외환 전문가들은 올해 원·달러 환율에 대해 하락 기조를 예상하고 있다. 지난해 하반기부터 본격화한 원화 약세 흐름이 바뀐다는 얘기이다. 달러 강세가 한풀 꺾이고 주요국의 금리 인상 속도가 느려질 가능성이 높기 때문이다.

① 수출업자는 앞으로 더 큰 이득을 볼 것이다.
② 달러 외채 상환 부담은 앞으로 줄어들 것이다.
③ 보유하고 있는 원화의 달러 환전은 다소 늦추는 것이 낫다.
④ 해외 유학 중인 자녀에게 용돈을 송금하는 부모의 부담은 작아질 것이다.

해설 본 내용은 환율 하락(원화가치 상승)을 전망하고 있다.
① (X) 수출업자 입장에서는 환율이 하락하면 손해를 본다.
② (O) 달러를 갚기 위해 필요한 원화의 양이 상대적으로 줄어들기 때문에 달러 외채 상환 부담은 줄어든다.
③ (O) 원화 강세가 전망되는 만큼 다소 늦추는 것이 바람직하다.
④ (O) 원화가치가 강세이므로 부담은 줄어드는 것이 맞다.

정답 ①

39 **다음 [그림]은 외환정책의 트릴레마를 나타내고 있다. [그림]의 A~C 중 [사례] 속 짐바브웨의 상태로 적절한 것을 모두 고른 것은? (단, A~C는 인접한 두 가지 조건을 모두 충족한 상태를 의미한다)**

[그림]

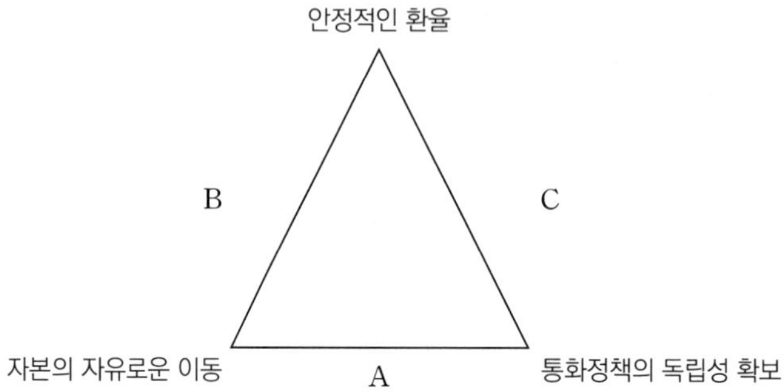

[사례]

2004~2009년 국가를 초토화한 인플레이션을 겪은 뒤 2009년 짐바브웨는 자국 통화(짐바브웨달러, Z$)를 포기했다. 미국 달러(US$)를 공식 화폐로 채택했고, 현재는 8개국의 화폐가 법정화폐로 통용되고 있다.

① A　　② B
③ C　　④ A, C

해설 [사례]는 짐바브웨의 인플레이션 급등에 따른 물가 관리 실패를 설명하고 있으며, 이는 통화정책의 독립성 확보(독자적 통화정책)가 불가능한 상태를 의미한다. 반면, 화폐가치가 안정적인 달러를 공식 화폐로 채택했으므로 안정적인 환율과 자본의 자유로운 이동은 달성한 상태이다. 따라서 통화정책의 독립성 확보와 관계가 없는 B가 적절하다.

정답 ②

40 **다음 중 IS-LM 모형에서의 재정정책과 통화정책에 대한 설명으로 옳지 않은 것은?**

① 케인지안은 유동성 함정으로 인해 확대통화정책은 효과가 별로 없다고 주장한다.
② 고전학파는 경기불황이 극심해지면 실질부가 증가하고 이는 다시 소비를 증가시켜서 유동성 함정에서 탈출할 수 있다고 주장한다.
③ 고전학파는 통화정책이 재정정책보다 정책적 효과가 크다고 주장한다.
④ 케인지안은 정부지출로 인해 완전 구축효과가 발생하기 때문에 통화정책을 사용해야 한다고 주장한다.

해설 ① (○), ④ (×) 케인지안은 LM 곡선은 수평에 가깝기 때문에 재정정책을 사용하면 구축효과가 거의 발생하지 않고, 국민소득이 증가한다고 본다. 즉, LM 곡선은 수평이므로 통화정책을 사용해도 LM 곡선이 이동하지 않아 통화정책의 효과는 없다고 주장한다. 이것이 유동성 함정이다.
②, ③ (○) 고전학파는 LM 곡선은 수직에 가깝기 때문에 정부지출을 증가시키면 국민소득은 증가하지 않고 이자율만 증가하는 완전구축효과가 있다고 본다. 즉, LM 곡선은 수직이므로 확대통화정책을 펼치면 이자율이 하락하며 국민소득도 증가한다고 주장한다.

[TIP] 고전학파와 케인지안의 LM 곡선

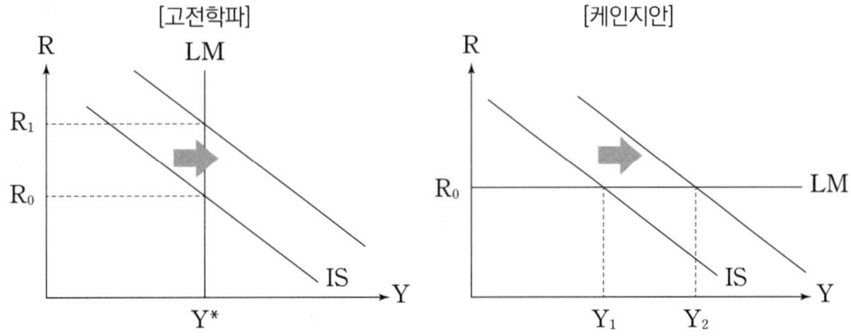

정답 ④

PART 2

경영경제
실전모의고사

○ 실전을 가정하여 연습할 수 있도록 직무수행 경영·경제 분야 객관식 40문항으로 모의고사 10회분을 구성했습니다.

○ IBK기업은행 직무수행은 타 금융기관에 비해 다소 높은 난이도로 출제되고 있기 때문에 이러한 점을 반영하여 실전 적응력을 높일 수 있도록 했습니다.

○ 풀이 후, 정답 및 해설을 통해 찍은 문제나 틀린 문제에 대한 오답 정리를 꼼꼼하게 하시기 바랍니다.

IBK기업은행 직무수행능력 경영경제 400제

Chapter

01

제 1 회 실전모의고사

※ 시험 시간: 총 40분

※ 배점: 직무수행 객관식 – 문항당 1점

구분		문항 번호	문항 개수	세부분야별 점수	총점
경영	경영 일반	01~10	10문항	____ 점	____ 점
	회계	11~21	11문항	____ 점	
	재무관리	22~28	7문항	____ 점	
경제		29~40	12문항	____ 점	

02

Chapter 01 제1회 실전모의고사

01 **전략적 제휴(strategic alliance)란 기업이 사업 또는 활동부문에서 경쟁 기업과 일시적으로 협력을 하는 전략이다. 전략적 제휴의 목적에 해당하는 것을 [보기]에서 모두 고르면?**

| 보기 |

ㄱ. 신제품 개발의 속도 단축
ㄴ. 기업의 유연성 확보
ㄷ. 자원과 위험의 공유
ㄹ. 시장 진입의 속도 단축

① ㄱ, ㄴ ② ㄱ, ㄴ, ㄷ
③ ㄴ, ㄷ, ㄹ ④ ㄱ, ㄴ, ㄷ, ㄹ

02 **BCG(Boston Consulting Group) 매트릭스에 대한 설명으로 옳은 것은?**

① 별(Star)에 위치한 산업은 시장의 성장률은 낮지만 기업의 시장 점유율은 높아 현금흐름이 가장 많이 발생한다는 특징이 있다.
② BCG 매트릭스의 시장 성장률이 높을수록 해당 산업에 속한 기업의 경쟁력이 높다고 할 수 있다.
③ BCG 매트릭스에 나타나는 원의 크기가 클수록 사업부의 매출 규모가 크다.
④ BCG 매트릭스의 시장 점유율은 기업의 절대적 시장 점유율을 의미한다.

03 **조직행동이론 중 성격 및 지각에 대한 설명으로 옳은 것을 [보기]에서 모두 고르면?**

| 보기 |

ㄱ. 근원적 귀인 오류는 개인이 많은 자극 중 자신이 관심 있어 하는 자극에만 관심을 갖고 인지하는 현상을 설명한다.
ㄴ. 제한된 합리성은 개인이 항상 최적의 의사결정을 할 수 있다고 보지 않는다.
ㄷ. 귀인모형에 따르면 상황의 일관성이 낮고 합의성과 특이성이 높은 경우 개인은 외적 귀인을 한다.
ㄹ. 내재론자는 외재론자와 비교해 자신이 당면하는 상황을 통제할 수 없다고 믿는다.

① ㄱ, ㄷ ② ㄴ, ㄷ
③ ㄴ, ㄹ ④ ㄷ, ㄹ

04 **인적자원관리 중 보상관리와 관련된 설명으로 옳은 것은?**

① 종업원의 근속 연수를 기준으로 임금을 지급하는 임금체계는 직무급이다.
② 임금피크제를 통해 고령 인력 활용, 고용 안정의 효과를 얻을 수 있다.
③ 기업의 임금 총액을 종업원 전체 수로 나눈 것은 종업원에 지급되는 평균적인 임금을 나타내는 임금체계에 해당한다.
④ 기업이 임금 총액을 구성원에게 어떻게 배분할지 결정하는 방식은 임금의 외부공정성과 관련이 있다.

05 **소비자 행동이론의 개념 중 하나인 관여도에 대한 설명으로 옳지 않은 것은?**

① 제품 구매 시 수반되는 위험이 증가할수록 관여도가 하락한다.
② 저관여 제품에 해당하는 예시로는 칫솔, 비누, 치약 등이 있다.
③ 소비자가 관여도가 높은 제품을 구매할 때는 포괄적 문제해결을 주로 사용한다.
④ 제품이 중요할수록 소비자의 관여도가 상승한다.

06 **리더십이론에 대한 설명으로 옳은 것은?**

① 피들러의 리더십 상황모형에 따르면 주어진 기업의 상황이 매우 좋은 경우 과업지향적 리더가 효과적이다.
② 리더십 행동이론은 리더의 성격적, 신체적 특성에 의해 리더십 효과가 결정된다고 보는 이론이다.
③ 리더십 특성이론은 리더가 부하 직원에게 보이는 특정한 행동들이 리더십 효과를 결정한다고 보는 이론이다.
④ 변혁적 리더는 성과를 높이기 위해 적절한 보상시스템을 설계하고 예외적인 상황에 개입한다.

07 다음 기사 속 카드사들이 채택한 마케팅 기법으로 가장 적절한 것은?

> **카드사, 카드론 우대금리 사실상 폐지…**
>
> 국내 주요 카드사들이 카드론 마케팅을 자제하며 우대 금리를 사실상 폐지한 것으로 분석된다. 18일 여신업계에 따르면 6개 카드사의 지난해 말 기준 조정금리 평균은 0.58% 수준으로 지난해 상반기 1.01% 수준에서 절반 이상 깎였다. 조정금리는 우대금리와 특별할인금리 등을 포함하는 고객 맞춤형 할인 금리를 뜻한다.
>
> 카드사들은 지난해 8월까지만 해도 카드 이용이 많은 고객을 선별해 100만 원 이상 이용 조건을 걸어 카드론 이용 시 특별금리를 적용하는 마케팅을 수시로 진행했다. 조정금리 수준을 낮춘다는 것은 그만큼 관련 마케팅 비용을 줄이겠다는 신호로 받아들여진다. 업계에서는 카드론 우대금리는 사실상 폐지된 것으로 보고 있다.
>
> 카드사 한 관계자는 "지난해 하반기부터 카드론을 줄이기 위해 우대금리는 사실상 폐지된 것으로 볼 수 있다"며 "우수 고객 등 일부 고객들에게만 우대금리가 선별적으로 제공된다"고 설명했다. 올해 카드사들은 카드론 자산을 전반적으로 크게 늘리지 않을 것으로 전망된다.

① 코즈마케팅(cause marketing)
② 디마케팅(demarketing)
③ 카운터마케팅(counter marketing)
④ 개발적 마케팅(developmental marketing)

08 마케팅 조사에 대한 설명으로 옳지 않은 것은?

① 조사 현장에서 발생한 오류는 비표본오류에 해당한다.
② 특정 목적을 위해 직접 수집한 자료는 1차 자료에 해당한다.
③ 표본 크기가 커질수록 표본오류는 감소한다.
④ 군집 표본추출(cluster sampling)은 조사 시 판단하기 용이한 표본이 될 것으로 생각하는 대상을 추출하는 비확률적 표본추출방법이다.

09 생산시설의 배치에 대한 설명으로 옳지 않은 것은?

① 공정별 배치는 작업일정계획이 비교적 복잡하다.
② 제품의 고객화 정도가 높은 경우 제품별 배치보다 공정별 배치가 적합하다.
③ 제품별 배치는 산출률과 설비 가동률이 낮지만 초기 설비투자비용이 적다.
④ 위치고정형 배치는 항공기, 배 등을 생산하는 데 활용할 수 있다.

10 품질경영에 대한 설명으로 옳지 않은 것을 [보기]에서 모두 고르면?

| 보기 |

ㄱ. CTQ(Critical To Quality)는 회사 입장에서 판단할 때 중요한 품질 특성을 의미한다.
ㄴ. 식스시그마는 100만 개 중 3.4개의 불량을 목표로 하는 품질 개선 시스템이다.
ㄷ. 전사적품질경영(TQM)은 조직 전체가 프로세스의 지속적인 개선을 위해 노력하는 품질 경영기법이다.
ㄹ. 실패비용 중 평가비용은 불량품 발생 시 기업 내부에서 이를 처리하는 데 발생하는 비용을 포함한다.

① ㄱ, ㄷ
② ㄱ, ㄹ
③ ㄴ, ㄷ
④ ㄴ, ㄹ

11 ㈜민국은 2022년 초 유상증자를 실시했다. 유상증자에서는 보통주 200주가 발행되었으며 주식발행과 직접 관련된 원가가 1,000원 발생했다. 보통주의 주당 발행가는 200원이고 주당 액면금액은 100원이다. ㈜민국의 유상증자와 관련한 설명으로 옳지 않은 것은?

① 유상증자로 인해 자본금은 20,000원 증가한다.
② 유상증자로 인해 자본총액은 39,000원 증가한다.
③ 유상증자로 인해 자본잉여금은 20,000원 증가한다.
④ 주식발행과 직접 관련해 발생한 직접원가는 자본잉여금에서 차감한다.

12 ㈜한국의 매출액은 100억이고, 총자산은 500억이며, 부채비율(=부채/자본)이 100%이다. 이를 바탕으로 계산한 ROE가 10%일 때 ㈜한국의 순이익은 얼마인가?

① 10억　② 25억
③ 30억　④ 35억

13 유형자산 취득에 대한 설명으로 옳은 것은?

① 유형자산 취득 시 추정되는 복구원가는 취득원가에 포함시킨다.
② 유형자산 취득 시 발생하는 세금은 당기비용으로 인식한다.
③ 기계를 시험 가동하는 중 생산된 재화의 순 매각금액은 취득원가에 가산한다.
④ 유형자산이 생산하는 제품에 대한 수요가 형성되는 과정에서 발생하는 초기가동손실은 유형자산 취득원가에 가산한다.

14 유동부채와 비유동부채의 분류에 대한 설명으로 옳지 않은 것을 [보기]에서 모두 고르면?

| 보기 |

ㄱ. 매입채무는 보고 기간 후 12개월 후에 결제일이 도래해도 유동부채로 분류한다.
ㄴ. 정상영업주기를 명확히 식별할 수 없는 경우에는 그 기간이 3개월인 것으로 가정한다.
ㄷ. 회사가 장기차입약정을 위반해 대여자가 즉시 상환을 요구할 수 있는 채무는 재무제표 보고 기간 이후 채권자와 약정위반으로 인한 상환을 요구하지 않도록 합의하는 경우 비유동부채로 분류할 수 있다.

① ㄷ　② ㄱ, ㄴ
③ ㄴ, ㄷ　④ ㄱ, ㄴ, ㄷ

15 **시장가치 재무비율에 대한 설명으로 옳지 않은 것은?**

① PER(주가수익비율)이 낮은 기업은 주가가 과소평가되었다고 평가할 수 있다.
② 현재 벌어들이는 수익에 비교해 미래 성장가치가 높은 기업의 PER은 크다.
③ PBR(주가장부가치비율)은 기업이 보유한 순자산과 기업의 시장가를 비교한 비율이다.
④ 기업이 많은 수익을 얻을 것이라고 예상될수록 기업의 PBR은 작다.

16 **2022년 1월 1일 ㈜대한은 3년 만기의 액면가 1,000억, 표시이자율 8%의 사채에 시장이자율 10%를 적용해 950억에 발행했다. 표시이자는 매년 말 지급하며 유효이자율법을 적용한다. 이때 ㈜대한이 3년간 인식할 총 이자비용은 얼마인가? (단, 이자비용은 천만 자리에서 반올림하며, 이자율 10%의 연금현가계수는 2.5, 단일금액현가계수는 0.75를 사용한다)**

① 240억
② 250억
③ 270억
④ 290억

17 **㈜민국은 2022년 1월 1일 원리금 수취 목적으로 액면금액 1,000,000원의 사채를 950,263원에 취득했다. 이 사채의 상환기간은 3년이며 액면이자율은 8%이고 유효이자율은 10%를 적용한다. 회사가 2022년 말 재무상태표에 인식할 사채의 순장부금액을 (가), 2022년 금융자산의 상각액을 (나)라고 할 때, (가)와 (나)를 옳게 짝지은 것은?**

	(가)	(나)
①	927,237원	15,026원
②	965,289원	15,026원
③	965,289원	23,979원
④	1,030,263원	23,979원

18 금융자산에 대한 설명으로 옳은 것을 [보기]에서 모두 고르면?

| 보기 |

ㄱ. 기타포괄손익-공정가치 측정 금융자산은 공정가치로 평가하며, 평가차익에 대해서는 당기손익으로 계상한다.
ㄴ. 원리금으로 구성되고 현금흐름 수취와 매도를 목적으로 한 채무상품은 상각후원가 측정 금융자산으로 분류한다.
ㄷ. 당기손익-공정가치 측정 금융자산을 취득하면서 발생한 수수료는 당기비용으로 인식한다.
ㄹ. 당기손익-공정가치 측정 금융자산은 표시이자를 당기손익으로 인식한다.

① ㄱ, ㄷ
② ㄱ, ㄹ
③ ㄴ, ㄷ
④ ㄷ, ㄹ

19 다음 [2022년 재무정보]와 [재무상태표]에 근거할 때 ㉠~㉢ 들어갈 수를 옳게 짝지은 것은?

[2022년 재무정보]

- 매출액: 10,000
- 매출원가: 6,000
- 직원급여: 1,000
- 이자수익: (㉠)
- 임차료: 2,500

[재무상태표]

	2022년 초	2022년 말
자산	(㉡)	6,000
부채	3,000	3,000
자본	1,000	(㉢)

	㉠	㉡	㉢
①	1,500	4,000	3,000
②	500	4,000	3,000
③	1,500	3,000	4,000
④	500	3,000	4,000

20 다음 [재무정보]에 근거할 때 영업이익과 당기순이익을 옳게 짝지은 것은?

[재무정보]

- 매출: 10,000
- 매출원가: 5,000
- 임차료: 500
- 종업원 급여: 1,500
- 법인세비용: 1,000
- 토지처분이익: 2,000

	영업이익	당기순이익
①	3,000	5,000
②	3,000	4,000
③	5,000	4,000
④	6,000	4,000

21 재무제표와 재무상태표에 대한 설명으로 옳지 않은 것은?

① 재무제표는 상호 간 연관성 아래에 작성된다.
② 재무상태표를 바탕으로 기업의 재무구조와 기업의 유동성 수준을 평가할 수 있다.
③ 재무상태표는 일정 시점의 재무상태를 나타내며 대차대조표라고도 불린다.
④ 재무상태표 작성 시에는 주관적 판단이 결코 개입되어서는 안 된다.

22 **선물계약에 대한 설명으로 옳은 것을 [보기]에서 모두 고르면?**

| 보기 |

ㄱ. 1년 뒤에 거래 대금을 지급하기 위해 달러화가 필요한 경우 달러와 관련된 선물을 매도할 수 있다.
ㄴ. 선물 계약 시 매입자는 매도자에게 선물 가격을 지급한다.
ㄷ. 선물은 조직화된 공식 시장인 선물거래소에서 거래된다.
ㄹ. 일일정산, 증거금 제도를 통해 채무불이행을 방지한다.

① ㄷ
② ㄱ, ㄷ
③ ㄷ, ㄹ
④ ㄱ, ㄷ, ㄹ

23 **㈜만세의 부채비율(=부채/자기자본)은 100%이고, 기업의 가중평균자본비용(WACC)은 15%이다. 또한 표면이자율이 10%인 액면가로 발행된 부채를 보유하고 있으며, 법인세율은 30%이다. 이때 ㈜만세의 자기자본비용은 얼마인가?**

① 22%
② 23%
③ 24%
④ 25%

24 **자본구조이론에 대한 설명으로 옳은 것을 [보기]에서 모두 고르면?**

| 보기 |

ㄱ. 파산비용이론에서는 부채의 사용으로 인한 기대 파산비용과 이자비용 법인세 절감효과를 고려해 최적 자본구조가 결정된다고 보았다.
ㄴ. MM이론(1958)에 따르면 부채가 커질수록 기업 가치가 상승한다.
ㄷ. 수정된 MM이론(1963)에 따르면 부채를 사용하는 기업 가치는 무부채 기업 가치보다 법인세의 현재가치만큼 크다.
ㄹ. 대리비용이론에서의 최적 자본구조는 자기자본 대리비용과 부채 대리비용의 합계가 최소화되는 지점이다.

① ㄱ
② ㄱ, ㄹ
③ ㄴ, ㄷ
④ ㄱ, ㄴ, ㄹ

25 **다음은 증권의 수익률을 설명하는 차익거래가격결정모형(APT)에 관한 공식과 관련요소에 관한 [표]이다. 증권 A의 요인 1의 체계적 위험(β_1)이 1.5, 요인 2의 체계적 위험(β_2)이 1일 때, 증권 A의 기대수익률은 얼마인가?**

> β_i=공통요인 i에 대한 체계적 위험, F_i=공통요인, e=잔차일 때, 증권의 수익률(R)은 다음과 같다.
>
> $$R=E(R)+\beta_1\times F_1+\beta_2\times F_2+e$$

[표]

무위험 수익률	요인 1	요인 2
5%	10%	20%

① 20% ② 30%
③ 35% ④ 40%

26 **시장이 균형일 때 CAPM(자본자산가격결정모형)에 대한 설명으로 옳지 않은 것은?**

① 증권시장선상에 위치하는 자산은 자본시장선상에 위치하지 않을 수 있다.
② 자본시장선상에 존재하는 두 포트폴리오의 상관계수는 무조건 1이다.
③ 증권시장선상에 존재하는 두 포트폴리오의 상관계수는 무조건 1이다.
④ 자본시장선 아래에 존재하는 자산은 증권시장선상에 위치한다.

27 **다음 [표]는 투자안 A의 현금흐름에 대한 정보를 나타내고 있다. 투자안 A는 초기에 100의 투자가 필요하며, 무위험 이자율은 5%이다. 이때 투자안 A의 리스크 프리미엄은 얼마인가?**

[표] 투자안 A의 현금흐름

구분	불황	보통	호황
확률	30%	40%	30%
투자안의 기대 현금흐름	80	130	180

① 5% ② 10%
③ 20% ④ 25%

28 **MM의 자본구조이론의 가정으로 옳은 것을 [보기]에서 모두 고르면?**

| 보기 |

ㄱ. 개인 투자자는 기업과 같은 조건으로 차입할 수 없다.
ㄴ. 거래비용 또는 세금이 존재하지 않는다.
ㄷ. 기업의 영업위험은 회사의 고유한 성격에 따라 모두 다르다.
ㄹ. 투자안의 기대 영업이익은 매해 일정하다.

① ㄱ, ㄷ
② ㄱ, ㄹ
③ ㄴ, ㄷ
④ ㄴ, ㄹ

29 **다음 [표]는 참가자 A와 참가자 B가 선택할 수 있는 전략과 그에 대한 보수를 나타낸다. 이에 대한 설명으로 옳은 것은? (단, 괄호 안의 첫 번째 수는 참가자 A의 보수, 두 번째 수는 참가자 B의 보수를 나타낸다)**

[표] 참가자 A, B의 보수행렬

구분		참가자 B	
		전략 1	전략 2
참가자 A	전략 1	(5, 5)	(16, 7)
	전략 2	(8, 15)	(10, 10)

① 주어진 상황에서 내쉬균형은 존재하지 않는다.
② 내쉬균형은 참가자 A와 참가자 B가 모두 전략 2를 선택하는 상황이다.
③ 주어진 상황에서 두 개의 내쉬균형이 존재한다.
④ 참가자 B가 어떤 선택을 하더라도 참가자 A는 전략 2를 선택하는 것이 내쉬전략이다.

30 **다음 [표]는 원유를 생산해서 수출하는 A국과 B국이 선택할 수 있는 원유가격 전략에 따른 보수를 나타낸다. 이에 대한 설명으로 옳지 않은 것은? (단, 괄호 안의 첫 번째 수는 A국의 보수, 두 번째 수는 B국의 보수를 나타낸다)**

[표] A국과 B국의 보수행렬

구분		B국	
		저가격 전략	고가격 전략
A국	저가격 전략	(50억, 50억)	(150억, −10억)
	고가격 전략	(−20억, 160억)	(100억, 100억)

① 주어진 상황에서 두 개의 내쉬균형이 발생한다.

② A국은 우월전략이 존재한다.

③ B국은 저가격 전략을 선택하는 것이 내쉬전략이다.

④ 죄수의 딜레마 상황이다.

31 **구축효과를 결정하는 요인들에 대한 설명으로 옳지 않은 것을 [보기]에서 모두 고르면?**

| 보기 |

ㄱ. 구축효과는 정부지출 증가 시 화폐량 상승으로 인해 민간 투자를 감소시키는 현상을 의미한다.

ㄴ. 투자의 이자율 탄력성이 작을수록 구축효과도 작아진다.

ㄷ. 화폐수요의 소득 탄력성이 클수록 구축효과는 작아진다.

ㄹ. 케인즈 학파는 확대 재정정책으로 인한 구축효과가 작다고 보았다.

① ㄱ, ㄴ　　② ㄱ, ㄷ

③ ㄴ, ㄹ　　④ ㄷ, ㄹ

32 **원화의 미국 달러화에 대한 평가절하가 계속되고 원화의 일본 엔화에 대한 평가절상이 계속되고 있는 상황이다. 이러한 상황이 계속되는 경우 해당 상황을 고려한 한국 사람의 의사결정으로 적절하지 않은 것은? (단, 주어진 조건만을 고려한다)**

① 미국으로부터 상품 수입을 줄이기로 결정했다.
② 미국에 상품 수출을 늘리기로 결정했다.
③ 일본으로부터 상품 수출을 늘리도록 결정했다.
④ 일본에 현지 공장을 설립하기로 결정했다.

33 **다음 (가), (나)에서 설명하는 경제 통합의 형태를 옳게 짝지은 것은?**

(가) 회원국 간의 경제적 국경을 철폐하고 노동, 자원의 자유로운 이동이 가능하며 역외 국가의 수입품에 대해 공동관세를 부과한다는 특징이 있다.
(나) 회원국 간의 관세를 철폐하고 수입량 제한 등을 없애는 경제협력으로, 역외 국가의 수입품에 대해서는 회원국이 개별적으로 관세를 부과한다는 특징이 있다.

	(가)	(나)
①	공동시장	자유무역지역
②	관세동맹	자유무역지역
③	자유무역지역	관세동맹
④	자유무역지역	공동시장

34 **다음 기사에서 설명하는 상황의 원인으로 적절하지 않은 것은?**

> **원/달러 환율 상승세… 장 초반 1,290원대 등락**
>
> ○○일 오전 원/달러 환율이 상승세를 보이며 1,290원대에서 출발했다. 이날 서울 외환시장에서 오전 9시 18분 현재 달러 대비 원화 환율은 전날 종가보다 6.9원 오른 달러당 1,290.3원이다. 환율은 전날 종가보다 9.0원 오른 1,292.4원에 출발해 장 초반 1,289.6~1,292.5원에서 오르내리고 있다. 글로벌 시장의 안전자산 선호 심리를 반영해 이날 코스피를 비롯한 아시아 증시가 하락한다면 원/달러 환율이 상승 압력을 받을 전망이다.

① 외국인들이 국내 주식을 매각했다.

② 한국의 금융통화위원회가 기준금리를 인상했다.

③ 미국산 곡물에 대한 국내 수요가 증가했다.

④ 미국인 관광객의 국내 관광 감소로 인해 관광 수입이 감소했다.

35 **다음 글에서 설명하는 개념과 가장 거리가 먼 것은?**

> 재정당국이 경제에 발생한 충격을 인식하고 정책을 수립·집행하는 별도의 절차가 요구되지 않기 때문에 재량적 재정정책이 가지는 시차(time lag) 문제를 극복할 수 있다는 장점을 갖고 있다.

① 누진세

② 사회보장제도

③ 실업급여

④ 부가가치세

36 **다음 기사의 ㉠, ㉡에 들어갈 수 있는 용어로 적절한 것을 옳게 짝지은 것은?**

> 제조업 재고율 128.6%, 1998년 8월 이후 최고
> 코로나 팬데믹으로 수출 급감 → 제조업 가동률 급락
>
> 코로나 팬데믹(세계적 대유행)에 따른 수출 급감 등으로 경기흐름을 보여 주는 (㉠) 순환변동치가 21년 4개월 만에 최저 수준으로 떨어졌다. 향후 경기흐름을 보여 주는 (㉡)도 급락했다.

	㉠	㉡
①	광공업생산지수, 서비스업생산지수	코스피, 장단기금리차
②	취업자수, 서비스업생산지수	경제심리지수, 취업자수
③	경제심리지수, 취업자수	장단기금리차, 서비스업생산지수
④	코스피, 광공업생산지수	광공업생산지수, 취업자수

37 **다음 기사의 ㉠에 들어갈 용어로 적절한 것은?**

> 쿠웨이트가 석유를 수출하고 콜롬비아가 커피를 수출하는 이유가 무엇인지 구태여 묻는 사람은 없다. 그 나라 땅에 석유가 많이 묻혀 있어 석유를 수출하고 커피를 경작하기 좋은 조건을 갖고 있어 커피를 수출한다는 대답은 누구라도 쉽게 할 수 있다. 그러나 어떤 이유로 한나라가 특정한 상품을 수출하는가에 대해 이처럼 명백한 답이 나오지 않는 경우도 많다. 예를 들어 중국이 싼 티셔츠를 대량으로 만들어 수출하는 이유는 그렇게 명백하지 않다.
>
> 각 나라는 비교우위를 갖고 있는 상품을 수출하게 된다는 원론적인 설명을 언제인가 한 적이 있다. 그렇다면 이 비교우위라는 것은 어떤 원천에서 나오게 되는가? 이 질문에 대한 여러 가지 답 중의 하나가 지금 설명하려 하는 (㉠)이다. 이는 한 나라에 어떤 생산요소가 상대적으로 더 풍부하게 부존되어 있는가가 비교우위의 결정요인이라고 설명한다. 각 나라에 부존되어 있는 생산요소의 비율이 서로 다르다는 사실로부터 출발하고 있다.

① 스톨퍼 – 사무엘슨 정리
② 립진스키 정리
③ 헥셔 – 오린 정리
④ 레온티에프의 역설

38 **다음 기사에 비춰 볼 때 앞으로 나타날 현상으로 적절하지 않은 것은?**

> 바이든 당선 가능성에… 시장은 "내년 환율 1,100원 밑돌 수도"
>
> 조 바이든 민주당 후보가 미국 대선에서 승기를 잡게 될 가능성이 커지면서 외환시장에서는 원·달러 환율 흐름 예측에 분주한 분위기다. 당장 환율은 장중 1,120원대로 다시 내려가 달러 약세, 원화 강세 흐름을 나타내고 있다. 전문가들은 내년 미·중 관계 개선이 두드러지면 내년 하반기 환율이 1,100원을 밑돌 가능성을 점치고 있다.

① 미국으로 이미 여행을 다녀온 사람은 상대적으로 손해 봤다고 느낄 것이다.
② 달러 외채 상환 부담은 앞으로 줄어들 것이다.
③ 해외 유학 중인 자녀에게 용돈을 송금하는 부모의 부담은 커질 것이다.
④ 보유하고 있는 원화의 달러 환전은 다소 늦추는 것이 낫다.

39 **어느 재화의 수요곡선은 수직선이고, 공급곡선은 우상향한다. 이때 정부가 조세를 부과한다면 그 결과(조세의 귀착)는 어떻게 나타나겠는가?**

① 모두 소비자가 부담한다.
② 모두 생산자가 부담한다.
③ 양측 모두 부담하지만, 소비자가 더 많이 부담한다.
④ 양측 모두 부담하지만, 생산자가 더 많이 부담한다.

40 **고용지표에 대한 설명으로 옳지 않은 것은?**

① 경제활동인구는 만 18세 이상 인구 중 조사대상 기간 동안 상품이나 서비스를 생산하기 위하여 실제로 수입이 있는 일을 한 취업자와, 일을 하지는 않았으나 구직활동을 한 실업자를 합한 것이다.

② 조사대상 주간에 수입을 목적으로 6시간 일했다면 취업자에 해당한다.

③ 잠재구직자란 비경제활동인구 중 지난 4주간 구직활동을 하지 않았지만, 조사대상 주간에 취업을 희망하고 취업이 가능한 자를 말한다.

④ 직장을 가지고 있으나 노사분규로 일하지 못한 일시휴직자는 취업자로 본다.

Chapter

02

제 2 회 실전모의고사

※ 시험 시간: 총 40분
※ 배점: 직무수행 객관식 – 문항당 1점

<table>
<tr><th colspan="2">구분</th><th>문항 번호</th><th>문항 개수</th><th>세부분야별 점수</th><th>총점</th></tr>
<tr><td rowspan="3">경영</td><td>경영 일반</td><td>01~10</td><td>10문항</td><td>____ 점</td><td rowspan="4">____ 점</td></tr>
<tr><td>회계</td><td>11~20</td><td>10문항</td><td>____ 점</td></tr>
<tr><td>재무관리</td><td>21~28</td><td>8문항</td><td>____ 점</td></tr>
<tr><td colspan="2">경제</td><td>29~40</td><td>12문항</td><td>____ 점</td></tr>
</table>

Chapter 02 제2회 실전모의고사

01 조직행동이론에 대한 설명으로 옳지 않은 것을 [보기]에서 모두 고르면?

| 보기 |

ㄱ. 직무몰입은 강한 응집성이 있는 집단 내 의견을 일치시키려는 성향이 높아 집단 내에서 다른 의사결정을 고려할 수 없는 비합리적인 상황을 의미한다.
ㄴ. 변동비율법에 따라 적용한 강화방식이 고정비율법에 따라 강화된 행동보다 늦게 사라진다.
ㄷ. 조직몰입 중 경제적 요소로 인한 몰입은 규범적 몰입에 해당한다.
ㄹ. 개인의 직무만족도가 높을수록 이직률이 낮아진다.

① ㄱ, ㄷ
② ㄴ, ㄷ
③ ㄴ, ㄹ
④ ㄷ, ㄹ

02 경영학의 발전 과정 중 나타난 이론에 대한 설명으로 옳은 것을 [보기]에서 모두 고르면?

| 보기 |

ㄱ. 포드 시스템은 저임금, 고가격을 통한 기업의 이익 극대화를 강조했다.
ㄴ. 행동과학은 생산 중심의 전통적 이론과 다르게 인간관계를 중시하며 비공식 조직의 중요성을 강조했다.
ㄷ. 과학적 관리는 시간과 동작연구를 통해 직원에게는 높은 임금을 지급하고 기업의 노무비용은 줄일 수 있다고 보았다.
ㄹ. 시스템 이론은 기업 내부의 요소만 다루는 기존의 경영이론과 다르게 기업과 기업 외부와의 상호작용을 다뤘다는 것에 의의가 있다.

① ㄱ, ㄷ
② ㄱ, ㄹ
③ ㄴ, ㄷ
④ ㄷ, ㄹ

03 **다음 [대화]는 포터의 산업구조분석모형(5 Forces Model)에 대해 A~C가 이야기를 나눈 것이다. B와 C가 설명한 위협의 요소를 옳게 짝지은 것은?**

[대화]

- A: 기업은 경영활동을 하면서 다양한 위협에 직면합니다. 기업이 맞닥뜨릴 수 있는 위협에 대해 분석한 여러 경영이론이 있는데 오늘은 포터의 산업구조분석모형에 대해 이야기하도록 하겠습니다.
- B: 포터는 기업이 충족시키는 고객의 욕구를 다른 방식으로 충족시키는 기업들이 많을수록 산업의 매력은 감소한다고 봤습니다.
- C: 포터는 새로운 경쟁 기업이 산업에 진입하기 쉬울수록 산업의 매력은 감소한다고 봤습니다.

	B	C
①	대체재 위협	신규 경쟁자 진입 위협
②	대체재 위협	구매자의 교섭력
③	보완재 위협	신규 경쟁자 진입 위협
④	보완재 위협	공급자의 교섭력

04 **인간관계론에 대한 설명으로 옳지 않은 것은?**

① 인간관계론에서는 사회적, 심리적 요인이 생산성에 영향을 미친다고 봤다.
② 인간은 비합리적이며 경제적이지 않은 결정을 내릴 수 있다고 봤다.
③ 비공식집단의 존재를 인식하고 생산성에도 영향을 미친다는 것을 발견했다.
④ 인간관계론은 행동과학이론으로부터 발전된 경영이론이다.

05 **자재소요계획(MRP: Material Requirement Planning)에 대한 설명으로 옳은 것을 [보기]에서 모두 고르면?**

| 보기 |

ㄱ. 자재소요계획을 적용할 때는 하위 품목의 별도 수요 예측이 필요하지 않다.
ㄴ. 낭비와 재고를 기업의 생산과정에서 지속적으로 감소시키고 개선하려는 시스템이다.
ㄷ. 원재료의 조달부터 소비자에 대한 판매까지 일련의 과정의 효율성을 개선하는 데 효과적이다.
ㄹ. 주생산계획, 재고기록, 자재명세서를 바탕으로 수립된다.

① ㄱ, ㄴ
② ㄱ, ㄹ
③ ㄴ, ㄷ
④ ㄴ, ㄹ

06 **다음 (가)~(라)의 설명에 해당하는 마케팅을 [보기]에서 골라 옳게 짝지은 것은?**

(가) SNS를 통해 소비자가 자발적으로 상품을 홍보할 수 있도록 유도하는 마케팅
(나) 지속적인 고객과의 관계 유지를 통해 기업의 이익을 높이려는 마케팅
(다) 소비자를 여러 세분시장으로 나눠 하나 또는 여러 세분시장을 공략하는 마케팅
(라) 소비자의 수요가 형성되지 않은 시장에서 소비자의 선호를 끌어내려는 마케팅

| 보기 |

ㄱ. 개발적 마케팅(developmental marketing)
ㄴ. 차별적 마케팅(differentiated marketing)
ㄷ. 바이러스성 마케팅(viral marketing)
ㄹ. 관계마케팅(customer relationship marketing)

	(가)	(나)	(다)	(라)
①	ㄱ	ㄴ	ㄷ	ㄹ
②	ㄴ	ㄹ	ㄱ	ㄷ
③	ㄷ	ㄴ	ㄹ	ㄱ
④	ㄷ	ㄹ	ㄴ	ㄱ

07 **다음 글은 가격결정 방식에 대한 설명이다. ㉠~㉢에 들어갈 말을 옳게 짝지은 것은?**

- (㉠)은 제품을 출시할 때 높은 가격을 책정하는 가격 결정방식으로 고객들이 가격-품질 연상을 갖고 있는 경우 적용하기 적합하다.
- (㉡)은 주제품을 낮은 가격으로 판매하고 주제품에 필요한 종속제품, 소모품을 비싼 가격에 판매하는 방식이다.
- (㉢)은 제품을 출시할 때 낮은 가격으로 출시해 높은 시장점유율을 차지하고 이후 가격을 올리는 가격 결정방식이다.

	㉠	㉡	㉢
①	스키밍 가격	종속 가격	시장침투 가격
②	시장침투 가격	종속 가격	스키밍 가격
③	스키밍 가격	준거 가격	유보가격
④	이중요율	종속 가격	유보가격

08 **6시그마(six sigma)에 대한 설명으로 옳은 것은?**

① 생산 제품 100개당 6개의 불량률을 목표로 한다.
② 품질 향상을 위한 종합적 시스템이다.
③ 낭비를 줄이고 불필요한 재고를 줄이는 데 중점을 둔다.
④ 조직의 하위 부문에서 상위 관리자로 의견이 전달되어 의사결정이 추진된다.

09 **프로세스 관리에 대한 설명으로 옳지 않은 것은?**

① 유통업체가 제조기업을 인수하는 것은 후방통합에 해당한다.
② 공급사슬 중 소매점에서 원재료 공급업체 쪽으로 갈수록 수요 변동 폭이 커진다.
③ 대량고객화는 고객화의 정도가 높다는 점에서 대량생산과 차이가 있다.
④ 기업은 수직적 통합을 위해 아웃소싱을 확대할 수 있다.

10 **공급사슬관리에 대한 설명으로 옳지 않은 것은?**

① 공급자 재고관리(VMI)를 통해 재고 관련 비용을 절감할 수 있다.
② 공급사슬관리는 제품 또는 서비스를 생산하고 고객에게 제공하는 일련의 과정에 관련된 모든 활동을 관리하는 것이다.
③ 지연차별화를 통해 대량고객화를 가능하게 할 수 있다.
④ 수요변동이 큰 경우 창고의 수를 늘려 리스크 풀링 효과를 통해 안전재고를 감소시킬 수 있다.

11 **㈜민국은 2022년 초 건물이 있는 토지를 구입해 기존의 건물을 철거하고 새로운 건물을 짓기 시작했다. 새 건물은 2022년 7월 1일부터 사용 가능하다. 건물과 관련된 재무 정보를 나타내는 다음 [자료]에 근거할 때, 토지의 취득원가와 건물의 취득원가를 옳게 짝지은 것은?**

[자료]

- 2022년 초 건물이 있는 토지를 200억에 구입하고 토지의 취득·등록세 20억 발생
- 2022년 1월 18일 구건물 철거비용 15억과 철거로 인한 폐자재 처분수익 5억 발생
- 2022년 5월 10일 건물 공사비 중도금 100억 지급
- 2022년 6월 30일 건물 공사비 잔금 50억 지급

	토지의 취득원가	건물의 취득원가
①	220억	160억
②	220억	165억
③	230억	150억
④	230억	165억

12 **재고자산의 회계처리에 관한 설명으로 옳지 않은 것은?**

① 후속적인 생산단계 투입 전 보관이 필수적인 경우 보관원가는 재고자산의 취득원가에 포함된다.
② 재고에 선입선출법을 적용하는 경우 기말재고자산은 최근에 구입한 재고 원가로 구성된다.
③ 재고자산의 지역별 위치가 다른 경우 같은 종류의 재고에 여러 단위당 원가 결정방식을 적용할 수 있다.
④ 선적지 인도 기준으로 매입할 때 관련 운임은 재고자산의 취득원가에 포함된다.

13 **㈜민국은 현재 회사의 일부 서류가 소실되어 기말자산의 잔액을 모르는 상황이다. ㈜민국의 재무정보를 나타내고 있는 다음 [자료]에 근거할 때, ㉠에 들어갈 ㈜민국의 기말자산 잔액은 얼마인가?**

[자료]

- 기초자산: 2,200,000원
- 기초부채: 1,000,000원
- 기말자산: (㉠)원
- 기말부채: 800,000원
- 당기총수익: 1,500,000원
- 당기총비용: 700,000원
- 무상증자: 500,000원
- 현금배당: 200,000원

① 2,200,000 ② 2,400,000
③ 2,600,000 ④ 2,800,000

14 **㈜대한의 지난 회계연도의 총자산 회전율은 2이고, 매출액 순이익률은 5%로, 이는 동종업계 평균과 거의 비슷하다. 그러나 회사의 지난 회계연도 ROE는 20%로 업계 평균인 30%보다 작다. ㈜대한이 자본구조변경을 통해 ROE를 업계 평균인 30%로 증가시키려고 할 때, 지난 회계연도의 자료를 고려해 구한 ㈜대한의 기존 부채비율(=부채/자본)과 적정 부채비율을 옳게 짝지은 것은?**

	기존 부채비율	적정 부채비율
①	100%	200%
②	100%	300%
③	200%	100%
④	200%	300%

15 **현금의 유입과 유출에 불확실성이 수반된 계정과목에 대한 설명으로 옳지 않은 것은?**

① 충당부채는 주석공시가 아닌 재무상태표 계상 항목이다.
② 경제적 효익의 유입가능성이 높지 않은 우발자산은 주석에 공시하지 않는다.
③ 우발부채와 우발자산은 재무상태의 부채와 계정과목으로 각각 인식하는 것이 원칙이다.
④ 화폐의 시간가치가 중요하지 않은 경우를 제외하고는 충당부채는 예상 지출액의 현재가치로 평가한다.

16 **다음 [자료]는 회사가 선택할 수 있는 X재 생산 방식에 따른 총생산비용을 나타낸 것이다. [자료]에 근거하여 회사가 대안 B를 선택하는 것이 유리한 X재 생산량 구간을 고르면?**

[자료]

- 대안 A: 단위당 변동비 10원, 총 고정비 9,000
- 대안 B: 단위당 변동비 20원, 총 고정비 4,000
- 대안 C: 단위당 40원으로 외부 구입

① X<200　　② 100<X<200
③ 200<X<500　　④ 500<X

17 **다음 [자료]는 2022년 말 ㈜대한의 현금과 관련된 재무 정보이다. [자료]에 근거할 때, ㈜대한의 재무상태표에 계상되는 현금 및 현금성 자산은 얼마인가?**

[자료]

- ㈜대한은 차용증서 10,000원과 우표 20,000원을 보유하고 있다
- ㈜대한은 회사에 소액 현금 10,000원과 타인발행 당좌수표 30,000원을 보유하고 있다.
- 2022년도 말 기준으로 은행에서 발급한 ㈜대한의 당좌예금 잔액증명서 금액은 100,000원이다.
- 은행이 회사에 미통보해 장부에 기재하지 못한 매출채권 추심액 15,000원과 은행수수료 10,000원이 있다.
- 은행에서 미인출된 수표 20,000원, 마감 이후 입금되어 잔액증명서에 기입되지 않은 예금 30,000원이 있다.

① 140,000　　② 150,000
③ 155,000　　④ 180,000

18 **현금흐름의 분류로 옳지 않은 것은?**

① 매출채권 회수: 영업활동 현금흐름　　② 매입채무 상환: 영업활동 현금흐름
③ 이자비용 지급: 투자활동 현금흐름　　④ 사채의 상환: 재무활동 현금흐름

19 **당좌비율(=당좌자산/유동부채) 150%, 유동비율(=유동자산/유동부채) 300%인 기업이 상품 30,000을 외상으로 구입할 경우 당좌비율과 유동비율의 증감을 옳게 짝지은 것은?**

	당좌비율	유동비율
①	증가	증가
②	감소	증가
③	증가	감소
④	감소	감소

20 **어느 기업의 총자산은 10,000이고 자기자본은 8,000이다. 다음 [손익계산서]에 근거할 때, 수익성비율로 옳지 않은 것은?**

[손익계산서]

20X1.1.1~20X1.12.31. (1기)

	당기
매출	5,000
매출원가	(생략)
매출총이익	(생략)
판매관리비	1,000
영업이익	1,500
법인세비용	500
당기순이익	(생략)

① 매출액 순이익률: 20%
② 매출총이익률: 50%
③ 자기자본 순이익률(ROE): 10%
④ 총자산 순이익률(ROA): 10%

21 **자본구조와 기업가치에 대한 설명으로 옳지 않은 것을 [보기]에서 모두 고르면?**

| 보기 |

ㄱ. 부채비율이 높은 경우 파산비용으로 인해 기업의 가치가 감소할 수 있다.
ㄴ. 소유경영자의 지분율이 작을수록 자기자본 대리비용이 커진다.
ㄷ. 부채비율이 감소하면 타인자본 대리비용이 커진다.
ㄹ. 자본조달순위이론은 기업에 최적인 자본구조를 제시한다.

① ㄱ, ㄴ
② ㄱ, ㄷ
③ ㄷ, ㄹ
④ ㄴ, ㄷ, ㄹ

22 **자본자산가격결정모형(CAPM)에 필요한 가정에 대한 설명으로 옳은 것을 [보기]에서 모두 고르면?**

| 보기 |

ㄱ. 투자기간은 단일기간을 가정한다.
ㄴ. 무위험자산이 존재한다는 것을 가정한다.
ㄷ. 합리적 투자자를 가정한다.
ㄹ. 완전자본시장을 가정한다.

① ㄱ, ㄷ
② ㄴ, ㄹ
③ ㄱ, ㄴ, ㄹ
④ ㄱ, ㄴ, ㄷ, ㄹ

23 **주가순자산비율(PBR)에 대한 설명으로 옳지 않은 것을 [보기]에서 모두 고르면?**

| 보기 |

ㄱ. 주가수익비율(PER)에 비해 변동성이 작은 편이다.
ㄴ. 회사에서 자본잠식이 발생한 경우에는 주가순자산비율(PBR)이 0보다 크다.
ㄷ. 주가순자산비율(PBR)이 0보다 큰 경우 순현재가치(NPV)는 0보다 크다.

① ㄱ
② ㄱ, ㄴ
③ ㄴ, ㄷ
④ ㄱ, ㄴ, ㄷ

24 **채권가격에 대한 설명으로 옳지 않은 것을 [보기]에서 모두 고르면?**

| 보기 |

ㄱ. 채권의 액면이자율이 높을수록 동일한 이자율 변동에 대한 채권가격의 변동률이 크다.
ㄴ. 만기가 길수록 동일 이자율 변동에 대한 채권가격의 변동폭이 커진다.
ㄷ. 채권 이자율이 상승하면 채권가격은 하락한다.
ㄹ. 이자율 하락 시 채권가격 상승분은 동일 이자율 상승 시 채권가격 하락분과 같다.

① ㄱ, ㄷ
② ㄱ, ㄹ
③ ㄴ, ㄷ
④ ㄷ, ㄹ

25 **자본시장선(CML)과 증권시장선(SML)에 대한 설명으로 옳지 않은 것을 [보기]에서 모두 고르면?**

| 보기 |

ㄱ. SML은 효율적인 자산만 설명하나, CML은 비효율적인 자산도 설명한다.
ㄴ. 시장이 균형상태일 때라도 SML상에 위치하는 자산이 CML상에 위치하지 않을 수 있다.
ㄷ. SML에서 위험자산의 기대수익률은 총위험과 선형관계이다.
ㄹ. SML의 좌측에 위치한 자산은 과소평가된 자산이다.

① ㄱ, ㄴ
② ㄱ, ㄷ
③ ㄴ, ㄷ
④ ㄷ, ㄹ

26 **기업이 현금배당과 자사주매입을 실시할 때 미치는 영향에 대한 설명으로 옳지 않은 것을 [보기]에서 모두 고르면?**

| 보기 |

ㄱ. 현금배당 시 주당순이익(EPS)가 상승한다.
ㄴ. 현금배당 시 주가가 감소한다.
ㄷ. 자사주 매입 시 발행 주식수가 감소한다.
ㄹ. 자사주 매입 시 주당순이익(EPS)은 불변한다.

① ㄱ
② ㄹ
③ ㄱ, ㄷ, ㄹ
④ ㄴ, ㄷ, ㄹ

27 **재무관리의 목표인 기업가치의 극대화에 대한 설명으로 옳지 않은 것은?**

① 자본잠식이 발생할 때 순현재가치(NPV)가 극대화되는 경우 자기자본 가치 또한 항상 극대화된다.

② 자기자본가치가 극대화된다면 기업가치는 극대화된다.

③ 동일 투하자본 아래에서 순현재가치(NPV)를 극대화한다면 기업가치는 극대화된다.

④ 상호배타적 투자안을 순현가법과 내부수익률법으로 평가했을 때 상충하는 결과를 얻을 수도 있다.

28 **자본예산기법인 내부수익률의 문제점으로 옳지 않은 것은?**

① 가치의 가산성이 성립하지 않는다.

② 내부수익률법은 기업가치 극대화와 정량적인 성과에 대한 평가에 적합하지만 투자의 효율이나 상대적 성과를 측정하는 데 적용하기는 어렵다.

③ 할인율이 매기 변동하는 경우 내부수익률법에 이를 반영하기가 어렵다.

④ 투자안이 혼합형 현금흐름으로 이루어진 경우 내부수익률이 존재하지 않거나 복수로 존재할 수 있다.

29 **인터넷 서비스를 독점으로 판매하고 있는 ㈜가나다 통신은 해당 사업에 종사하는 단일 기업이다. 이 회사가 제공하는 인터넷 서비스의 총비용은 $TC=10Q+100$이고 인터넷 서비스에 대한 시장 수요함수는 $P=-Q+80$이다. 기업이 이부가격제를 채택해 이윤을 극대화하고자 할 때 설정하는 총 고정비용은 얼마인가?**

① 2,200 ② 2,450

③ 2,500 ④ 2,550

30 **기업은 세탁기와 냉장고를 판매하고 있고, 소비자는 소비자 1과 소비자 2만 존재한다. 다음 [표]는 세탁기와 냉장고에 대해 소비자들의 최대로 지불할 의사가 있는 가격을 나타낸다. 기업은 매출을 최대화할 수 있는 전략을 선택한다고 할 때, 기업이 선택할 수 있는 개별가격과 묶음 가격 전략에 대한 설명으로 옳은 것은?**

[표] 소비자들의 최대 지불 의사 가격

구분	세탁기	냉장고
소비자 1	300만 원	500만 원
소비자 2	100만 원	800만 원

① 기업이 개별적으로 제품을 판매하는 경우 달성할 수 있는 최대 매출은 1,200만 원이다.
② 기업이 개별적으로 제품을 판매하는 경우 세탁기의 가격은 100만 원, 냉장고의 가격은 500만 원에 설정하는 것이 매출을 극대화하는 방법이다.
③ 세탁기와 냉장고를 묶음으로 판매하는 경우 달성할 수 있는 최대 매출은 1,700만 원이다.
④ 세탁기와 냉장고를 묶음으로 판매하는 경우 세탁기와 냉장고를 모두 800만 원에 판매하는 것이 매출을 극대화하는 방법이다.

31 **필립스 곡선에 대한 설명으로 옳지 않은 것은?**

① 실업률과 인플레이션의 사이를 나타내는 곡선이다.
② 원유가격 상승은 단기 필립스 곡선을 우상방으로 이동시킨다.
③ 자연실업률 가설에 따르면 정부의 확장 경제 정책은 장기적으로 산출량을 변화시킬 수 있다.
④ 자연실업률 가설에 따르면 정부의 확장 통화정책이 단기적으로 자연 실업률보다 더 낮은 수준으로 실제 실업률을 감소시킬 수 있다.

32 **국내총생산(GDP)과 국민총소득(GNI)에 대한 설명으로 옳지 않은 것을 [보기]에서 모두 고르면?**

| 보기 |

ㄱ. 한국에서 외국인이 번 근로소득은 GDP에 포함된다.
ㄴ. GDP가 증가하는 경우 GNI는 항상 증가한다.
ㄷ. 폐쇄 경제에서 GDP와 GNI의 크기는 같다.
ㄹ. 전업주부가 경제활동에 참가할 경우 GDP는 변화하지 않는다.

① ㄱ, ㄴ
② ㄱ, ㄷ
③ ㄴ, ㄹ
④ ㄷ, ㄹ

33 **다음 [그림]은 최근 1년간 환율의 추세를 나타낸다. [그림]과 같은 환율 추세가 계속된다고 할 때 예상되는 상황으로 가장 적절한 것은?**

[그림]

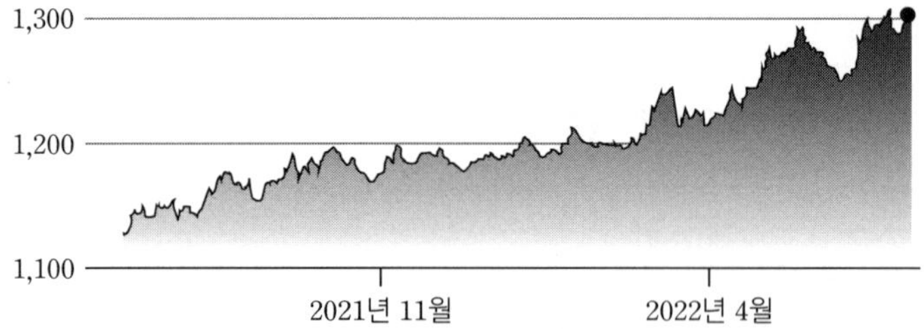

① 국내 기업의 달러 표시 외국채무에 대한 부담이 덜할 것이다.
② 국내 기업의 대미 수출품의 가격경쟁력이 강화될 것이다.
③ 미국 사람이 한국 여행을 앞당기는 것이 유리할 것이다.
④ 달러화에 대한 원화 가치가 상승할 것이다.

34 **3급 가격차별의 성립조건에 대한 설명으로 옳은 것을 [보기]에서 모두 고르면?**

| 보기 |

ㄱ. 소비자가 독점력(수요독점)을 갖고 있어야 한다.
ㄴ. 시장(집단)의 분리가 가능해야 하며, 시장 간 공급의 가격탄력성이 서로 달라야 한다.
ㄷ. 시장 간 재판매가 불가능해야 한다.
ㄹ. 시장을 구분하는 데 드는 비용이 가격차별 시 기대되는 이윤 증가분보다 작아야 한다.

① ㄱ, ㄷ
② ㄴ, ㄷ
③ ㄴ, ㄹ
④ ㄷ, ㄹ

35 **다음 글의 ㉠, ㉡에 들어갈 용어를 옳게 짝지은 것은?**

리카도 대등정리란 정부 지출이 고정된 상태에서 조세를 (㉠)하고 (㉡)을 통해 지출 재원을 조달하더라도 경제의 실질 변수에는 아무런 영향을 미칠 수 없다는 내용이다. 주로 (㉢)정책의 무력성을 주장할 때 소개된다.

	㉠	㉡	㉢
①	감면	국채 발행	재정
②	감면	외환 매입	통화
③	확대	국채 발행	재정
④	확대	외환 매입	통화

36 **중앙은행이 금리를 결정할 때 경제성장률과 물가상승률에 맞춰 조정하는 것을 의미하는 용어로 적절한 것은?**

① 오퍼레이션 트위스트
② 테일러 준칙
③ 물가안정목표제
④ 동태적 비일관성

37 **다음 [표]는 A, B 두 국가의 생산가능곡선과 그 조합을 제시하고 있으며, ㉠~㉤은 생산가능곡선 상의 한 점을 나타낸다. 이에 대한 설명으로 옳은 것은? (단, A, B 두 국가 간 생산에 필요한 자원의 양과 생산 기간은 서로 동일하다)**

[표 1] A국의 생산가능 재화의 조합

구분	㉠	㉡	㉢	㉣	㉤
X재	0	1	2	3	4
Y재	25	22	17	10	0

[표 2] B국의 생산가능 재화의 조합

구분	㉠	㉡	㉢	㉣	㉤
X재	0	1	2	3	4
Y재	10	9	7	4	0

① A, B 두 국가 모두 X재 생산을 늘릴수록 발생하는 기회비용은 점차 작아진다.
② 만약 ㉠~㉢ 지점에서만 생산이 가능할 경우, A국은 ㉠에서 생산할 것이다.
③ Y재 생산에 있어 A국은 B국보다 높은 생산기술을 보유했을 것이다.
④ 두 국가 간 교역이 이뤄진다면 A국만 이득을 얻을 뿐, B국은 어떠한 교역조건하에서도 이득을 얻지 못한다.

38 **경제주체들의 합리적 선택에 대한 설명으로 적절하지 않은 것을 [보기]에서 모두 고르면?**

| 보기 |

ㄱ. 100, 80, 50의 편익을 얻을 수 있는 선택지 중에서 100을 선택했을 때 기회비용은 130이다.
ㄴ. 기회비용은 명시적 비용과 암묵적 비용을 더한 것이다.
ㄷ. 기회비용이 동일할 때는 편익이 더 큰 것을 선택해야 한다.
ㄹ. 개인에게 자유재인 재화는 경제 전체로 봤을 때도 항상 자유재이다(단, 이때의 자유재란 개인이 재화를 이용할 때 아무런 비용을 지불하지 않는 상황을 말함).

① ㄱ, ㄷ
② ㄱ, ㄹ
③ ㄴ, ㄷ
④ ㄷ, ㄹ

39 **규모의 경제에 대한 설명으로 옳지 않은 것을 [보기]에서 모두 고르면?**

| 보기 |

ㄱ. 생산량이 많아질수록 단가가 낮아지는 현상이다.
ㄴ. 규모의 경제는 자연독점으로 이어질 수 있다.
ㄷ. 한 기업에서 생산하는 상품의 종류가 많아져야 규모의 경제가 나타난다.
ㄹ. 미용실은 규모의 경제를 가져오는 대표적인 사업이다.

① ㄱ, ㄴ　② ㄱ, ㄷ
③ ㄴ, ㄹ　④ ㄷ, ㄹ

40 **다음은 A은행의 [대차대조표]이다. A은행은 법정지급준비금만을 남기고, 초과지급준비금은 전부 대출하고자 한다. 이때 초과지급준비금으로 최대 창출할 수 있는 통화량은 얼마인가? (단, 법정지급준비율은 10%이며 민간의 현금 보유는 없다)**

[대차대조표]

(단위: 억 원)

자산		부채	
지급준비금	300	예금	2,000
대출	1,200		
⋮	⋮	⋮	⋮
(생략)	(생략)	(생략)	(생략)

① 900억 원　② 1,000억 원
③ 1,200억 원　④ 2,200억 원

Chapter

03

제 3 회 실전모의고사

※ 시험 시간: 총 40분

※ 배점: 직무수행 객관식 – 문항당 1점

구분		문항 번호	문항 개수	세부분야별 점수	총점
경영	경영 일반	01~10	10문항	____ 점	____ 점
	회계	11~21	11문항	____ 점	
	재무관리	22~28	7문항	____ 점	
경제		29~40	12문항	____ 점	

Chapter 03 제3회 실전모의고사

01 **주식회사의 기관에 대한 설명으로 옳지 않은 것은?**

① 감사는 이사의 업무집행뿐만 아니라 회계에 대한 감사 권한이 있다.
② 이사회는 이사의 직무집행을 감독해야 한다.
③ 이사회는 주식회사의 최고 의결기관이다.
④ 대표이사는 이사회에서 결의된 사항에 대해 업무를 집행한다.

02 **기업의 경영자에 대한 설명으로 옳은 것은?**

① 전문경영자는 경영에 대한 전문성이 높지만, 기업의 장기적 성과에 대한 고려가 부족하다는 단점이 있다.
② 소유경영자는 출자와 관계없이 기업을 경영한다는 특징이 있다.
③ 기업의 성과에 대한 포괄적인 책임을 지고 기업 전체를 총괄하는 최상위 경영자는 일선경영자에 해당한다.
④ 기업의 규모가 커지면서 소유경영자의 필요성이 더욱 커지고 있다.

03 **목표관리(MBO: Management By Objectives)는 기업이 목표를 달성하기 위해 채택할 수 있는 체계이다. 목표관리(MBO)에 대한 설명으로 옳지 않은 것은?**

① 목표관리에서는 구체적인 목표를 설정해야 한다.
② 부하직원과 상사가 공동으로 목표를 정하는 특징이 있다.
③ 목표관리는 행정적인 업무처리를 감소시켜 효율성을 높일 수 있다는 장점이 있다.
④ 목표관리에서는 목표 달성에 대한 피드백을 중요시한다.

04 **매슬로우의 욕구단계 이론과 알더퍼의 ERG 이론에 대한 설명으로 옳지 않은 것은?**

① 매슬로우의 욕구단계 이론의 안전욕구는 ERG 이론의 존재욕구로 분류된다.
② 매슬로우의 욕구단계 이론은 하위 욕구가 충족되어야 상위 욕구가 발생한다고 봤다.
③ ERG 이론은 욕구단계 이론과 다르게 좌절-퇴행 과정을 제시했다.
④ ERG 이론은 욕구단계 이론과 욕구의 위계 정도가 동일하다.

05 **인터넷 마케팅에 대한 설명으로 옳지 않은 것은?**

① 인터넷 마케팅은 시장 변화에 신속하게 대응할 수 있다는 장점이 있다.
② 인터넷 마케팅으로 인해 유통상인이 감소할 수 있지만 판매를 중개하는 중간상인은 증가할 수도 있다.
③ 인터넷 마케팅에서 대량 고객화(mass customization)를 적용해 제품의 표준화를 달성할 수 있다.
④ 인터넷 쇼핑몰은 전환비용이 낮다는 특징이 있다.

06 **각 마케팅의 예시를 설명한 것으로 적절한 것을 [보기]에서 모두 고르면?**

| 보기 |

ㄱ. 기존에 질이 낮은 원재료를 사용한다는 부정적 이미지가 있는 기업이 이를 극복하기 위해 좋은 재료를 강조하는 마케팅 기법은 전환적 마케팅(cnversional marketing)에 해당한다.
ㄴ. 겨울에 아이스크림을 찾는 소비자가 적은 상황을 극복하기 위한 마케팅 기법은 동시화 마케팅(synchro marketing)에 해당한다.
ㄷ. 공급에 비해 과다한 수요가 존재해 회사가 의도적으로 자사의 상품의 수요를 줄이기 위해 시행하는 마케팅은 대항 마케팅(counter marketing)에 해당한다.
ㄹ. 중년, 청년층, 아동 등 나이별로 성분을 구분한 건강 보조제는 매스마케팅(mass marketing)에 해당한다.

① ㄱ, ㄴ　　② ㄱ, ㄷ
③ ㄴ, ㄷ　　④ ㄷ, ㄹ

07 **마케팅의 촉진에 대한 설명으로 옳지 않은 것은?**

① 산업재 촉진에는 인적판매가 중요하다.
② 유통업체가 소비자를 대상으로 판매를 유도하는 것은 푸시(push) 전략에 해당한다.
③ 풀(pull) 전략은 생산자가 소비자의 수요를 높이기 위해 소비자를 직접 대상으로 마케팅을 수행하는 것이다.
④ 푸시 전략이 효과적인 경우 소비자는 중간상으로부터 자발적으로 제품 또는 서비스를 구매한다.

08 **제품의 유형별 특징에 대한 설명으로 옳은 것은?**

① 전문품은 브랜드마다 특성의 차이가 크다.
② 전문품은 가격이 낮고, 구매 시 소비자의 많은 노력을 필요로 하지 않는다.
③ 선매품은 편의품에 비해 더 많은 유통채널을 가진다.
④ 편의품은 가격이 높고 구매 시 소비자의 많은 노력이 필요하다.

09 **슈메너의 서비스 매트릭스는 고객화와 노동집약도에 따라 서비스를 분류한다. 서비스 매트릭스에 대한 설명으로 옳은 것은?**

① 전문서비스는 고객화와 노동집약도가 높은 서비스로, 호텔, 항공사 등이 이에 해당한다.
② 고객화의 수준이 높을수록 서비스의 표준화와 마케팅 활동이 중요하다.
③ 대중서비스는 고객화는 낮지만 노동집약도가 높은 서비스로, 도매업과 소매업 등이 이에 해당한다.
④ 노동집약도가 높을수록 설비, 기기와 같은 자본 투입을 결정하는 것이 더욱 중요하다.

10 **재고관리에 대한 설명으로 옳지 않은 것을 [보기]에서 모두 고르면?**

| 보기 |

ㄱ. ABC 재고관리에서는 파레토 원칙을 적용해 재고관리를 수행한다.
ㄴ. EOQ(경제적 주문량) 모형은 재고 공급의 불확실성을 고려한다.
ㄷ. 안전재고를 통해 수요의 불확실성에 대비할 수 있다.
ㄹ. ABC 재고관리 시스템을 적용하는 경우 가격이 낮고 빈번하게 구매되는 재고는 A등급에 해당한다.

① ㄱ
② ㄹ
③ ㄱ, ㄷ
④ ㄴ, ㄹ

11 **유용한 재무정보가 갖추어야 할 질적 특성에 대한 설명으로 옳지 않은 것은?**

① 동일 경제적 현상에 대해 대체적 회계 처리방법을 인정하면 비교가능성이 증가한다.
② 재무정보에 예측가치와 확인가치가 있는 경우 목적적합성을 충족한다.
③ 재무정보가 유용하기 위해서는 목적적합성과 표현충실성을 만족해야 한다.
④ 재무정보가 예측가치를 갖기 위해서 그 자체가 예측치 또는 예상치일 필요는 없다.

12 **㈜대한물산의 2021년 매출채권 회수기간은 60일이고, 매입채무 지급기간은 50일이며, 재고자산 회전율은 12회이다. 이때 ㈜대한물산의 현금 회수기간을 계산하면? (단, 1년은 360일로 가정한다)**

① 10일
② 12일
③ 30일
④ 40일

13 **다음 [자료]는 ㈜대한의 2022년 일부 재무 정보이다. [자료]를 근거로 할 때, ㈜대한의 기초자산은 얼마인가?**

[자료]

- 기초부채: 100,000
- 유상증자: 20,000
- 무상증자: 10,000
- 현금배당: 10,000
- 당기총수익: 80,000
- 당기총비용: 30,000
- 기말자산: 300,000
- 기말부채: 150,000

① 150,000
② 170,000
③ 190,000
④ 220,000

14 **㈜대한은 2022년 중 단기간 내에 매도할 목적으로 주식을 100,000원 취득하면서 관련 수수료 5,000원을 지급했다. 2022년 말 해당 주식의 공정가치가 130,000원일 때 2022년의 포괄손익계산서에서 인식할 주식과 관련된 평가손익은?**

① 평가이익 35,000원
② 평가이익 30,000원
③ 평가손실 5,000원
④ 평가손실 20,000원

15 **2022년 초 사업을 개시한 ㈜한국은 상품 판매 시 1년 동안 보증을 제공하며, 2022년 상품 판매 금액은 총 100,000원이다. 다음 [표]는 보증 기간에 예상되는 판매보증비용을 나타내고 있으며, 해당 회계연도에는 2,000원의 판매보증비용이 발생했다. 이때 2022년 당기 포괄손익계산서의 판매보증비와 재무상태표의 판매보증과 관련된 충당부채를 옳게 짝지은 것은?**

[표] 상황별 발생 확률 및 판매보증비용

상황	발생 확률	판매보증비용
중요한 하자	5%	100,000원
경미한 하자	5%	10,000원
하자 미발생	90%	0원

	2022년 판매보증비	2022년 말 충당부채
①	1,500원	3,500원
②	3,500원	3,500원
③	3,500원	5,500원
④	5,500원	3,500원

16 **현금흐름표에 대한 설명으로 옳은 것은?**

① 당기 원자재를 구매하고 현금으로 구매대금을 지급하는 것은 재무활동에 해당한다.
② 지분상품이나 채무상품의 취득과 관련된 현금흐름은 재무활동에 해당한다.
③ 회사가 전기에 은행으로부터 차입한 차입금 일부를 상환한 것은 영업활동 현금흐름에 해당한다.
④ 유형자산의 취득 및 처분과 관련된 현금흐름은 투자활동으로 인한 현금흐름으로 분류한다.

17 **㈜성실산업의 2022년 총수익은 1,500,000원이고, 총비용은 900,000원이다. 또한 ㈜성실산업은 2022년에 주주에게 유상증자를 100,000원 실시했으며, 300,000원의 현금배당을 했다. 다음 ㈜성실산업의 [재무상태표]의 ㉠, ㉡에 들어갈 수를 옳게 짝지은 것은?**

[재무상태표]

(단위: 원)

	기초잔액	기말잔액
자산	5,000,000	(㉠)
부채	2,000,000	2,500,000
자본	?	(㉡)

	㉠	㉡
①	5,800,000	3,500,000
②	5,900,000	3,400,000
③	5,900,000	3,500,000
④	6,000,000	3,400,000

18 **㈜민국은 재고자산의 단위당 원가 결정 시 가중평균법을 적용하고, 수량 결정 시 실지재고조사법을 적용하며, 상품판매가를 매입 원가의 20%를 더해 정한다. 다음 [표]는 ㈜민국의 재고 매입과 관련된 정보를 나타내고 있다. 이때 해당 회계연도의 손익계산서에 계상될 매출액은 얼마인가? (단, 재고의 단위원가 설정 기간은 해당 회계연도라고 가정한다)**

[표] 재고 매입 관련 정보

거래 내역	수량	단위당 매입가
1/1 기초재고	150	20
2/17 매입	250	30
4/5 매출	150	
10/11 매입	100	20
12/31 기말재고	350	

① 2,500 ② 3,000
③ 3,750 ④ 4,500

19 ㈜도레미의 2022년 총수익이 1,000이고 총비용은 500이다. 2022년 기초자산이 1,500, 기초부채가 700, 기말자산이 2,000일 때, 2022년 기말부채는 얼마인가?

① 500
② 600
③ 700
④ 1,000

20 A기업의 올해 손익계산서상 비용 12,000에는 감가상각비 2,000이 포함되어 있다. 기말 미지급급여는 10,000이고 기초 미지급급여는 8,000일 때, 올해 현금유출액은 얼마인가? (단, 주어진 정보만 고려한다)

① 8,000 유출
② 10,000 유출
③ 12,000 유출
④ 14,000 유출

21 다음 [재무상태표]와 [손익계산서]에 근거할 때, 재무제표 요소를 분석한 내용으로 옳지 않은 것은?

[재무상태표]

	기말		기말
총자산	10,000	타인자본	6,000
		자기자본	4,000
계	10,000	계	10,000

[손익계산서]

매출액	5,000
매출원가	(2,000)
감가상각비	(500)
영업이익	2,500
이자비용	(1,000)
법인세	(500)
세후순이익	1,000

① 매출총이익률: 60%
② 부채비율: 150%
③ 총자산 회전율: 0.5
④ 자기자본 이익률: 62.5%

22 **투자자 갑은 다음 글에서 설명하는 위험한 투자안에 참여할 수 있다. 갑의 현재 부는 10,000원이고, 효용함수는 $U=\sqrt{\text{투자자의 부}}$이다. 투자자 갑이 다음 위험한 투자안과 동일한 효용을 얻는 확실한 금액은?**

> 투자안에 10,000원을 투자하게 되면, 투자안이 성공했을 때 40,000원을 회수할 수 있지만, 투자안이 실패했을 때는 2,500원만 회수할 수 있다. 투자안이 성공할 확률은 40%이고, 실패할 확률은 60%이다.

① 10,000원
② 12,000원
③ 12,100원
④ 17,500원

23 **CAPM(자본자산가격결정모형)과 APT(차익거래가격결정모형)에 대한 설명으로 옳은 것은?**

① CAPM은 APT보다 완화된 가정으로 적용하기 용이하다는 특징이 있다.
② CAPM과 APT에서는 자산의 위험요인과 기대수익률은 선형관계가 있다고 본다.
③ CAPM에서는 투자자가 위험회피적이라고 가정하지 않아도 자산 가격을 도출할 수 있다.
④ APT에서 자산의 기대수익률에 영향을 미치는 요인은 오직 시장포트폴리오밖에 없다.

24 **파마-프렌치의 3요인에 대한 설명으로 옳은 것은?**

① 파마-프렌치의 3요인 모형은 단일 요소가 자산의 수익률을 설명하는 단일모형에 해당한다.
② 기업의 규모효과를 고려한 부문에서는 PBR이 낮은 주식이 수익률이 높은 것을 반영한다.
③ 가치주효과를 고려한 부문에서는 기업 규모가 작은 자산이 수익률이 높은 것을 반영한다.
④ PBR이 낮은 주식은 가치주에 해당한다.

25 **효용함수가 $U=\sqrt{\text{투자자산의 총 자산}}$인 투자자 갑은 현재 10,000원을 보유하고 있다. 투자안에서는 불황에서 1,900원을 잃고 호황에서 2,100원을 얻을 수 있다. 시장의 호황과 불황이 동일한 확률로 일어날 때 해당 투자안의 위험 프리미엄은 얼마인가?**

① 100원　② 200원
③ 500원　④ 1,000원

26 **부채비율이 200%인 ㈜대한은 신규 투자안의 베타(체계적 위험)를 대용베타를 통해 구하려고 한다. 대용베타로 참고할 ㈜민국의 베타는 3이고, 부채비율은 100%이다. 법인세율이 50%이고 기업이 이용하는 부채는 모두 무위험부채라고 가정할 경우, 하마다모형을 통해 구한 ㈜대한의 자본구조를 반영한 신규투자안의 베타는 얼마인가?**

① 3　② 3.25
③ 3.5　④ 4

27 **다음 [자료]에 근거할 때, CAPM이 성립하는 경우 주식 A의 베타는 얼마인가?**

[자료]

- 시장포트폴리오 수익률의 표준편차: 10%
- 주식 A 수익률의 표준편차: 20%
- 시장포트폴리오 수익률과 주식 A 수익률의 상관계수: 0.4

① 0.4　② 0.8
③ 1.2　④ 1.5

28 **자본예산기법인 순현재가치(NPV)법과 내부수익률(IRR)법의 공통점으로 옳지 않은 것은?**

① 순현재가치법과 내부수익률법 모두 화폐의 시간가치를 고려한다.
② 순현재가치법과 내부수익률법을 적용할 때는 회계적 이익을 활용하지 않는다.
③ 상호배타적인 투자안에 있어서 순현가법과 내부수익률법은 다른 결과를 도출할 수 있다.
④ 순현재가치법과 내부수익률법은 가치의 가산성이 성립한다.

29 **소비자 A는 주유소에서 주유할 때 항상 10만 원어치를 주유하고, 소비자 B는 주유할 때 항상 50 리터를 주유한다. 소비자 A와 B의 소비형태를 바탕으로 파악한 가격탄력성의 유형을 옳게 짝지은 것은?**

	소비자 A	소비자 B
①	완전탄력적	완전비탄력적
②	완전탄력적	단위탄력적
③	단위탄력적	완전탄력적
④	단위탄력적	완전비탄력적

30 **다음 [그림]은 기업의 단기비용곡선을 나타낸다. MC = 한계비용, AC = 평균비용, AVC = 평균가변비용, AFC = 평균고정비용일 때, 조업중단점과 손익분기점을 옳게 짝지은 것은? (단, 시장은 완전경쟁시장이라고 가정한다)**

[그림]

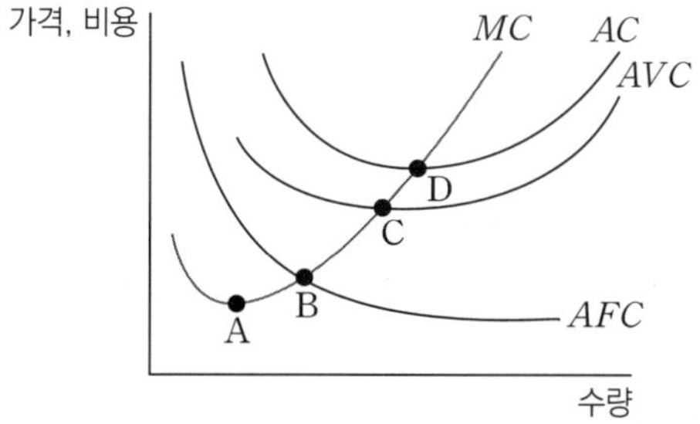

	조업중단점	손익분기점
①	A	B
②	B	C
③	B	D
④	C	D

31 **단기에 있어 기업의 생산과 비용에 대한 설명으로 가장 적절한 것은?**

① 한계비용이 점차 감소하다가 증가할 경우, 한계비용은 평균비용의 최고점을 아래에서 위로 통과한다.
② 평균비용곡선과 평균가변비용곡선 간의 수직거리는 평균고정비용을 나타낸다.
③ 한계비용이 증가하는 구간에서 평균비용과 평균가변비용의 수직거리는 점차 커진다.
④ 규모의 경제가 존재할 때, 생산량이 증가할수록 고정비용이 작아진다.

32 **환율 변동 시 발생하는 상황에 대한 설명으로 가장 적절한 것은?**

① 환율 상승 시 수입원자재 가격이 상승해 국내 물가가 하락하고 외화 부채를 가진 기업의 부담이 줄어든다.
② 국내 물가 하락 시 상대적으로 가격이 비싸진 외국 제품의 수입이 감소하고 외환 수요가 감소해 환율이 상승한다.
③ 환율 하락 시 수출이 증가하고 수입이 감소하며 수출기업의 성장이 가파르게 이루어진다.
④ 국내 실질 이자율이 하락하면 외국 자금의 유출이 증가해 환율이 상승한다.

33 **다음 [그림]은 국내 통화의 평가절하 이후의 무역수지 변화를 보여 주고 있다. 이에 대한 설명으로 옳은 것은?**

[그림]

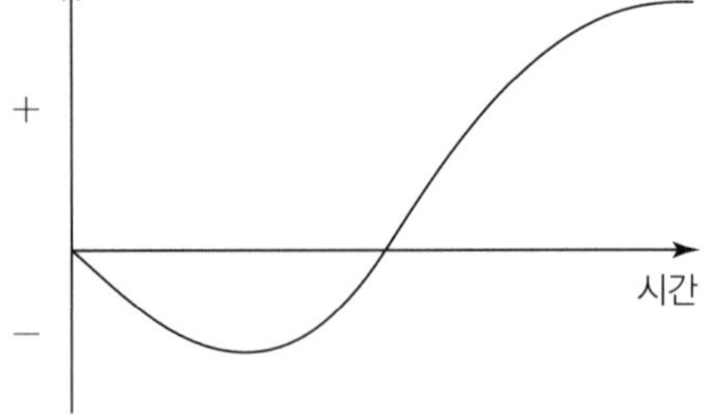

① 위 [그림]은 정부의 환율 하락 유도 후 무역수지가 악화되다가 이후 개선되는 과정을 보여준다.
② 환율 하락 직후 수출과 수입이 즉각적으로 변화해 무역수지가 개선된다.
③ 단기적으로 수출과 수요가 가격 변화에 비해 비탄력적이기 때문에 발생한다.
④ 변동환율제도에서 자동안정화장치 역할을 한다.

34 **행원 A, B는 신용이 낮은 이들을 대상으로 한 대출상품을 기획하고 있다. 다음 [표]와 같이 둘 중 한 명이 대출상품 기획을 포기하면 나머지 한 명은 독점 효과로 큰 이득을 얻고, 둘 모두 기획하면 둘 다 아무런 이득을 얻지 못한다. 이때 내쉬균형은 모두 몇 개인가? (단, 괄호 안의 첫 번째 수는 행원 A의 이득, 두 번째 수는 행원 B의 이득을 나타낸다)**

[표] 행원 A, B의 전략

구분		행원 B	
		기획 포기	기획
행원 A	기획 포기	(100, 100)	(10, 200)
	기획	(200, 10)	(0, 0)

① 0개(존재하지 않음)
② 1개
③ 2개
④ 3개

35 **현재 X재화의 공급곡선은 수직선이고, 수요곡선은 우하향하는 직선이다. 정부가 종량세 100원을 부과했을 때 조세 귀착은 어떻게 나타나는가?**

① 소비자가 100원을 모두 부담한다.
② 생산자가 100원을 모두 부담한다.
③ 둘 다 부담하나, 소비자가 더 많이 부담한다.
④ 둘 다 부담하나, 생산자가 더 많이 부담한다.

36 **다음 기사를 읽고 A~D 네 명이 이야기를 나눴다. 이 중 가장 타당하지 않은 발언은?**

> 한국금융연구원이 페이스북의 암호화폐 리브라가 뱅크런(대규모 예금 인출 사태)을 일으킬 수도 있다고 전망했다. 리브라를 통해 손쉽게 자국통화를 주요국 법정통화로 전환할 수 있게 되면 뱅크런이 발생할 가능성이 있는데, 이 같은 상황에서 토빈세(Tobin tax)가 제어장치가 될 수 있다는 관측도 내놓았다.
>
> 한국금융연구원은 "페이스북이 리브라 발행 계획을 발표한 이후 각국 중앙은행과 국제결제은행으로부터 우려하는 목소리가 잇따르고 있다"며 "이는 글로벌 암호화폐가 기존 금융환경 및 실물경제에 대해 미칠 충격에 대한 불안감에서 기인하는 것"이라고 설명했다.

① A: 리브라와 주요국 법정통화의 교환이 쉬울수록, 실물경제 변동 시 대규모 뱅크런의 가능성은 높아질 거야.
② B: 토빈세는 단기적인 외환거래에 부과하는 세금인데, 브라질에서 도입한 적이 있어.
③ C: 주요국 법정통화로는 역시 미국달러를 들 수 있겠지.
④ D: 대외변동성에 취약한 국가일수록 위기 발생 시 자국 화폐가치는 더욱 상승할 거야.

37 **50%의 확률로 1,000,000원을 주고 50%의 확률로 0원을 주는 복권이 있다. 이 복권을 구매한 A의 효용함수는 $U(W)=\sqrt{W}$로 나타난다. 이에 대한 설명으로 옳은 것은? (단, U는 A의 효용을, W는 원화 금액을 나타낸다)**

① 복권의 기대가치는 1,000원이다.
② 복권의 기대효용은 250이다.
③ A는 위험선호자이다.
④ 누군가가 A에게 300,000원을 주고 이 복권을 자신에게 팔라고 하면, A는 거래에 응할 것이다.

38 **협의통화(M1)의 범위에 해당하는 것을 [보기]에서 모두 고르면?**

| 보기 |

ㄱ. 현금통화　　ㄴ. 요구불예금
ㄷ. 실적배당형 금융상품　　ㄹ. 수시입출식 저축성예금
ㅁ. 생보사 계약준비금

① ㄱ, ㄷ　② ㄴ, ㄹ　③ ㄱ, ㄴ, ㄹ　④ ㄱ, ㄴ, ㄹ, ㅁ

39 **다음 글의 ㉠~㉤에 들어갈 말을 옳게 짝지은 것은?**

> 수요의 가격탄력성은 (㉠) 변화율에 대한 (㉡) 변화율을 나타낸다. 수요의 가격탄력성 크기가 가격 변동 수준에 아무런 영향을 받지 않으면 (㉢)이며 소득에 대한 수요탄력성이 (㉣)보다 크면 정상재, 작으면 열등재라고 한다. 대체재가 많을수록 수요의 가격탄력성은 (㉤).

	㉠	㉡	㉢	㉣	㉤
①	수요량	가격	완전비탄력적	1	커진다
②	수요량	가격	완전탄력적	1	커진다
③	가격	수요량	단위탄력적	0	작아진다
④	가격	수요량	완전비탄력적	0	커진다

40 **정부가 재정지출을 확대할 때 나타날 수 있는 현상으로 적절하지 않은 것을 [보기]에서 모두 고르면? (단, 정부가 대부자금시장에서 자금을 확보한다고 가정한다)**

| 보기 |

ㄱ. 물가와 이자율이 모두 오를 가능성이 높다.
ㄴ. 후대 납세자들에게 부(富)를 이전시킬 문제가 발생한다.
ㄷ. 자산건전성을 개선시킬 것이라는 기대로 작용한다.
ㄹ. 실업률을 낮출 수 있다.
ㅁ. GDP 증가와 경기 활성화를 기대할 수 있다.

① ㄴ, ㄷ
② ㄹ, ㅁ
③ ㄱ, ㄹ, ㅁ
④ ㄴ, ㄷ, ㅁ

Chapter

04

제 4 회 실전모의고사

※ 시험 시간: 총 40분
※ 배점: 직무수행 객관식 – 문항당 1점

구분		문항 번호	문항 개수	세부분야별 점수	총점
경영	경영 일반	01~10	10문항	____ 점	____ 점
	회계	11~20	10문항	____ 점	
	재무관리	21~28	8문항	____ 점	
경제		29~40	12문항	____ 점	

Chapter 04 제4회 실전모의고사

01 기업의 인수합병(M&A)에 대한 설명으로 옳은 것을 [보기]에서 모두 고르면?

| 보기 |

ㄱ. 두 개의 기업이 모두 해산하고 새로 설립된 기업이 두 기업의 모든 자산과 부채를 승계하는 합병방식은 신설합병에 해당한다.
ㄴ. 산업의 공급사슬의 후방 또는 전방에 위치한 기업과 통합하는 것은 수평적 합병에 해당한다.
ㄷ. 인수프리미엄이 높을수록 합병기업의 인수합병은 성공적이다.

① ㄱ ② ㄷ
③ ㄱ, ㄴ ④ ㄴ, ㄷ

02 기업의 전사적 전략에 대한 설명으로 옳은 것을 [보기]에서 모두 고르면?

| 보기 |

ㄱ. 기업의 수평적 통합에는 전방통합과 후방통합이 있다.
ㄴ. 원재료를 공급하는 기업이 제조 기업을 통합하는 경우는 전방통합에 해당한다.
ㄷ. 제한된 합리성, 거래 기업의 기회주의 등으로 인한 시장실패는 기업의 수직적 통합을 촉진한다.
ㄹ. 기업은 범위의 경제, 위험 분산 등의 목적을 위해 다각화를 할 수 있다.

① ㄴ ② ㄱ, ㄴ
③ ㄴ, ㄷ ④ ㄴ, ㄷ, ㄹ

03 **현대 기업의 대표적인 형태인 주식회사에서는 대리인 문제가 발생할 수 있다. 대리인 문제에 대한 설명으로 옳지 않은 것은?**

① 대리인 문제는 현대에서 기업의 규모가 커지고 지배구조가 복잡해지면서 심화되었다.
② 대리인 문제란 주주로부터 권한을 위임받은 대리인인 전문경영인이 주주의 이익에 손해가 되는 의사결정 또는 행동을 하는 것을 의미한다.
③ 대리인 문제를 해결하는 방안으로는 위임장 대결(proxy fight), 곰의 포옹(bear hug), 새벽의 기습(dawn raid) 등이 있다.
④ 성과급제도, 회계감사, 사외이사제도는 주주가 대리인이 주주에게 이익이 되는 방향으로 경영을 하는지에 대한 감시비용(monitoring cost)에 해당된다.

04 **직무특성모형(Job Characteristic Model)에 대한 설명으로 옳은 것은?**

① 기술다양성은 해당 직무가 한 가지 기술에서 요구하는 전문성을 측정하는 척도이다.
② 과업정체성은 해당 직무에서 얼마나 많은 종류의 업무를 경험할 수 있는지 나타내는 척도이다.
③ 피드백은 직무 수행과 관련해 구체적으로 얻을 수 있는 정보이다.
④ 자율성이 낮을수록 관리자의 관리 효과가 향상되어 업무성과가 개선된다.

05 **인적자원계획 중 선발에 대한 설명으로 옳은 것은?**

① 평가센터법은 주로 직급이 높은 관리자를 선발할 때 활용되는 평가 방식이다.
② 선발의 타당성이 높은 경우 선발 방식을 여러 번 적용했을 때 평과 결과가 일관적이다.
③ 사내공모제는 기존 직원의 상위 직급 승진의 기회를 제한하는 측면이 있다.
④ 비구조화 면접은 면접자가 의도적으로 피면접자를 당황하게 만들어 피면접자의 대처 능력을 평가하려는 면접이다.

06 **서비스 품질을 측정하는 SERVQUAL 모형에 대한 설명으로 옳은 것을 [보기]에서 모두 고르면?**

| 보기 |

ㄱ. 서비스 품질 측정 시 품질에 대한 기대수준과 실제 제공 서비스를 비교한다는 특징이 있다.
ㄴ. 서비스 제공 시 활용되는 장치와 인력은 SERVQUAL 모형의 무형성에 해당한다.
ㄷ. 서비스 제공자들이 소비자에게 신뢰성 있고 믿음직스럽게 서비스를 제공한다면 서비스의 신뢰성이 증가한다.

① ㄱ
② ㄷ
③ ㄱ, ㄴ
④ ㄴ, ㄷ

07 **제품수명주기이론에 대한 설명으로 옳지 않은 것은?**

① 도입기에서는 소비자의 시험사용을 유인하기 위해 많은 자원을 투입해야 하므로 손실이 발생하거나 이익이 낮다.
② 성장기에는 유통경로를 확대하고 생산량을 증가시키는 전략이 적합하다.
③ 성숙기는 매출이 가장 가파르게 상승하고 경쟁이 가장 치열해지는 단계이다.
④ 쇠퇴기에서는 경쟁력이 약한 제품의 유통경로와 제품 판매를 축소한다.

08 **마케팅의 종류별로 마케팅 적용 시 효과적인 상황을 설명한 것으로 적절하지 않은 것은?**

① 동시화 마케팅: 시간과 공간의 제약이 존재할 때 효과적이다.
② 개발적 마케팅: 상품에 대한 수요가 아직 형성되지 않았을 때 효과적이다.
③ 디마케팅: 제품의 과도한 수요로 인해 기업에 추가적 비용과 손실이 발생하는 경우 효과적이다.
④ 카운터 마케팅: 사회적으로 부정적인 영향을 미치는 상품에 대한 수요가 존재할 때 효과적이다.

09 **적시생산(JIT: Just In Time) 시스템에 대한 설명으로 옳지 않은 것을 [보기]에서 모두 고르면?**

| 보기 |

ㄱ. 한 가지 작업에 특화된 전문 작업자가 필요하다.
ㄴ. 재고를 줄이려고 노력한다.
ㄷ. 원재료를 한 번에 대량으로 매입해 생산원가를 줄이려고 한다.
ㄹ. 소규모 로트 생산을 적용한다.

① ㄱ, ㄴ
② ㄱ, ㄷ
③ ㄴ, ㄹ
④ ㄷ, ㄹ

10 **생산계획에 대한 설명으로 옳지 않은 것은?**

① 총괄생산계획에서는 수요의 변화에 대응해 추종전략, 평준화전략 등을 선택할 수 있다.
② 주생산계획은 총괄생산계획을 바탕으로 수립한다.
③ 자재소요계획은 최종 제품의 수요를 반영해 결정된다.
④ 일정계획에서는 입지, 설비배치, 장기생산능력에 대한 결정이 이루어진다.

11 다음 [손익계산서]와 [재무상태표]에 근거할 때, 재무비율 분석 내용으로 옳지 않은 것은?

[손익계산서]

(단위: 억 원)

	당기
매출	50
매출원가	30
매출총이익	20
판매관리비	14
세전 영업이익	6
법인세비용	1
세후 영업이익	5

[재무상태표]

(단위: 억 원)

자산		부채	
유동자산	10	유동부채	5
비유동자산	15	비유동부채	10
		자기자본	10

① 유동비율: 200%
② 총자산순이익률: 20%
③ 총자산회전율: 100%
④ 매출액순이익률: 10%

12 **다음 [손익계산서]와 [재무상태표]에 근거할 때, [재무상태표]의 ㉠, ㉡에 들어갈 수를 옳게 짝지은 것은? (단, 주어진 자료만을 고려한다)**

[손익계산서]

2021. 1. 1.~2021. 12. 31.

매출	100,000
매출원가	(50,000)
매출총이익	50,000
판매관리비	(20,000)
영업이익	30,000
영업외손익	10,000
⋮	⋮
(생략)	(생략)
⋮	⋮
당기순이익	40,000

[재무상태표]

구분	2021년 초	2021년 말
자산	300,000	(㉠)
부채	200,000	250,000
자본	?	(㉡)

	㉠	㉡
①	390,000	140,000
②	390,000	150,000
③	400,000	140,000
④	400,000	150,000

13 **다음 [자료]는 ㈜만세의 2022년도의 재무 정보이다. 제시된 [자료]에 근거할 때, ㈜만세의 2022년도 초(또는 2021년 말) 재무상태표에 계상되었을 매출채권은 얼마인가? (단, 단기 매출은 모두 외상매출이며 현금매출액이 없다고 가정한다)**

[자료]

- 기초 재고: 100,000
- 기말 재고: 300,000
- 당기 재고 매입액: 800,000
- 매출채권 회수: 1,000,000
- 매출총이익: 500,000
- 기말 매출채권: 200,000

① 0
② 50,000
③ 80,000
④ 100,000

14 **㈜민국은 2022년 초에 보유하고 있던 재고를 ㈜만세에 액면금액 10,000원, 표시이자 8%, 만기가 3년인 채권을 받고 판매했다. ㈜민국이 판매한 재고의 장부상 원가는 6,000원이라고 할 때, ㈜민국이 2022년 인식할 이자수익과 총손익을 옳게 짝지은 것은? (단, 채권에 적용되는 내재이자율은 10%이고, 3기간 연금의 현가계수는 2.5, 3기간 단일금액의 현가계수는 0.75를 적용해 계산하며 사채는 유효이자율법을 적용한다)**

	이자수익	총손익
①	800원	3,500원
②	800원	4,450원
③	950원	3,500원
④	950원	4,450원

15 **포괄손익계산서에 대한 설명으로 옳지 않은 것을 [보기]에서 모두 고르면?**

| 보기 |

ㄱ. 전기오류수정으로 인해 발생한 손익거래는 당기손익으로 인식하지 않는 것이 원칙이다.
ㄴ. 재무성과를 설명하는 데 신뢰성을 높일 수 있다면 특별손익을 비롯하여 추가 항목을 포괄손익계산서에 재량적으로 포함할 수 있다.
ㄷ. 영업이익은 손익계산서에서 구분 공시하도록 한다.
ㄹ. 한국채택국제회계기준에서는 포괄손익계산서에서 성격별로 비용을 공시하고 추가로 기능별 비용분류를 공시하도록 규정한다.

① ㄱ, ㄷ
② ㄴ, ㄹ
③ ㄷ, ㄹ
④ ㄱ, ㄴ, ㄹ

16 **다음 [표]는 ㈜대한의 2022년 발생한 자본 관련 내역이다. ㈜대한의 자본은 보통주로만 구성되며, 보통주의 주당 액면 금액은 1,000원이다. 2022년 ㈜대한의 당기순이익이 1,200,000원이고, 연말 한 주당 주가가 20,000원일 때, 2022년 자본총계 증가액은 얼마인가?**

[표] ㈜대한의 2022년 자본 관련 내역

자본거래 발생일자	내역
2022년 2월 3일	자기주식 10주를 주당 10,000원에 취득
2022년 4월 20일	상각후 원가측정 금융자산 1주를 20,000원에 취득
2022년 8월 12일	자기주식 5주를 주당 30,000원에 처분
2022년 9월 27일	자기주식 2주 소각
2022년 12월 31일	상각후 원가측정 금융자산 공정가치 주당 40,000원

① 1,100,000원
② 1,150,000원
③ 1,200,000원
④ 1,250,000원

17 **재무보고를 위한 개념체계에 대한 설명으로 옳지 않은 것을 [보기]에서 모두 고르면?**

| 보기 |

ㄱ. 자산은 현재 사건의 결과로 기업이 통제하는 경제적 자원이다.
ㄴ. 자본은 기업의 자산에서 부채를 차감한 잔여지분이다.
ㄷ. 수익은 자본의 증가를 가져오는 자산 증가와 부채의 감소로, 자본청구권 보유자의 분배와 관련된 사항을 포함한다.
ㄹ. 재무제표 요소의 정의를 충족하더라도 재무제표에 항상 인식되는 것은 아니다.

① ㄱ, ㄷ
② ㄴ, ㄷ
③ ㄴ, ㄹ
④ ㄱ, ㄷ, ㄹ

18 **다음 [자료]는 ㈜대한의 2022년 퇴직급여제도와 관련된 재무 정보를 나타내고 있다. ㈜대한이 확정급여형 퇴직급여제도를 적용하고 있다고 할 때, 2022년 말 재무상태표에서 인식해야 할 순확정급여부채 금액은 얼마인가? (단, 당기에 퇴직금에서 별도로 지급한 부분은 없다)**

[자료]

- 2022년 초 확정급여채무는 100억이고 기초 사외적립자산은 80억이다.
- 당기 기여금 납부액은 15억이다.
- 당기 사외적립자산에서 발생한 이자수익은 2억, 기타포괄 재측정손익은 3억이다.
- 기말 확정급여채무 현재가치는 150억이다.

① 20억
② 47억
③ 48억
④ 50억

19 **다음 [표]는 외상매출로만 상품을 판매하는 ㈜민국의 2022년 매출채권과 대손충당금에 대한 자료이다. ㈜민국의 2022년 발생한 매출액은 500,000원이며, 대손상각비는 100,000원이다. 이에 근거할 때, ㈜민국의 2022년도 매출로 인한 현금유입액은 얼마인가?**

[표] ㈜민국의 2022년 매출채권과 대손충당금

구분	2022년 초	2022년 말
매출채권	200,000	100,000
대손충당금	20,000	50,000

① 470,000
② 500,000
③ 520,000
④ 530,000

20 **다음 [자료]에 근거할 때, [포괄손익계산서]의 ㉠, ㉡에 들어갈 수를 옳게 짝지은 것은?**

[자료]

- 종업원 급여: 15,000
- 은행 이자수익: 25,000
- 은행 이자비용: 20,000
- 광고선전비: 10,000

[손익계산서]

X1. 1. 1.~12. 31. (1기)

	당기
매출	100,000
매출원가	60,000
매출총이익	40,000
판매관리비	(㉠)
영업이익	(생략)
영업외손익	(㉡)
당기순이익	(생략)

	㉠	㉡
①	0	30,000
②	15,000	15,000
③	25,000	5,000
④	30,000	0

21 **매출액이 10,000, 순이익이 200, 총자산이 4,000일 때, ROE를 10%로 유지하기 위한 기업의 부채비율(=부채/자본)은 얼마인가?**

① 50%　② 100%
③ 150%　④ 200%

22 **인수합병에 대한 설명으로 옳은 것을 [보기]에서 모두 고르면?**

| 보기 |

ㄱ. 인수합병시장의 활성화는 자기자본 대리인 문제를 완화시키는 역할을 할 수 있다.
ㄴ. 적대적 인수합병에 대응해 보통주 한 주만으로 주총 결의사항에 거부권을 행사할 수 있는 강력한 권리를 가진 독약조항을 활용할 수 있다.
ㄷ. 적대적 인수합병이 이루어지는 경우 피인수기업의 주주는 이익을 볼 수도 있다.
ㄹ. 공개매수를 통해 인수합병을 하는 경우 무임승차현상이 발생할 수 있다.

① ㄱ, ㄷ　② ㄴ, ㄷ
③ ㄱ, ㄴ, ㄷ　④ ㄱ, ㄷ, ㄹ

23 **레버리지는 고정비로 인해 발생하는 이익의 변동성을 나타낸다. A기업은 레버리지 자료를 통해 영업이익이 매출액에 얼마나 영향을 받는지 계산하려고 한다. A기업의 재무레버리지도는 3이고, 결합레버리지도는 6이다. A기업의 매출액이 10% 증가할 때 영업이익의 변화율은 얼마인가?**

① 10%　② 18%
③ 20%　④ 30%

24 ㈜민국은 다음 [표]에 나타난 두 투자안에 투자할 예정이다. 시장수익률은 호황인 경우 30%이고 불황일 경우 10%로 예상되며, 시장이 호황이거나 불황일 확률은 각각 50%이다. 무위험수익률이 5%일 때 CAPM을 통해 구한 전체 투자안의 기대수익률은 얼마인가?

[표]

투자안	투자금액	투자안의 베타
A	100억	1
B	100억	3

① 15% ② 20%
③ 25% ④ 35%

25 ㈜만세는 한 주당 10,000원에 주주배정 유상증자를 시행해 새로운 투자안에 필요한 자금 2,000,000원을 조달할 예정이다. 기존의 발행 주식 수는 300주이고 유상증자 전 주가는 주당 30,000원이다. 새로 발행할 주식 1주를 인수하기 위해 필요한 기존 주식 수를 (가), 기존 주식 1주에 포함된 신주인수권의 가치를 (나)라고 할 때, (가)와 (나)를 옳게 짝지은 것은?

	(가)	(나)
①	1.5주	8,000원
②	2주	8,000원
③	1.5주	10,000원
④	2주	10,000원

26 다음 [자료]는 투자안의 현금흐름을 나타내고 있다. 이에 근거할 때, 투자안의 NPV와 IRR를 옳게 짝지은 것을 고르면? (단, NPV를 계산 시 할인율은 10%를 적용한다)

[자료]

- 현재(n=0): −11,000원
- 1년 후(n=1): 13,200원

	NPV	IRR
①	1,000원	10%
②	1,000원	15%
③	1,000원	20%
④	2,000원	0%

27 다음 [㈜대한의 재무상태표]와 [㈜만세의 재무상태표]는 두 기업의 시장가치 기준 재무상태를 나타내고 있다. ㈜대한은 ㈜만세와 흡수합병하고자 하는데, 합병의 조건으로 ㈜대한은 피합병기업의 주주에게 300,000원의 현금을 지급하려고 한다. 합병 후 기업의 가치는 2,000,000원이라고 할 때, 합병 시 ㈜대한의 합병 NPV는 얼마인가?

[㈜대한의 재무상태표]

(단위: 원)

자산	1,000,000	부채	400,000
		자본	600,000

[㈜만세의 재무상태표]

(단위: 원)

자산	800,000	부채	600,000
		자본	200,000

① 0원
② 100,000원
③ 150,000원
④ 200,000원

28 **포트폴리오 선택이론에 대한 설명으로 옳지 않은 것은?**

① 위험선호자의 불확실한 투자안에 대한 기댓값의 효용은 투자안의 기대효용보다 크다.
② 위험중립자의 불확실한 투자안에 대한 확실성등가와 투자안의 기대가치는 동일하다.
③ 위험회피자의 불확실한 투자안의 기댓값의 효용은 불확실한 투자안에 대한 기대효용보다 크다.
④ 현재의 부와 기대 부가 같다면 위험프리미엄은 겜블의 비용과 같다.

29 **전기차 수요의 가격탄력성은 0.5이고, 경유차 가격에 대한 전기차 수요의 교차탄력성은 0.1이다. 원자재 가격 상승으로 인해 전기차와 경유차 가격이 모두 10%씩 상승했다고 할 때, 전기차의 수요 변화와 경유차와 전기차 간 관계를 옳게 짝지은 것은? (단, 모든 재화는 정상재이고 수요의 가격탄력성은 절댓값으로 나타낸다)**

	전기차의 수요 변화	경유차와 전기차 간 관계
①	4% 감소	대체재
②	5% 감소	대체재
③	4% 감소	보완재
④	5% 증가	보완재

30 **가격차별전략에 대한 설명으로 옳지 않은 것은?**

① 3급 가격차별은 소비자 간 재판매가 불가능해야 적용할 수 있다.
② 가격차별 시 가격차별을 하지 않을 때보다 거래량이 항상 감소한다.
③ 1급 가격차별은 소비자가에 재화 판매 시 모두 소비자의 유보가격으로 판매하는 것이다.
④ 소비자의 구매 수량에 따라 가격을 다르게 설정하는 것은 2급 가격차별에 해당한다.

31 다음 [자료]를 바탕으로 상대적 구매력 평가설(PPS: Purchasing Power Parity)이 성립한다면 기대되는 내년도 환율로 옳은 것은?

[자료]

- 한국의 내년 예상 물가상승률: 5%
- 미국의 내년 예상 물가상승률: 8%
- 현재 환율: 1,300원/달러

① 1,261원 ② 1,300원
③ 1,339원 ④ 1,365원

32 다음 [표]는 바나나와 사과만 생산하는 국가의 2021년, 2022년 가격과 생산량에 대한 자료다. 제시된 [표]에 근거할 때, 실질 GDP 성장률과 2022년 GDP 디플레이터를 옳게 짝지은 것은? (단, 기준 연도는 2021년이다)

[표] 연도별 바나나와 사과의 가격 및 생산량

구분	바나나 단위당 가격	바나나 생산량	사과 단위당 가격	사과 생산량
2021년	10	60	5	40
2022년	12	70	6	60

	실질 GDP 성장률	2022년 GDP 디플레이터
①	20%	90
②	20%	120
③	25%	90
④	25%	120

33 **고용과 실업 통계에 대한 설명으로 옳은 것은?**

① 실업률은 실업자 수를 실업자 수와 취업자 수의 합계로 나눠 구할 수 있다.
② 경제활동참가율이 증가하면 실업률은 상승한다.
③ 오랜 기간 취업이 어려워 구직을 단념한 사람이 증가하면 실업률은 상승한다.
④ 고용률이 증가하면 실업률도 증가한다.

34 **소득분배가 완전히 균등한 상태인 경우를 [보기]에서 모두 고르면?**

| 보기 |

ㄱ. 십분위분배율의 값이 1로 나타났다.
ㄴ. 로렌츠곡선이 완전균등선과 일치했다.
ㄷ. 오분위배율의 값이 2로 나타났다.
ㄹ. 지니계수가 0으로 나타났다.

① ㄱ, ㄷ
② ㄴ, ㄷ
③ ㄴ, ㄹ
④ ㄷ, ㄹ

35 **다음 [표]는 주요국의 빅맥 가격과 현재 시장환율을 나타내고 있다. 빅맥 가격을 기준으로 구매력 평가설이 성립한다고 할 때, 빅맥 가격 대비 자국통화가 가장 저평가되어 있는 국가는 어디인가? (단, 자국통화 평가는 현재 시장환율만을 고려하며, 각국 빅맥 가격을 비교한 빅맥지수를 활용한다)**

[표] 주요국 빅맥 가격 및 현재 시장환율

구분	빅맥 가격	현재 시장환율
미국	4달러	—
한국	5,000원	1,100원/1달러
러시아	250루블	75루블/1달러
브라질	24헤알	5.5헤알/1달러
일본	400엔	105엔/1달러

① 한국
② 러시아
③ 브라질
④ 일본

36 **소국인 을국은 세계 오렌지시장과 교역을 시작하였다. 교역 이전과 비교했을 때 을국의 국내 오렌지 가격이 상승했다고 할 때, 이에 관련한 설명으로 옳은 것을 [보기]에서 모두 고르면 몇 개인가? (단, 교역에 드는 부대비용은 발생하지 않는다고 가정하며, 을국의 오렌지 수요·공급곡선은 X자 형태의 직선이다)**

| 보기 |

ㄱ. 을국의 교역은 세계 오렌지시장 가격 형성에 영향을 미친다.
ㄴ. 을국의 국내 오렌지 생산량은 감소한다.
ㄷ. 을국의 국내 오렌지 거래량은 감소한다.
ㄹ. 소비자잉여는 증가한다.
ㅁ. 총잉여는 변화가 없다.

① 1개
② 2개
③ 3개
④ 5개

37 **다음 [표]는 중국과 인도의 밀, 옥수수 생산에 관한 자료이다. 이를 보고 A~D 네 사람이 [보기]와 같이 이야기를 나누었을 때, 가장 적절하지 않은 발언을 한 사람은 누구인가? (단, 생산에 필요한 요소는 노동이 유일하며, 주어진 조건 외에는 고려하지 않는다)**

[표] 중국과 인도의 밀, 옥수수 생산 정보

구분	1단위 생산에 필요한 노동시간		1주일 최대 생산량	
	밀	옥수수	밀	옥수수
중국	1시간	4시간	40단위	10단위
인도	2시간	5시간	20단위	5단위

※ 1주일 최대 생산량은 1주일 동안 밀과 옥수수 중 하나만 생산하였을 경우의 생산량을 나타냄

| 보기 |

- A: 중국은 밀 생산에 1주일에 최대 40시간까지 투입할 수 있어.
- B: 인도는 옥수수 생산에 절대열위가 있어.
- C: 중국은 밀 생산에 비교우위가 있어.
- D: 중국에서 밀 1단위 생산 시 기회비용은 옥수수 4단위야.

① A
② B
③ C
④ D

38 다음 [그림]에는 A~C 3개의 공급곡선이 제시되어 있다. 이에 대한 설명으로 옳은 것은? (단, 세 공급곡선은 모두 직선이며 원점에서 출발한다)

[그림] 공급곡선 A~C

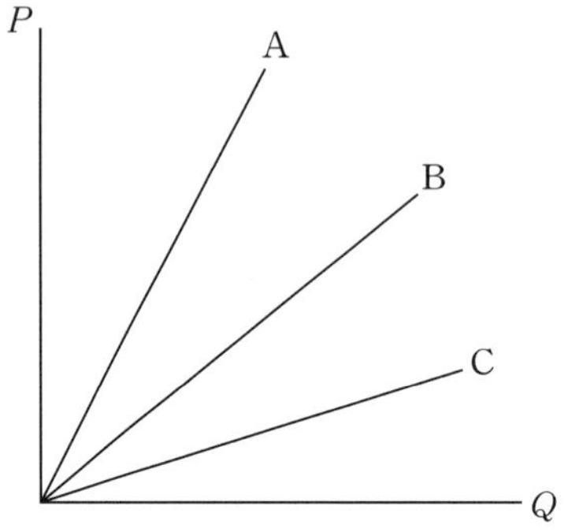

① 공급의 가격탄력성이 가장 큰 것은 A이다.
② 공급의 가격탄력성이 가장 큰 것은 C이다.
③ B와 C는 공급의 가격탄력성 크기가 같다.
④ C의 공급의 가격탄력성은 1보다 작다.

39 다음 기사에서 주장하고자 하는 내용의 근거로 적절한 것은?

> 기업들 "최저임금 인상, 코로나보다 무섭다"
>
> 최저임금에 대한 각 기업들의 의견을 묻는 질의에서 응답 기업의 88.1%는 "내년도 최저임금이 올해와 같거나 올해보다 낮아야 한다"고 답한 것으로 나타났다. 88.1% 중 '동결' 의견은 80.8%, '인하' 의견은 7.3%를 차지했다. 그 외 "1% 내외 인상"은 전체 응답의 9.2%, "2~3% 이내 인상"은 전체의 2.5%를 기록한 것으로 나타났다.
>
> 최저임금 인상을 가정할 때 다수의 중소기업들은 '신규채용 축소'와 '감원·구조조정'으로 대응하겠다는 의견을 밝혔다. 2021년 최저임금이 올해 2020년(8,590원)보다 인상될 경우의 대응 방안을 묻는 설문에 대해 기업들의 44%는 '신규채용 축소', 14.8%는 '감원 등 구조조정'이라고 답했다.

① 경제상황이 악화되더라도 최저임금 인상은 이뤄져야 한다.
② 최저임금을 인상하면 여성과 청소년의 일자리가 많아진다.
③ 미숙련 노동자보다 숙련 노동자에게 더 큰 피해를 준다.
④ 고용주가 불법 고용을 시도할 수 있다.

40 **총공급곡선은 단기에 우상향하는 것으로 알려져 있다. 그 이유로 가장 적절한 것은?**

① 시장의 수요 변화에 기업들이 즉각적으로 대응한다.
② 노동자들이 화폐환상에 빠지지 않는다.
③ 노동자들의 임금이 장기계약에 의해 정해진다.
④ 합리적 기대하에 임금과 물가가 신축적으로 조정된다.

Chapter

05

제 5 회 실전모의고사

※ 시험 시간: 총 40분

※ 배점: 직무수행 객관식 – 문항당 1점

구분		문항 번호	문항 개수	세부분야별 점수	총점
경영	경영 일반	01~10	10문항	____ 점	____ 점
	회계	11~19	9문항	____ 점	
	재무관리	20~28	9문항	____ 점	
경제		29~40	12문항	____ 점	

Chapter 05 제5회 실전모의고사

01 **조직행동과 관련된 용어에 대한 설명으로 옳은 것을 [보기]에서 모두 고르면?**

| 보기 |

ㄱ. 파블로프의 개 실험은 전형적인 고전적 학습이론에 해당한다.
ㄴ. 자기감시성향이 높은 사람은 위험을 감수하고 도전하려는 경향이 강하다.
ㄷ. 조직시민행동은 주어진 공식적 직무에 임해 조직과 조직 구성원에 도움이 되는 행동을 의미한다.
ㄹ. 자기존중감이 높은 조직 구성원은 의사결정 시 비교적 외부의 환경에 영향을 덜 받는다.

① ㄱ, ㄴ
② ㄱ, ㄹ
③ ㄴ, ㄷ
④ ㄷ, ㄹ

02 **포터의 경쟁전략이론(5 forces model)에 따를 때, 산업의 수익률에 영향을 미치는 요인에 대한 설명으로 옳은 것은?**

① 구매자의 교섭력이 강할수록 산업의 수익률은 상승한다.
② 잠재적 진입자의 시장 진출 위협이 높다면 산업의 수익률은 상승한다.
③ 원료 공급자의 차별화가 높아지면 산업의 수익률은 상승한다.
④ 대체재가 적을수록 산업의 수익률은 상승한다.

03 **조직행동이론의 '통제의 위치'와 관련된 개념 중 다른 개념을 설명하고 있는 하나를 고르면?**

① 새롭게 뛰어드는 도전적 사업에 적합하다.
② 동기부여의 수준이 높다.
③ 자기통제에 능하며 참여적 리더십을 선호한다.
④ 이전에 수행했던 정립된 과업에 투입하는 것이 효과적이다.

04 **경영의 효과성과 효율성에 대한 설명으로 옳지 않은 것은?**

① 효과성은 투입량에 대한 산출의 비율을 나타낸다.
② 효율적인 경우 반드시 효과적인 것은 아니다.
③ 자원의 낭비를 줄이는 것은 효율성을 높인다.
④ 조직의 목표가 달성된 경우 효과적이라고 할 수 있다.

05 **다음 기사의 ㉠에 공통으로 들어갈 마케팅 개념으로 가장 적절한 것은?**

주어진 환경에 따라 기업의 성장전략 강화해야…

각각의 제품 또는 특성마다 (㉠)의 짧고 길고는 차이가 있다. 이러한 특성은 기업에서 하나의 제품 개발과 출시, 폐기에 있어 고려된다. 또한 (㉠)을/를 예측·분석해 제품의 폐기와 신제품 출시 일정을 잡기도 한다. (㉠)은/는 기업의 성장과 밀접한 관련이 있기 때문에 기업들은 이를 관리한다.

시장의 수요와 해당 기업이 보유한 기술력을 바탕으로 아이디어가 추출되고 그 아이디어의 가치 판단이 이루어지면 상품으로 탄생하게 된다. 이를 '도입기'로 볼 수 있다. 그리고 이후 예상된 수요 판단이 적중해 많은 소비자의 선택을 받게 되면 해당 제품은 '성장기'를 맞게 된다. 성장기를 거친 제품은 소비자의 반응과 시장의 변화에 따라 보완을 거치면서 '성숙기'를 거친다. 동시에 다른 경쟁 기업들은 그 성숙기를 맞은 제품을 하나의 트렌드로 인식하고 유사한 제품들을 시장에 내놓게 된다. 이 시기에는 경쟁이 치열해지고 유사한 제품으로 경쟁에 뛰어든 기업들로 인해 해당 제품에 대한 시장의 반응은 분산되게 된다. 그리고 마침내 시장의 미지근한 반응과 함께 해당 제품에 대한 기업의 매출과 마진은 점차 줄어들게 되는 '쇠퇴기'가 이어진다.

① 차별화 전략
② 브랜드 라인 확장
③ 시장 잠재력
④ 제품 수명주기

06 **마케팅 활동과 관련된 풀(Pull) 전략에 해당하는 것을 [보기]에서 모두 고르면?**

| 보기 |

ㄱ. 제조업체가 공제 혜택 등을 통해 유통경로의 상인이 자사의 제품을 더 많이 취급하도록 하는 전략
ㄴ. 소비자들을 대상으로 한 마케팅 활동을 통해 소비자들이 유통경로의 상인으로부터 해당 제조업체의 제품을 구매하도록 하는 전략
ㄷ. 도매 유통업자가 소매 유통업자에게 촉진 활동을 통해 판매량을 증가시키려는 전략
ㄹ. 제조업체가 소비자를 대상으로 광고, PR 등을 통해 마케팅 활동을 수행하는 전략

① ㄱ, ㄴ　　② ㄴ, ㄷ
③ ㄴ, ㄹ　　④ ㄷ, ㄹ

07 **다음 (가)~(다)는 소비재의 여러 제품 유형에 대한 설명이다. (가)~(다)와 각각에 해당하는 제품 유형을 옳게 짝지은 것은?**

(가) 일반적으로 선택적 유통경로를 통해 공급되며 제품 구매 시 소비자의 시간과 노력이 상당히 필요하다.
(나) 특정 브랜드에 대한 고객 충성도가 높고 각 브랜드마다 고유의 독특한 특성이 있다. 또한 일반적으로 소비자는 이 제품을 구매할 때 가장 많은 시간과 노력을 투입하는 의사결정을 활용한다.
(다) 가격이 낮고 소비자가 구매 시 노력을 거의 기울이지 않는다. 또한 이 제품의 구매빈도는 소비재 중 가장 빈번하다는 특징이 있다.

	(가)	(나)	(다)
①	선매품	전문품	편의품
②	선매품	편의품	전문품
③	전문품	선매품	편의품
④	전문품	편의품	선매품

08 브랜드 개발과 관련된 설명으로 옳지 않은 것은?

① 하향적 라인 확장을 하는 경우 기존의 브랜드 자산에 부정적인 영향을 미칠 수 있다.
② 신규 브랜드 전략 채택 시 기존 브랜드의 인지도를 바탕으로 낮은 비용으로 신제품의 판매를 증가시킬 수 있다.
③ 브랜드 파워가 약한 경우 코브랜드 전략이 효과적일 수 있다.
④ 복수브랜드 전략을 통해 소비자에게 노출되는 브랜드 범위를 확장할 수 있다.

09 자재소요계획(MRP)에 대한 설명으로 옳지 않은 것은?

① 제품 생산에 필요한 종속수요를 갖는 원재료, 부품 등을 관리하는 시스템이다.
② 하위 품목에 대한 별도의 수요 예측과정이 필요하지 않다.
③ 생산에 필요한 부품, 원자재 등에 대한 자재소요계획을 바탕으로 주생산계획(MPS), 재고기록(IR), 자재명세서(BOM)가 수립된다.
④ 주문 취소나 새로운 주문 발생 시 하위 품목의 계획을 쉽게 수정할 수 있다.

10 다음 글의 ㉠에 들어갈 재고 관련 비용 개념으로 가장 적절한 것은?

(㉠)은 재고 입고 이후 재고를 보관하며 발생하는 비용으로 보관비용, 취급비용, 보험료, 파손비용, 진부화 비용, 세금, 자본의 기회비용, 창고 임대료 등을 포함한다. 이 비용들을 줄이기 위해서는 주문량을 줄여 재고를 적은 숫자로 유지하는 방법이 있다.

① 가동 준비비용
② 주문비용
③ 재고 부족비용
④ 유지비용

11 ㈜대한은 10,000원의 공사대금을 들여 건물을 완성했고, 건물은 X1년 1월 1일부터 사용 가능하다. 이 건물의 내용연수는 4년이며 잔존가치는 없고, ㈜대한은 건물에 원가모형을 적용하고 정액법으로 감가상각한다. 또한 이 건물은 내용연수 후 원상복구해야 하는 의무가 있으며, 건설 완료 시점에서 기대되는 복구비용의 현재가치는 10%의 이자율을 적용해 할인한 2,000원이다. 이때 건물과 관련해 X1년도 포괄손익계산서에서 인식할 비용은 얼마인가? (단, 차입금 자본화는 고려하지 않는다)

① 2,800원　　② 3,000원
③ 3,100원　　④ 3,200원

12 다음 [자료]는 X1년 1월 1일에 설립된 ㈜민국의 자본거래에 대한 정보이다. ㈜민국의 한 주당 액면가가 100원일 때, X1년 자본 총계 증가액과 자본금 총계 증가액을 옳게 짝지은 것은?

[자료]

- X1년 1월 1일에 회사는 보통주 100주를 주당 100원에 발행했다.
- X1년 3월 10일에 회사는 보통주 100주를 주당 200원에 추가로 발행했다.
- X1년 5월 27일에 회사는 보통주 50주를 주당 50원에 추가로 발행했다.
- X1년 9월 4일 주당 150원에 자기주식을 10주 매입했다
- X1년 10월 25일 자기주식 5주를 주당 200원에 처분했다.

	자본 총계 증가액	자본금 총계 증가액
①	32,000원	24,500원
②	32,000원	25,000원
③	33,000원	24,500원
④	33,000원	25,000원

13 **다음 [표]는 ㈜만세가 보유한 재고 관련 정보를 나타내고 있다. ㈜만세는 재고를 시장에 판매하는데, 일부 재고는 확정판매계약을 통해 정해진 가격에 납품한다. 재고를 시장에서 판매할 때는 단위당 1,000의 판매비용이 발생하지만, 확정판매계약 시에는 판매비용이 발생하지 않는다. 상품 A의 50%는 판매가 10,000원에 확정판매한다고 할 때, 재고자산 평가와 관련된 당기손익은 얼마인가?**

[표] ㈜만세의 재고 정보

상품 종류	취득원가	시장판매가	수량
A	13,000원	12,000원	200개
B	20,000원	15,000원	100개

① −1,100,000원
② −1,050,000원
③ −1,000,000원
④ −950,000원

14 **다음 [자료]는 ㈜민국의 2022년 매입활동에 관한 재무 정보이다. 제시된 [자료]에 근할 때, 매입으로 인한 현금유출액은 얼마인가?**

[자료]

- 기초 매입채무: 200,000
- 기말 매입채무: 350,000
- 기초 재고자산: 500,000
- 기말 재고자산: 300,000
- 기초 선급금: 200,000
- 기말 선급금: 250,000
- 매출원가: 1,000,000
- 재고 감모손실: 100,000

① 800,000 유출
② 950,000 유출
③ 1,000,000 유출
④ 1,100,000 유출

15 **충당부채에 대한 설명으로 옳지 않은 것은?**

① 충당부채를 인식하기 위해서는 의무를 이행하기 위하여 경제적 효익을 갖는 자원이 유출될 가능성이 높아야 한다.

② 충당부채를 인식할 때 현재 의무는 법적 의무와 의제 의무를 포함한다.

③ 충당부채를 인식하기 위해서는 과거 사건의 결과로 미래 자원의 유출이 수반되는 현재 의무가 있어야 한다.

④ 과거 사건에 의해 발생한 기업의 현재 의무가 존재하지만 신뢰성 있는 추정이 불가능한 경우 충당부채를 인식한다.

16 **㈜대한의 2022년의 총수익은 15,000, 총비용은 9,000, 유상증자는 500, 현금배당은 1,500이다. 이때 [㈜대한의 2022년 재무상태표]의 ㉠~㉢에 들어갈 수를 옳게 짝지은 것은?**

[㈜대한의 2022년 재무상태표]

	2022년 초	2022년 말
자산	(㉠)	(㉡)
부채	10,000	20,000
자본	20,000	(㉢)

	㉠	㉡	㉢
①	10,000	46,000	26,000
②	30,000	46,000	26,000
③	30,000	46,000	25,000
④	30,000	45,000	25,000

17 **㈜만세는 오류로 인해 해당 회계연도에 적정 대손충당금보다 더 작은 대손충당금을 재무제표에서 인식했다. 이러한 오류가 ㈜만세의 재무제표에 미치는 영향으로 가장 적절한 것은?**

① 손익계산서의 영업이익이 과소평가되었다.

② 손익계산서의 총비용이 과대평가되었다.

③ 재무상태표의 자산총계가 과대평가되었다.

④ 재무상태표의 자본총계가 과소평가되었다.

18 **㈜가나산업의 2022년 기초 매출채권은 200,000원이고 기말 매출채권은 300,000원이다. 2022년 손익계산서에는 매출 500,000원, 대손상각비 20,000원이 포함되어 있다. 대손충당금이 기초에 비해 기말에 200,000원 증가했을 때 현금흐름으로 옳은 것은?**

① 580,000원 증가
② 600,000원 증가
③ 550,000원 감소
④ 580,000원 감소

19 **다음 [표]는 ㈜만세의 재무 정보를 나타내고 있다. 이에 근거할 때, ㈜만세의 2023년 재무 정보 분석에 대한 설명으로 옳지 않은 것은? (단, 모든 비율은 매출액 대비 비율이다)**

[표] ㈜만세의 재무 정보

구분	2022년	2023년
매출액	1,000,000	1,200,000
매출원가	850,000	900,000
매출총이익	150,000	300,000
판매관리비	50,000	100,000
영업이익	100,000	200,000
법인세비용	20,000	40,000
당기순이익	80,000	160,000

① 법인세 비율은 작년보다 상승했다.
② 판매관리비 비율은 작년보다 상승했다.
③ 매출원가 비율은 작년보다 상승했다.
④ 당기순이익 비율은 작년보다 상승했다.

20 **다음 [표]는 투자안 A의 현금흐름을 나타내고 있다. 이에 근거할 때, 투자안 A의 NPV와 IRR로 옳은 것은? (단, NPV를 구할 때는 할인율 10%를 적용한다)**

[표] 투자안 A의 현금흐름

현재(n=0)	1년 후(n=1)	2년 후(n=2)
−500,000	+300,000	+360,000

① NPV: 0
② NPV: 100,000
③ IRR: 10%
④ IRR: 20%

21 **다음 [손익계산서]에 근거할 때, 영업레버리지는 얼마인가? (단, 변화율의 기준은 당기 초 금액으로 한다)**

[손익계산서]

	당기 초	당기 말
매출액	10,000	12,000
총비용(이자비용 제외)	6,000	6,000
이자비용	2,000	4,000

① 0.5
② 1
③ 2
④ 2.5

22 **다음 [자료]는 ㈜민국의 재무 정보를 나타내고 있다. 이에 근거할 때 해당 회계연도 잉여현금흐름(FCF: Free Cash Flow)은 얼마인가? (단, 이자비용 절세효과는 할인율에 반영하며, 기업의 법인세율은 10%이다)**

[자료]

- 기초 순운전자본: 10,000원
- 기말 순운전자본: 16,000원
- 기초 비유동자산: 20,000원
- 기말 비유동자산: 22,000원
- 영업이익: 100,000원
- 감가상각비: 10,000원
- 이자비용: 5,000원

① 80,000원
② 82,000원
③ 85,000원
④ 90,000원

23 **자산 A의 체계적 위험(베타)은 3이고, 시장포트폴리오의 기대수익률은 10%이다. 무위험 수익률이 5%일 때, CAPM(자본자산가격결정모형)을 활용해 구한 자산 A의 기대수익률은 얼마인가?**

① 10% ② 15%
③ 20% ④ 25%

24 **다음 글은 투자안 A에 대한 설명으로, ㈜만세는 투자안 A에 투자할지 말지를 고민하고 있다. ㈜만세의 자기자본비용은 30%, 타인자본비용은 20%이고, 법인세율은 50%, 부채비율은 100%이다. ㈜만세의 적절한 할인율을 적용할 경우, 투자안 A의 순현재가치(NPV)로 옳은 것은?**

> 투자안 A는 매년 말 영구히 2,000,000원의 세후 영업이익이 발생하며, 투자안 A에 투자하기 위해서 현재 8,000,000원이 필요하다.

① －1,000,000원 ② 0원
③ 1,500,000원 ④ 2,000,000원

25 **CAPM(자본자산가격결정모형)의 CML(자본시장선)과 SML(증권특성선)에 대한 설명으로 옳지 않은 것은?**

① CML과 SML 모두 증권의 기대수익률과 위험의 관계를 나타낸다.
② 비효율적 포트폴리오와 효율적 포트폴리오를 포함한 모든 증권은 CML 위에 위치한다.
③ SML을 이용하면 비효율적 개별자산의 균형수익률을 구할 수 있다.
④ CML상의 포트폴리오 중 위험보상비율이 가장 큰 포트폴리오는 시장포트폴리오에 해당한다.

26 **채권과 채권 수익률의 관계에 대한 설명으로 옳은 것은?**

① 액면채는 만기에 가까워질수록 이자수익률이 커진다.
② 보유기간수익률은 채무불이행이 발생하지 않고 만기까지 보유했을 때 얻게 되는 수익률로, 채권매입 시 사전적으로 확정할 수 있는 수익률이다.
③ 다른 조건이 같다면 수의상환조건이 있는 채권의 수익률은 수의상환조건이 없는 채권보다 낮다.
④ 채권을 만기 전에 매도하는 경우 만기수익률과 보유기간수익률은 다를 수 있다.

27 **채권의 듀레이션을 증가시키는 요소로 옳은 것을 [보기]에서 모두 고르면?**

| 보기 |

ㄱ. 상환청구조건이 있는 경우
ㄴ. 액면이자율이 상대적으로 작은 경우
ㄷ. 무이표채의 만기가 짧아지는 경우
ㄹ. 이표채 취득 후 시간이 경과하는 경우

① ㄱ
② ㄴ
③ ㄱ, ㄷ
④ ㄴ, ㄹ

28 **재무관리에 대한 설명으로 옳지 않은 것은?**

① 재무관리를 통해 회사에 필요한 자금을 조달하는 방식을 결정할 수 있다.
② 재무관리 목표로는 회계적 이익의 극대화가 적합하다.
③ 회사는 자기자본 조달 시 잉여금을 활용할 수 있다.
④ 자본비용을 최소화해 투자안의 경제성을 높이려고 한다.

29 재화 X의 수요곡선은 일반적으로 우하향하는 직선 형태이고, 공급곡선은 일반적으로 우상향하는 직선형태이다. 재화 X의 수요함수는 $P=-Q+20$이고, 공급함수는 $P=Q+10$이며, 정부가 재화 X 한 단위당 4원을 소비세로 부과하려고 한다. 세금으로 인한 소비자 잉여 감소분을 (가), 생산자 잉여 감소분을 (나)라고 할 때, (가)와 (나)를 옳게 짝지은 것은?

	(가)	(나)
①	8	8
②	8	10
③	10	8
④	10	10

30 재화 A의 시장은 완전경쟁시장이다. 재화 A를 생산하는 모든 기업의 개별 평균비용은 $AC=Q^2-10Q+35$으로 동일할 때 재화 A에 대한 시장의 수요함수는 $Q=-5P+100$이다. 장기균형에서 재화 A를 생산하는 기업의 수와 재화 A의 단위당 가격으로 옳게 짝지은 것은? (단, Q=재화 A의 생산량, P=재화 A의 가격이다)

	기업의 수	단위당 가격
①	5개	5
②	5개	10
③	10개	5
④	10개	10

31 **다음 [그림]은 소규모 폐쇄 경제인 A국의 곡물에 대한 수요곡선과 공급곡선을 나타내고 있다. 세계의 곡물 가격이 150에서 형성되었을 때 A국의 경제 개방 시 발생하는 상황으로 적절하지 않은 것은?**

[그림] A국의 곡물에 대한 수요 · 공급곡선

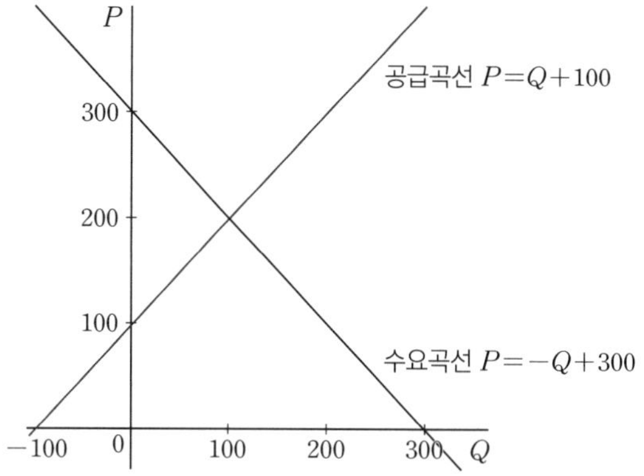

① 소비자 잉여가 증가한다.

② A국의 곡물 생산량이 감소한다.

③ A국은 곡물을 수입하게 된다.

④ 생산자 잉여가 증가한다.

32 **경상수지 적자를 감소시키기 위한 정책으로 적절한 것을 [보기]에서 모두 고르면?**

| 보기 |

ㄱ. 정부의 재정지출을 증가시킨다.

ㄴ. 국내 통화를 평가절하시킨다.

ㄷ. 국내 저축을 증가시킨다.

ㄹ. 국내 투자를 증가시킨다.

① ㄱ, ㄷ

② ㄴ, ㄷ

③ ㄴ, ㄹ

④ ㄷ, ㄹ

33 **화폐 공급을 증가시키는 요인으로 적절한 것을 [보기]에서 모두 고르면?**

| 보기 |

ㄱ. 중앙은행이 지방은행들에 국채를 매도했다.
ㄴ. 시중의 은행들이 국제결제은행 기준의 자기자본비율을 높이고 있다.
ㄷ. 민간의 신용카드 사용 증가로 민간 현금 보유 비중이 감소하고 있다.
ㄹ. 시중 은행에 적용되는 법정 지급준비율이 인하되었다.

① ㄱ, ㄷ
② ㄴ, ㄷ
③ ㄴ, ㄹ
④ ㄷ, ㄹ

34 **GDP 증가를 가져오는 요인을 [보기]에서 모두 고르면 총 몇 개인가?**

| 보기 |

ㄱ. 중고차 매매상이 중고차를 500만 원에 구입해 수리 후 600만 원에 팔았다.
ㄴ. A의 집 주변에 큰 상가가 들어선다는 소식이 나돌면서, 집 가격이 1억 원에서 1억 1,000만 원으로 올랐다.
ㄷ. 정부가 실업급여로 500억 원을 지출했다.
ㄹ. B는 가사도우미로 일하고 150만 원을 받았다.
ㅁ. C 공장은 스마트폰 생산라인 증설을 위해 지방에 공장을 지었다.

① 2개
② 3개
③ 4개
④ 5개

35 **변동환율제도의 특징으로 옳은 것은?**

① 외환의 수요와 공급에 의해 자율적으로 결정되며, 중앙은행은 외환시장에 개입할 필요가 없다.
② 환율변동에 따른 환리스크가 발생하지 않는다.
③ 중앙은행의 통화정책은 고정환율제도에 비해 큰 제약을 받는다.
④ 외환의 수급상황이 국내 통화량에 영향을 미친다.

36 **경제학의 기본원리에 대한 설명으로 적절하지 않은 것은?**

① 희소성의 법칙은 무한한 인간의 욕망을 채워 줄 자원의 부존량이 상대적으로 부족한 상태를 말한다.

② 합리적인 의사결정 시 기회비용을 고려하되, 매몰비용은 고려하지 말아야 한다.

③ 소상공인 보호를 위해 대기업의 골목상권 진입을 금지해야 한다는 주장은 실증경제학에 가깝다.

④ 국내총생산(GDP)은 유량 변수이다.

37 **다음 [그림]은 소득불평등을 나타내는 지표인 로렌츠 곡선을 나타내는 좌표평면이다. 이에 대한 설명으로 옳은 것을 [보기]에서 모두 고르면?**

[그림] 로렌츠곡선

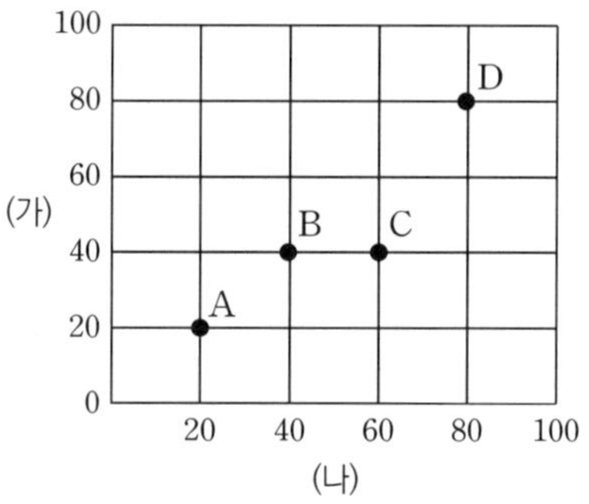

| 보기 |

ㄱ. (가), (나)는 각각 소득 누적 비율과 소비 누적 비율을 나타낸다.
ㄴ. C를 통과하는 로렌츠곡선은 D를 통과할 수 없다.
ㄷ. B와 C를 통과하는 로렌츠곡선은 존재하지 않는다.
ㄹ. A와 B, D를 모두 통과하는 로렌츠곡선이 존재한다.

① ㄱ, ㄴ　　② ㄱ, ㄷ
③ ㄴ, ㄹ　　④ ㄴ, ㄷ, ㄹ

38 **다음 [그림]은 어떤 재화의 수요와 공급을 나타내고 있다. 소비자의 선호 증가로 수요곡선이 우측으로 이동하게 될 때, 생산자잉여의 증가분은 얼마인가? (단, 해당 재화는 완전경쟁시장을 가정하며, 주어진 조건 외에는 고려하지 않는다)**

[그림] 수요 · 공급곡선

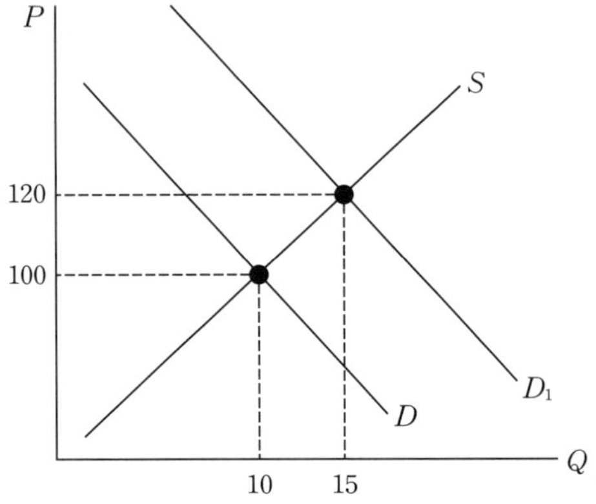

① 250
② 500
③ 750
④ 900

39 **다음 [그림]은 X재와 Y재의 무차별곡선을 나타내고 있다. 이에 대한 설명으로 옳지 않은 것은?**

[그림] X재와 Y재의 무차별곡선

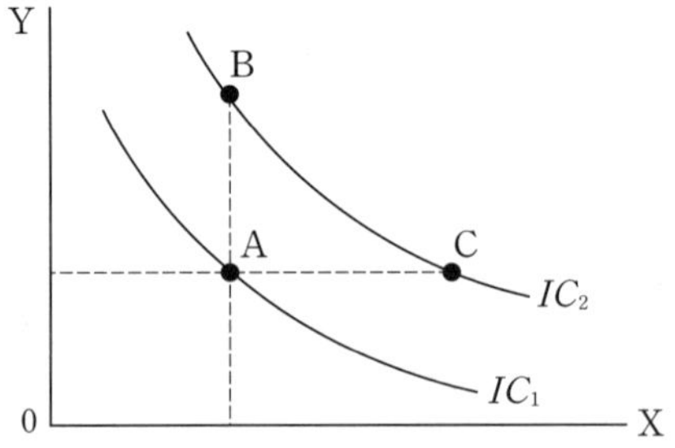

① B에서 Y재의 효용은 대개 양(+)의 값을 갖는다.
② X재와 Y재가 주는 효용의 합은 A점과 B점에서 서로 같다.
③ B점과 C점은 서로 무차별하다.
④ A점과 C점에서 Y재 소비량은 같다.

40 **다음 기사를 읽고 이를 해석한 내용으로 적절하지 않은 것은?**

> **미세먼지 내뿜는 노후 경유차, 올해 서울서 1만 대 사라졌다**
>
> 미세먼지를 발생시키는 주범으로 지목된 노후 경유차가 올해 들어 서울에서 1만 3천 대가량 폐차됐다. 폐차 후 신차를 구매할 때 주는 보조금 지원과 도심 운행 제한 등 제도 시행에 따른 것으로 풀이된다.
>
> 이달부터 서울 도심 내 배출가스 5등급 차량 운행을 막기 위한 단속이 본격적으로 시행된 만큼, 노후 차량을 보유한 시민들은 지원 제도를 활용해 차량 교체에 서둘러 나서 달라고 서울시는 권고하고 있다.

① 서울시의 입장은 사회적으로 바람직한 수준까지 노후 경유차를 폐차한다는 것이다.

② 노후 경유차에 배출가스저감장치를 설치하면 사회후생이 증가할 것이다.

③ 노후 경유차의 사적 비용은 사회적 비용보다 크다.

④ 일부 노후 경유차의 운행을 강제로 제한하면 사회후생이 증가할 것이다.

Chapter

06

제 6 회 실전모의고사

※ 시험 시간: 총 40분
※ 배점: 직무수행 객관식 – 문항당 1점

구분		문항 번호	문항 개수	세부분야별 점수	총점
경영	경영 일반	01~10	10문항	____ 점	____ 점
	회계	11~20	10문항	____ 점	
	재무관리	21~28	8문항	____ 점	
경제		29~40	12문항	____ 점	

Chapter 06 제6회 실전모의고사

01 **다음 (가)~(다)는 직무관리 관련 개념에 대한 설명이다. (가)~(다)와 각각에 해당하는 개념을 옳게 짝지은 것은?**

> (가) 직무설계의 한 방법으로 직원의 의사결정 권한, 책임을 확대하는 직무의 수직적 확대에 해당한다.
> (나) 직무의 상대적인 가치를 구해 직무급 체계를 확립하기 위한 과정이다.
> (다) 직무에 관한 정보를 나타내는 문서로 직무에 필요한 기술, 지식, 능력 등 인적 측면에 대한 설명이 포함된다.

	(가)	(나)	(다)
①	직무충실화	직무평가	직무명세서
②	직무충실화	직무평가	직무기술서
③	직무확대	직무분석	직무기술서
④	직무확대	직무평가	직무기술서

02 **동기부여이론에 대한 설명으로 옳지 않은 것은?**

① 공정성 이론에서 보상에 있어서 타인과 비교 시 과소 보상을 받았다고 느끼면 동기부여가 낮아진다.
② 기대이론에서는 노력을 통해 목표를 성취할 수 있다고 하더라도 목표달성 시 얻을 수 있는 결과물에 대한 욕구가 낮은 경우 동기부여되기 어렵다고 본다.
③ 허쯔버그 2요인 이론에 따르면 임금 상승은 직원의 동기부여를 일으킨다.
④ 기대이론에서 동기부여는 목표달성에 대한 보상수준과 목표달성에 대한 가능성에 의해 결정된다.

03 **포터의 산업구조분석에 관한 설명으로 옳지 않은 것을 [보기]에서 모두 고르면?**

| 보기 |

ㄱ. 규모의 경제가 큰 산업일수록 해당 산업의 매력도는 증가한다.
ㄴ. 산업 내 제품의 차별화가 낮은 경우 산업의 매력도는 증가한다.
ㄷ. 구매자가 후방통합을 할 수 있는 경우 산업의 매력도는 증가한다.

① ㄱ
② ㄴ
③ ㄱ, ㄷ
④ ㄴ, ㄷ

04 **주식회사에 대한 설명으로 옳은 것은?**

① 감사위원회는 주식회사의 최고 의결 기관이다.
② 주식회사의 기관으로는 주주총회, 이사회, 감사 등이 있다.
③ 주주는 회사에 출자한 금액 내에서 무한 책임을 진다.
④ 주식회사의 대리인 비용에는 경영자가 주주의 이익과 반하는 의사결정을 해서 발생한 손실은 포함하지 않는다.

05 **마케팅 철학의 발전 과정에서 나타난 여러 마케팅 개념에 대한 설명으로 옳지 않은 것은?**

① 생산 개념은 생산의 효율성을 중요시한 마케팅 개념이다.
② 판매 개념은 제품에 대한 판매촉진 활동을 중요시했다.
③ 마케팅 개념은 소비자의 욕구뿐만 아니라 사회와 소비자의 장기적 후생을 고려한 마케팅이다.
④ 마케팅 철학은 '생산 개념 → 제품 개념 → 판매 개념 → 마케팅 개념 → 사회적 마케팅 개념'으로 발전했다.

06 **다음 [보기]는 제품 또는 서비스에 대해 설명하고 있다. [보기]의 ㄱ~ㄹ을 각각이 설명하는 개념에 맞게 분류한 것은?**

| 보기 |

ㄱ. 생산과 동시에 소비가 이루어져 저장이 불가능하다.
ㄴ. 평준화 전략을 적용하기 비교적 쉽다.
ㄷ. 고객 참여도가 높아 산출물의 품질 변동성이 크다.
ㄹ. 규격화와 표준화 정도가 높아 상대적으로 품질 평가를 하기 용이하다.

	제품	서비스
①	ㄱ, ㄴ	ㄷ, ㄹ
②	ㄱ, ㄷ	ㄴ, ㄹ
③	ㄴ, ㄹ	ㄱ, ㄷ
④	ㄷ, ㄹ	ㄱ, ㄴ

07 **신제품 개발과정에 대한 설명으로 옳지 않은 것은?**

① 아이디어 창출 및 심사 단계에서는 기업 내부뿐만 아니라 외부에서 얻은 아이디어를 활용할 수 있다.
② 컨셉 도출 단계에는 아이디어를 구체화하는 과정이 포함된다.
③ 마케팅믹스 단계에서는 제품과 가격뿐만 아니라 유통과 촉진을 결정한다.
④ 소비자에게 최종적으로 제품을 출시할 때 소비자 요구분석을 수행하며 고객이 추구하는 편익을 파악한다.

08 **생산시스템 중 설비배치에 대한 설명으로 옳지 않은 것을 [보기]에서 모두 고르면?**

| 보기 |

ㄱ. 제품별 배치는 장비의 이용률이 높으며 단위당 원가가 낮다는 장점이 있다.
ㄴ. 공정별 배치에서는 제품 생산 시 일자형의 형태로 공정 순서가 이루어진다.
ㄷ. 제품별 배치는 장비 고장이 발생할 경우 생산에 영향을 적게 받는다.
ㄹ. 다양한 제품을 소량 생산할 때는 공정별 배치가 적합하다.

① ㄱ, ㄷ
② ㄱ, ㄹ
③ ㄴ, ㄷ
④ ㄷ, ㄹ

09 **전사적 자원관리(ERP: Enterprise Resource Planning)에 대한 설명으로 옳은 것을 [보기]에서 모두 고르면?**

| 보기 |

ㄱ. 전사적 자원관리를 통해 의사결정을 신속하게 할 수 있다.
ㄴ. 전사적 자원관리로 인해 부서 간 커뮤니케이션에 어려움이 커질 수 있다.
ㄷ. 전사적 자원관리를 통해 고객 만족을 높일 수 있다.
ㄹ. 전사적 자원관리는 적은 초기 비용으로 시스템을 적용할 수 있다.

① ㄱ, ㄴ
② ㄱ, ㄷ
③ ㄴ, ㄷ
④ ㄴ, ㄹ

10 다음 글에서 설명하는 경영혁신기법으로 가장 적절한 것은?

> 이 프로세스는 자료에 대한 통계적 분석을 바탕으로 기업 경영을 유지·개선하고 전반적인 불량률을 낮추기 위해 힘쓴다. 또한 이 프로세스는 DMAIC의 다섯 단계를 통해 성과를 개선하려고 한다. Define(정의) 단계에서는 고객의 중요 욕구를 파악하고 이와 관련된 내부 서비스를 정의한다. Measure(측정) 단계에서는 고객의 욕구와 회사의 품질 간 차이를 측정한다. Analyze(분석) 단계에서는 불량의 원인과 소수 핵심 특성을 파악한다. Improve(개선) 단계에서는 근본적인 문제의 원인을 없애고 프로세스를 개선한다. 마지막으로, Control(관리) 단계에서는 지속적인 품질 통제 활동을 통해 불량을 억제한다.

① 리엔지니어링
② 종합적 품질경영
③ 식스 시그마
④ 균형성과표

11 차입원가 자본화에 대한 설명으로 옳은 것을 [보기]에서 모두 고르면?

| 보기 |

ㄱ. 일반차입금에 적용할 자본화 이자율은 자본화 기간에 차입한 자금에서 발생한 차입원가를 가중평균해 구한 이자율을 사용한다.
ㄴ. 매기 생산되는 재고자산에 대한 차입원가도 자본화할 수 있다.
ㄷ. 차입원가 자본화 시 우선적으로 특정차입금에 관련된 차입원가를 자본화하고 이후 일반차입금에 관련된 차입원가를 자본화한다.
ㄹ. 회사가 의도적으로 취득 활동을 중단 또는 지연하는 경우에 발생한 차입원가는 차입원가 자본화 금액에서 제외해야 한다.

① ㄱ, ㄴ
② ㄱ, ㄷ
③ ㄴ, ㄷ
④ ㄷ, ㄹ

12 다음 [자료]는 ㈜민국의 현금흐름과 관련된 재무 정보이다. 2022년 고객으로부터 유입된 현금흐름을 (가), 영업비용으로 인해 유출된 현금흐름을 (나)라고 할 때, (가)와 (나)를 옳게 짝지은 것은?

- 2022년 회사의 신용매출은 1,000,000원, 현금매출은 500,000원 발생했다.
- 2022년 기말 매출채권 잔액은 기초보다 200,000원 증가했다.
- 2022년 회사의 영업비용은 300,000원이다.
- 2022년 기말 선급비용 잔액은 기초보다 100,000원 증가하고, 기말 미지급비용은 200,000원 증가했다.

	(가)	(나)
①	1,300,000원	100,000원
②	1,300,000원	200,000원
③	1,500,000원	100,000원
④	1,500,000원	200,000원

13 다음 [자료]에 나타난 재무 정보들에 근거할 때, 영업이익과 당기순이익을 옳게 짝지은 것은?

[자료]

- 매출: 300,000
- 매출원가: 100,000
- 임차료: 20,000
- 종업원급여: 10,000
- 법인세비용: 10,000
- 토지처분이익: 20,000

	영업이익	당기순이익
①	150,000	190,000
②	150,000	180,000
③	160,000	190,000
④	170,000	180,000

14 **다음 [자료]는 ㈜대한산업의 재무 정보를 나타내고 있다. ㈜대한산업의 부채는 200,000이고, 총자산은 400,000일 때, 각 재무비율을 계산한 값으로 옳지 않은 것은?**

[자료]

- 매출: 100,000
- 매출원가: 60,000
- 영업이익: 11,000
- 법인세비용: 1,000

① 부채비율: 100%
② 매출총이익률: 40%
③ 자기자본 순이익률(ROE): 5%
④ 총자산 순이익률(ROA): 3%

15 **재무제표에 대한 설명으로 옳은 것은?**

① 포괄손익계산서와 현금흐름표는 동태적 재무제표에 해당한다.
② 손익계산서는 일정 시점의 기업 재무상태를 나타낸다.
③ 현금흐름표는 수익활동 현금흐름, 비용활동 현금흐름으로 구성된다.
④ 재무상태표 작성 시 작성자의 주관이 개입되지 않는다.

16 **투자부동산 회계처리 방법에 대한 설명으로 옳은 것을 [보기]에서 모두 고르면?**

| 보기 |

ㄱ. 기존에 보유한 유형자산을 원가모형을 적용하는 투자부동산으로 분류변경하는 경우 변경 전 장부금액을 승계한다.
ㄴ. 투자부동산은 원가모형 또는 공정가치모형을 적용할 수 있다.
ㄷ. 투자부동산에 공정가치모형을 적용하는 경우 평가로 인해 발생하는 손익은 해당 회계연도의 기타포괄손익으로 인식한다.
ㄹ. 투자부동산에 원가모형을 적용하는 경우 감가상각은 수행하지 않는다.

① ㄱ, ㄴ
② ㄱ, ㄷ
③ ㄴ, ㄷ
④ ㄷ, ㄹ

17 **㈜대한은 해당 회계연도 초에 영업을 시작했으며 보통주 1,000주를 한 주당 1,000원에 발행했다. 주당 액면가가 100원, 주식발행과 직접 관련된 비용이 20,000원일 때 주식발행초과금의 잔액은 얼마인가?**

① 800,000원
② 880,000원
③ 900,000원
④ 1,000,000원

18 **다음 [자료]는 ㈜가나산업의 2022년 재무 정보를 나타내고 있다. 이에 근거할 때, 기초부채는 얼마인가?**

[자료]

- 당기총수익: 1,500,000
- 당기총비용: 1,000,000
- 유상증자: 200,000
- 무상증자: 100,000
- 현금배당: 100,000
- 기초자산: 3,500,000
- 기말자산: 4,000,000
- 기말부채: 2,000,000

① 2,000,000
② 2,100,000
③ 2,200,000
④ 2,300,000

19 **다음 [표]는 ㈜만세의 재고 매입·매출과 관련된 정보를 나타내고 있다. 선입선출법을 적용했을 때의 기말상품재고를 (가), 총평균법을 적용했을 때의 기말상품재고를 (나)라고 했을 때, (가)와 (나)를 옳게 짝지은 것은?**

[표] 재고 매입 · 매출 관련 정보

거래 내역	수량	단위당 매입가
1/1 기초재고	10개	$10
2/20 매입	20개	$10
6/5 매출	10개	
9/20 매입	10개	$20
11/27 매출	10개	

	(가)	(나)
①	$200	$300
②	$200	$250
③	$300	$300
④	$300	$250

20 **㈜태진산업은 2022년 5월 20일 제품을 1,000,000원에 판매했는데, 이 제품은 1년 동안 하자를 보증한다. 판매보증 기간에 예상되는 판매보증비용은 다음 [표]와 같으며, 해당 회계연도에 실제 판매보증비용으로 50,000원이 발생했다. 2022년 회계연도 말 재무상태표에 계상될 판매보증 충당부채를 (가), 당기 포괄손익계산서에 계상될 제품보증비를 (나)라고 할 때, (가)와 (나)를 옳게 짝지은 것은?**

[표] 판매보증비용 예상비용과 확률

상황	수리비용	하자 발생 확률
하자 없음	0원	80%
일반적인 하자	100,000원	10%
중요한 하자	1,000,000원	10%

	(가)	(나)
①	50,000원	60,000원
②	60,000원	60,000원
③	60,000원	110,000원
④	110,000원	60,000원

21 **투자의사 결정 시 고려 사항으로 적절하지 않은 것을 [보기]에서 모두 고르면?**

| 보기 |

ㄱ. 투자안의 가치 평가 시 감가상각비 절세효과는 현금흐름에 반영할 수 있다.
ㄴ. 투자안의 가치 평가 시 매몰원가는 투자 현금흐름에 포함한다.
ㄷ. 증분 현금흐름으로 의사결정을 할 때는 기회비용을 고려할 필요가 없다.
ㄹ. 투자안의 가치를 평가할 때 투자안의 위험을 이자율에 반영할 수 있다.

① ㄱ, ㄴ
② ㄱ, ㄹ
③ ㄴ, ㄷ
④ ㄴ, ㄹ

22 **채권에 대한 설명으로 옳지 않은 것은?**

① 만기가 길수록 이자율 변동에 따른 채권가격 변동이 높다.
② 채권 발행 시 시장이자율이 채권의 액면이자율보다 큰 경우 채권은 할인발행된다.
③ 이자율이 상승하면 채권가격은 하락한다.
④ 이자율이 상승할 때는 듀레이션이 높은 종목으로 포트폴리오를 구성해야 한다.

23 **㈜민국의 영업레버리지(DOL)는 5이며, 재무레버리지도(DFL)는 2이다. 또한 ㈜민국의 매출액은 10,000,000원, 영업이익은 2,000,000원, 순이익은 1,000,000원이다. ㈜민국의 총 주식수가 1,000주일 때 매출액이 10% 상승할 경우 기대되는 영업이익과 주당순이익(EPS)을 옳게 짝지은 것은?**

	영업이익	주당순이익
①	2,200,000원	1,500원
②	2,200,000원	2,000원
③	3,000,000원	1,500원
④	3,000,000원	2,000원

24 부채비율이 100%인 ㈜정직산업은 다음의 투자안 A에 대한 투자를 고려하고 있다. 투자안 A의 초기투자금액은 1,000원이며, 매해 말 150원의 현금이 영원히 유입될 예정이다. 주주의 요구수익률은 15%, 채권자의 요구수익률은 10%, 법인세율은 50%일 때, 투자안 A의 순현재가치(NPV)는 얼마인가?

① 200원
② 500원
③ 800원
④ 1,000원

25 다음 [손익계산서]를 근거로 할 때, 영업레버리지는 얼마인가? (단, 변화율의 기준은 당기 초 금액으로 한다)

[손익계산서]

2022. 1. 1.~12. 31.

	당기초	당기말
매출	100	110
변동비	40	44
고정비	30	30
이자비용	10	10

① 0.5
② 1
③ 1.5
④ 2

26 이자율 기간구조이론에 대한 설명으로 옳은 것을 [보기]에서 모두 고르면?

| 보기 |

ㄱ. 수익률 곡선은 항상 우상향의 동일한 형태이다.
ㄴ. 금리 상승이 예상되는 경우 수익률 곡선은 우상향한다.
ㄷ. 유동성 선호이론에서 선도이자율은 미래 기대 현물이자율과 같다.
ㄹ. 순수기대이론에서는 선도이자율과 미래 기대 현물이자율이 같다.

① ㄱ, ㄴ
② ㄱ, ㄷ
③ ㄴ, ㄷ
④ ㄴ, ㄹ

27 **채권 A의 시장가치는 100만 원이고 수정 듀레이션은 3이다. 시장이자율이 5% 상승할 때 채권의 가격은 얼마인가? (단, 채권의 가격변화는 듀레이션을 이용해 구한다)**

① 80만 원
② 85만 원
③ 93만 원
④ 95만 원

28 **기업의 투자안 평가에 활용하는 자본비용에 대한 설명으로 옳은 것은?**

① 일반적으로 자기자본비용은 타인자본비용보다 작다.
② 투자안의 위험이 높은 경우 자본비용은 증가한다.
③ 사내 유보이익은 기존에 기업이 보유한 현금이므로 자본비용이 0이다.
④ 기존의 사업과 다른 신규 투자안의 현재가치를 구하기 위한 가중평균자본비용은 기존 기업의 가중평균자본비용을 활용하는 것이 적합하다.

29 **홍차와 설탕은 보완재 관계이고 홍차와 커피는 대체재 관계이다. 홍차 생산비용의 증가로 홍차 가격이 상승하는 경우 발생하는 현상으로 적절한 것을 [보기]에서 모두 고르면? (단, 모든 재화는 정상재이며 재화의 공급곡선은 우상향하고 수요곡선은 우하향하는 일반적인 형태라고 가정한다)**

| 보기 |

ㄱ. 홍차의 공급곡선은 오른쪽으로 이동한다.
ㄴ. 홍차의 수요곡선은 왼쪽으로 이동한다.
ㄷ. 설탕의 생산자 잉여는 감소한다.
ㄹ. 커피의 거래량은 증가한다.

① ㄱ, ㄴ
② ㄱ, ㄷ
③ ㄴ, ㄹ
④ ㄷ, ㄹ

30 **대학을 졸업한 홍길동은 1년의 학비가 5,000만 원인 대학원에 진학하기로 결정했다. 대학원은 총 1년 과정이며 대학원 진학 시 취업하는 것보다 연간 생활비를 1,000만 원 절약할 수 있다고 예상된다. 홍길동이 대학원을 진학하지 않고 취업을 하는 경우 연봉 4,000만 원의 일자리와 연봉 3,000만 원의 일자리 중 원하는 곳에 취업할 수 있었다. 이 경우 홍길동의 대학원 진학의 기회비용은 얼마인가?**

① 8,000만 원
② 9,000만 원
③ 1억 원
④ 1억 1,000만 원

31 **총수요곡선과 총공급곡선의 이동에 대한 설명으로 옳은 것은?**

① 정부가 재정지출을 감소시키면 총수요곡선은 좌측으로 이동한다.
② 물가상승 시 총공급곡선이 이동한다.
③ 예상 물가수준 하락 시 장기 총공급곡선은 우측으로 이동한다.
④ 장기 총공급곡선은 우상향하는 형태이다.

32 **다음 [표]는 2020~2022년의 10분위 분배율과 지니계수를 나타내고 있다. 이에 대한 설명으로 옳은 것은?**

[표] 2020~2022년의 10분위 분배율과 지니계수

구분	2020년	2021년	2022년
10분위 분배율	0.125	0.2	0.25
지니계수	0.2	0.3	0.4

① 10분위 분배율 기준으로 2021년은 전년도보다 불평등이 악화되었다.
② 지니계수 기준으로 2022년은 전년 대비 소득 분배가 평등하다.
③ 10분위 분배율 기준으로 조사 기간 동안 불평등이 악화되는 추세이다.
④ 지니계수 기준으로 조사 기간 동안 불평등이 악화되는 추세이다.

33 **다음 [그림]은 갑 국가가 보유한 모든 생산요소를 정상적으로 활용했을 때 생산할 수 있는 A재와 B재의 조합을 나타내고 있다. 이에 대한 설명으로 옳은 것은? (단, c점은 a점과 비교했을 때 B재의 생산량은 같고 A재의 생산량은 더 많다. 한편, A재와 B재의 생산요소 투입은 서로 대체 가능하며, 생산가능곡선은 우하향하는 직선이다)**

[그림] 생산 가능한 A재와 B재의 조합

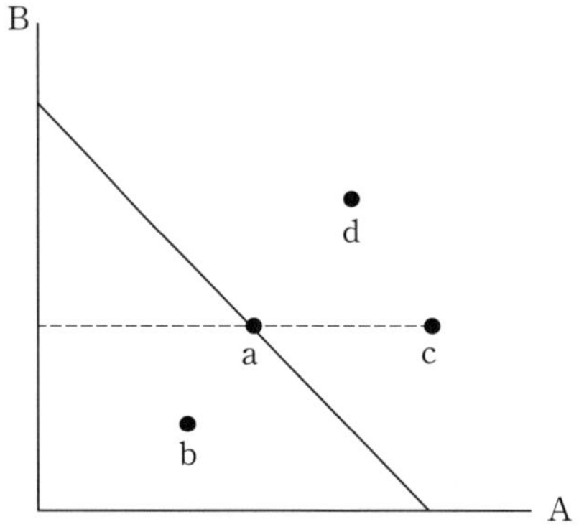

① b점은 현재의 생산요소를 가지고는 생산할 수 없는 지점이다.
② B재 생산의 기술진보가 이뤄지면 c점에서는 생산할 수 없다.
③ A재를 더 생산할수록 포기해야 하는 B재의 생산량은 점차 커진다.
④ 새로운 천연자원과 같은 신자원의 발견은 a점에서 d점으로의 이동을 가져올 것이다.

34 **항상소득이론에 대한 설명으로 옳은 것은?**

① 소비의 상호의존성을 가정한다.
② 임시소득은 대부분 저축되지 않고 소비된다고 가정한다.
③ 항상소득이론에 따르면, 대리에서 과장으로 승진하여 월급이 오른 A의 소비는 기존보다 커질 것이다.
④ 항상소득이론에 따르면, 불황 탈출을 위해 정부가 세율을 낮추기보다 재난지원금을 지급하는 것이 더 낫다.

35 **2023년 대한민국에서는 다음 (가)~(바)와 같은 거래가 발생하였다. 이때 경상수지는 얼마인가?**

(가) 현대자동차가 자동차를 600억 원어치 수출하였다.
(나) LG화학이 합성수지 원재료를 100억 원어치 수입하였다.
(다) 삼성전자가 100억 원을 투자해 베트남 현지 공장을 설립하였다.
(라) 대한적십자사가 지진으로 큰 피해를 겪은 B국에 1억 원을 원조하였다.
(마) 중국인이 10억 원의 국내 주식을 매입하였다.
(바) SK가 외국인 투자자에게 배당금 20억 원을 지급하였다.

① 469억 원
② 479억 원
③ 489억 원
④ 499억 원

36 **먹방 유튜버 영희는 A~D 식당을 순서대로 방문하는 계획을 세웠다. 이때 음식 가격과 음식이 주는 만족감을 비교해, 만족감이 떨어진다고 판단하면 언제든지 중단할 수 있으며 중단 시 별도의 비용은 발생하지 않는다. 기회비용의 관점에서 음식 가격과 만족감을 비교한다면, 영희는 어느 식당까지 방문하게 될까? (단, 식당을 방문하지 않을 때 선택할 수 있는 대안은 집에서 밥을 먹는 것 뿐이며, 음식 가격에는 이 가치가 포함되어 있다)**

[표] 음식 가격과 만족감

식당	음식 가격	음식이 주는 만족감
A	30,000	50,000
B	20,000	25,000
C	25,000	20,000
D	10,000	10,000

① A
② B
③ C
④ D

37 **다음 경제학 공식 중 옳은 것은?**

① $MU_X/P_X=MU_Y/P_Y$ (MU: 한계효용, P: 가격)
② $AE=C+I+G+NX$ (AE: 총지출, C: 소비, I: 투자, G: 정부지출, NX: 순수입)
③ $MY=PV$ (M: 통화량, Y: 생산량, P: 가격, V: 화폐유통속도)
④ $i=r+\pi$ (i: 인플레이션율, r: 명목이자율, π: 실질이자율)

38 **다음 기사의 밑줄 친 ㉠에 따를 때, 기준금리 인하가 환율과 순수출에 미칠 영향을 옳게 짝지은 것은? (단, 제시된 내용 외에는 고려하지 않는다)**

> 한국은행의 긴급 기준금리 인하 조치를 두고 금융안정 이슈를 소홀히 했다는 우려의 목소리가 나온다. 정부 규제에도 불구하고 기준금리 인하로 부동산 시장의 풍선 효과가 심화할 수 있다는 비판이 제기된다. 또 기준금리 인하로 ㉠ 외국인의 자본 유출 위험이 심화될 수 있다는 분석도 있다.

	환율	순수출
①	상승	감소
②	하락	감소
③	상승	증가
④	하락	증가

[39~40] 다음 기사를 읽고 물음에 답하시오.

> □□은행 필기시험에서 수험생들이 어려움을 느꼈던 영역으로 경제, 회계, 재무가 꼽혔다. 특히 경제는 시사경제 영역보다 경제이론에서 정답을 잘 맞히지 못한 것으로 분석됐다. (㉠)효과, (㉡)효과와 관련한 문제의 정답률은 30%대로 매우 낮았다. 정확한 의미를 이해하지 못하면 풀기가 까다로웠다는 반응이 많았다.
>
> "A라는 사람이 현재 1만 원의 시급을 받고 하루 8시간을 일하고 나머지 16시간을 여가에 사용하고 있는 상태다. 만약 내년부터 임금이 1만 원에서 1만 2천 원으로 인상된다면 A는 여가시간을 16시간에서 20시간으로 늘릴 것이다."라는 제시문에서 A의 여가시간 결정을 옳게 설명한 것을 물었다. 노동시장에서 (㉠)효과란 임금(여가의 기회비용)이 인상되면 여가시간이 감소하고 노동시간이 늘어나는 것을 의미한다. 반면 노동시장에서 (㉡)효과란 임금이 인상되면 정상재인 여가시간이 증가하는 것을 뜻한다. 따라서 A는 시급이 인상되자 여가시간을 늘렸으므로 "(㉡)효과가 (㉠)효과보다 더 크게 나타난다."가 정답이다.

39 위 기사의 ㉠, ㉡에 들어갈 말을 옳게 짝지은 것은?

	㉠	㉡
①	대체	소득
②	소득	가격
③	소득	대체
④	가격	대체

40 위 기사의 내용을 참고해 소득이 증가하면 여가를 감소시키는 노동자를 생각해 보자. 이 노동자의 임금이 상승한다고 가정했을 때, 다음 글의 ㉠~㉣에 들어갈 말을 옳게 짝지은 것은?

> • 여가는 (㉠)재이다.
> • 소득효과는 노동공급량을 (㉡)시키는 방향으로 나타난다.
> • 대체효과는 노동공급량을 (㉢)시키는 방향으로 나타난다.
> • 노동공급량은 (㉣)한다.

	㉠	㉡	㉢	㉣
①	열등	증가	증가	증가
②	열등	감소	증가	증가
③	정상	감소	감소	감소
④	정상	증가	감소	감소

Chapter

07

제 7 회 실전모의고사

※ 시험 시간: 총 40분

※ 배점: 직무수행 객관식 – 문항당 1점

구분		문항 번호	문항 개수	세부분야별 점수	총점
경영	경영 일반	01~10	10문항	____ 점	____ 점
	회계	11~21	11문항	____ 점	
	재무관리	22~28	7문항	____ 점	
경제		29~40	12문항	____ 점	

Chapter 07 제7회 실전모의고사

01 **다음 글에서 설명하는 경영전략으로 옳은 것은?**

> 이 경영전략은 유사 업종 또는 같은 업종의 기업들이 이익을 극대화하기 위해 맺는 협정이다. 참여 기업들은 법적, 경제적으로 독립된 개별 기업이며 생산량 규제, 가격 규제 등 다양한 방안을 통해 이익을 극대화하려고 한다. 이 전략은 협정에 대한 구속력이 없으므로 기업 간의 협조 정도가 높아야 가능하다는 특징이 있다. 정부에서는 과도한 기업의 이윤추구와 담합을 방지하기 위해 이러한 행위를 규제하기도 한다.

① 조인트 벤처(Joint Venture)
② 컨글로머리트(Conglomerate)
③ 카르텔(Cartel)
④ 콘체른(Concern)

02 **다음 중 포터의 파이브 포스 모델(5 Forces Model)의 각 요소에 대한 설명 중 적절하지 않은 것은?**

① 고객의 동일한 욕구를 다른 방법으로 충족시키는 같은 종류의 제품·서비스가 적을수록 대체재 위협이 낮아진다.
② 제품 차별화, 원가 우위, 정부의 규제 등은 기업의 진입자 위협을 낮춘다.
③ 공급자의 수가 소수이고, 공급자의 제품이 차별화 정도가 높을수록 위협이 낮아진다.
④ 경쟁자들이 적고 경쟁자들과 당사의 제품 차별화 정도가 높은 경우 위협이 낮아진다.

03 **다음 [보기]에서 기업의 사업부 전략에 대한 설명으로 옳지 않은 것을 모두 고르면?**

| 보기 |

ㄱ. 기업이 생산의 효율성을 높여 원가를 최소화하는 전략은 원가우위 전략이다.
ㄴ. 기업의 수직적 통합, 다각화 전략은 사업부 수준 전략에 해당한다.
ㄷ. 포터의 차별화 전략은 사업부 전략에 해당한다.
ㄹ. 컴퓨터를 생산하는 업체가 반도체사업에 진출한 것은 사업부 전략에 해당한다.

① ㄱ, ㄴ
② ㄱ, ㄹ
③ ㄴ, ㄷ
④ ㄴ, ㄹ

04 **다음 중 리더십의 이론에 대한 설명으로 적절하지 않은 것은?**

① 서번트 리더십(Servant Leadership)은 섬기고 봉사하는 자세로 직원들의 성장을 도모하는 리더십이다.

② 변혁적 리더십(Transformational Leadership)은 직원들이 조직을 위해 헌신할 수 있도록 고취하고 직원들에 큰 영향력을 미칠 수 있는 리더십이다.

③ 거래적 리더십(Transactional Leadership)은 직원들에 대한 지적 자극과 배려를 통해 성과를 끌어내는 리더십이다.

④ 슈퍼 리더십(Super Leadership)은 부하들 개인이 리더가 될 수 있도록 이끄는 리더십이다.

05 **다음의 특징을 갖는 임금체계에 대한 표현으로 적절한 것은?**

- 동일노동 동일임금을 원칙으로 한다.
- 직무의 상대적 가치를 바탕으로 임금을 지급한다.
- 해당 임금형태를 채택하는 경우 적용과 시행 절차가 복잡하다는 단점이 있다.

① 직능급　　② 직무급
③ 연공급　　④ 성과급

06 **가격차별이란 동일 제품을 고객마다 다른 가격으로 판매하는 것이다. 이러한 가격차별의 예시와 그에 대한 설명으로 적절하지 않은 것은?**

① 한 번에 구매하는 수량이 많을수록 가격을 할인하는 정책은 수량할인에 해당한다.

② 쿠폰을 제시하는 사람들에게 할인을 제공하는 정책은 이중요율에 해당한다.

③ 가격에 민감한 집단에 가격을 할인해 좌석 점유율을 높이는 정책은 항공요금에 가격차별을 적용한 것이다.

④ 사람이 몰리지 않는 이른 아침이나 한밤중에 가격을 할인하는 정책은 할인시간 가격이다.

07 **신제품 수용자 중 다음의 특징을 가진 수용자 집단으로 적절한 것은?**

- 위험 감수성향이 높으며 모험적이다.
- 새로운 아이디어를 적극적으로 수용하는 특징이 있다.
- 수용자 집단 중 가장 빠르게 신제품을 수용하는 집단이다.

① 혁신자(Innovator)
② 조기수용자(Early Adopter)
③ 조기다수자(Early Majority)
④ 지각수용자(Laggard)

08 **다음 [보기] 중 제품수명주기에 대한 설명으로 적절하지 않은 것을 모두 고르면?**

| 보기 |

ㄱ. 동일 업종의 제품의 경우 제품 수명주기가 동일하다는 특징이 있다.
ㄴ. 성장기에서는 제품의 수요자가 급증하는 동시에 경쟁자 또한 급증한다.
ㄷ. 초기에 신제품에 대해 높은 시장점유율을 확보하기 위해 고가격 전략을 채택할 수 있다.
ㄹ. 제품 수명주기는 브랜드 수준에 적용할 수 있다.

① ㄱ, ㄴ
② ㄷ, ㄹ
③ ㄱ, ㄷ, ㄹ
④ ㄴ, ㄷ, ㄹ

09 **다음 [보기] 중 공정관리에 활용되는 품질관리기법에 대한 설명으로 옳지 않은 것을 모두 고르면?**

| 보기 |

ㄱ. 관리도는 제품 품질의 이상 변동을 찾아 품질이 적합한지 평가하는데 활용되는 도표이다.
ㄴ. 관리도의 관리한계선의 폭이 좁을수록 이상 변동을 탐지하기 어렵다.
ㄷ. 히스토그램은 품질문제에 큰 영향을 미치는 소수의 요인을 파악하고 개선하기 위해 활용된다.
ㄹ. 특성요인도를 통해 문제의 원인을 체계적으로 파악할 수 있다.

① ㄱ, ㄴ
② ㄱ, ㄹ
③ ㄴ, ㄷ
④ ㄷ, ㄹ

10 적시생산시스템(JIT)과 전통적 생산시스템을 비교한 것으로 적절하지 않은 것은?

	적시생산시스템	전통적 생산시스템
①	다양한 공급자에게 부품을 조달받는다.	소수의 공급자에게 부품을 조달받는다.
②	원자재 조달 빈도를 높인다.	원자재 조달 빈도에 대한 고려가 부족하다.
③	풀 방식으로 제품을 생산한다.	푸시 방식으로 제품을 생산한다.
④	재고를 최소화한다.	재고를 많이 생산한다.

11 재무제표는 재무상태표, 손익계산서, 자본변동표, 현금흐름표, 주석으로 구성된다. 재무제표와 그에 포함되는 요소들에 대한 설명으로 적절한 것을 고르면?

① 손익계산서는 수익과 비용으로 구성되어 있으며 기업의 일정 시점 경영성과를 나타낸다.
② 재무제표는 재무상태표, 포괄손익계산서, 자본변동표 등 구성항목들이 독립적이라는 특징이 있다.
③ 재무상태표의 자산과 부채는 모두 현행원가를 적용한다.
④ 자산은 일반적으로 유동자산과 비유동자산으로 분리해 공시한다.

12 다음은 ㈜대한의 대손과 관련된 자료이다. 결산일 현재 매출채권 총액은 100,000원일 때 회수가 가능할 것으로 추정되는 매출채권(매출채권 순액)으로 옳은 것은?

- 기초 매출채권에 대한 대손충당금 잔액은 5,000원이다.
- 당기 대손상각비로 설정한 금액은 15,000원이다.
- 당기 중 회수 불가로 대손처리 된 매출채권은 10,000원이다.

① 95,000원
② 90,000원
③ 85,000원
④ 80,000원

13 **다음 [보기] 중 재고자산의 분류 및 측정에 대한 설명으로 적절하지 않은 것을 모두 고르면?**

| 보기 |

ㄱ. 생산 중에 있는 재공품은 완성되기 위해 추가적인 공정이 필요하므로 재고자산으로 분류할 수 없다.
ㄴ. 판매 목적의 건물은 재고자산으로 분류한다.
ㄷ. 생물자산에서 수확한 농림어업 수확물로 구성된 재고자산은 역사적 원가로 측정하여 수확 시점에 최초로 인식한다.
ㄹ. 소매재고법은 이익률이 유사하고 품종변화가 심한 다품종 상품을 취급하는 유통업에서 실무적으로 다른 원가측정법을 사용할 수 없는 경우에 흔히 사용한다.

① ㄱ, ㄴ
② ㄱ, ㄷ
③ ㄱ, ㄷ, ㄹ
④ ㄴ, ㄷ, ㄹ

14 **다음의 자료는 재고와 관련된 자료이다. 주어진 자료를 바탕으로 총평균법과 선입선출법을 각각 적용했을 때 기말 상품재고로 바르게 짝지어진 것을 고르면?**

구분	재고의 수량	매입 평균단가
1/1 기초재고	10	₩5
3/17 재고 매입	10	₩15
5/9 재고 매출	20	
8/21 재고 매입	20	₩30
12/5 재고 매출	10	

	총평균법	선입선출법
①	₩100	₩150
②	₩100	₩250
③	₩200	₩200
④	₩200	₩300

15 다음 중 금융자산의 분류와 관련된 설명으로 적절하지 않은 것은?

① 채무상품은 상각후원가 측정 금융자산, 기타포괄손익-공정가치 측정 금융자산, 당기손익-공정가치 측정 금융자산으로 분류할 수 있다.

② 금융자산이 기타포괄손익-공정가치 측정 금융자산과 상각후원가 측정 금융자산에 해당하지 않는 경우 당기손익-공정가치 측정 금융자산으로 분류한다.

③ 단기매매 목적으로 취득한 지분상품을 기타포괄손익-공정가치 측정 금융자산으로 분류할 수 있다.

④ 금융자산을 만기까지 보유하지 않더라도 계약상 현금흐름을 수취하기 위한 목적에 해당해 상각후원가 측정 금융자산으로 분류하는 것은 적합하다.

16 다음 [보기] 중 투자부동산으로 분류할 수 있는 것을 모두 고르면?

| 보기 |

ㄱ. 장기 시세차익을 얻기 위해 보유하는 건물
ㄴ. 영업을 위해 종업원이 사용하고 있는 부동산
ㄷ. 보유 토지 중 사용 목적을 결정하지 못한 토지
ㄹ. 정상적인 영업 과정에서 판매하기 위한 부동산
ㅁ. 자가사용부동산

① ㄱ, ㄷ　　② ㄴ, ㄹ
③ ㄱ, ㄷ, ㄹ　　④ ㄷ, ㄹ, ㅁ

17 다음의 자료는 ㈜성실산업의 2022년 말 보유 자산, 부채의 상세내역이다. 회사는 2022년 초 한 주당 액면가 100원의 주식을 주당 200원에 100주 발행해 영업을 개시했다. 주어진 자료를 바탕으로 구한 사업연도 말 자산, 부채, 자본 금액으로 적절한 것은?

현금	10,000	건물	10,000
매출채권	30,000	재고	50,000
토지	20,000	단기 차입금	30,000
미지급임차료	10,000	장기 차입금	40,000

	자산	부채	자본
①	100,000	70,000	20,000
②	100,000	80,000	20,000
③	120,000	70,000	40,000
④	120,000	80,000	40,000

18 ㈜민국은 재고자산의 단위당 원가 결정 시 가중평균법을 적용하고 수량 결정 시 실지재고조사법을 적용한다. 또한, 회사는 매입원가에 매입원가의 20%를 곱한 금액을 더해 상품판매가를 정한다. 아래의 재고 매입과 관련된 정보를 고려해 해당 회계연도의 손익계산서에 계상될 매출액을 계산한 것으로 옳은 것은? (단, 재고의 단위원가 설정 기간은 해당 회계연도라고 가정한다)

거래 내역	수량	단위당 매입가
1/1 기초재고	150	20
2/17 매입	250	30
4/5 매출	100	—
10/11 매입	100	20
12/31 기말재고	350	—

① 2,000
② 2,400
③ 2,500
④ 3,000

19 **아래는 C회사의 X1년도 회계자료의 일부이다. 자료에 따라 C회사의 회계연도 말 재무상태표에 계상될 매출채권을 구하면? (단, 주어진 자료만을 고려한다)**

기초 상품재고	150	당기 상품매입액	100
기초 매출채권	30	매출총이익	100
기말 상품재고	120	당기 현금 매출액	50
매출채권 회수액	200		

① 0
② 10
③ 20
④ 30

20 **X2년 초 갑회사는 100,000원에 기계를 구입했다. 기계의 내용연수는 4년이고 잔존가치는 20,000원으로 추정된다. 감가상각 방법으로 정액법, 연수합계법, 이중체감법을 적용할 수 있다고 할 때, 갑회사의 X3년 손익계산서에 감가상각비가 많이 계상되는 순서로 올바르게 나열한 것은?**

① 연수합계법 > 정액법 > 이중체감법
② 연수합계법 > 이중체감법 > 정액법
③ 정액법 > 연수합계법 > 이중체감법
④ 이중체감법 > 연수합계법 > 정액법

21 **㈜맑음은 액면금액이 100원인 보통주를 발행한 기업이다. ㈜맑음의 X1년 회계연도 당기순이익이 10,000원일 때, 다음의 자본에 관련된 재무정보를 참고해 X1년의 자본증가액을 구하면? (단, 주어진 자료만 고려한다)**

- 1/26 보통주 10주를 주당 200원에 유상증자
- 3/5 자기주식 10주를 주당 100원에 취득
- 5/7 상장기업 삼성전자 주식 1주를 주당 100원에 취득해 기타포괄손익 공정가치 측정 금융자산으로 분류했다.
- 8/17 보통주 10주를 주당 50원에 유상감자했다.
- 12/31 회계연도 말 삼성전자 주식의 공정가치는 주당 200원이다.

① 10,500원
② 10,600원
③ 11,600원
④ 12,500원

22 **기업의 배당정책에 관한 설명 중 적절하지 않은 것은?**

① MM의 배당이론에 따르면 주주는 배당과 같은 확실한 자산을 선호하므로 배당을 많이 할수록 기업의 가치가 증가한다.
② 잔여 배당정책은 안정 배당정책에 비해 배당금의 변동성이 크다.
③ 회사에 수익성 있는 투자기회가 많은 경우 저배당 정책을 선호한다.
④ 배당의 신호효과에 의하면 배당을 통해 기업 외부의 주주는 기업 내부의 경영상황을 알 수 있다.

23 **인수합병(M&A)을 통해 기업은 합병 전보다 더 높은 기업가치를 달성할 수 있다. 다음 중 인수합병이 기업가치를 제고할 수 있는 원인에 해당하지 않는 것은?**

① 세금 감소
② 저평가기업 인수
③ 인수 프리미엄
④ 재무구조 변경을 통한 기업가치 증분

24 **아래 주어진 자료를 바탕으로 구한 ㈜대한의 2022년의 매출채권 회수기간과 재고자산 회수기간으로 올바르게 짝지어진 것은? (단, 1년은 360일로 가정한다)**

- 대한의 2022년 매출액＝1,200억
- 대한의 2022년 매출원가＝800억
- 대한의 2022년 매출채권 평균잔액＝40억
- 대한의 2022년 재고자산 평균잔액＝80억

	매출채권 회수기간	재고자산 회수기간
①	30일	10일
②	30일	36일
③	12일	10일
④	12일	36일

25 **다음은 상호 배타적인 투자안(가)와 투자안(나)이다. 두 투자안의 내용연수와 NPV 계산 시 적용하는 자본비용은 동일하다. 두 투자안의 증분현금흐름의 내부수익률이 10%이며 투자안에 대한 정보는 아래와 같다. 주어진 정보를 바탕으로 빈칸 ㉠, ㉡, ㉢에 들어갈 말로 올바르게 짝지어진 것은?**

구분	투자안(가)	투자안(나)
IRR	20%	30%
NPV	5억	3억

- 투자안(가)와 투자안(나)는 IRR법과 NPV법으로 평가했을 때 최적 투자안 결과가 다르다. 주어진 정보에 따르면 두 투자안의 NPV 값을 같게 만드는 수익률은 ___㉠___ 이다.
- 투자안(가)의 NPV곡선은 투자안(나)의 NPV곡선보다 기울기가 ___㉡___.
- IRR법과 NPV법의 의사결정이 상이하다면 ___㉢___에 따른 결과를 선택하는 것이 합리적이다.

	㉠	㉡	㉢
①	10%	가파르다	NPV법
②	10%	가파르다	IRR법
③	25%	완만하다	NPV법
④	25%	가파르다	IRR법

26 **㈜행복산업의 부채비율은 200%이고 은행에서 10%의 이자율로 차입할 수 있다. 또한 회사에 적용하는 법인세율이 40%이다. ㈜행복산업은 자본 조달 시 주당 10,000원에 주주로부터 조달했고 주가는 한 주당 10,000원으로 조달금액과 동일하다. 회사는 주당 매해 3,000원의 배당을 지급한다. 주어진 자료를 바탕으로 구한 회사의 자기자본비용과 가중평균자본비용이 바르게 짝지어진 것은?**

	자기자본비용	가중평균자본비용
①	18%	14%
②	18%	20%
③	30%	14%
④	30%	20%

27 ㈜대한에 적용될 법인세율은 20%이다. 회사의 당기 영업이익이 1,000,000원이고 감가상각비가 200,000원일 때 주어진 자료를 바탕으로 구한 ㈜대한의 영업현금흐름(OCF)은? (단, 주어진 자료만을 고려한다)

① 800,000
② 900,000
③ 1,000,000
④ 1,100,000

28 다음 [보기] 중 기업의 자본구조이론에 관련된 설명으로 옳은 것을 모두 고르면?

| 보기 |

ㄱ. 주식배당 후 주식의 이익잉여금은 감소하지만 자본 총액은 변화가 없다.
ㄴ. 회사가 주식을 분할하면 자기자본 총액은 변동이 없지만 자본잉여금이 보통주 자본금으로 전입된다.
ㄷ. 자본조달순서이론에 따르면 기업은 내부유보자금, 부채발행, 신주발행 순으로 자본조달 방식을 선호한다.
ㄹ. 수정된 MM이론에서는 부채를 사용하는 기업의 가치는 부채를 사용하지 않는 기업보다 법인세의 현재가치만큼 크다.

① ㄱ, ㄷ
② ㄴ, ㄹ
③ ㄷ, ㄹ
④ ㄱ, ㄷ, ㄹ

29 다음 중 수요와 공급의 가격탄력성에 대한 설명으로 적절한 것은?

① 일반적으로 사치재는 생활필수품보다 수요의 가격탄력성이 크다.
② 생산 시설의 유휴설비가 충분할수록 재화 가격 상승 시 공급이 비탄력적이다.
③ 대체재를 쉽게 찾을 수 없을수록 수요의 가격 탄력성이 커진다.
④ 일반적으로 과일 전체에 대한 수요의 가격탄력성보다 과일 중 오렌지에 대한 수요의 가격탄력성이 더 작다.

30 **다음 [보기] 중 외부효과에 대한 설명으로 옳지 않은 것을 모두 고르면?**

| 보기 |

ㄱ. 오염배출권 거래제도는 정부가 오염배출권의 가격을 설정한다.
ㄴ. 생산의 외부경제가 있는 경우 사회적 최적 생산량은 시장 균형생산량보다 크다.
ㄷ. 긍정적인 영향을 미치는 양의 외부효과는 클수록 좋다.
ㄹ. 소비의 외부불경제가 있는 경우 사회적 최적 소비량은 시장 균형소비량보다 작다.

① ㄱ, ㄴ
② ㄱ, ㄷ
③ ㄴ, ㄷ
④ ㄴ, ㄹ

31 **아래는 총수요·총공급 곡선 그래프이다. 기존 균형 E에서 (가)로 단기균형점이 이동하게 하는 유인을 [보기]에서 모두 고르면? (단, P=물가, Y=총생산량, E=균형, AS=총공급, AD=총수요이다)**

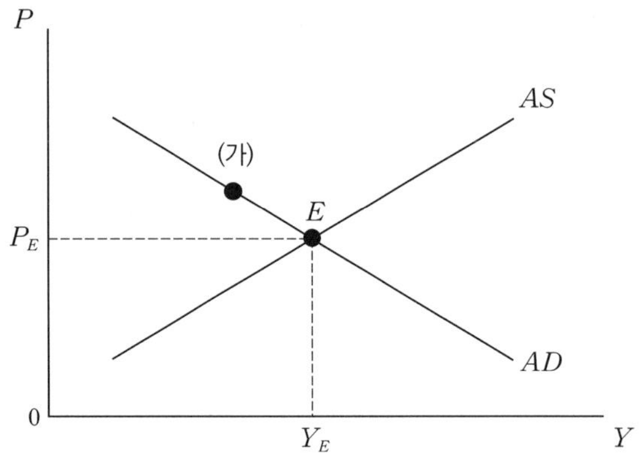

| 보기 |

ㄱ. 인구 고령화로 노동인구가 감소했다.
ㄴ. 정부지출이 증가했다.
ㄷ. 국제 원유가격이 상승했다
ㄹ. IT 기술이 발달로 생산기술이 발전했다.

① ㄱ, ㄷ
② ㄱ, ㄹ
③ ㄴ, ㄹ
④ ㄷ, ㄹ

32 **다음은 개방경제의 국민소득 결정모형에 관련된 자료이다. 주어진 자료를 바탕으로 구한 국민총생산(GNP), 국민총소득(GNI), 국내총소득(GDI)으로 바르게 짝지어진 것은?.**

- 국내총생산(GDP)=10,000
- 국외 순수취 요소소득=100
- 교역조건 변화에 따른 실질무역손익=200

	국민총생산(GNP)	국내총소득(GDI)	국민총소득(GNI)
①	1,100	1,200	1,300
②	1,100	1,300	1,200
③	1,200	1,100	1,300
④	1,300	1,200	1,100

33 **다음의 경제기사를 읽고 나눈 이야기 중 기사의 내용과 거리가 먼 것을 고르면? (단, 제시된 기사 외의 내용은 무시한다)**

독일업체 딜리버리히어로(DH)가 운영하는 배달 애플리케이션 빅3(요기요, 배달의 민족, 배달통)의 시장 독과점 문제가 불거지면서 배달 음식을 주문할 다른 방법을 찾는 소비자도 늘고 있다.

① 정민: 배달업체가 독점적 지위를 행사할 경우 자영업자에게 큰 위협이 될 거야.

② 수영: 소비자들은 배달앱 대신 직접 전화해 주문하는 방식을 따라야 해.

③ 민수: 지자체의 공공앱 개발이 성공적으로 안착한다면, 지역 자영업자들에게 큰 인기를 얻을 거야. 왜냐하면 수수료가 무료이니까.

④ 철희: 그렇지 않아, 공공앱 역시 세금으로 운영되기 때문에 최선의 대안이라고 보긴 어렵다고 생각해.

34 **토빈의 q에 대한 설명으로 옳은 것은?**

① 주식투자자금이 증가하면 토빈의 q값은 작아진다.
② 투자 결정 시 해당 기업의 미래에 대한 기대를 반영하는 모형이다.
③ 법인세율이 낮아질 경우 투자는 감소한다.
④ 정부의 경제정책은 토빈의 q값에 영향을 미치지 못한다.

35 **미국의 명목이자율은 3%이고 한국의 명목이자율은 2%이다. 한국의 예상물가상승률이 4%일 때, 미국의 예상물가상승률은 얼마인가? (단, 구매력평가설과 이자율평가설이 성립한다고 가정한다)**

① 1%
② 2%
③ 5%
④ 6%

36 **무인도에 살고 있는 로빈슨 크루소는 자신의 노동력을 이용해, 바닷가에서 물고기를 잡거나 숲에서 과일을 채취한다. 다음 [표]는 로빈슨 크루소의 투입 노동량과 그에 따라 얻게 되는 물고기 및 과일의 양을 나타낸다. 현재 물고기 생산에 2시간을 할애하는 로빈슨 크루소가 이를 1시간으로 줄이고 과일 채취에 1시간을 더 늘렸다면, 과일 1단위를 추가 생산하는 데 따르는 기회비용은 얼마인가? (단, 로빈슨 크루소의 투입 가능한 노동량은 총 4(시간)이며 4시간 모두 물고기를 잡거나 과일을 채취하는 것에 사용한다. 그 외에는 활동하지 않는다고 가정한다)**

[표] 로빈슨 크루소의 노동 투입량당 수확 · 채취량

물고기		과일	
노동 투입량	물고기 수확량	노동 투입량	과일 채취량
0	0	4	28
1	9	3	24
2	16	2	18
3	21	1	10
4	24	0	0

① 물고기 6/7단위
② 물고기 7/6단위
③ 물고기 6단위
④ 물고기 7단위

37 **죄수의 딜레마에 대한 설명으로 옳은 것은?**

① 게임이 반복될수록 참가자들은 비협조를 선택한다.
② 우월전략이 존재하지 않는다.
③ 다수 기업의 전략적 행동을 분석할 때 사용한다.
④ 참가자들 간 자유로운 의사소통이 불가능한 상황을 가정한다.

38 **다음 자료는 A국의 2023년 9월 경상수지와 10월에 발생한 거래 중 일부를 나타내고 있다. 전월 대비 10월의 경상수지에 대한 설명으로 적절한 것은?**

[표] 2023년 9월 경상수지

경상수지	102.1억 달러
상품수지	120.2억 달러
서비스수지	−20.4억 달러
본원소득수지	6.1억 달러
이전소득수지	−3.8억 달러

[2023년 10월 거래 내역 일부]

- 반도체, 화공품, 승용차·부품 등을 중심으로 30억 달러 상품 수출
- 자본재 및 소비재 수입 증가, 원자재 수입 감소 등에 따라 25억 달러 상품 수입
- 해외 투자로부터 배당금 10억 달러 수취
- 국내 단기체류 해외 노동자의 임금 18억 달러 지급
- 내국인의 해외 주식 투자 2억 달러 지급
- 코로나19 취약국에 무상원조 5억 달러 지급
- 외국인 여객 수송료 15억 달러 수취
- 특허권 사용료 15억 달러 지급
- 인도네시아 현지 공장 설립을 위해 20억 달러 투자

① 10월 거래 내역만을 놓고 봤을 때, 전월 대비 10월의 경상수지는 증가했다.
② 10월 거래 내역 중 본원소득수지는 양(+)의 값을 갖는다.
③ 10월 거래 내역 중 서비스수지의 증감은 변화가 없다.
④ 제시된 거래 내역은 모두 경상수지에 영향을 미친다.

39 **다음은 어느 물가지수에 대한 자료이다. 이에 대한 설명으로 적절한 것은?**

[○○○물가지수 등락률]

(단위: %)

구분	가중치	전월대비				전년동월대비			
		2020년				2020년			
		6월	7월	8월	9월p	6월	7월	8월	9월p
총지수	1,000.0	0.5	0.2	0.5	0.1	−1.0	−0.8	−0.5	−0.4
㉠	(　)	−1.6	3.7	6.1	4.9	8.4	12.5	15.6	18.4
농산물	−	−0.3	6.0	16.0	7.1	7.3	14.1	23.9	31.8
축산물	−	−2.0	3.3	−2.3	4.2	3.4	7.5	4.3	2.2
수산물	−	−4.0	−0.1	−3.0	1.3	15.2	13.0	11.9	13.5
㉡	(　)	0.9	0.4	0.3	−0.1	−3.7	−3.1	−3.0	−3.0
음식료품	−	0.0	0.0	0.1	0.0	0.7	0.7	0.6	0.6
석탄 및 석유제품	−	21.3	5.0	1.8	−3.3	−29.7	−26.8	−25.2	−27.7
화학제품	−	0.7	0.7	0.3	0.2	−7.7	−6.7	−6.5	−6.2
제1차 금속제품	−	0.2	0.4	1.5	0.4	−2.3	−1.7	−0.7	−0.4
컴퓨터, 전자 및 광학기기	−	−0.6	0.0	−0.3	−0.2	−0.6	−0.1	−0.9	−0.7
전력, 가스, 수도 및 폐기물	−	−0.1	−4.1	0.2	0.3	2.1	−2.5	−2.3	−3.1
㉢	(　)	0.3	0.4	0.3	−0.2	1.1	1.3	1.5	1.6
음식점 및 숙박	−	0.0	0.3	0.4	−0.4	0.9	0.7	0.8	1.0
운동	−	−0.1	1.5	0.2	−0.5	0.1	1.5	1.4	1.6
정보통신 및 방송	−	1.5	0.0	0.0	0.0	2.1	1.9	1.9	1.9
금융 및 보험	−	1.4	0.6	1.3	0.4	−0.3	0.7	3.1	2.6
부동산	−	0.1	0.1	0.2	0.0	0.9	1.0	1.1	1.1
사업지원	−	0.0	0.0	0.0	0.0	2.7	1.8	1.8	2.7

※ 당월 지수는 잠정치(preliminary)이며 익월 지수 공표 시 확정됨

① 분기별 1회 조사한다.

② 가격변동을 측정하지만, 가격의 절대수준을 나타내지는 않는다.

③ ㉠, ㉡, ㉢ 중 가중치 비중이 가장 큰 것은 ㉢이다.

④ 선박, 무기류, 항공기, 예술품 등은 모집단에서 제외하는데, 그 이유는 고가의 상품이라 편차가 크게 발생하기 때문이다.

40 **제시문의 내용에 대한 관련 개념을 알맞게 연결한 것을 고르면?**

ㄱ. 화재보험에 가입한 이가 공장의 경보시스템 관리를 게을리 한다.
ㄴ. 경호업체에서 요원 채용 시 유단자, 특수활동 이력을 확인한다.
ㄷ. 건강한 사람보다 질병이 있는 자가 건강보험에 가입하려고 한다.
ㄹ. 스마트폰을 구입하면 1년간 무상수리서비스를 제공한다.

	ㄱ	ㄴ	ㄷ	ㄹ
①	도덕적 해이	선별	역선택	신호발송
②	도덕적 해이	신호발송	역선택	선별
③	역선택	선별	도덕적 해이	신호발송
④	역선택	신호발송	도덕적 해이	선별

Chapter

08

제 8 회 실전모의고사

※ 시험 시간: 총 40분

※ 배점: 직무수행 객관식 – 문항당 1점

구분		문항 번호	문항 개수	세부분야별 점수	총점
경영	경영 일반	01~10	10문항	____ 점	____ 점
	회계	11~20	10문항	____ 점	
	재무관리	21~28	8문항	____ 점	
경제		29~40	12문항	____ 점	

Chapter 08 제8회 실전모의고사

01 **BCG(Boston Consulting Group) 매트릭스는 기업이 사업전략을 관리할 때 활용할 수 있는 방식이다. BCG 매트릭스에 대한 설명으로 옳지 않은 것은?**

① 물음표(Question Mark)에서 발생한 현금흐름이 사업의 확장을 위해 현금 젖소(Cash Cow)로 유입되어야 한다.

② 별(Star)에 속하는 사업에서는 높은 수준의 수익이 창출된다.

③ BCG 매트릭스는 시장의 성장률과 상대적 시장점유율을 기준으로 사업을 평가한다.

④ 물음표(Question Mark)에 속하는 사업은 이후 상황에 따라서 개(Dog) 또는 별(Star)로 이동할 수 있다.

02 **SWOT 분석은 내부기업환경과 외부환경의 약점과 강점을 분석해 기업의 경쟁력을 확보하려는 전략이다. 아래의 기사를 참고해 ㈜행복유통이 고려하는 전략으로 적절한 것을 고르면?**

> ㈜행복유통 탄탄한 온라인 유통망 바탕으로 코로나로 인한 침체 극복 집중…
>
> ㈜행복유통은 국내 점유율 1위의 유통기업으로 다른 경쟁 관계의 유통기업보다 국내 온라인 유통망이 잘 확립되어 있다는 강점이 있다. 하지만 시장이 국내에 한정되어 있고 해외 지점의 수익성이 낮다는 약점 또한 갖고 있다. 현재 이 기업은 코로나로 인해 전체적으로 급감한 수요와 마트 방문객 감소로 어려움을 겪고 있다. 유통기업 ㈜행복유통은 수요의 감소로 인한 기업 위기의 대응으로 해당 기업이 비교우위를 가진 국내 온라인 유통망에 대한 지원을 통해 수익성을 회복할 전략을 고려하고 있다.

① SO(Strength－Opportunity) 전략
② ST(Strength－Threat) 전략
③ WO(Weakness－Opportunity) 전략
④ WT(Weakness－Threat) 전략

03 **아래에서 설명하는 기업 전략에 해당하는 보기로 적절한 것은?**

- 자본구조 개편, 사업 포트폴리오 변경, 기업지배구조의 혁신 등이 포함된다.
- 조직의 효율 증대를 위해 일부 사업들을 합치고 권한을 변경하는 절차가 이루어질 수 있다.
- 벤치마킹, 아웃소싱, 리엔지니어링 등의 방법이 활용될 수 있다.

① 집중화 전략
② 구조조정
③ 청산전략
④ 전략적 제휴

04 **기업의 인사평가와 관련된 다음의 설명과 그에 해당하는 용어로 올바르게 짝지어진 것은?**

ㄱ. 하향식 평가의 단점을 보완하기 위해 상급자의 하급자에 대한 평가 외에도 부하직원, 동료, 고객 등 다양한 사람들로부터 인사평가가 이루어지는 방식
ㄴ. 인사평가 시 발생할 수 있는 오류로 피평가자의 한 요소에 대한 긍정적인 요인이 다른 요인 평가 시에도 영향을 미쳐 긍정적으로 평가되는 오류
ㄷ. 인사평가 시 평가 기간 중 피평가자의 효과적이거나 비효과적인 업적을 기록해 평가하는 방식

	ㄱ	ㄴ	ㄷ
①	다면평가	후광오류	중요사건기술법
②	다면평가	대비오류	서열법
③	다면평가	후광오류	서열법
④	목표관리법	대비오류	중요사건기술법

05 **다음의 마케팅 전략 중 표적 시장 선정에 대한 설명으로 적절하지 않은 것은?**

① 차별적 마케팅을 수행하기 위해서는 여러 세분시장을 나누는 과정이 필요하다.
② 기업의 이익을 극대화할 수 있는 표적 시장 선택 후 시장세분화를 수행한다.
③ 니치 마케팅(nich marketing)은 소비자의 욕구를 잘 반영한 제품에 소비자가 높은 가격을 낼 용의가 있다고 가정한다.
④ 시장환경의 급격한 변화에 대처하기 위해서는 매스마케팅은 효과적이지 않을 수 있다.

06 **다음 중 아래의 제품수명주기의 단계별 특성에 관한 설명으로 적절하지 않은 것은?**

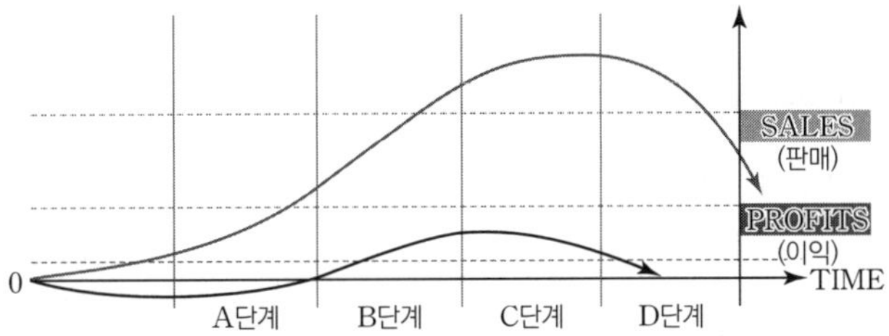

① 일반적으로 A단계에는 시장세분화에 대한 실익이 없다.
② B단계에서는 매출 성장이 빠르다.
③ C단계에서는 시장점유율을 지키는 것이 중요하다.
④ D단계에서는 시장세분화의 효과가 높다.

07 **마케팅믹스의 4P 요소 중 제품(Product)과 서비스에 대한 설명으로 적절한 것은?**

① 서비스는 산출물의 품질이 변동성이 높다는 특징이 있다.
② 서비스는 제품에 비해 보관이 용이하다는 특징이 있다.
③ 서비스는 수요와 공급을 일치시키기 위한 평준화 전략을 적용하기 유리하다.
④ 서비스는 생산과 소비가 분리된다는 특징이 있다.

08 ㈜한국산업은 공장 규모에 대해 고민하고 있다. 아래의 [표]는 기대되는 시장 상황과 규모별로 기대되는 이익을 나타낸다. 주어진 자료를 이용해 구한 완전정보의 기대가치로 올바른 것은?

[표]

구분	시장이 호황(50%)	시장이 불황(50%)
공장 규모 확대 시 기대이익	1,000	100
공장 규모 축소 시 기대이익	500	200

① 0
② 50
③ 100
④ 150

09 재고의 특성에 따른 분류에 대한 설명으로 적절한 것은?

① 인플레이션에 대비해 미리 확보한 재고는 경제재고이다.
② 물류센터에서 판매점으로 이동하고 있는 재고는 파이프라인 재고이다.
③ 공급과 수요의 불확실성으로 인해 보유하는 재고는 완충재고이다.
④ 생산공정 간 속도가 다른 경우 이를 조정하기 위한 재고는 안전재고이다.

10 생산능력에 관한 서술로 적절하지 않은 것을 고르면?

① 수요의 변동성이 높은 산업일수록 이익이 불안정하므로 여유 생산능력을 증가시킬 필요가 있다.
② 유효생산능력은 정상적인 상황에서 경제적으로 지속 가능한 최대 산출량을 말한다.
③ 자본집약도가 높은 기업은 여유 생산능력을 최소화하는 것이 필요하다.
④ 범위의 경제는 한 종류의 제품을 대량 생산해 이익을 높이는 방식이다.

11 **다음 [보기] 중 무형자산에 대한 설명으로 옳은 것을 모두 고르면?**

| 보기 |

ㄱ. 내부창출 고객목록의 경제적 효익 유입 가능성이 높은 경우 무형자산으로 인식할 수 있다.
ㄴ. 연구단계에서 발생한 연구개발활동과 관련된 지출은 당기비용으로 인식한다.
ㄷ. 개발단계 지출은 특정 인식요건을 만족하는 경우 무형자산으로 인식할 수 있다.
ㄹ. 내부창출 영업권은 신뢰성 있게 측정 가능한 경우 무형자산으로 인식한다.

① ㄱ, ㄷ
② ㄴ, ㄷ
③ ㄴ, ㄹ
④ ㄷ, ㄹ

12 **아래의 [손익계산서]를 참고해 이루어진 재무제표 분석에 대한 설명으로 옳은 것은? (단, 모든 비율은 매출액 대비 비율이라고 가정한다)**

[손익계산서]

(단위: 원)

	전기	당기
매출	1,000	2,000
매출원가	700	1,200
매출총이익	300	800
판매관리비	100	200
영업이익	200	600
법인세비용	100	300
당기순이익	100	300

① 매출원가 비율은 작년보다 상승했다.
② 영업이익 비율은 작년보다 상승했다.
③ 당기순이익 비율은 작년보다 하락했다
④ 판매관리비 비율은 작년보다 상승했다.

13 **㈜만세는 2021년 초 100,000원에 지분상품을 취득해 당기손익 공정가치 측정 금융자산으로 분류했다. 2021년 말 해당 지분상품의 공정가치는 200,000원이다. 회사가 2022년 이 당기손익 공정가치 측정 금융자산을 250,000원에 매각할 때 인식하게 되는 처분손익으로 옳은 것은?**

① 처분이익 150,000원
② 처분이익 100,000원
③ 처분이익 50,000원
④ 처분손실 50,000원

14 **㈜만세의 2022년 1월 1일 대손충당금 기초 잔액은 500,000원이다. 아래의 대손충당금과 관련된 내용을 참고해 2022년 포괄손익계산서 대손상각비 금액을 계산하면?**

- 2022년 3월 19일 매출채권 300,000원이 회수불가로 판명되어 대손처리했다.
- 2022년 6월 10일 2021년에 대손처리했던 매출채권 중 200,000원을 회수했다.
- 2022년 12월 31일 기말 매출채권 잔액 10,000,000원 중 6%를 회수 불가능한 금액으로 추정했다.

① 600,000원
② 400,000원
③ 300,000원
④ 200,000원

15 **㈜)대한의 보통주 한 주당 액면가는 10,000원이다. 회사의 2022년 사업연도 당기순이익은 1,000,000원이며 같은 해 아래와 같은 자본거래가 발생했다. 주어진 자료만을 고려해 2022년의 자본 총액 증가 금액을 계산하면?**

- 1/20 자기주식 10주를 주당 10,000원에 취득
- 3/11 기존 주주에게 10주를 한 주당 20,000원에 유상증자
- 5/7 상장기업 주식 1주를 주당 10,000원에 취득해 기타포괄손익 - 공정가치 측정금융자산으로 분류했다.
- 8/17 보통주 10주를 주당 5,000원에 유상감자했다.
- 12/31 회계연도 말 5/7에 구매한 주식의 공정가치는 주당 20,000원이다.

① 1,000,000원
② 1,050,000원
③ 1,060,000원
④ 1,110,000원

16 **다음 [보기] 중 회계정책·회계추정의 변경 및 오류수정과 관련된 내용으로 옳지 않은 것을 모두 고르면?**

| 보기 |

ㄱ. 재고자산 원가흐름 가정을 가중평균법에서 선입선출법으로 변경한 것은 회계추정의 변경에 해당한다.
ㄴ. 유형자산 측정기준의 변경을 원가모형에서 재평가모형으로 변경한 것은 회계정책변경에 해당한다.
ㄷ. 재고자산에 저가법 적용 시 항목별 기준에서 총액 기준으로 변경한 것은 회계정책변경에 해당한다.
ㄹ. 전기 오류수정과 관련된 항목은 당기손익에 반영하는 것이 원칙이다.

① ㄱ, ㄴ
② ㄷ, ㄹ
③ ㄱ, ㄴ, ㄹ
④ ㄱ, ㄷ, ㄹ

17 **다음 [보기] 중 재무보고 개념체계의 측정기준에 대한 설명으로 옳은 것을 모두 고르면?**

| 보기 |

ㄱ. 가치 변동에 대한 정보가 재무제표 이용자에게 중요하지 않은 경우 역사적 원가는 가장 목적적합한 정보가 될 수 있다.
ㄴ. 현행원가는 측정일 현재 자산의 원가로 측정일에 지급할 대가를 의미하므로 거래원가를 반영하지 않는다.
ㄷ. 사용가치는 공정가치와 비교해 기업 특유의 가정을 바탕으로 한다는 특징이 있다.
ㄹ. 공정가치는 측정일에 시장참여자들 사이에 정상거래서 자산을 매도할 때 받거나 부채를 이전할 때 지급하게 될 가격으로 거래원가를 반영한다.

① ㄱ
② ㄱ, ㄷ
③ ㄴ, ㄹ
④ ㄷ, ㄹ

18 **다음은 ㈜신나라에 관한 설명이다. 회사의 매출은 모두 외상으로 이루어지며 2022년의 손익계산서상 매출액은 5,200원, 대손상각비는 1,000원이다. 아래 주어진 재무정보를 이용해 2022년 매출로 인한 현금 유입액을 계산한 것으로 올바른 것은? (단, 주어진 자료만을 고려한다)**

	2022년 초	2022년 말
매출채권	1,000원	2,000원
대손충당금	500원	300원

① 3,000원
② 3,200원
③ 4,200원
④ 5,000원

19 **다음은 2022년 말 A회사의 일부 재무정보이다. 주어진 자료만을 고려한다고 했을 때 2022년 말 A회사의 재무상태표에 계상되는 현금 및 현금성 자산으로 올바른 것은?**

- 은행이 회사에 통보 안 한 은행수수료 200원, 매출채권 추심액 100원이 있다.
- 은행에서 미인출된 수표 500원, 마감 시간 이후 입금된 은행미기입예금 300원이 있다.
- 회사의 장부상 소액 현금이 100원, 지급기일이 도래한 공채 이자표 200원이 있다.
- 회사는 수입인지 200원을 보관 중이며 타인발행 당좌수표 400원, 우표 300원, 차용증서 1,000원을 보유하고 있다. 은행이 발급한 당좌예금 잔액증명서 금액은 1,500원이다.

① 2,000원
② 2,200원
③ 2,300원
④ 2,500원

20 다음 자본시장선(CML)에서 증권(가)에 대한 설명으로 적절하지 않은 것은?

[그림] 자본시장선

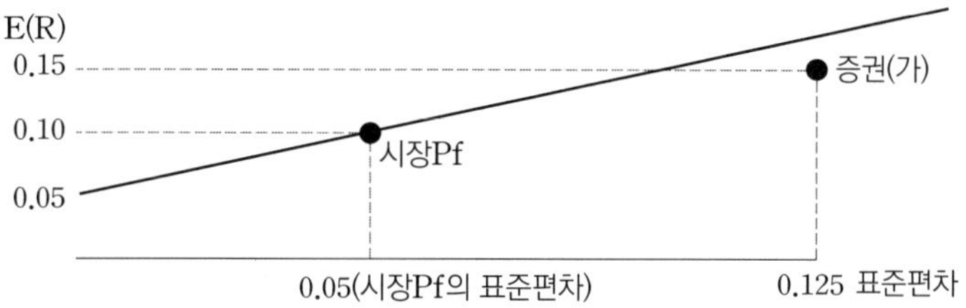

① 주어진 자본시장선의 증권(가)는 비효율적인 투자안이다.
② 증권(가)의 시장포트폴리오와의 상관계수는 1이다.
③ 증권(가)의 결정계수는 0.64이다.
④ 증권(가)의 체계적 위험에 대한 보상은 10%이다.

21 다음의 주어진 재무정보를 활용해 경제적 부가가치(EVA: Economic Value Added)를 구한 것은? (단, 자기자본비용은 30%, 가중평균비용은 20%, 법인세율은 50%이다)

[손익계산서]

	당기
매출	400,000
매출원가	250,000
매출총이익	150,000
판매관리비	50,000
세전 영업이익	100,000
법인세비용	50,000
세후 영업이익	50,000

[재무상태표]

투하자본	220,000	타인자본	200,000
비영업자산	80,000	자기자본	100,000

① 5,000
② 5,500
③ 5,600
④ 6,000

22 **㈜우정무역은 적대적 M&A의 위협을 받고 있다. 이에 회사에서는 다음의 [보기]와 같이 이 위협을 극복할 방안에 대한 토의가 이루어졌다. 주어진 자료를 바탕으로 김 이사와 이 상무가 제시한 적대적 M&A 방어수단으로 올바르게 짝지어진 것을 고르면?**

| 보기 |

- 김 이사: 기존 주주들에게 시가보다 주식을 싸게 살 수 있는 권리(신주인수원)를 주어 인수기업의 M&A 비용을 증가시키는 방안은 어떠한가요?
- 이 상무: 적대적 M&A시 임기가 끝나지 않은 경영진을 해임하는 경우 거액의 퇴직금을 지급하게 해 M&A를 방어하는 방안은 어떠한가요?

	김 이사	이 상무
①	백기사(white knight)	팩맨(pac man)
②	포이즌필(poison pill)	팩맨(pac man)
③	포이즌필(poison pill)	황금낙하산
④	황금주 발행	황금낙하산

23 **다음 [보기]의 설명과 설명이 나타내는 재무비율이 올바르게 짝지어진 것은?**

| 보기 |

ㄱ. 기업의 재무안전성을 측정하는 지표로 부채 총액을 자기자본으로 나눠 구할 수 있다.
ㄴ. 기업이 일정기간 동안 재고를 얼마나 빨리 판매하는지 나타내는 활동성 비율로 매출원가를 재고자산으로 나눠 구할 수 있다.
ㄷ. 단기 유동성 능력을 측정하는 비율로 회사가 1년 또는 정상영업주기 내에 현금으로 바꿀 수 있는 유동자산을 유동부채로 나눠 구할 수 있다.

	ㄱ	ㄴ	ㄷ
①	부채비율	재고자산회전율	유동비율
②	부채비율	재고자산회전율	당좌비율
③	유동비율	재고자산회전율	당좌비율
④	유동비율	재고자산회수기간	당좌비율

24 **다음 [보기]중 경제적 부가가치(EVA)에 대한 설명으로 옳은 것을 모두 고르면?**

| 보기 |

ㄱ. 경제적 부가가치는 당기순이익에서 고려하지 못한 타인자본비용을 고려한다는 특징이 있다.
ㄴ. 경제적 부가가치는 기회비용을 반영해 추정된 총 경제적 이익의 현재가치이다.
ㄷ. 세후 영업이익이 증가하는 경우 경제적 부가가치가 증가한다.
ㄹ. 경제적 부가가치는 투하자본이익률에서 가중평균비용을 차감한 값에 투하자본을 곱해 구할 수 있다.

① ㄱ, ㄴ　② ㄱ, ㄷ
③ ㄴ, ㄹ　④ ㄷ, ㄹ

25 **다음에서 설명하는 자본예산기법으로 옳은 것은?**

- 투자안 평가 시 현금 유입액의 현재가치에서 현금 유출액의 현재가치를 차감해 구한다.
- 상호독립적 투자안 평가 시에는 0보다 큰 값을 채택하고 상호배타적 투자안 평가에는 값이 더 큰 투자안을 채택한다.
- 투자안 평가 시 매몰비용은 제외해야 하는 것에 주의해야 한다.

① 내부수익률법　② 회수기간법
③ 회계이익률법　④ 순현재가치법

26 **투자자는 자산(가)와 자산(나)로 구성된 포트폴리오에 투자를 고려하고 있다. 무위험 이자율은 5%이고 시장포트폴리오의 기대수익률이 15%일 때 주어진 자료와 CAPM을 통해 구한 포트폴리오의 베타와 기대수익률로 옳은 보기는?**

구분	자산(가)	자산(나)
체계적 위험(베타)	1.5	2
포트폴리오 비중	60%	40%

	포트폴리오 베타	포트폴리오 기대수익률
①	1.7	22%
②	1.7	20%
③	1.6	22%
④	1.6	20%

27 **CAPM이 성립할 때 투자자 ㈜대한은 100만 원을 시장포트폴리오에 투자하고 있다. ㈜대한이 투자하고 있는 시장포트폴리오는 주식(가)에 30만 원 주식(나)에 20만 원을 투자한다. 시장이 균형이고 모든 투자자들은 시장포트폴리오와 무위험자산에 투자할 때 아래의 빈칸에 들어갈 것으로 올바르게 짝지어진 것은?**

> 투자자 ㈜민국은 총 500만 원을 시장포트폴리오에 투자하고 있다. 시장 전체 고려 시 주식(가)의 시가총액은 주식(나)의 시가총액의 ___㉠___ 이다. 또한 ㈜민국의 주식 포트폴리오 투자금액 중 주식(가)에 투자된 금액은 ___㉡___ 이다.

	㉠	㉡
①	3/2배	100만 원
②	3/2배	150만 원
③	2/3배	30만 원
④	2/3배	150만 원

28 ㈜만세는 1년 후 한 주당 10,000원의 배당을 할 것으로 예상되고 기업의 가치를 구할 때 적용할 할인율은 10%이다. 회사는 매년 5%의 성장률로 성장하며 배당 또한 5%씩 증가할 때 영구적으로 연 1회 배당을 지급하는 기업의 현재 한 주당 주가로 올바른 것은?

① 100,000원
② 105,000원
③ 200,000원
④ 210,000원

29 다음의 주어진 그래프는 진입장벽과 퇴출 장벽의 높고 낮음에 따른 기업의 분류이다. A~D기업 중 가장 수익률이 높은 기업을 고르면?

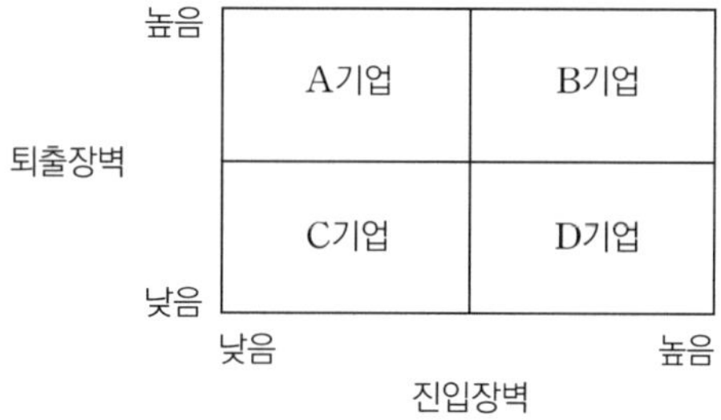

① A기업
② B기업
③ C기업
④ D기업

30 다음의 [사례]를 읽고 해당 상황에서 벌어질 일로 적절한 것을 고르면? (단, 판매자와 구매자 모두 전체 중고 컴퓨터 중 반은 상태가 좋으며 나머지 반은 상태가 나쁜 상황을 알고 있다고 가정한다)

> [사례]
>
> 중고 컴퓨터 시장에서 중고 컴퓨터를 사려는 사람은 컴퓨터의 상태가 좋은지 나쁜지 알지 못하지만 판매자는 이를 안다. 컴퓨터를 구매하고자 하는 사람들은 상태가 좋은 컴퓨터에 120만 원을 지불할 의사가 있고 상태가 나쁜 컴퓨터에 60만 원까지 지불할 의사가 있다. 상태가 좋은 컴퓨터를 판매하는 사람은 적어도 100만 원을 받으려고 하고 상태가 나쁜 컴퓨터를 판매하는 사람은 적어도 50만 원을 받으려고 한다.

① 시장 균형에서 상태가 좋은 컴퓨터와 나쁜 컴퓨터 모두 거래되지 않을 것이다.
② 시장 균형에서 상태가 좋은 컴퓨터만 거래될 것이다.
③ 시장 균형에서 상태가 나쁜 컴퓨터만 거래될 것이다.
④ 시장 균형에서 상태가 좋은 컴퓨터와 나쁜 컴퓨터 모두 거래될 것이다.

31 다음은 역사적으로 적용한 국제통화제도와 그에 대한 설명이다. 각 국제통화제도의 특징에 대한 설명으로 적절한 것을 고르면?

① 금본위제: 각 나라가 금과 자국 통화의 교환비율을 정한 변동환율제이다.
② 브레튼 우즈 체제: 달러화를 기준으로 하는 변동환율제이다.
③ 스미소니언 협정: 닉슨 쇼크를 계기로 브레튼우즈 체제가 스미소니언 체제로 변경되었다.
④ 킹스턴 체제: 고정환율을 채택한 체제이다.

32 갑국과 을국은 리카르도의 비교우위론에 따라 노동시간만을 고려해 무역 의사결정을 한다. 다음의 표는 갑국과 을국이 옷 한 벌과 침대 하나를 생산하는 데 소요되는 노동시간을 나타낸다. 주어진 자료를 바탕으로 두 국가가 무역을 한다고 했을 때 설명으로 적절하지 않은 것은?

구분	옷	침대
갑국	2시간	50시간
을국	4시간	60시간

① 갑국은 옷과 침대 생산에 절대우위가 있다.
② 갑국은 옷 생산에 비교우위가 있다.
③ 을국은 침대 생산에 비교우위가 있다.
④ 두 국가가 자유무역 시 침대의 상대가격은 옷 25벌보다 크다.

33 다음 [보기]는 경제학에서 말하는 탄력성의 개념을 소개한 것이다. 이 [보기] 중 적절하지 않은 설명을 모두 고른 것은?

| 보기 |

ㄱ. 대체재가 많을수록 수요의 가격탄력성은 작아진다.
ㄴ. 수요의 소득탄력성이 큰 재화일수록 수요의 교차탄력성도 커진다.
ㄷ. 토지는 공급의 가격탄력성이 매우 작다.
ㄹ. 탄력성은 미시경제학에서만 쓰이는 개념이다.

① ㄱ, ㄴ
② ㄴ, ㄹ
③ ㄱ, ㄴ, ㄹ
④ ㄱ, ㄷ, ㄹ

34 담배 수요의 가격탄력성은 0.2이며, 담배 가격은 5,000원이다. 정부가 담배 가격을 인상해 소비량을 줄이고자 한다고 했을 때 적정 인상분은 얼마인가?

	담배 소비량 10% 감소 목표	담배 소비량 20% 감소 목표
①	6,000원	7,000원
②	6,500원	8,000원
③	7,000원	9,000원
④	7,500원	10,000원

35 다음 중 수요의 가격탄력성이 1로 일정한 그래프는 어느 것인가? (단, P는 가격, Q는 수량을 나타낸다)

①
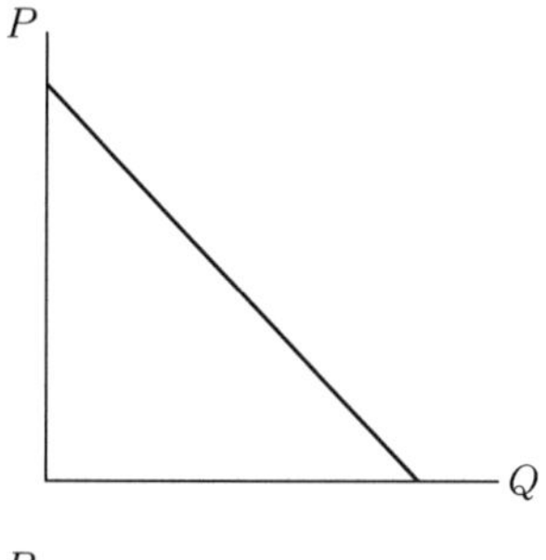

②
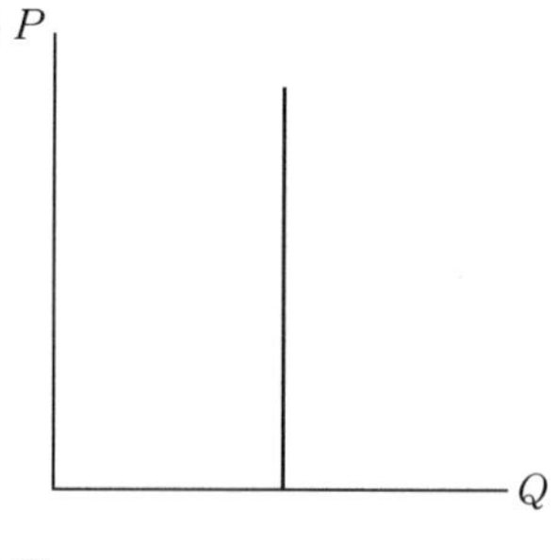

③
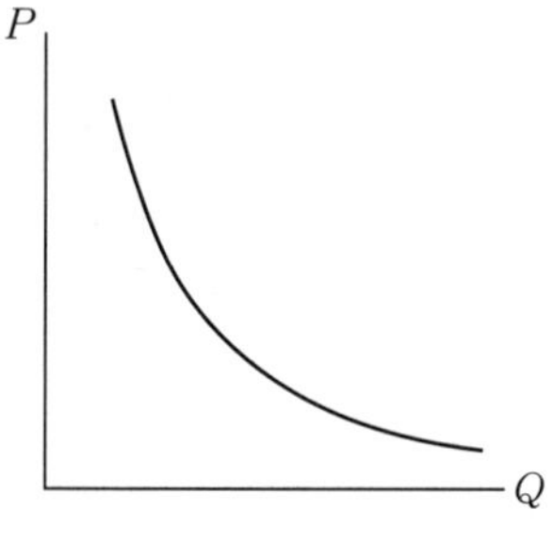

④
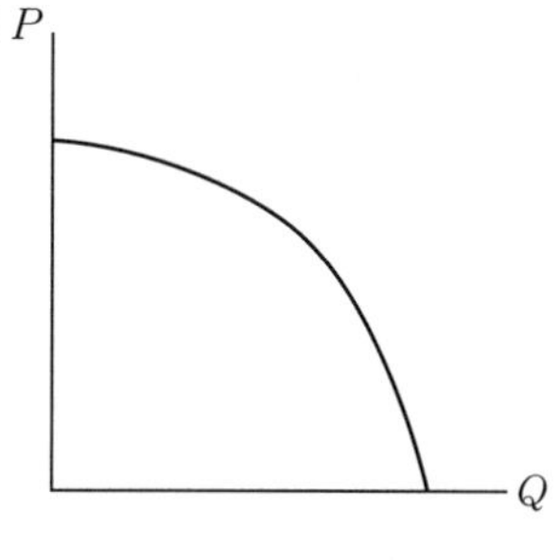

36 다음 [보기] 중 생산가능곡선을 바깥쪽으로 이동시키는 요인만을 모두 고르면?

| 보기 |

ㄱ. 신기술의 등장
ㄴ. 실업의 감소
ㄷ. 천연자원의 추가 발견

① ㄱ
② ㄱ, ㄴ
③ ㄱ, ㄷ
④ ㄴ, ㄷ

37 ㈜대한의 생산비용이 다음과 같다고 할 때, 이윤극대화를 위한 생산량은 얼마인가? (단, 시장 가격은 180원이다)

㈜대한의 생산비용구조

생산량	평균고정비용	평균가변비용
1	200	160
2	100	130
3	66.7	115
4	50	105
5	40	100
6	33.3	97
7	28.6	96
8	25	98
9	22.2	102
10	20	110

① 5개
② 7개
③ 9개
④ 10개

38 어느 독점기업의 수요곡선 상에서 수요의 가격탄력성(절댓값)이 1인 지점이 있다. 이에 대한 설명으로 옳은 것을 모두 고르면? (단, 해당 수요곡선은 우하향하는 직선이다)

| 보기 |

ㄱ. 이윤이 극대화되는 지점이다.
ㄴ. 총수입이 극대화되는 지점이다.
ㄷ. 평균비용이 극소화되는 지점이다.

① ㄱ ② ㄴ ③ ㄷ ④ ㄱ, ㄷ

39 A~C국의 경제상황이 다음 [표]와 같을 때 [표]에 대한 [보기]의 해석 중 올바른 것을 모두 고르면?

[표]

구분	경제성장률	물가상승률	1인당 GDP	실업률
A국	3.1%	1.2%	3만 달러	3.4%
B국	10.3%	6.3%	1만 달러	2.8%
C국	1.2%	0.2%	4만 달러	5.1%

| 보기 |

ㄱ. C국의 경제규모가 가장 크다.
ㄴ. 실업자 수가 가장 적은 국가는 B국이다.
ㄷ. B국 국민들의 평균 생활수준은 A국보다 낮을 가능성이 높다.
ㄹ. C국은 A국보다 디플레이션이 발생할 가능성이 높다.

① ㄱ, ㄴ ② ㄴ, ㄷ ③ ㄷ, ㄹ ④ ㄴ, ㄷ, ㄹ

40 X, Y 두 재화만 존재하는 경제를 가정하자. 소비자 A는 일정한 소득(+, 양의 값)을 갖고 있으며 소득은 전부 X, Y 재화 소비에 사용된다. 주어진 조건이 아래와 같을 때, X재에 대한 Y재의 한계대체율(MRS_{XY})은 얼마인가? (단, 한계대체율은 체감함을 가정하며 소비자 A는 현재 효용이 극대화되는 소비를 하고 있다)

- A의 소득: 100,000원
- X재 가격: 5,000원
- A의 소비: X재 8단위, Y재 6단위

① 0.5 ② 1 ③ 2 ④ 2.5

Chapter

09

제 9 회 실전모의고사

※ 시험 시간: 총 40분

※ 배점: 직무수행 객관식 – 문항당 1점

구분		문항 번호	문항 개수	세부분야별 점수	총점
경영	경영 일반	01~10	10문항	____ 점	____ 점
	회계	11~21	11문항	____ 점	
	재무관리	22~28	7문항	____ 점	
경제		29~40	12문항	____ 점	

Chapter 09 제9회 실전모의고사

01 **균형성과표(BSC: Balanced Score Card)에 대한 설명으로 적절하지 않은 것은?**

① 학습과 성장 관점을 평가하는 요소는 연구개발에 대한 투자, 직원 만족도 등이 포함된다.
② 고객만족도가 높은 것은 균형성과표의 여러 요소 중 고객관점에 해당한다.
③ 기업의 시장점유율은 균형성과표 평가요소 중 재무관점에 해당한다.
④ 제품의 재작업 비중이 낮은 경우 기업의 내부 프로세스가 우수하다고 평가할 수 있다.

02 **다음은 조직행동이론 중 동기부여와 관련된 설명이다. ㄱ, ㄴ, ㄷ의 설명에 해당하는 이론으로 올바르게 짝지어진 것은?**

> ㄱ. 인간의 욕구를 다섯 단계로 나누어 충족되지 않은 하위의 욕구부터 차례로 동기부여가 발생한다고 주장한다. 이 이론에 따르면 자아실현욕구는 가장 높은 수준의 욕구로 개인의 잠재력과 능력을 실현하고자 하는 욕구에 해당한다.
> ㄴ. 만족과 불만족을 각각 독립된 개념으로 보았으며 동기요인은 만족을 증가시키고 위생요인은 불만족을 감소시킨다고 보았다.
> ㄷ. 개인의 동기부여 수준은 기대감, 수단성, 유의성의 세 가지 요소에 의해 결정된다고 보았다. 각 요소들의 수준이 높으면 개인의 동기부여 수준 또한 상승하고 요소 중 하나라도 0인 경우 동기부여 수준 또한 0이라는 특징이 있다.

	ㄱ	ㄴ	ㄷ
①	X형·Y형 이론	2요인이론	기대이론
②	X형·Y형 이론	ERG이론	공정성이론
③	욕구단계이론	2요인이론	공정성이론
④	욕구단계이론	2요인이론	기대이론

03 **주식회사에 대한 설명으로 적절하지 않은 것은?**

① 주주의 소유와 전문경영자의 경영이 분리되었다는 특징이 있다.
② 회사는 한 주당 균일한 금액으로 발행된 주권으로 이루어졌다는 특징이 있다.
③ 주권의 발행으로 인해 기업의 자본조달이 용이해졌다.
④ 기업이 채무불이행 상황에서는 부채에 대해 주주의 추가 출자 의무가 발생할 수 있다.

04 **다음 [보기] 중 인사정책에 대한 설명으로 옳은 것을 모두 고르면?**

| 보기 |

ㄱ. 내부모집은 혁신과 전략 변화에 유리하다는 장점이 있다.
ㄴ. 외부모집은 지원자에 대한 평가의 정확성이 높다는 장점이 있다.
ㄷ. 외부모집은 직원이 조직에 적응하는데 추가적인 교육이 필요할 수 있다는 단점이 있다.
ㄹ. 내부모집으로 인해 기업 내 경쟁이 심화되어 조직 분위기가 저하될 수 있다.

① ㄱ, ㄴ
② ㄴ, ㄷ
③ ㄴ, ㄹ
④ ㄷ, ㄹ

05 **다음 [보기] 중 집단 의사결정에 대한 설명으로 적절하지 않은 것을 모두 고르면?**

| 보기 |

ㄱ. 사회적 태만은 집단의 규모가 작아질수록 증가한다.
ㄴ. 집단 의사결정 방식 중 명목집단법은 참여자 간 활발한 의사소통을 통해 최적의 의사결정을 내리는 것을 목표로 한다.
ㄷ. 특정 상황에서 집단 구성원이 어떠한 행동을 취해야 하는지에 대한 기준은 집단의 속성 중 지위에 해당한다.
ㄹ. 터크만의 집단 발전 4단계에 따르면 사람들의 개별적 집합이 의미 있는 팀이 되는 단계는 규범기이다.

① ㄱ, ㄷ　② ㄴ, ㄷ
③ ㄱ, ㄴ, ㄷ　④ ㄴ, ㄷ, ㄹ

06 **혁신적인 신제품의 수용 시기에 따른 수용자 분류에 대한 설명으로 적절하지 않은 것은?**

① 신제품이 기존 소비자의 사용습관에 적합할수록 수용 속도는 빨라진다.
② 조기수용층은 자신이 속한 집단의 여론 주도자 역할을 한다.
③ 후기 다수층과 지각수용자 사이에는 캐즘(chasm)이라는 큰 간극이 존재한다.
④ 지각수용자는 전통을 중요시하는 특징이 있다.

07 **다음 중 직무관리에 대한 설명으로 옳은 것은?**

① 직무확대는 직원의 의사결정 권한과 책임을 증가시키는 직무관리 방법이다.
② 현대적 직무설계방법으로 직원의 직무를 주기적으로 바꿔주는 직무순환이 있다.
③ 직무기술서는 직무에 필요한 지식, 기술, 능력 등 직무와 관련된 인적 요건을 기술한 것이다.
④ 면접법, 질문지법, 관찰법 등을 통해 직무를 평가할 수 있다.

08 **아래의 가격 관리와 관련된 현상을 뜻하는 가장 적합한 용어는?**

> ________은(는) 소비자들이 가격 인상을 알아차릴 수 있는 최소한의 가격 변화를 뜻한다. 예를 들어 1,000,000원짜리 핸드폰을 10,000원 인상하는 경우 가격 변화가 미미하므로 소비자는 이러한 가격 변화를 인식할 수 없다. 반면에 기업이 100,000원 이상 가격을 인상하는 경우 소비자가 가격 변화를 인식할 때 이 금액이 ________에 해당한다.

① 단수가격
② 유보가격
③ 최소식별차이
④ 준거가격

09 **㈜대한은 제품에 대한 TV 광고를 고려하고 있다. 광고를 고려하고 있는 채널의 시청자는 100만 명이고 방송사는 CPM(Cost Per Mille) 기준으로 5만 원의 가격을 받고 있다. 주어진 정보를 바탕으로 구한 총 TV 광고료로 올바른 것은?**

① 50,000만 원
② 5,000만 원
③ 500만 원
④ 50만 원

10 **대량 고객화(Mass Customization)에 대한 설명으로 적절하지 것은?**

① 대량 마케팅(Mass Marketing) 개념과 관련 있다.
② 대량 고객화로 대량생산으로 인한 원가 절감의 이점을 활용할 수 있다.
③ 대량 고객화 적용 시 지연 차별화를 활용될 수 있다.
④ 주문조립생산방법을 활용해 대량 고객화를 적용할 수 있다.

11 **제조업을 영위하는 ㈜사성전자의 재무정보가 다음과 같을 때 아래의 [손익계산서]의 ㉠, ㉡에 해당하는 수치가 바르게 짝지어진 것은?**

- 광고선전비 50,000
- 종업원 급여 150,000
- 은행 이자수익 200,000
- 투자자산 처분손실 100,000

[손익계산서]

2021.1.1.~2021.12.31.

매출	1,000,000
매출원가	400,000
매출총이익	?
판매관리비	(㉠)
영업이익	?
영업외수익	(㉡)
(생략)	(생략)
당기순이익	?

	㉠	㉡
①	300,000	200,000
②	300,000	0
③	250,000	150,000
④	200,000	100,000

12 **2022년 초 ㈜민국은 사용하던 기계장치를 ㈜만세의 기계장치와 교환했다. ㈜민국이 교환한 기계장치의 장부상 취득원가는 1,000,000원이고 감가상각누계액은 500,000원이다. 또한, 기존 기계장치의 공정가치는 600,000원이다 ㈜민국은 기계장치 교환 시 100,000원의 현금을 추가로 지급했다. 이러한 기계장치 교환에 상업적 실질이 없는 경우 ㈜민국이 교환으로 취득한 기계장치의 취득원가는?**

① 1,000,000원　② 900,000원
③ 600,000원　④ 500,000원

13 **다음 중 현금흐름의 분류로 적절하지 않은 것은?**

① 유형자산 취득: 투자활동 현금흐름
② 사채의 상환: 재무활동 현금흐름
③ 이자비용 지급: 투자활동 현금흐름
④ 매출채권 회수: 영업활동 현금흐름

14 **상품 판매 전 유동비율이 200%이고 당좌비율이 150%인 기업이 원가 100,000원어치 상품을 동일 가격인 100,000원에 외상으로 판매한 경우, 당좌비율과 유동비율의 증감을 옳게 짝지은 것은?**

	당좌비율	유동비율
①	감소	증가
②	불변	불변
③	증가	불변
④	증가	감소

15 **다음 [보기] 중 사채의 할증발행에 대한 설명으로 옳지 않은 것을 모두 고르면?**

| 보기 |

ㄱ. 사채의 표시 이자금액은 시간이 경과할수록 증가한다.
ㄴ. 사채의 발행금액을 액면금액보다 낮게 발행하는 것을 의미한다.
ㄷ. 사채의 장부금액은 시간이 경과할수록 감소한다,
ㄹ. 사채할인발행차금 상각액은 시간이 경과할수록 증가한다.

① ㄱ
② ㄱ, ㄴ
③ ㄴ, ㄷ
④ ㄷ, ㄹ

16 **㈜민국은 2021년에 제품 A를 1,000개 판매했으며 그에 대한 정보는 아래와 같다. ㈜민국은 신제품 B 생산에 착수할 예정이며 제품 B의 개당 변동비는 1,000원 총 고정비는 300,000원일 것이라고 예상한다. 2022년 제품 B가 500개 판매될 것이라고 예상될 때 2021년에 판매된 제품 A와 동일한 매출 대비 이익률을 가져오는 제품 B의 단위당 가격으로 옳은 것은?**

2021년 제품 A 재무정보

(단위: 원)

총매출	1,000,000
변동비용	500,000
고정비용	300,000

① 1,000원
② 1,500원
③ 2,000원
④ 2,500원

17 **다음 [보기] 중 충당부채와 관련된 설명으로 옳은 것을 모두 고르면?**

| 보기 |

ㄱ. 손실 부담계약과 관련하여 이러한 손실을 회피할 가능성이 존재하는 원가는 충당부채로 인식하지 않는다.

ㄴ. 금액이 신뢰성 있게 추정 불가하더라도 현금의 유출 가능성이 큰 경우 충당부채로 인식할 수 있다.

ㄷ. 과거 사건으로 인해 발생한 의무가 미래 행위의 영향을 받는 경우 충당부채를 인식할 수 있다.

① ㄱ
② ㄴ
③ ㄱ, ㄴ
④ ㄱ, ㄷ

18 **다음 [보기] 중 퇴직급여제도에 대한 설명으로 옳지 않은 것을 모두 고르면?**

| 보기 |

ㄱ. 퇴직급여제도에는 확정급여형 퇴직급여제도와 확정기여형 퇴직급여제도가 있다.
ㄴ. 확정기여형 퇴직급여제도 하에서 보험수리적인 위험과 투자위험은 종업원이 부담한다.
ㄷ. 회사는 퇴직급여를 지급할 때 관련비용을 인식하는 것이 원칙이다.
ㄹ. 확정급여형 퇴직급여제도는 기업이 기여금을 납부하는 동시에 퇴직급여에 대한 의무가 종료되므로 관련 부채를 인식하지 않는다.

① ㄴ
② ㄴ, ㄹ
③ ㄷ, ㄹ
④ ㄴ, ㄷ, ㄹ

19 **(갑)회사는 상품 매입원가에 10%를 가산해 판매하며 실지재고조사법을 적용해 재고자산을 회계처리한다. 또한, (갑)회사는 가중평균법을 재고자산의 원가흐름 가정으로 적용한다. 아래의 상품 매매에 관련된 정보를 고려해, 해당 연도에 손익계산서에서 인식할 매출액을 고르면?**

[표]

시기	내역	수량	단위당 가격
1/1	기초재고	10	100
3/6	매입	20	200
6/20	매출	10	—
8/15	매입	20	100
12/31	기말재고	40	—

① 1,100
② 1,400
③ 1,540
④ 2,000

20 **다음 중 차입원가 자본화에 대한 서술로 적절한 것은?**

① 차입원가 자본화는 일반차입금에 관련된 차입원가를 우선적으로 자본화하고 특정차입금에 관련된 차입원가를 자본화한다.
② 회사가 의도적으로 취득 활동을 중단 또는 지연하는 경우에 발생한 차입원가 또한 자본화 해야 한다.
③ 단기에 반복적으로 생산되는 재고자산에 대한 차입원가도 자본화할 수 있다.
④ 차입원가 자본화가 가능한 적격자산에는 유형자산, 무형자산, 투자자산 등이 포함될 수 있다.

21 **㈜반도무역의 2022년 현금매출은 1,000원, 신용매출은 10,000원이다. 2022년 재무상태표상 기초 매출채권 잔액은 2,000원, 기말 잔액은 1,000원이다. 반도무역의 영업비용은 3,000원이며 2022년 선급비용은 기초보다 기말 잔액이 2,000원 증가하고 2022년 미지급비용은 기초보다 기말 잔액이 1,000원 증가했다. 2022년 고객으로부터 유입된 현금흐름과 영업비용으로 유출된 현금흐름을 각각 구하면?**

	유입	유출
①	11,000원	3,000원
②	11,000원	4,000원
③	12,000원	3,000원
④	12,000원	4,000원

22 **행사가가 1,100원인 ㈜대한의 보통주에 대한 콜옵션과 풋옵션이 있다. 만기는 1년이며 현재 주가는 900원이다. 주식에 대한 배당은 없으며 1년간 무위험 이자율이 10%이다. 풋옵션의 현재가치가 200원 일 때 풋-콜 패리티(put-call parity)를 사용해 구한 콜옵션의 현재가치로 옳은 것은? (단, 옵션은 만기 이전에 행사할 수 없다)**

① 50원
② 100원
③ 110원
④ 220원

23 **부채를 보유하지 않고 모두 자기자본으로 이루어진 ㈜A와 ㈜B의 기업가치는 각각 200,000원, 100,000원이다. 두 회사가 합병한 회사의 기업가치는 500,000원이 될 것으로 추정된다. ㈜A는 ㈜B에 합병대가로 150,000원을 지급할 경우 ㈜A의 합병의 NPV로 옳은 것은?**

① 200,000원
② 150,000원
③ 100,000원
④ 50,000원

24 **기업의 적대적 인수합병(Merger&Acquisition) 방법에 대한 설명으로 적절하지 않은 것은?**

① 위임장대결(Proxy Fight)은 주주로부터 의결권 행사할 수 있는 위임장을 확보해 기존 경영진을 교체하는 적대적 인수합병 방법이다.
② 새벽의 기습(Dawn Raid)은 증시 개장 직후 회사 주식을 대량 구입해 경영진에 경영권 행사를 알리는 적대적 인수합병 방법이다.
③ 곰의 포옹(Bear Hug)은 사전 경고 없이 매수자가 경영진에게 매수제의를 하고 신속한 의사결정을 요구하는 적대적 인수합병 방법이다.
④ 공개매수는 피합병기업과 합병기업의 계약을 바탕으로 공개적으로 주식을 대량 매수하는 적대적 인수합병 방법이다.

25 **㈜대한은 아래의 투자안들에 대해 투자를 고민하고 있다. 모든 투자안의 기간은 1기간이며 모두 가중평균자본비용 10%를 적용한다고 했을 때, 주어진 투자안들에 대한 설명으로 적절하지 않은 것은?**

투자안	PI(수익성지수)	투자액(t=0)
(가)	1.4	1억
(나)	1.3	2억

① 투자안(가)의 NPV는 0.4억이다
② 투자안(나)의 NPV는 0.6억이다.
③ 투자안(가)의 IRR은 51%이다
④ NPV법으로 구한 최적 투자안과 IRR법으로 구한 최적 투자안은 다르다.

26 **다음 중 재무관리의 기본 개념에 대한 설명으로 적절하지 않은 것을 고르면?**

① 채권자가 요구하는 투자수익률은 타인자본비용이다.
② 주주는 기업이 창출한 현금흐름에 대해 채권자와 정부보다 후순위에 있다.
③ 일반적으로 타인자본비용은 자기자본비용보다 높다.
④ 재무관리의 목표로 회계적 이익 극대화는 적합하지 않다.

27 **아래 [표]는 ㈜민국과 ㈜만세의 합병 전 순이익과 총 주식 수에 대한 자료이다. ㈜민국은 ㈜만세를 흡수합병하려고 한다. 합병이 이루어지는 경우 발생하는 운용시너지로 순이익 2,000,000원이 증가한다. ㈜민국이 EPS를 고려해 합병 여부를 결정할 때 ㈜민국이 제시할 수 있는 최대 주식교환비율로 적절한 것은? (단, 주식교환비율은 ㈜만세 한 주당 교환하는 ㈜민국 주식 수를 의미한다)**

[표]

구분	합병 전 순이익	발행주식 수
㈜민국	5,000,000원	10,000주
㈜만세	3,000,000원	30,000주

① 2　　② 1
③ $\frac{1}{2}$　　④ $\frac{1}{3}$

28 ㈜대한과 ㈜만세는 아래와 같은 조건으로 자금을 차입할 수 있다. 두 기업 모두 5년 만기로 100억 원의 부채를 조달하려고 하며 ㈜대한은 변동금리로 ㈜만세는 고정금리로 조달하려고 한다. ㈜대한과 ㈜민국이 스왑계약을 체결하여 스왑으로 발생한 이익을 동일하게 배분한다고 할 때 이러한 금리스왑계약 이후 ㈜대한과 ㈜만세가 부담하게 되는 최종 금리로 적절한 것은? (단, L=LIBOR 금리로 변동금리 설정 시 사용되는 금리이다)

	㈜대한	㈜만세
고정금리	6%	9%
변동금리	L+1%	L+2%

	㈜대한	㈜만세
①	L%	8%
②	L%	9%
③	5%	L+2%
④	5%	L+1%

29 다음에서 설명하는 현상에 대한 내용으로 적절하지 않은 것은?

> 푸른 산 민둥산 만든 싹쓸이 벌목…
>
> 마을의 민둥산은 원래 푸르른 산이었다. 하지만 사람들은 각자 더 많은 이득을 보기 위해 마구잡이로 땔감으로 사용할 목재를 베어가서 결국 민둥산이 되었다. 자유롭게 원하는 만큼 목재를 베어갈 수 있도록 했기 때문에 사람들은 필요한 목재보다 과도하게 목재를 베어갔고 이는 산을 결국 황폐화하는 비극적인 결과를 초래했다.

① 공유지 사용과 관련된 한 사람의 결정이 다른 사람의 결정에 영향을 미치기 때문에 발생한다.
② 생산의 부정적 외부성이 해당 현상의 발생에 영향을 미친다.
③ 소유권이 분명하게 정해지지 않았을 때 해당 문제가 발생할 수 있다.
④ 공동 소유의 자원에서 발생하는 문제에 소유권을 설정해 해당 문제를 해결할 수 있다는 점을 시사한다.

30 **후생경제학 중 소득재분배와 관련된 여러 학자들의 주장으로 적절한 것을 고르면?**

① 롤스는 분배보다 사회 전체의 부를 극대화하는 것을 중요시했다.
② 롤스의 사회후생함수에 따르면 각 구성원의 효용은 완전 대체관계이다.
③ 공리주의는 저소득층에 소득을 재분배하는 것이 사회 전체의 효용을 증가시킬 수 있다고 보았다.
④ 공리주의는 소득재분배와 관련해 한계효용의 체증 개념을 적용했다.

31 **합리적 기대를 가정하는 루카스 공급곡선을 적용할 수 있는 한 사회에서, 중앙은행이 미래에 10%의 통화량을 증가시키기로 발표했지만 실제로는 20%의 통화량을 증가시켰다. 이 사회의 구성원들이 중앙은행이 발표한 대로 통화량을 증가시킬 것이라고 믿는 경우 이러한 중앙은행의 조치가 단기적으로 물가수준과 국민총생산에 미치는 영향으로 옳게 짝지어진 것을 고르면?**

	물가수준	국민총생산
①	상승	증가
②	상승	감소
③	불변	증가
④	하락	감소

32 **필립스 곡선이 아래와 같을 때 이에 대한 설명으로 적절한 것을 고르시오. (단, π=실제 인플레이션, π^e=기대 인플레이션, u=실제실업률이다)**

$$\pi=\pi^e-0.5(u-0.05)$$

① 실제 실업률이 5%보다 높은 경우 실제 인플레이션은 기대 인플레이션보다 높다.
② 잠재 GDP에 도달 시 실업률은 5%이다.
③ 기대 인플레이션과 실제 인플레이션이 동일한 경우 실업률은 4%이다.
④ 전기의 실제 인플레이션과 기대 인플레이션이 같을 때 실제 인플레이션이 전기와 비교해 1% 포인트 감소하기 위해서는 실제 실업률이 6%가 되어야 한다.

33 **소비자잉여, 생산자잉여에 대한 다음 설명 중 적절하지 않은 것은?**

① 수요가 완전탄력적이면 소비자잉여는 0이다.

② 가격이 상승할수록 소비자잉여는 감소한다.

③ 일반적인 수요·공급 원리가 적용되는 시장에서 정부가 보조금을 지급하면, 소비자잉여와 생산자잉여 모두 증가한다.

④ 일반적인 수요·공급 원리가 적용되는 시장에서 정부가 조세를 부과하면, 소비자잉여는 감소하는 반면 생산자잉여는 증가한다.

34 **다음 글의 ㉠, ㉡에 들어갈 말을 순서대로 나열한 것은?**

> 칠레의 와인 가격이 상승하였다. 그럼에도 대한민국의 칠레 와인 수입액은 오히려 늘어났다. 이는 칠레 와인에 대한 국내 소비자의 수요가 가격에 대해 (㉠)이거나, 칠레 화폐(페소) 가치가 원화 대비 (㉡)되었어야 한다.

	㉠	㉡
①	비탄력적	평가절하
②	단위탄력적	평가절상
③	탄력적	평가절하
④	완전탄력적	평가절상

35 **A국의 명목환율이 5% 올랐고, 물가상승률은 A국 1%, B국 3%이다. 이때 실질환율의 변화의 크기를 구하면? (단, 명목환율은 A국통화로 표시한 B국통화 1단위의 가치이며, 실질환율은 B국의 재화 및 서비스 1단위와 교환 가능한 A국의 재화 및 서비스의 크기를 말한다)**

① 3%
② 7%
③ −3%
④ 실질환율에는 변화가 없음

36 **다음 중 A~D점의 변화를 옳게 설명한 것을 [보기]에서 모두 고르면?**

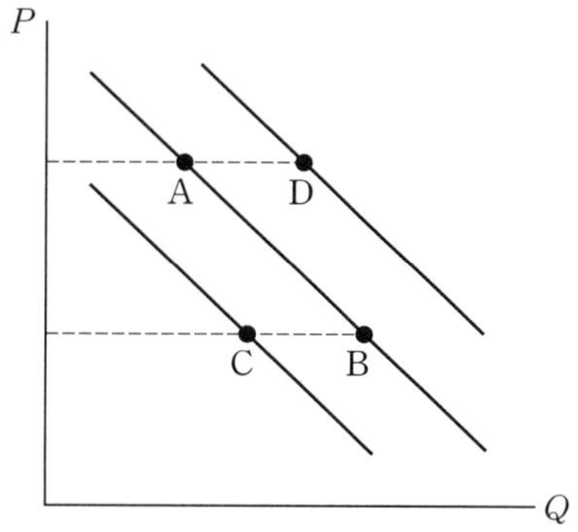

| 보기 |

ㄱ. 해당 재화의 가격이 오르자 B점에서 D점으로 이동하였다.
ㄴ. 대체재의 가격이 상승하자 A점에서 D점으로 이동하였다.
ㄷ. 해당 재화에 대한 소비자의 선호가 높아져 A점에서 B점으로 이동하였다.
ㄹ. 해당 재화를 구매하는 소비자의 소득이 증가해 C점에서 B점으로 이동하였다(단, 해당 재화는 열등재임을 가정한다).

① ㄴ
② ㄱ, ㄴ
③ ㄴ, ㄷ
④ ㄴ, ㄹ

37 **통화승수란 본원통화 대비 통화량의 비율을 말한다. 다음 제시문은 통화승수에 영향을 가져다주는 요인을 설명하고 있다. 이때 통화승수의 변화 방향이 같은 것끼리 묶으면?**

| 보기 |

ㄱ. 가계의 예금 비중이 줄고 현금 비중이 증가했다.
ㄴ. 본원통화가 증가했다.
ㄷ. 현금 대신 전자화폐의 사용 빈도가 커졌다.
ㄹ. 지급준비율을 기존보다 높였다.

① ㄱ, ㄴ
② ㄱ, ㄷ
③ ㄱ, ㄹ
④ ㄴ, ㄷ

38 **다음 그래프와 가장 관련 있는 기사를 고르면?**

[그림] 수요곡선의 구분

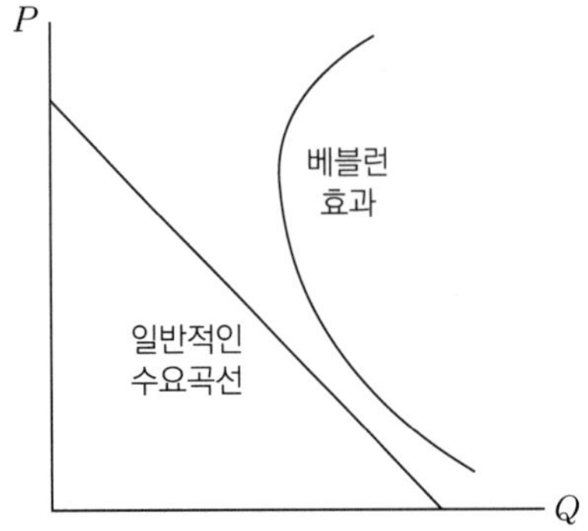

① 헬스케어 그룹 ○○프랜드는 글로벌 유명 브랜드와의 연이은 컬래버레이션으로 상대적으로 높은 가격에도 소비자들이 지갑을 열도록 하며 성장을 거듭하고 있는 대표 기업이다. ○○프랜드는 최근까지 디즈니와 마블, 람보르기니, 코닉세그에 이르기까지 전 세계적으로 각광 받는 브랜드와 컬래버레이션을 펼쳐왔다. 이를 통해 내수뿐 아니라 글로벌 시장에서도 주목을 받으며 제품 판매는 물론 브랜드 가치도 비약적으로 성장했다는 평가다.

② 전체인구의 1/5, 1/4이 보는 '1,000만 영화'가 1년에도 한두 편씩 꼭 등장하는 분위기는 사실상 세계에서 유일하다. 거기다 올해는 저 '1,000만 영화'가 벌써 4편 나왔고, 곧 '겨울왕국 2'로 5편이 된다. 자연스럽게 쏠림 현상도 극심하다. 스크린 독과점 배급 탓이란 비판도 있는데, 엄밀히 독과점 배급 이전부터도 수없이 확인돼온 현상이 맞다. 옳고 그름을 떠나 배급 전략은 그저 '현실'에 적응한 형태라 봐야 한다. '남들'이 보니까 보고 '유행'이니까 다들 몰려가서 봐 수없이 쏠림을 만들어낸다.

③ 모름지기 사람들은 자신의 생활이 가장 풍족하고 여유로울 때의 소비수준에 맞추어 생활을 유지하려는 경향이 있다. 이는 현재 상황이 어렵게 되었더라도, 그래서 전체적으로 지출을 줄이겠다고 결심하더라도 결국 큰 틀에서는 자신의 화려했을 때의 소비수준을 최소한의 이상적 소비수준으로 삼고 의사결정을 하기 때문이다. 따라서 경기가 나빠지고 소득이 줄어 들더라도 한번 늘어난 소비수준을 줄인다는 것은 상당히 어려운 일이다.

④ 소득이 높은 지역과 소득이 낮은 지역이 접촉하게 되면, 소득이 낮은 지역은 높은 지역의 생활을 모방해 소비성향이 높아지게 된다. 이러한 현상은 선진국과 개발도상국이라는 국제 관계에서도 나타난다. 이 현상은 신문이나 잡지, 영화나 TV 등의 광고에 영향을 받는다. 연예인들의 의상이나 소비행동을 보고 따라하는 것도 대표적 사례로 볼 수 있다.

39 **다음 중 총수요 증가를 가져오는 요인에 대한 기사로 적절한 것은?**

① 서울 외환시장에서 이날 오전 9시 5분 현재 원/달러 환율은 전날 종가에서 5.0원 오른 1,169.4원을 나타냈다. 환율은 6.6원 오른 달러당 1,171.0원으로 출발했다. 이후 상승 폭을 줄여 1,160원대 후반에서 오르내리고 있다. 글로벌 달러화 약세 현상이 마무리 국면에 접어들면서 원화 약세에도 영향을 준 것으로 보인다.

② 한국은행이 1년 만에 기준금리를 0.25%포인트 인상했다. 경기침체가 이어지고 있지만, 가계부채 급증과 부동산 시장 불안 등 저금리 장기화에 따른 부작용을 잡는 게 우선이라는 판단에 따른 결정이다.

③ 정부가 코로나19의 전국적 확산위기를 맞아 신속하고 과감한 조치를 통해 감염 확산을 차단하고자 23일부터 2주 동안 전국을 사회적 거리두기 2단계로 격상한다. 이번 조치는 전국의 국민이 불요불급한 외출·모임과 다중이용시설 이용을 최대한 자제하도록 하기 위함으로, 학교의 경우 26일부터 밀집도 조정 등을 감안해 시행할 예정이다.

④ 한국은행 금융통화위원회는 23일 일부 예금에 대해 지급준비율을 인상, 시중 유동성 흡수에 나서기로 했다. 지급준비율은 각 금융기관이 언제든지 예금자의 지급요구에 응할 수 있도록 예금총액의 일정비율을 보유하는 것으로 중앙은행은 이 비율을 조절해 금융기관의 자금유동성을 조정할 수 있다.

40 **아래의 [표]는 A, B 두 국가가 동일한 기간 내에 생산 가능한 자동차와 선박의 양을 나타낸다. 비교우위론에 따를 때, 옳지 않은 설명은? (단, 생산에 필요한 투입요소는 노동만을 가정한다)**

[표] A, B국의 생산 조건

구분	A국	B국
자동차	10	8
선박	10	4

① A국은 자동차 생산에 있어 절대우위를 갖는다.
② B국은 선박 생산에 있어 비교열위를 갖는다.
③ A국의 자동차 1단위당 기회비용은 선박 1/2단위이다.
④ B국의 자동차 생산 시 기회비용은 A국의 자동차 생산 시 기회비용보다 작다.

09

Chapter

10

제10회 실전모의고사

※ 시험 시간: 총 40분

※ 배점: 직무수행 객관식 – 문항당 1점

구분		문항 번호	문항 개수	세부분야별 점수	총점
경영	경영 일반	01~10	10문항	____ 점	____ 점
	회계	11~20	10문항	____ 점	
	재무관리	21~28	8문항	____ 점	
경제		29~40	12문항	____ 점	

Chapter 10 제10회 실전모의고사

01 **다음 중 SWOT 분석에 대한 설명으로 적절한 것은?**

① 기업의 취약한 국제 경쟁력은 위협(Threat)요소에 해당한다.
② SWOT 분석은 외부환경 분석에 집중해 내부요인을 고려하지 못한다는 한계가 있다.
③ SO전략은 기업의 확대 전략을 포함한다.
④ WO전략은 상황에서는 내부 강점을 활용하고 외부 위협요소를 최소화하려는 전략을 포함한다.

02 **다음의 조직행동이론과 관련된 설명에 적합한 용어로 짝지어진 것은?**

ㄱ. 직무에 포함된 여러 요소에서 느끼는 가치와 만족감을 포함한 긍정적 감정 상태이다. 이를 높이기 위해 직원을 대상으로 하는 내부마케팅을 수행할 수 있다.
ㄴ. 개인이 자신이 속한 조직과 조직의 목표에 자신을 동일시하며 조직의 일원으로 남아있고자 하는 상태를 의미한다.
ㄷ. 응집력이 높은 집단에서 의견의 통일에 대한 요구가 높아 다른 대안을 모색하는 것이 불가능한 상황을 의미한다.

	ㄱ	ㄴ	ㄷ
①	직무만족	조직몰입	집단이동적사고
②	직무만족	조직몰입	집단사고
③	조직시민행동	조직몰입	집단사고
④	조직시민행동	직무몰입	집단이동적사고

03 **다음 [보기] 중 동기부여의 과정이론에 해당하는 것을 모두 고르면?**

| 보기 |

ㄱ. 허쯔버그의 2요인 이론
ㄴ. 아담스의 공정성이론
ㄷ. 브룸의 기대이론
ㄹ. 알더퍼의 ERG이론

① ㄷ
② ㄱ, ㄷ
③ ㄴ, ㄷ
④ ㄱ, ㄴ, ㄷ

04 **포터(M. Porter)의 산업구조분석모형(5 forces model)에 대한 설명으로 옳지 않은 것은?**

① 구매자의 협상력이 강할수록 산업의 매력도는 하락한다.
② 소수의 공급자만이 존재하거나 제품의 차별성 때문에 공급자의 협상력이 높을 때 산업의 매력도는 하락한다.
③ 보완재가 적을수록 산업의 수익률은 상승한다.
④ 산업에 새로 진입하는 경쟁자들의 위협이 높을수록 산업의 매력도는 하락한다.

05 **다음 글에서 설명하는 집단의사결정 기법으로 적절한 것은?**

- 전문가의 의견을 설문을 통해 독립적으로 수집하고 이를 다시 참고해 수정 의견을 제시한다. 이후 이러한 수정 사안에 대한 의견을 받는 방식을 반복해 의사결정하는 집단 의사결정 기법이다.
- 의사결정에 참여하는 사람들은 서로를 알 수 없는 전문가들로 구성된다.

① 변증법적 토의법
② 지명 반론자법
③ 델파이법
④ 명목집단법

06 **다음 [보기] 중 피들러의 상황적 리더십 모형에 대한 설명으로 옳지 않은 것을 모두 고르면?**

| 보기 |

ㄱ. 피들러는 LPC 설문지를 통해 부하 직원이 리더에 느끼는 신뢰도와 확신을 측정했다.
ㄴ. 피들러는 리더십 발휘의 상황요인으로 리더와 부하 직원의 관계, 과업이 잘 정립된 정도, 리더의 권력이라는 세 가지 요인을 제시했다.
ㄷ. 피들러는 리더의 특성에 따라 과업지향형 리더십과 관계지향형 리더십으로 구분했다.
ㄹ. 주어진 기업의 상황이 리더에게 아주 불리하거나 혹은 아주 유리한 경우 관계지향적 리더십이 효과적이라고 주장했다.

① ㄱ, ㄷ
② ㄱ, ㄹ
③ ㄴ, ㄹ
④ ㄱ, ㄷ, ㄹ

07 **소비자의 의사결정에 관한 설명으로 적절하지 않은 것은?**

① 소비자가 가장 중요하게 생각하는 속성만을 고려해 상표를 선택한 의사결정은 보완적 방식에 해당한다.
② 소비자의 지각은 여러 자극을 조직화, 의미부여 하는 과정이다.
③ 소비자가 생필품 등 일상에 필요한 저가의 제품을 구매할 때 적용하는 문제해결방식은 일상적 문제해결이다.
④ 포괄적 문제해결은 관여도가 높은 소비자가 노력과 시간을 들여 신중하게 의사결정 하는 것이다.

08 **다음 [보기] 중 유통관리에 대한 설명으로 옳은 것을 모두 고르면?**

| 보기 |

ㄱ. 유통업체 중 판매 대리점은 판매 상품에 대한 소유권이 있다.
ㄴ. 통합적 유통경로를 통해 고객이 유통과정에서 요구하는 높은 서비스 수준을 충족시킬 수 있다.
ㄷ. 전문품을 판매할 때는 집약적 유통을 활용하는 것이 유리하다.
ㄹ. 수직적 마케팅 시스템(VMS: Vertical Marketing System)의 종류로는 기업적 VMS, 계약적 VMS, 관리적 VMS가 있다.

① ㄱ
② ㄴ, ㄹ
③ ㄷ, ㄹ
④ ㄱ, ㄴ, ㄹ

09 **다음 [보기] 중 생산관리의 수요예측방법에 대한 설명으로 틀린 것을 모두 고른 것은?**

| 보기 |

ㄱ. 추세변동, 주기변동 등의 시계열 수요예측기법은 질적예측방법에 해당한다.
ㄴ. 델파이법은 수요예측방법 중 양적 기법에 해당한다.
ㄷ. 수요예측 시 발생하는 예측오차의 합계가 클수록 수요예측이 완벽하다.
ㄹ. 회귀분석은 인과형 예측에 해당한다.

① ㄱ, ㄷ
② ㄴ, ㄷ
③ ㄱ, ㄴ, ㄷ
④ ㄴ, ㄷ, ㄹ

10 **다음 [보기] 중 공정 성능과 관련된 설명으로 옳지 않은 것을 모두 고른 것은?**

| 보기 |

ㄱ. 다른 조건이 일정할 때 공정의 생산능력이 증가하면 이용률 또한 증가한다.
ㄴ. 가동준비가 필요한 공정에서 준비시간이 늘어나면 생산능력은 증가한다.
ㄷ. 제품의 처리 시간이 동일한 두 공정 중 주기시간이 긴 공정의 재공품 재고의 개수가 더 많다.
ㄹ. 병목 공정의 이용률은 비병목 공정의 이용률보다 높다.

① ㄴ, ㄷ　② ㄱ, ㄴ, ㄷ
③ ㄱ, ㄷ, ㄹ　④ ㄴ, ㄷ, ㄹ

11 **㈜성실산업의 2021년 당기 초 매출채권의 잔액은 500,000원이었으며, 기말 잔액은 기초 잔액보다 200,000원 감소했다. 또한, 포괄손익계산서에 보고된 신용매출은 1,000,000원, 현금매출은 2,000,000원이다. 회사의 당기 포괄손익계산서에 보고된 영업비용은 1,000,000원이고, 기초의 선급비용은 300,000원, 선급비용 기말 잔액은 500,000원이었다. 이 내용에 근거하여 당기 매출로 인해 고객으로부터 유입된 현금흐름을 구하면?**

① 3,500,000원　② 3,200,000원
③ 3,100,000원　④ 2,000,000원

12 **㈜대한은 2022년 7월 1일 유형자산을 2,000,000원에 구입했다. 이 유형자산의 내용연수는 5년이고 내용연수 종료 후 잔존가치는 100,000원이다. 회사는 유형자산의 감가상각 방법으로 정률법을 채택했으며 상각률은 40%를 적용한다. 주어진 자료를 바탕으로 유형자산과 관련해 2022년 인식할 감가상각비와 2022년 말 유형자산의 장부금액으로 올바르게 짝지어진 것은?**

	2022년 감가상각비	2022년 말 유형자산 장부금액
①	380,000원	1,620,000원
②	400,000원	1,600,000원
③	760,000원	1,240,000원
④	800,000원	1,100,000원

13 **㈜대한은 2022년 초 유형자산을 100억 원에 취득했다. 해당 유형자산의 내용연수는 4년이고 잔존가치는 20억이다. 회사는 유형자산에 정액법을 적용해 감가상각한다. 2022년 말 해당 유형자산을 102억에 처분했을 때 회사가 2022년에 유형자산의 처분과 관련해 인식할 손익과 유형자산과 관련된 총 손익으로 올바르게 짝지어진 것을 고르면?**

	유형자산 처분 관련	손익유형자산 관련 총 손익
①	20억 처분이익	2억 이익
②	20억 처분이익	22억 이익
③	22억 처분이익	2억 이익
④	22억 처분이익	22억 이익

14 **㈜민국은 2022년 초 유형자산을 100,000원에 구입했다. 유형자산의 내용연수는 5년이며 잔존가치는 10,000원이다. 회사는 2022년에 감가상각비를 가장 작게 계상할 수 있는 방법을 채택했을 때 회사가 정한 감가상각방법으로 가장 적절한 것은? (단, 정률법 상각시 상각률은 37%를 적용한다. 또한, 유형자산이 2022년 총 내용연수동안 생산할 수 있는 생산량의 30%를 생산했다)**

① 정액법
② 생산량 비례법
③ 연수합계법
④ 정률법

15 **사채와 관련된 설명으로 적절한 것을 고르면?**

① 사채의 액면발행 시 시간이 경과할수록 유효이자비용이 증가한다.
② 할인발행 사채는 기간이 경과함에 따라 사채발행차금상각액이 감소한다.
③ 할증발행 사채는 기간이 경과함에 따라 사채발행차금상각액이 증가한다.
④ 할인발행 사채는 기간이 경과할수록 이자비용이 감소한다.

16 **㈜대한은 할인발행한 사채에 유효이자율법을 적용한다. 표시이자를 매년 말 지급할 때 2022년 말 회계 처리가 아래와 같이 이루어졌다. 상각 후 사채의 순 장부가가 1,100억일 때 주어진 정보를 바탕으로 구한 사채의 유효이자율은?**

2022년 말 사채 이자관련 회계처리			
(차) 이자비용	250억	(대) 현금	150억
		(대) 사채할인발행차금	100억

① 15%
② 18%
③ 20%
④ 25%

17 **다음 중 손익계산서 상 종업원급여에 대한 설명으로 적절하지 않은 것은?**

① 종업원이 근로 용역을 제공하여 기업이 제공한 모든 대가는 종업원급여에 해당한다.
② 단기종업원 급여는 현재가치로 할인하지 않는 것이 원칙이다.
③ 종업원에 이익분배제도와 관련해 기업이 지급하는 금액은 당기 비용으로 인식하는 것이 원칙이다.
④ 단기종업원 급여는 직원에게 현금을 지급할 때 비용으로 인식한다.

18 **(을)회사는 새로운 건물을 짓기 위해 공사대금으로 10,000원을 지급했다. 이 건물의 내용연수는 5년이고 잔존가치는 2,000원이며 원가모형을 이용해 정액법으로 감가상각한다. 이 건물은 원상복구해야 하는 의무가 있으며, 건설 완료 시점에서 기대되는 복구비용의 현재가치는 2,000원이다. 원상복구부채에 관련된 이자율은 10%라고 가정하고 건물이 X2년 1월 1일부터 사용 가능할 때 건물과 관련해 X2년도 포괄손익계산서에서 인식할 비용을 구하면? (단, 이 문제는 차입금 자본화를 고려하지 않는다)**

① 2,000
② 2,200
③ 2,400
④ 2,600

19 **㈜신진은 X2년 1월 1일에 설립되었는데 이 회사의 주식 한 주당 액면가는 50원의 보통주 20주이다. 다음은 X2년 중의 자본거래이다. 자본거래의 영향을 고려해, 회사가 X2년 말 재무상태표에 보고할 자본 총계와 자본잉여금 총계로 올바르게 짝지어진 것을 고르면? (단, 자본금 외의 항목은 자본잉여금에 해당하는 것으로 가정한다)**

> ㄱ. X2년 1월 1일 회사는 한 주당 50원으로 보통주 10주를 발행했고 X2년 3월 19일에 한 주당 40원으로 보통주 5주를 발행했다.
> ㄴ. X2년 5월 12일에 주당 100원으로 보통주 1주를 발행, X2년 6월 2일 주당 40원에 자기주식 2주를 매입했고 X2년 9월 26일에 자기주식 1주를 주당 100원에 처분했다.

	자본 총계	자본잉여금
①	700	60
②	720	60
③	720	100
④	820	60

20 **다음 글에서 설명하는 재고 관련 비용으로 옳은 것은?**

> 어떠한 재고가 모두 판매되면 재고가 다시 보충될 때까지 비용이 발생한다. 이 비용은 크게 고객이 재고가 보충될 때까지 기다려서 발생하는 비용과 고객이 주문을 취소해 발생하는 비용으로 구분할 수 있다. 고객이 재고가 보충될 때까지 기다리는 경우 기업은 지연 벌금, 이미지 악화 등의 비용을 부담하게 된다. 또한, 고객이 주문을 취소하는 경우 기업은 판매할 때 얻을 수 있는 이익의 상실과 신용의 부정적인 영향 등의 비용을 부담한다.

① 주문비용
② 재고 부족비용
③ 품목비용
④ 유지비용

21 **투자자 A의 효용함수는 $U=\sqrt{\text{투자자의 부}}$이고 현재 부는 100원이다. 투자자 A는 게임에 참가할 수 있는데 이 게임에 참가해 21원을 얻을 확률은 50%이고 19원을 잃을 확률은 50%이다. 보험회사가 투자자 A에게 게임의 위험을 완벽하게 제거할 수 있는 보험을 제시할 때 투자자 A가 보험에 가입할 최대 보험료는 얼마인가?**

① 1원　② 9원
③ 19원　④ 21원

22 **다음의 자본시장선(CML)과 증권에 대한 그래프에 대한 설명으로 적절하지 않은 것은?**

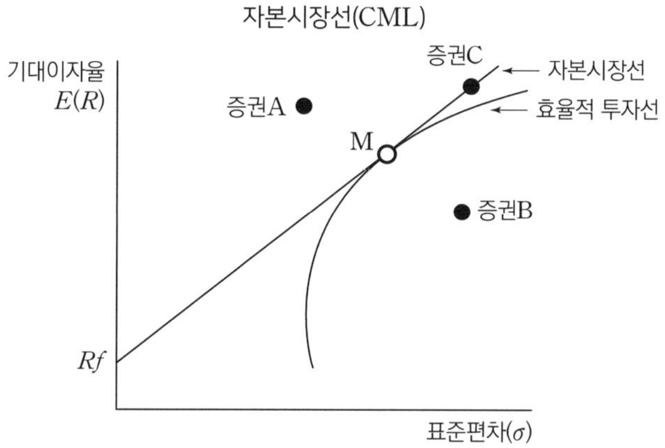

① 증권A는 효율적인 자산이다.
② 증권M은 시장포트폴리오이다.
③ 증권B는 비효율적인 투자안이다.
④ 증권C는 시장포트폴리오와의 상관계수가 2이다.

23 **한국의 직접환율은 1달러=1,200원이고 교차환율로 1유로=1.5달러일 때 원화와 유로 간 재정환율(arbitrage)로 옳은 것은?**

① 1,800원　② 1,500원
③ 1,200원　④ 1,000원

24 다음의 [표]는 CAPM이 성립할 때 자산(가)와 자산(나)의 베타(체계적 위험)와 기대수익률에 대한 자료이다. 시장이 균형이고 무위험이자율이 5%일 때 자산(가)의 기대수익률로 옳은 것을 고르면?

[표]

구분	자산(가)	자산(나)
베타	1.8	0.5
기대수익률	?	10%

① 10%　　② 15%
③ 18%　　④ 23%

25 다음 [보기]중 자본예산기법에 대한 설명으로 옳지 않은 것을 모두 고르면?

| 보기 |

ㄱ. NPV법은 투자안의 절대적 성과에 대한 정보를 제공하지만 IRR법은 상대적 성과에 대한 정보를 제공한다.
ㄴ. IRR법은 가치의 가산원리가 적용된다.
ㄷ. PI법을 활용해 의사결정하는 경우 PI값이 0보다 크면 투자안을 채택한다.
ㄹ. 할인회수기간은 회수기간보다 길다.

① ㄱ　　② ㄱ, ㄷ
③ ㄴ, ㄷ　　④ ㄴ, ㄷ, ㄹ

26 아래는 영구연금에 관련된 자료이다. 영구연금을 구할 때 적용할 할인율이 10%일 때 주어진 자료를 바탕으로 구한 영구연금의 $t=0$ 시점 현재가치로 적절한 것은?

기초($t=0$)에 영구연금에 투자하면 기말($t=1$)에 1,000,000원을 지급하며 이후 매년 5%의 일정한 성장률로 기말에 현금을 지급하는 영구연금이다.

① 20,000,000　　② 18,000,000
③ 11,000,000　　④ 10,000,000

27 **다음은 1년 후 주식A의 기대되는 주가와 각 확률을 나타낸다. 현재 주식A에 대한 만기가 1년인 유럽형 콜옵션이 발행되었고 행사가격은 10,000원이다. 주어진 정보를 통해 구한 만기일의 콜옵션 가치와 풋옵션 가치의 기댓값으로 옳은 것은?**

주식A 주가	7,000	8,000	11,000	16,000	18,000
확률	10%	20%	40%	20%	10%

	콜옵션 기댓값	풋옵션 기댓값
①	2,200	700
②	2,200	800
③	2,400	700
④	2,400	800

28 **㈜만세는 제품 $1,000를 미국에 수출하고 대금을 6개월 뒤에 수취하기로 했다. [보기]에서 ㈜만세가 환율변동으로 인한 위험을 회피하기 위해 선택할 수 있는 방안을 모두 고르면?**

| 보기 |

ㄱ. 6개월 후가 만기인 행사가격 $1,000의 풋옵션을 매입한다.
ㄴ. 6개월 후가 만기인 행사가격 $1,000의 콜옵션을 매입한다.
ㄷ. 상환 기간이 6개월 후인 $1,000를 차입한다.
ㄹ. 상환 기간이 6개월 후인 $1,000를 대출한다.
ㅁ. $1,000의 선물환 매도계약을 체결한다.

① ㄱ, ㄷ
② ㄱ, ㄷ, ㅁ
③ ㄴ, ㄷ, ㄹ
④ ㄴ, ㄹ, ㅁ

29 **P가 재화의 가격, Q가 재화의 수량일 때 재화 X의 수요함수는 $P=-Q+20$이고 공급함수는 $P=2Q-10$이다. 정부가 해당 재화에 대해 단위당 6원으로 가격을 제한하는 가격상한제를 적용했을 때 발생하는 상황에 대한 설명으로 옳지 않은 것은?**

① 가격상한제를 적용하지 않을 때 시장 균형은 $P=10$, $Q=10$인 지점에서 이루어진다.
② 가격상한제를 적용할 경우 시장에서 거래되는 재화X의 수량은 8개이다.
③ 가격상한제를 적용할 경우 재화X의 시장 초과수요는 2개이다.
④ 가격상한제 적용 시 사회적 후생손실이 발생한다.

30 **기업 A와 기업 B는 슈타켈버그 모형에 따라 행동한다. 개별 기업 한계비용이 0으로 같고 P=가격, Q_A=기업 A의 생산량, Q_B=기업 B의 생산량일 때 시장 수요곡선은 $P=200-Q_A-Q_B$이다. 기업 A가 선도자, 기업 B가 추종자이고 시장이 균형상태일 때 옳은 것은?**

① 시장에서 거래되는 수량은 100개이다.
② 기업B의 생산량은 기업A의 생산량의 두배이다.
③ 기업A의 이윤은 5,000이다.
④ 균형 거래가격은 100이다.

31 **다음 [보기] 중 케인즈의 유동성 선호이론에 대한 설명으로 적절한 것을 모두 고르면?**

| 보기 |

ㄱ. 채권시장이 초과공급 상태인 경우 화폐시장은 초과수요 상태이다.
ㄴ. 투자와 저축에 의해 이자율이 결정된다고 보았다.
ㄷ. 유동성 함정은 채권가격이 최고인 상태이다.
ㄹ. 유동성 함정 상태에서는 확장적인 금융정책이 효과적이다.

① ㄱ, ㄷ　② ㄱ, ㄹ
③ ㄴ, ㄷ　④ ㄴ, ㄹ

32 **한국의 국내 곡물 수요곡선이 $Q=200-P$이고 국내 곡물 공급곡선이 $Q=P$이며 곡물의 국제 가격은 단위당 60이다. 한국은 곡물 가격의 상승 때문에 기존에 존재했던 단위당 20의 관세를 폐지했을 때 사회적 후생손실 변화로 옳은 것은?**

① 사회적 후생손실 100 감소
② 사회적 후생손실 200 감소
③ 사회적 후생손실 400 감소
④ 사회적 후생손실 500 감소

33 **어떤 소비자가 두 재화에 대해 갖는 효용의 크기는 다음 [표]와 같다. 현재 이 소비자는 효용극대화를 추구한다고 가정했을 때, Y재에 대한 한계효용은 얼마인가? (단, X>0, Y>0이다)**

[표] 재화의 가격과 소비자의 한계효용

구분	X재	Y재
재화의 가격	200	100
소비자의 한계효용	600	(?)

① 1/3
② 1/2
③ 300
④ 500

34 **어느 경제의 경제성장률이 3%, 물가상승률은 2%이다. 유통속도 증가율이 2%일 때 통화공급 증가율은 얼마인가? (단, 피셔의 교환방정식이 성립한다)**

① 4%
② 3%
③ 2%
④ 1%

35 **폐쇄국가인 갑국의 컴퓨터 1대 가격은 100만 원이며, 현재 100만 대가 거래되고 있다. 이때 갑국이 경제를 개방하기로 결정했고, 컴퓨터 가격은 국제 시세인 50만 원으로 하락하였다. 개방 후 갑국 국내에서 컴퓨터 거래량이 증가했을 때, 이에 대한 설명으로 옳은 것은? (단, 갑국의 컴퓨터 시장에서 수요공급은 X자 형태의 직선을 취하며, 두 곡선의 절댓값은 같다. 공급곡선은 원점에서 출발한다)**

① 개방 이전 갑국의 소비자잉여는 생산자잉여보다 그 값이 크다.

② 개방 이후 갑국의 소비자잉여는 개방 이전보다 4배 이상 증가하였다.

③ 개방 이후 갑국의 생산자잉여는 개방 이전보다 절반으로 감소하였다.

④ 개방 이후 갑국의 총잉여는 거래 이전보다 거래 이후에 증가하였다.

36 **다음 기사를 읽고, [보기] 중 정책(리디노미네이션) 시행 시 예상되는 경제 현상으로 적절하지 않은 것을 모두 고르시오.**

> 이주열 “리디노미네이션 계획 없어… 국회서 의견 수렴해야”
>
> 한국은행 총재는 ‘리디노미네이션(화폐단위 변경)’에 대해 “추진할 계획이나 의사가 없다”고 일축했다. 이 총재는 국회에서 열린 한은 국정감사에 출석해 “지금은 경제위기 상황이니 경제위기 극복에 집중한다는 것이 공식적 입장”이라며 이같이 밝혔다.
>
> 화폐의 액면가치를 바꾸는 ‘리미노미네이션’은 16년여 전 수면 위로 떠오른 이후 한은 국감 때마다 등장하는 단골 질의 중 하나다. 이 총재는 그때마다 ‘필요성은 인정하지만 신중해야한다’는 원론적인 답변을 제시하면서 정치권의 논의의 주체가 돼야 한다는 점을 강조했는데, 이번에도 같은 입장을 견지한 것으로 해석된다.

| 보기 |

ㄱ. 물가가 상승할 가능성이 있다.
ㄴ. 지하자금의 양성화를 가져온다.
ㄷ. 화폐 유통 초기비용이 감소한다.
ㄹ. 현금지급기 등 무인기기 보급이 확대된다.
ㅁ. 회계상의 불편이 예상된다.
ㅂ. 자국 통화의 대외적 위상이 높아진다.

① ㄱ, ㄴ, ㄷ　　② ㄱ, ㄹ, ㅁ

③ ㄷ, ㄹ, ㅁ　　④ ㄴ, ㄷ, ㄹ, ㅁ

37 다음 그래프에서 구축효과의 크기는 얼마인가? (단, $IS \rightarrow IS^1$로 이동함을 가정한다)

[그림]

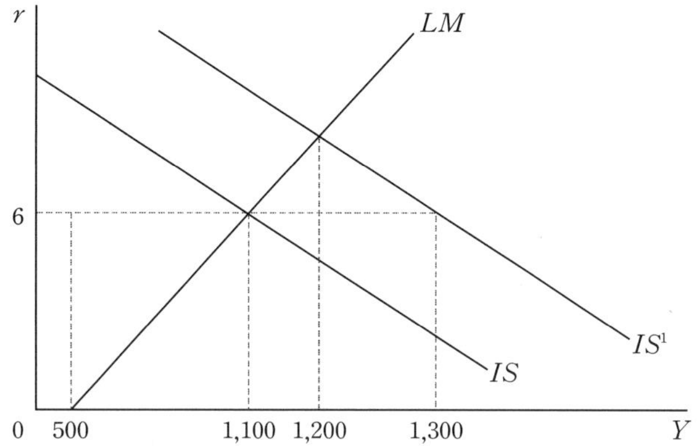

① 1,100 - 1,200
② 1,200 - 1,300
③ 1,100 - 1,300
④ 500 - 1,300

38 경기변동의 양상이 다음과 같이 나타날 때, 필요한 정책으로 볼 수 있는 것은?

- 고용지표가 시장 기대치를 뛰어넘었다. 실업률이 반세기 만에 최저 수준을 기록하고 새 일자리도 크게 늘어났다.
- GDP가 크게 증가했고, 성장률도 7% 가까이 높아진 것으로 나타났다.
- 물가 상승세가 심상치 않다. 9월 기준 소비자물가지수는 4% 상승을 기록했다.

① 정부는 개별소비세 및 유류세를 한시적으로 인하한다.
② 중앙은행이 민간에 국채를 매각한다.
③ 기업 고용활성화를 위해 장려금을 지급한다.
④ 주요국과의 FTA를 확대한다.

39 **다음 글의 빈칸에 들어갈 말로 바르게 짝지어진 것은?**

(㉠)이 발생하면 (㉡)을 보유하는 것이 (㉢)을 보유하는 것보다 유리해진다. 또한 채권자와 채무자 중에는 (㉣)가, 연간 근로계약을 맺은 임금근로자와 고용주 사이에는 (㉤)가 유리해진다.

	㉠	㉡	㉢	㉣	㉤
①	예상된 인플레이션	실물자산	금융자산	채권자	임금근로자
②	예상된 인플레이션	금융자산	실물자산	채권자	고용주
③	예상되지 못한 인플레이션	실물자산	금융자산	채무자	고용주
④	예상되지 못한 인플레이션	금융자산	실물자산	채무자	임금근로자

40 **A씨는 얼마 전 중고 사이트에서 20만 원을 주고 책상을 구입했다. 현재 A씨가 느끼는 책상의 주관적 가치는 17만 원이다. A씨가 다음의 조건에 따라 책상을 중고로 판매하고자 했을 때 A씨의 합리적 의사결정으로 볼 수 있는 것을 고르면?**

- 22만 원을 주고 책상을 손질할 경우: 40만 원에 판매
- 그냥 판매할 경우: 15만 원에 판매

① 추가로 손질해서 40만 원에 판매한다.
② 그냥 판매한다.
③ 계속 보유한다.
④ 위 3가지 경우 모두 결과는 같다.

MEMO

IBK기업은행 직무수행능력 경영경제 400제
핵심 기출복원, 기출동형 실전모의고사 10회분

초판 5쇄 발행 2025년 8월 26일

편 저 자 혼JOB취업연구소

발 행 인 석의현
기획·편집 배현우 이선주 전준표
디 자 인 안신영
마 케 팅 김경숙

발 행 처 ㈜커리어빅
등 록 2018년 11월 26일(제2019-000110호)
주 소 서울특별시 종로구 인사동5길 25, 하나로빌딩 408호
전 화 02)3210-0651
홈페이지 www.honjob.co.kr
이 메 일 honjob@naver.com

가 격 22,000원
I S B N 979-11-91026-43-6(13320)

※ 정오 문의 및 정오표 다운로드는 홈페이지 내 고객센터를 이용해 주시기 바랍니다.

은행 필기시험 대비서

기업은행 직무수행능력

경영경제 400제

기업은행 기출문제 완벽분석

빈틈없는 독학을 위한 상세한 해설

다양한 난이도별 객관식 문제 대비

정답 및 해설

혼JOB

은행 필기시험 대비서

기업은행 직무수행능력

경영경제 400제

기업은행 기출문제 완벽분석

빈틈없는 독학을 위한 상세한 해설

다양한 난이도별 객관식 문제 대비

정답 및 해설

혼JOB

제1회 정답 및 해설

01	02	03	04	05	06	07	08	09	10
④	③	②	②	①	①	②	④	③	②
11	**12**	**13**	**14**	**15**	**16**	**17**	**18**	**19**	**20**
③	②	①	③	④	④	②	④	①	②
21	**22**	**23**	**24**	**25**	**26**	**27**	**28**	**29**	**30**
④	③	②	②	④	③	④	④	③	①
31	**32**	**33**	**34**	**35**	**36**	**37**	**38**	**39**	**40**
②	③	①	②	④	①	③	③	①	①

01

정답 ④

기업은 전략적 제휴로 위험을 극복하고 기회를 활용하는 것을 목표로 한다. 전략적 제휴의 예시는 연구개발 컨소시엄, 생산 라이선스, 기술 제휴, 합작투자(joint venture) 등 다양하다.

ㄱ. (○) 전략적 제휴를 통한 경영자원의 공유를 통해 신제품 개발에 걸리는 시간을 단축할 수 있다.

ㄴ. (○) 전략적 제휴를 통해 사양 사업 전환, 새로운 시장 진출, 신제품 개발 등을 도모하여 기업의 유연성을 확보할 수 있다.

ㄷ. (○) 생산기술 또는 보완적 제품 등을 보유한 기업과의 전략적 제휴를 통해 연구개발과 생산시설 투자비용을 절감할 수 있다.

ㄹ. (○) 경영자원의 공유를 통해 시장 진입의 속도를 단축해 초기 진입자의 경쟁우위를 확보할 수 있다.

> **[TIP] 전략적 제휴의 협력 정도의 크기**
> 합작투자 > 생산 라이선스 > 기술제휴 > 컨소시엄

02

정답 ③

BCG 매트릭스는 기업이 속한 시장의 성장률과 기업의 상대적 시장 점유율로 사업을 분석하는 모형이다.

① (X) 별(Star)에 위치한 산업은 시장의 성장률과 기업의 상대적 시장 점유율이 모두 높은 산업이다. 현금흐름이 가장 많이 발생하는 산업은 현금젖소(Cash Cow)에 해당한다.

② (X) BCG 매트릭스에서 기업의 경쟁력을 나타내는 것은 상대적 시장 점유율에 해당한다. 시장 성장률은 기업이 속한 산업의 매력도를 나타낸다.

③ (○) BCG 매트릭스의 원의 크기는 해당 시장에 속한 사업부의 매출 규모를 나타낸다.

④ (X) BCG 매트릭스의 시장 점유율은 산업 내 선도 기업과 자사의 점유율을 비교한 상대적 시장 점유율을 의미한다.

03

정답 ②

ㄱ. (X) 개인이 많은 자극 중 자신이 관심 있는 자극만 인지하는 현상은 선택적 지각이다. 근원적 귀인 오류는 다른 사람의 행동 평가 시 그 사람이 처한 외적인 상황보다 내적인 동기가 크게 영향을 미쳤을 것이라고 평가하는 것을 의미한다.

ㄴ. (○) 제한된 합리성은 비용의 한계와 인지적 한계로 개인이 최선의 대안보다 만족할 만한 대안을 선택하는 현상을 설명한다.

ㄷ. (○) 귀인이론은 행동의 원인이 개인의 외부상황에 있다고 믿는 외적 귀인과 내부에 있다는 내적 귀인을 하게 되는 과정에 대해 설명한다. 특정 행위가 계속해서 나타나지 않으며(일관성이 낮음), 다른 사람들도 하는 행위이고(합의성이 높음), 행위를 한 사람의 행동이 예외적(특이성이 높음)인 경우 외부귀인을 한다.

ㄹ. (X) 자신이 당면하는 상황을 통제할 수 없다고 믿는 쪽은 외재론자이다. 내재론자는 자신에 의해 운명을 통제할 수 있다고 믿으며 직무 수행에 있어 더욱 적극적이고 성과가 높다는 특징이 있다.

04

정답 ②

① (X) 종업원의 근속연수를 기준으로 임금을 지급하는 체계는 연공급에 해당한다.

② (○) 임금피크제는 일정 나이부터 임금을 낮추는 대신 고용을 연장하는 제도이다.

③ (X) 기업의 임금 총액을 종업원 전체 수로 나눈 것은 임금 수준에 해당한다.

④ (X) 기업이 임금 총액을 구성원에게 어떻게 배분할지 결정하는 방식은 임금의 내부공정성과 관련이 있다. 임금의 외부공정성은 동종 기업의 임금 평균을 조사하고 이를 비교해 결정할 수 있다.

05

정답 ①

① (X) 제품 구매 시 위험이 수반된다면 소비자는 더욱 많은 정보 수집을 할 것이고 이러한 구매행동은 비일상적으로 이루어질 것이다. 따라서 위험이 증가할수록 관여도는 상승한다.

② (○) 의사결정을 하는 개인과의 관련성이 낮다고 느끼면 저관여로 구분한다. 저관여 제품은 비교적 저가의 제품으로, 소비자의 일상적 문제를 해결하는 재화이기 때문에, 그 재화를 획득하기 위해 많은 정보를 수집하지 않는 제품이다.

③ (○) 포괄적 문제해결은 소비자들이 의사결정을 중요하게 여겨 이에 대해 정보를 탐색하고 의사결정 과정에 시간을 많이 투입하는 문제해결 방법이다.

④ (○) 소비자가 제품을 중요하다고 여길수록 관여도는 상승한다.

> **[TIP] 관여도**
> 관여도는 소비자가 제품을 중요하다고 느끼는 정도를 나타내는 것으로, 구매자 개인, 제품, 상황에 따라 개인이 기준이 달라지는 주관적인 척도이다. 따라서 같은 제품이라도 소비자에 따라 관여도가 다를 수 있다.

06

정답 ①

① (○) 피들러의 리더십 상황모형은 과업지향적인 리더와 관계지향적인 리더가 효과적인 상황에 대해 제시했다. 리더와 구성원의 관계, 리더의 직위 권력, 과업구조 등 기업의 상황이 매우 우수하거나 또는 매우 안 좋은 경우 일을 중시하는 과업지향적 리더가 효과적이다.

② (X) 리더십 행동이론은 리더의 특성이 아닌 리더가 부하 직원에게 보이는 행동에 따라 리더십의 효과가 결정된다고 봤다.

③ (X) 리더십 특성이론은 리더가 부하 직원에게 보이는 특정한 행동이 아닌 리더의 고유한 특성에 의해 리더십의 효과가 결정된다고 봤다. 따라서 리더의 리더십이 기업의 특성과 맞지 않는다면 리더의 교체가 필요하다고 봤다.

④ (X) 거래적 리더에 대한 설명이다. 거래적 리더십은 부하 직원에 대한 보상과 예외적인 상황에의 개입을 활용하는 리더십을 의미한다. 변혁적 리더는 부하 직원이 조직의 이익을 중요시 할 수 있도록 영감을 주고 높은 수준의 동기부여가 가능할 수 있도록 큰 영향력을 미치는 리더이다.

07

정답 ②

① (X) 코즈마케팅은 사회적 문제해결을 마케팅과 결합해 기업의 사익과, 사회적 공익을 추구하는 마케팅이다.

② (○) 카드사들은 고객에게 제공하는 혜택인 우대금리 적용을 축소해 수익성이 낮은 고객을 줄이려고 했으므로 디마케팅에 해당한다. 디마케팅은 수익성 향상, 비용절감, 기타 이유로 고객을 감소시키는 마케팅 기법이다.

③ (X) 카운터마케팅은 마약과 같은 불건전한 수요를 제거하려는 마케팅이다.

④ (X) 개발적 마케팅은 잠재 수요를 갖는 고객들의 욕구를 충족시키려는 마케팅이다.

08

정답 ④

이 문제를 풀이하기 위해서는 마케팅 조사 중 표본조사에 대한 이해가 필요하다. 표본조사는 전체 모집단 중에서 일부 표본을 추출하는 조사방식이다.

① (○) 비표본오류는 표본오류 외에 모든 오류를 의미하므로, 마케팅 조사 과정에서의 잘못된 의사소통 또는 조사상황에서 발생하는 오류가 이에 해당한다.

② (○) 마케팅 자료는 수집된 의도에 따라 1차 자료와 2차 자료로 구분할 수 있다. 1차 자료는 마케팅 목적을 위해 직접 수집된 자료이지만 이에 반해 2차 자료는 기업의 영업활동에서 발생한 자료이다.

③ (○) 표본오류는 표본이 모집단을 대표하지 못해 발생하는 오류이다. 표본 크기가 커지면 조사 비용과 시간은 증가하지만, 표본이 모집단을 대표하지 못해 발생하는 오류는 감소한다.

④ (X) 군집 표본추출은 집단 내의 특성이 다양한 동시에 집단 간의 특성이 비슷한 군집을 추출하는 확률적 표본추출 방법이다.

09

정답 ③

① (○) 공정별 배치는 다양한 작업을 처리할 수 있지만 이를 위해 계획을 자주 수립해야 하고 일정 계획, 관리 업무가 복잡하다는 단점이 있다.

② (○) 제품의 고객화가 높은 경우 제품이 고객의 선호에 맞게 다양한 형태로 생산되어야 하므로 다양한 작업을 처리할 수 있는 공정별 배치가 적합하다.

③ (X) 제품별 배치는 일정 방향의 흐름에 따라 표준화된 제품을 생산하는 배치구조로 설비 가동률이 높으며 단위당 단가가 낮다. 하지만 초기 설비투자비용이 크다는 단점이 있다.

④ (○) 위치고정형 배치는 생산 제품이 매우 크거나 이동이 어려운 경우 제품을 고정시키고 자재, 작업자, 기계설비를 이동해 제품을 생산한다.

10

정답 ②

ㄱ. (X) CTQ(핵심 품질 인자)는 회사 입장이 아닌 고객의 입장에서 판단 시 중요한 품질특성이다. 회사는 이러한 핵심 품질인자를 집중적으로 개선하려고 노력한다.

ㄴ. (O) 식스시그마는 고객에 대한 이해를 바탕으로 공정의 변동성을 최소화해 기업의 높은 품질을 달성하려는 시스템이다.

ㄷ. (O) 전사적품질경영(TQM)은 모든 기업의 구성원이 고객만족과 품질 개선을 위해 지속적으로 노력하는 과정 지향적인 프로세스이다.

ㄹ. (X) 불량품 발생 시 기업 내부에서 이를 처리하는 데 발생하는 비용은 내부 실패비용이다. 평가비용은 예방비용과 불량품을 검사하는 비용이다.

11

정답 ③

① (O) 유상증자로 인해 증가한 자본금 = 주당 액면가 × 발행 주식 수 = 100원 × 200주 = 20,000원

② (O) 유상증자로 인해 증가한 자본총액 = 주당 발행가 × 발행 주식 수 − 직접원가 = 200원 × 200주 − 1,000원 = 39,000원

③ (X) 유상증자로 인해 증가한 자본잉여금 = (주당 발행가 − 주당 액면가) × 발행 주식 수 − 직접원가 = (200원 − 100원) × 200주 − 1,000원 = 19,000원

④ (O) 주식 발행과 관련된 간접원가는 당기비용으로 처리하고 직접원가는 주식발행초과금(자본잉여금)에서 차감하는 것이 원칙이다.

12

정답 ②

자기자본이익률(ROE: Return On Equity)은 자기자본 투자에 대한 수익률이다.

문제에서 순이익을 x라고 할 때 이를 구하는 식은 다음과 같다.

ROE = 순이익/자기자본 = 10%

= 매출액 순이익률 × 총자산 회전율 × 자본구조

= (순이익/매출액) × (매출액/총자산) × (총자산/자기자본)

= (x/100억) × (100억/500억) × 2

∴ x = 25억

13

정답 ①

① (O) 유형자산의 취득으로 인해 복구원가가 발생할 것이라고 예상되는 경우 해당 복구원가의 현재가치를 유형자산에 가산해야 한다.

② (X) 유형자산 취득 시 발생하는 세금은 유형자산 취득원가에 가산해야 한다.

③ (X) 유형자산의 정상적 작동을 시험하는 과정에서 시제품이 생산된 경우 순 매각금액을 유형자산 취득원가에서 차감해야 한다.

④ (X) 제품에 대한 수요가 형성되는 과정에서 발생하는 초기 가동손실은 당기 비용으로 인식해야 한다.

14

정답 ③

이 문제를 풀이하기 위해서는 부채의 유동성 분류에 대한 이해가 필요하다. 부채는 1년 또는 정상영업순환주기 이내에 실현될 것으로 예상되는 경우 유동부채로 분류한다.

ㄱ. (O) 매입채무는 12월 내에 회수할 수 없어도 정상영업순환주기 내에서 사용되므로 유동항목으로 분류한다.

ㄴ. (X) 정상영업주기를 명확히 식별할 수 없는 경우에는 그 기간을 1년이라고 가정해야 한다.

ㄷ. (X) 보고 기간 후 상환을 요구하지 않도록 합의하더라도 재무제표는 유동부채로 분류해야 한다. 하지만 제시된 상황과 다르게 보고 기간 말 전 상환을 요구하지 않도록 합의하는 경우 비유동부채로 분류할 수 있다.

15

정답 ④

① (O) PER(주가수익비율)은 주가에서 주당순이익을 나눠 구할 수 있다. PER이 작은 기업은 기업이 벌어들이는 주당순이익에 비해 주가가 낮으므로 과소평가되었다고 평가할 수 있다.

② (O) 성장가치가 높은 기업은 기업이 벌어들이는 현재의 이익에 비해 주가가 높은 가격에 형성된다. PER은 주가에서 주당순이익을 나눠 구하므로 성장가치가 높은 기업의 PER은 크다.

③ (O) PBR(주가장부가치비율)은 주가에서 주당순자산가치를 나눠 구한다.

④ (X) 기업이 많은 수익을 얻을 것이라고 예상될수록 기업의 주가는 높게 형성된다. PBR은 주가를 주당순자산가치로 나눠 구하므로 시장 참여자들의 기대가 긍정적일수록 PBR은 크다.

16

정답 ④

이 문제를 풀이하기 위해서는 사채의 이자비용을 구할 수 있어야 한다.

사채와 관련된 총 이자비용은 간편법으로 회사가 지급할 총 현금(사채 기말 상환금액과 이자)에서 발행 시 수령한 현금을 차감해 구할 수 있다.

총 이자비용＝1,000억＋80억×3－950억＝290억

다음과 같이 간편법 외 방식으로도 구할 수 있다.

- 2022년 1월 1일 사채 발행가＝1,000억×0.75＋80억×2.5＝950억
- 2022년 이자비용＝950억×10%＝95억
- 2023년 이자비용＝{950억×(1＋10%)－80억}×10%＝965억×10%＝97억
- 2024년 이자비용＝{965억×(1＋10%)－80억}×10%＝981.5억×10%＝98억
- 총 이자비용＝95억＋97억＋98억＝290억

17

정답 ②

회사는 원리금 수취 목적으로 사채를 취득했으므로 이를 상각후원가 금융자산으로 분류해야 한다.

(가) 2022년 말 금융자산(사채)의 순장부금액
＝950,263×1.1－80,000＝965,289

(나) 2022년 금융자산 상각액
＝950,263×0.1－80,000＝15,026

18

정답 ④

ㄱ. (×) 기타포괄손익-공정가치 측정 금융자산의 후속측정은 기타포괄손익으로 인식한다.

ㄴ. (×) 현금흐름 수취와 매도목적의 채무상품은 기타포괄손익-공정가치 측정 금융자산으로 분류해야 한다.

ㄷ. (○) 당기손익-공정가치 측정 금융자산과 관련된 거래원가는 즉시 당기비용으로 인식하고 최초 인식은 공정가치로 인식한다.

ㄹ. (○) 당기손익-공정가치 측정 금융자산은 표시이자와 공정가치 평가손익을 당기손익으로 인식해야 한다.

19

정답 ①

먼저 ㉡을 계산해 보면, 3,000＋1,000＝4,000이다.

다음으로 ㉢을 계산해 보면, 6,000－3,000＝3,000이다.

마지막으로 ㉠을 계산해 보면, 당기순이익(2,000)＝기말자본(3,000)－기초자본(1,000)＝10,000－6,000－1,000－2,500＋㉠＝2,000이므로, ㉠은 1,500이다.

[TIP] 회계등식
- 자산총계＝부채총계＋자본총계
- 기초자본＋순이익±자본거래＝기말자본

20

정답 ②

- 영업이익: 매출(10,000)－매출원가(5,000)－임차료(500)－종업원급여(1,500)＝3,000
- 당기순이익: 영업이익(3,000)＋영업외손익(2,000)－법인세비용(1,000)＝4,000

[TIP] 영업이익
영업이익은 매출총이익에서 판매관리비를 차감한 것인데, 판매관리비에는 종업원 관련 비용, 세금과공과(법인세비용은 판매관리비에 불포함), 감가상각비, 연구비, 대손상각비 등이 포함된다. 토지처분이익은 영업외손익에 포함된다.

21

정답 ④

④ (×) 재무상태표는 중요성을 판단하거나 계정과목을 정할 때 작성자의 주관이 개입될 수밖에 없다.

[TIP] 재무상태표의 특징
재무상태표는 일정 시점의 재무상태를 나타내는 정태적 재무제표로, 손익계산서, 현금흐름표, 자본변동표 등 일정 기간의 재무성과 나타내는 동태적 재무제표와 차이가 있다.

22

정답 ③

선물(future)은 파생상품의 한 종류로 표준화된 계약을 통해 정해진 가격으로 일정 시점에 인도 또는 인수할 것을 약정한 것이다.

ㄱ. (×) 1년 후 달러환율이 상승할 것을 대비해야 하므로 선물을 매입해야 한다. 1년 만기의 선물환을 매입하면 만기에 정해진 가격으로 달러를 매입할 수 있다.

ㄴ. (×) 선물 계약 시에는 현금흐름이 발생하지 않고, 선물의 만기 시 정해진 가격으로 현금흐름이 발생한다.

ㄷ. (○) 선물은 장외시장에서 거래되는 선도와 다르게 선물거래소에서 거래된다.

ㄹ. (○) 일일정산은 매일의 정산가격을 반영해 선물 거래자들

의 포지션을 평가하는 제도이고, 증거금은 선물거래를 위해 거래소에 예치해야 하는 금액을 의미한다. 선물은 선도와 다르게 이러한 표준화된 계약으로 계약 불이행위험을 줄일 수 있다.

23

정답 ②

가중평균자본비용은 기업이 자금 조달을 위해 평균적으로 지불하는 비용을 의미한다.

S=자기자본, V=총자산, B=부채, k_e=자기자본비용, k_d=타인자본비용, t=법인세율일 때, 가중평균 자본비용 $=k_e \times (S/V)+k_d \times (1-t)\times (B/V)$이다.

$15\% = k_e \times 0.5 + 10\% \times (1-30\%) \times 0.5$이므로, $k_e = 23\%$이다.

24

정답 ②

ㄱ. (○) 파산비용이론에 따르면 부채가 증가하면 이자비용 법인세 절감효과로 인해 기업가치가 증가하지만 기대파산비용 또한 증가해 기업가치가 감소한다.

ㄴ. (×) 법인세가 없는 경우를 가정한 MM이론(1958)은 자본구조 변경은 기업가치와 무관하다고 봤다.

ㄷ. (×) 수정된 MM이론(1963)은 법인세가 존재하는 경우 부채가 있는 기업과 무부채기업의 차이는 이자비용의 법인세 절감효과로 인해 발생한다고 봤다. 부채를 사용하는 기업가치는 무부채 기업가치보다 이자비용 절세효과의 현재가치(부채에 법인세율을 곱한 금액)만큼 크다.

ㄹ. (○) 대리비용이론에 따르면 부채가 증가하면 자기자본 대리비용은 감소하지만 부채 대리비용은 증가한다. 따라서 총 대리비용을 최소화하는 자본구조가 최적 구조이다.

25

정답 ④

차익거래가격결정모형(APT)은 여러 체계적 요인이 자산의 수익률에 영향을 미친다고 가정하는 모형이다.

증권 A의 기대수익률

=무위험 수익률$+\Sigma\lambda_i F_i$

=무위험 수익률+(공통요인 1에 대한 체계적 위험×증권의 공통요인 1)+(공통요인 2에 대한 체계적 위험×증권의 공통요인 2)

$=5\%+(1.5\times 10\%)+(1\times 20\%)$

$=40\%$

26

정답 ③

① (○) 증권시장선은 체계적 위험과 자산의 수익률을 나타내는 선이다. 비체계적 위험이 있는 자산은 증권시장선상에는 위치할 수 있지만 효율적 포트폴리오만 위치하는 자본시장선상에는 위치할 수 없다.

② (○) 자본시장선은 총위험과 자산의 수익률 간의 관계를 나타내는 그래프로, 자본시장선상에 존재하는 포트폴리오는 효율적 포트폴리오이다. 이때 효율적 포트폴리오의 상관계수는 1이다.

③ (×) 증권시장선상에 위치한 자산은 비체계적 위험을 포함할 수 있다. 비체계적 위험을 포함한 포트폴리오 간 상관계수는 1이 아닐 수 있다.

④ (○) 자본시장선 아래에 존재하는 비효율적 포트폴리오는 체계적 위험과 포트폴리오의 수익률을 나타내는 증권시장선상에 존재한다.

27

정답 ④

투자안의 리스크 프리미엄은 투자자가 위험을 감수한 대가로 지급되는 추가적인 보상을 의미한다. 리스크 프리미엄은 투자안의 수익률에서 무위험 이자율을 차감해 구할 수 있다.

- 투자안 A의 기대 현금흐름
  $=(80\times 30\%)+(130\times 40\%)+(180\times 30\%)=130$
- 위험을 수반하는 투자안 A의 기대수익률
  $=(130-100)/100=30\%$
- 리스크 프리미엄: 투자안 A의 수익률−무위험자산의 수익률$=30\%-5\%=25\%$

28

정답 ④

MM의 자본구조이론은 기업구조와 기업가치의 관계에 대한 설명을 포함한다.

ㄱ. (×) MM의 자본구조이론은 개인 투자자가 기업과 같은 조건의 이자율로 자유롭게 차입과 대출이 가능하다고 가정한다.

ㄴ. (○) MM의 자본구조이론은 거래비용과 세금이 존재하지 않는 완전자본시장을 가정한다.

ㄷ. (×) MM의 자본구조이론은 동질적 위험집단에 속한 경우 영업위험이 동일하다고 가정한다.

ㄹ. (○) MM의 자본구조이론은 편리한 분석을 위해 무성장 영구현금흐름 형태의 투자안을 가정한다.

29

정답 ③

내쉬균형은 참가자들이 상대방이 전략이 주어질 때 자신의 보수를 최대화하기 위해 선택한 전략이 만나는 균형을 의미한다. 하나의 보수행렬에서는 내쉬균형이 없을 수도 있고 복수의 내쉬균형이 존재할 수도 있다.

- 참가자 A의 내쉬전략
  - 참가자 B가 전략 1 선택 시 참가자 A는 전략 2를 선택하는 것이 내쉬전략이다.
  - 참가자 B가 전략 2 선택 시 참가자 A는 전략 1을 선택하는 것이 내쉬전략이다.
- 참가자 B의 내쉬전략
  - 참가자 A가 전략 1 선택 시 참가자 B는 전략 2를 선택하는 것이 내쉬전략이다.
  - 참가자 A가 전략 2 선택 시 참가자 B는 전략 1을 선택하는 것이 내쉬전략이다.

따라서 내쉬균형은 다음와 같이 내쉬전략이 만나는 곳에서 발생한다.

구분		참가자 B	
		전략 1	전략 2
참가자 A	전략 1	(5, 5)	(16, 7)
	전략 2	(8, 15)	(10, 10)

30

정답 ①

① (X) A국과 B국이 모두 저가격 전략을 선택하는 점이 내쉬균형이므로, 하나의 내쉬균형만 존재한다.

② (O) B국이 저가격 전략을 선택하는 경우 A국은 저가격 전략을 선택하는 것이 유리하고, B국이 고가격 전략을 선택하는 경우에도 A국은 저가격 전략을 선택하는 것이 유리하다. 따라서 저가격 전략이 A국의 우월전략이다.

③ (O) A국이 저가격 전략을 선택하는 경우 B국도 저가격 전략을 선택하는 것이 유리하고, A국이 고가격 전략을 선택하는 경우에도 B국은 저가격 전략을 선택하는 것이 유리하다. 따라서 B국이 저가격 전략을 선택하는 것이 내쉬전략이자 우월전략이다.

④ (O) 죄수의 딜레마 상황은 두 당사자가 협력 시 서로 가장 이익이 되는 상황을 선택할 수 있지만 상대방이 다른 선택을 하는 경우 발생하는 자신의 손해를 걱정해 서로에게 불리한 선택을 하는 상황이다. A국과 B국이 모두 고가격 전략을 선택하는 것이 이익을 극대화하는 선택이지만, 두 국가 모두 저가격 전략을 선택하는 점이 내쉬균형이다.

31

정답 ②

ㄱ. (X) 구축효과는 정부지출 증가 시 이자율 상승으로 인해 민간 투자를 감소시키는 현상을 의미한다.

ㄴ. (O) 투자의 이자율 탄력성이 작을수록 이자율 상승에 따른 투자의 감소분이 작아지므로, 이자율 탄력성이 작을수록 구축효과도 작아진다.

ㄷ. (X) 화폐수요의 소득 탄력성이 큰 경우 확대 재정정책으로 인해 화폐수요가 크게 증가하고 이자율이 가파르게 상승하므로, 소득 탄력성이 클수록 구축효과는 커진다.

ㄹ. (O) 케인즈 학파는 투자의 이자율 탄력성과 화폐수요의 소득 탄력성이 작다고 가정했으므로, 확대 재정정책으로 인한 구축효과가 작다고 보았고, 이를 통해 확대 재정정책의 효과성을 강조했다.

32

정답 ③

① (O) 원화의 달러화에 대한 평가절하로 환율이 상승해 같은 달러 금액의 수입품을 원화로 환산한 금액이 커지기 때문에 미국으로부터 상품 수입을 줄이는 것은 적절한 의사결정이다.

② (O) 원화의 약세와 달러화의 강세로 한국 수출상품이 미국 소비자들에게 상대적으로 저렴해지기 때문에 미국에 상품 수출을 늘리는 것은 적절한 의사결정이다.

③ (X) 원화의 일본 엔화에 대한 평가절상이 계속되고 엔화 환율이 하락하는 경우 일본에 같은 금액을 수출하더라도 원화로 환전 시 받는 돈은 감소한다.

④ (O) 일본 엔화의 환율 하락 시 일본에 투자하는 것이 그렇지 않을 때보다 유리하기 때문에 일본에 현지 공장을 설립하는 것은 적절한 의사결정이다.

33

정답 ①

(가) 공동시장은 관세동맹에 더해 노동, 자원 등 생산요소의 자유로운 이동이 보장되는 경제 통합의 유형이다.

(나) 자유무역지역은 회원국 간의 관세를 철폐하고 비회원국에는 독립적으로 관세를 부과하는 경제 통합의 유형이다.

> **[TIP] 관세동맹**
> 관세동맹은 회원국 간의 관세 철폐에 더해 비회원국으로부터의 수입품에 공동으로 관세를 부과하는 경제 통합의 유형이다.

34

정답 ②

① (○) 외국인들이 국내 주식을 매각하는 경우 원화의 수요가 감소하고 외환의 수요가 증가하며 환율이 상승하고 원가 가치가 하락할 수 있다.
② (×) 한국의 기준금리 인상 시 외환이 유입되므로 환율은 하락하고 원화 가치는 상승한다.
③ (○) 미국산 제품에 대한 국내 수요 증가 시 외환 수요가 증가해 환율이 상승하고 원화 가치가 하락할 수 있다.
④ (○) 외국인 관광객 감소로 인한 관광 수입 감소로 외환 공급이 감소해 환율이 상승하고 원화 가치가 하락할 수 있다.

35

정답 ④

제시문은 '자동안정화장치'에 대해 설명하고 있다.
① (○) 누진세는 별도로 세율을 조절하지 않더라도 자동으로 조세수입의 크기가 변하기 때문에 경기변동의 충격을 줄여 준다.
②, ③ (○) 사회보장제도, 실업급여 역시 경기 불황과 같은 충격을 흡수하는 효과를 갖는다. 이를 가리켜 자동안정화장치라고 부른다.
④ (×) 부가가치세는 경기변동 충격을 줄이는 것과는 거리가 있다.

36

정답 ①

㉠은 동행지수, ㉡은 선행지수에 해당한다. 세부적인 지표를 모두 알아 두는 것은 어렵지만, 최소한 코스피, 장단기금리차, 취업자수, 경제심리지수, 서비스업생산지수, 건설수주액(실질) 정도는 기억해 두는 것이 좋다.

[TIP] 경기종합지수

- 동행지수(동행종합지수): 광공업생산지수, 서비스업생산지수(도소매업제외), 소매판매액지수, 내수출하지수, 건설기성액(실질), 수입액(실질), 비농림어업취업자수
- 선행지수(선행종합지수): 재고순환지표, 경제심리지수, 건설수주액(실질), 기계류내수출하지수(선박 제외), 수출입물가비율, 코스피, 장단기금리차
- 후행지수(후행종합지수): 생산자제품재고지수, 소비자물가지수변화율(서비스), 소비재수입액(실질), 취업자수, CP유통수익률

37

정답 ③

① (×) 스톨퍼-사무엘슨 정리는 무역은 생산요소의 가격을 변동시키고 생산요소 간에 소득배분을 변동시키는 경향이 있어 결과적으로 국가 간 임금 수준이 같아진다는 이론이다. 참고로, 만약 제시문에 '임금 수준 같아짐, 두 국가의 임금 격차가 감소'와 같은 표현이 있으면 스톨퍼-사무엘슨 정리가 정답일 확률이 높다.
② (×) 립진스키 정리는 한 생산요소의 부존량 증가는 그 요소를 집약적으로 사용하는 재화의 산출량을 증가시키고 다른 재화의 산출량을 감소시킨다는 이론이다.
③ (○) 헥셔-오린 정리는 국가 간 무역발생의 원인을 요소부존량의 차이, 생산요소 간의 투입비율 차이로 설명하는 이론이다.
④ (×) 레온티에프의 역설은 전 세계에서 자본이 가장 풍부한 국가가 노동집약적인 재화를 수출하고, 자본집약적인 재화를 수입한다는 이론이다. 종래의 무역이론과 정반대라고 해서 '역설'이라는 표현을 붙였다.

38

정답 ③

제시된 기사는 환율 하락(원화가치 상승)을 전망하고 있다.
① (○) 미국 여행은 원화의 가치가 높아야 상대적으로 유리하다. 더 적은 원화를 주고 달러로 교환할 수 있기 때문이다. 따라서 상대적으로 원화 가치가 낮을 때 이미 미국 여행을 다녀온 사람들은 손해를 봤다고 느낄 것이다.
② (○) 원화 강세이기 때문에, 달러를 갚기 위해 필요한 원화는 상대적으로 줄어든다.
③ (×) 원화 강세가 전망되므로 부담은 줄어든다고 해야 맞다.
④ (○) 지금 당장 환전하는 것보다, 원화 강세가 전망되는 만큼 다소 늦추는 것이 바람직하다. 늦출수록 같은 양의 원화를 갖고도 더 많은 양의 달러로 교환할 수 있기 때문이다.

39

정답 ①

① (○) 수요곡선이 수직이라는 것은 수요가 완전히 비탄력적이라는 뜻이다. 따라서 이 경우에 조세는 모두 소비자가 부담하는 결과로 나타난다.

[TIP] 탄력성과 조세부담

일반적으로 수요와 공급의 탄력성을 비교했을 때, 좀 더 탄력적인 쪽이 조세를 덜 부담한다. 즉, 수요곡선과 공급곡선이 X자 형태일 경우, 기울기가 완만한 쪽이 조세를 덜 부담하는 것이다.

40

정답 ①

① (X) 경제활동인구는 만 15세 이상 인구가 대상이다.

② (O) 조사대상 주간에 수입을 목적으로 1시간 이상 일하면 취업자에 해당한다.

③ (O) 잠재구직자에서는 '4주, 비경제활동인구'라는 두 가지 키워드만 기억해 두면 된다. 참고로, 최근 고용지표가 악화되면서 전통적인 실업지표인 취업률, 실업률, 고용률 외에 확장경제활동인구인 잠재취업가능자, 잠재구직자 등이 소개되는 추세이므로, NCS직업기초 제시문으로도 출제될 가능성이 있다.

④ (O) 직업 또는 사업체를 가지고 있으나 일시적인 병 또는 사고, 연가, 교육, 노사분규 등의 사유로 일하지 못한 일시 휴직자 모두 취업자로 본다.

[TIP] 고용보조지표

고용보조지표는 일하고 싶은 욕구가 있음에도 일을 하고 있지 못한 노동력을 나타내는 지표이다.

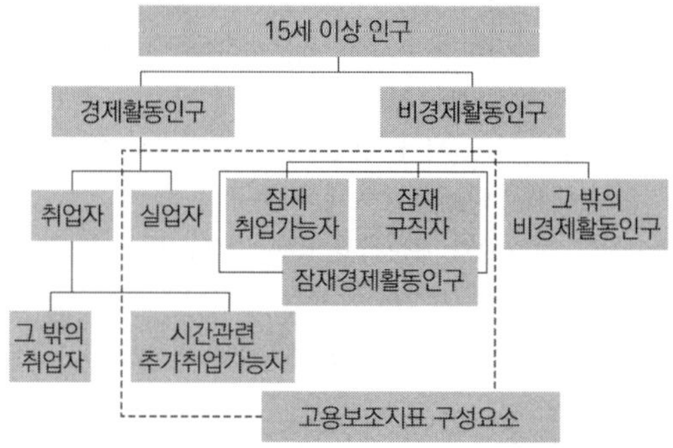

- 고용보조지표 1(%)

$$=\frac{\text{실업자}+\text{시간 관련 추가취업가능자}}{\text{경제활동인구}}\times 100$$

- 고용보조지표 2(%)

$$=\frac{\text{실업자}+\text{잠재경제활동인구}}{\text{확장경제활동인구}}\times 100$$

- 고용보조지표 3(%)

$$=\frac{\text{실업자}+\text{시간 관련 추가취업가능자}+\text{잠재경제활동인구}}{\text{확장경제활동인구}}\times 100$$

제2회 정답 및 해설

01	02	03	04	05	06	07	08	09	10
①	④	①	④	②	④	①	②	④	④
11	12	13	14	15	16	17	18	19	20
③	③	③	①	③	③	②	③	④	③
21	22	23	24	25	26	27	28	29	30
③	④	③	②	②	③	①	②	②	④
31	32	33	34	35	36	37	38	39	40
③	③	②	④	①	②	③	②	④	②

01

정답 ①

ㄱ. (X) 강한 응집성이 있는 집단 내 의견을 일치시키려는 성향이 높아 집단 내에서 다른 의사결정을 고려할 수 없는 비합리적인 상황은 집단사고에 해당한다. 직무몰입은 개인이 직무와 자신을 동일시하고 자신이 맡은 직무를 가치 있게 생각하며 적극적으로 수행하는 것을 의미한다.

ㄴ. (O) 변동비율법 강화는 불규칙한 횟수의 바람직한 행동에 보상을 제공하는 강화 방식으로 이러한 보상이 중단되는 경우 서서히 그 효과가 사라진다. 고정비율법은 일정하고 규칙적인 성과에 따라 일정한 보상을 제공하는 강화방법으로 보상이 중단되는 경우 변동비율법보다 빨리 그 효과가 사라진다.

ㄷ. (X) 조직몰입 중 경제적 이유로 인한 몰입은 지속적 몰입에 해당한다. 규범적 몰입은 구성원으로서 가져야 할 의무감을 바탕으로 한 몰입에 해당한다.

ㄹ. (O) 직무만족도는 직무에 포함된 여러 요소에서 느끼는 가치와 만족감을 포함한 긍정적 감정상태이다.

02

정답 ④

ㄱ. (X) 포드 시스템은 저가격의 제품과 고임금 지급을 통한 봉사를 중시했다. 포드 시스템은 컨베이어 벨트를 통한 효율적 생산을 통해 이러한 기업의 목표를 달성했다.

ㄴ. (X) 인간관계와 비공식 조직을 중요시한 이론은 인간관계론이다. 행동과학은 인간관계론이 발전해 사회학, 심리학 등의 다양한 학문과 결합하여 인간 행동에 관한 심층적인 연구가 이루어진 학문이다.

ㄷ. (O) 과학적 관리법은 시간과 동작연구를 통한 표준작업량을 설정해 생산의 효율성을 극대화하려는 방식이다. 과학적 관리법에 따르면 직원에게 높은 임금을 지급하더라도

직원의 생산성을 높여 같은 수량의 제품을 생산하는 데 드는 기업의 노무비는 감소할 수 있다.

ㄹ. (○) 시스템 이론은 조직을 여러 구성 요소들이 상호작용하는 유기적 결합체로 보았으며 외부와 상호작용을 강조했다.

03

정답 ①

포터의 산업구조분석모형(5 Force Model)은 기업이 처하는 다섯 가지 위협에 대해 설명한 모형이다. 포터의 산업구조분석에서는 구매자의 교섭력, 공급자의 교섭력, 신규 경쟁자 진입 위협, 기존 경쟁자 위협, 대체재 위협의 다섯 가지 위협이 기업이 속한 산업의 매력을 결정한다고 봤다.

- B: 대체재는 동일 효용을 얻을 수 있는 다른재화로 교차탄력성이 양수이다. 보완재는 두 재화를 동시에 소비할 때 효용이 증가하는 재화로 교차탄력성이 음수이다. 기업이 충족시키는 고객의 욕구를 충족시키는 다른 재화는 대체재에 해당한다.
- C: 새로운 경쟁기업이 산업에 진입하기 쉬운 경우 진입장벽이 낮아 산업의 위협이 증가한다.

04

정답 ④

인간관계론은 과거 조직의 합리성을 가정하고 효율성을 높이려는 경영이론과 비교해 인간의 비합리성에 대해 제시했다는 데 의의가 있다.

① (○) 인간관계론은 인간의 사회적 요인과 심리적 요인이 생산성과 관련이 높다고 주장했다.

② (○) 인간관계론은 인간은 비합리적이기 때문에 항상 합리적이고 경제적인 결정을 내릴 수 있는 존재는 아니라고 보았다.

③ (○) 호손 실험을 통해 조직 내에서 비슷한 경험 또는 생각을 하는 사람들이 모여 자연스럽게 형성한 비공식집단이 존재한다는 것이 밝혀졌다.

④ (×) 인간관계론은 이후 인간 행동의 일반법칙을 정교하게 정립한 행동과학이론으로 발전했다.

05

정답 ②

자재소요계획은 원자재, 부품 등 종속수요를 가진 재고를 관리하는 기법이다.

ㄱ. (○) 독립적인 수요를 갖는 제품의 수요가 결정되고 생산계획을 수립하면 이를 바탕으로 자재소요계획이 수립되므로 별도의 수요 예측 과정이 필요하지 않다.

ㄴ. (×) 적시생산시스템에 대한 설명이다.

ㄷ. (×) 공급사슬관리에 대한 설명이다.

ㄹ. (○) 주생산계획은 최종 제품의 생산계획에 대한 내용을 포함하며, 재고기록은 재고의 리드타임 등 재고와 관련된 정보를 제공한다. 또한 자재명세서는 최종 제품에 소요되는 부품을 나타낸다.

06

정답 ④

(가) SNS를 통해 소비자가 자발적으로 상품을 홍보할 수 있도록 유도하는 마케팅은 '바이러스성 마케팅'으로, SNS 챌린지 등을 활용한 마케팅이 이에 해당한다.

(나) 지속적인 고객과의 관계 유지를 통해 기업의 이익을 높이려는 마케팅은 '관계마케팅'으로, 호텔이 회원에게 생일 이벤트를 진행하는 것이 이에 해당한다.

(다) 소비자를 집단 간 이질적이고 집단 내 동질적인 세분시장으로 나눠 하나 또는 여러 세분시장을 공략하는 마케팅은 '차별적 마케팅'으로, 하나의 기업에서 고급 브랜드, 중저가 브랜드, 저가 브랜드로 여러 세분시장의 소비자를 공략하는 마케팅이 이에 해당한다.

(라) 소비자의 수요가 형성되지 않은 시장에서 소비자의 선호를 끌어내려는 마케팅은 '개발적 마케팅'으로, 탈모방지 샴푸, 디카페인 커피 등이 이에 해당한다.

07

정답 ①

㉠ 제품을 출시할 때 높은 가격을 책정하는 가격 결정방식은 '스키밍 가격'이다.

㉡ 주제품을 낮은 가격으로 판매하고 주제품에 필요한 종속제품, 소모품을 비싼 가격에 판매하는 방식은 '종속 가격'이다.

㉢ 제품을 출시할 때 낮은 가격으로 출시해 높은 시장점유율을 차지하고 이후 가격을 올리는 가격 결정방식은 '시장침투 가격'이다.

[TIP] 기타 가격결정 방식

- 이중요율: 가격을 고정비와 변동비 부분으로 나눠 책정해 기업의 이윤을 극대화하려는 가격결정 방식이다.
- 준거 가격: 소비자가 상품의 가격을 싸다 또는 비싸다고 판단하는 경우의 기준이 되는 가격을 뜻한다.
- 유보가격: 구매자가 어떠한 상품에 대해 지불할 용의가 있는 최대 가격을 의미한다.

08

정답 ②

6시그마는 공정의 불량을 최소화하려는 품질경영기법이다.

① (X) 6시그마는 100만 개 중 3.4개의 불량을 목표로 한다.

② (O) 6시그마는 생산부문에 집중한 과거의 품질경영 방식과 다르게 종합적인 품질 향상을 목표로 한다는 특징이 있다.

③ (X) 낭비를 줄이고 불필요한 재고를 줄이는 시스템은 적시생산시스템(JIT)이다.

④ (X) 6시그마에서는 관리자 중심의 탑다운 방식으로 의사결정이 이루어진다.

09

정답 ④

이 문항을 풀기 위해서는 기업의 공급사슬 관리의 종류에 대해 알아야 한다. 공급사슬 관리는 공급자로부터 고객까지의 프로세스를 관리하는 것이다.

① (O) 후방통합은 기업의 수직적 통합의 한 종류로 기업 인수 시 원재료, 제조 방향으로 확대해 나가는 것을 의미한다. 유통업체가 제조기업을 인수하고 제조기업이 원재료 공급 기업을 인수하는 것이 후방통합에 해당한다.

② (O) 공급사슬의 채찍효과에 대한 설명으로 소비자에서 원재료 쪽으로 갈수록 해당 기업이 직면하는 수요의 변동 폭이 커진다.

③ (O) 대량고객화는 고객화된 제품을 대량으로 생산하는 전략으로 단일 품목을 대량생산하는 단순 대량생산과 차이가 있다.

④ (X) 아웃소싱은 기업 내부가 아닌 기업 외부에서 필요한 서비스 제품을 얻는 것으로 기능을 내부화하는 수직적 통합과 상충하는 개념이다.

10

정답 ④

공급사슬관리(SCM: Supply Chain Management)는 부품의 조달부터 고객에게 최종제품을 전달할 때까지 전체 공급 시스템을 효율적이고 효과적으로 운영하기 위한 관리 시스템이다.

① (O) 공급자 재고관리는 제조업체가 소매점에 납품한 재고를 직접 추적, 관리하는 것으로 공급자 재고관리를 통해 재고의 주문비용과 유지비용을 감소시킬 수 있다.

② (O) 공급사슬관리는 공급자, 생산과정, 유통, 고객까지의 제품 · 서비스의 흐름을 관리하는 것이므로 옳은 설명이다.

③ (O) 지연차별화는 차별적인 공정을 적용하기 전의 공통적인 공정을 미리 진행하고 이후 고객의 수요가 결정되면 나머지 공정을 마무리해 대량고객화의 효과를 얻을 수 있는 방식이다. 대량고객화는 대량생산과 고객맞춤화를 동시에 목표로 하는 생산방식이다.

④ (X) 수요 변동이 큰 경우 창고의 수를 줄여 수요의 변동성을 감소시키는 리스크 풀링효과를 활용할 수 있다.

11

정답 ③

주어진 [자료]를 고려해 기존에 건물이 있는 토지의 취득원가와 건물의 취득원가를 구하는 문제이다.

- 토지의 취득원가: 토지 구입비+토지 관련 비용+구건물 철거비용−철거로 인한 폐자재 처분수익=200억+20억+15억−5억=230억
- 건물의 취득원가: 중도금+잔금=100억+50억=150억

12

정답 ③

① (O) 재고 생산과 관련해 보관이 필수적인 경우에는 보관과 관련된 원가는 재고자산의 취득원가에 포함되지만 보관이 필수적이지 않은 경우에는 관련 원가를 즉시 비용처리한다.

② (O) 선입선출법 적용 시 먼저 매입한 재고가 먼저 판매된다는 가정하에 원가 계산이 이루어지므로 기말재고자산이 최근 구매한 재고원가로 구성된다.

③ (X) 재고자산의 지역별 위치 또는 과세방식의 차이로 한 기업에서 같은 종류에 여러 원가 결정방식을 적용하는 것은 금지된다.

④ (O) 선적지 인도 조건은 재고가 선적된 이후부터 소유권이 이전된다고 보므로 관련 운임을 매입한 재고자산의 취득원가에 포함시킨다.

13

정답 ③

무상증자는 자본잉여금과 이익준비금을 자본금에 전입해 주식을 발행한 것으로 자본총액에 영향을 미치지 않는다는 특징이 있다.

- 기초자본=기초자산−기초부채
  =2,200,000−1,000,000=1,200,000
- 당기순이익=당기총수익−당기총비용
  =1,500,000−700,000=800,000

- 기말자본＝기초자본＋당기순이익－현금배당
  ＝1,200,000＋800,000－200,000＝1,800,000
- 기말자산＝기말자본＋기말부채
  ＝1,800,000＋800,000＝2,600,000

14 정답 ①

이 문제를 풀이하기 위해서는 ROE(자기자본 순이익률)의 구성요소에 대해 알아야 한다.

ROE＝순이익/자기자본
＝매출액순이익률×총자산회전율×자기자본 승수
＝(순이익/매출)×(매출/총자산)×(총자산/자기자본)

- 기존 ROE＝20%＝5%×2×(2/1)
  → 기존 부채비율＝1/1＝100%
- 업계 평균 ROE＝30%＝5%×2×(3/1)
  → 적정 부채비율＝2/1＝200%

15 정답 ③

① (○) 충당부채는 부채 중 지출의 시기와 금액이 불확실하지만 자원의 유출가능성과 신뢰성 있는 추정가능성이 모두 높을 때 재무상태표에서 인식하는 항목이다.
② (○) 우발자산은 과거 사건으로 인해 발생한 잠재적 자산으로 원칙적으로 재무제표에 인식하지 않지만 경제적 효익의 유입가능성이 높은 경우 주석에 공시할 수 있다.
③ (X) 우발부채는 주석공시하는 것이 원칙이고 우발자산은 재무제표에 인식하지 않는 것이 원칙이다.
④ (○) 충당부채는 과거 사건으로 인한 현재의 의무로 화폐의 시간가치가 중요한 경우 이를 고려해 현재가치로 평가하는 것이 원칙이다.

16 정답 ③

이 문항 풀이를 위해서는 생산 대안별로 주어진 비용을 통해 생산비용이 최소화되는 생산량 구간을 구할 수 있어야 한다. 생산량을 X라고 할 때 대안별 총비용은 아래와 같다.

- 대안 A의 총비용: 10X＋9,000
- 대안 B의 총비용: 20X＋4,000
- 대안 C의 총비용: 40X

위의 세 식을 연립해 해를 구하면 구간별로 총비용이 최소화되는 구간을 구할 수 있다.

- 생산량 200개 미만: 대안 C 유리
- 생산량 200~500개: 대안 B 유리
- 생산량 500개 초과: 대안 A 유리

[TIP] 유리한 생산량 구간 쉽게 구하기
객관식으로 문제가 주어졌을 때는 선택지에 주어진 수량을 대입해 구할 수 있다. 답을 빠르게 구하기 위해 수량 300을 대입하면 다음과 같다.
- 대안 A: 10×300＋9,000＝12,000
- 대안 B: 20×300＋4,000＝10,000
- 대안 C: 40×300＝12,000

17 정답 ②

당좌예금 잔액증명서 금액은 연말에 은행에서 알지 못하는 인출과 입금 내역이 반영되지 않았으므로 다음과 같이 조정해야 한다.

- 당좌예금: 잔액증명서 금액－미인출수표＋미기입예금
  ＝100,000－20,000＋30,000＝110,000
- 현금 및 현금성 자산: 소액 현금＋타인발행당좌수표＋당좌예금＝10,000＋30,000＋110,000＝150,000

18 정답 ③

③ (X) 이자비용 지급의 현금흐름은 투자활동 현금흐름이 아닌 영업활동 현금흐름으로 분류된다. 영업활동 현금흐름에 포함되는 항목으로는 매출, 매입, 종업원 급여, 이자, 법인세, 기타 영업비용으로 인한 현금 유입 · 유출이 있다.

[TIP] 현금흐름표
기업의 현금흐름을 나타내는 재무제표로 영업활동, 투자활동, 재무활동으로 분류된다.
- 투자활동 현금흐름: 유형자산 · 무형자산 · 금융자산의 취득 · 처분, 대여금 회수 등에서 발생한 현금흐름이 포함된다.
- 재무활동 현금흐름: 차입금 조달 · 상환, 신주 발행, 배당금 지급, 자기주식 처분 등의 자금조달 · 상환 활동에 관련된 현금흐름이 포함된다.

19 정답 ④

외상으로 상품을 구입할 경우 유동자산(상품)은 30,000 증가하고, 유동부채(매입채무)는 30,000 증가한다.

- 당좌비율: 당좌자산의 증감에는 영향이 없고 유동부채만

증가했기 때문에 당좌비율[=(유동자산−재고자산)/유동부채] 또한 감소한다.

- 유동비율: 유동비율(=유동자산/유동부채)이 100% 이상일 때 유동부채와 유동자산이 동일금액만큼 증가하므로 유동비율은 감소한다.

> **[TIP] 유동비율과 당좌비율의 증감 파악**
> 당좌자산, 유동부채, 유동자산에 임의의 숫자를 대입하면 상품 외상 구입 시 유동비율과 당좌비율의 증감을 빠르게 파악할 수 있다.
> - 구입 전 당좌비율:
>   (30만−15만)/10만=15만/10만=150%
> - 구입 후 당좌비율:
>   (33만−18만)/13만=15만/13만=115%(감소)
> - 구입 전 유동비율: 30만/10만=300%
> - 구입 후 유동비율: 33만/13만=254%(감소)

20

정답 ③

① (○) 매출액 순이익률: 1,000/5,000=20%
② (○) 매출총이익률: 2,500/5,000=50%
③ (×) 자기자본 순이익률(ROE): 1,000/8,000=12.5%
④ (○) 총자산 순이익률(ROA): 1,000/10,000=10%

> **[TIP] 손익계산서상 생략된 부분 도출**
> - 매출총이익(2,500)=영업이익(1,500)+판매관리비(1,000)=매출액−매출원가
> - 순이익(1,000)=영업이익(1,500)−법인세비용(500)±영업외손익

21

정답 ③

ㄱ. (○) 파산비용이론에 따르면 부채비율이 높아지는 경우 기대 파산비용이 커져 기업의 가치가 감소할 수 있다.
ㄴ. (○) 자기자본 대리비용은 소유경영자와 외부 주주 간 이해상충으로 발생한다. 지분의 분산정도가 클수록 자기자본 대리비용이 커진다.
ㄷ. (×) 타인자본 대리비용은 주주와 채권자 간 이해상충으로 발생하는 비용으로 부채비율이 높을수록 타인자본 대리비용이 커진다.
ㄹ. (×) 자본조달순위이론은 기업이 유보, 부채, 신주 순으로 자금을 조달하는 것을 선호하는 현상을 설명하지만 최적 자본구조에 대해서는 설명할 수 없다.

22

정답 ④

CAPM을 통해 위험을 반영한 할인율로 현금흐름을 할인해 금융자산의 가격을 구할 수 있다.
ㄱ. (○) 투자자들의 투자 기간은 현재와 미래만 존재하는 단일기간을 가정한다.
ㄴ. (○) 투자자들은 무위험 이자율로 자유롭게 차입과 대출을 할 수 있다고 가정한다.
ㄷ. (○) 투자자들이 자신의 기대효용을 극대화하고자 하는 위험회피자라고 가정한다.
ㄹ. (○) 정보는 모든 투자자들에게 신속하고 정확하게 알려지며, 정보획득에 따른 비용은 존재하지 않는 완전자본시장을 가정한다.

23

정답 ③

주가순자산비율(PBR)은 한 주당 시장가치를 주당 순자산의 장부가치로 나눠 구할 수 있다.
ㄱ. (○) 주가수익비율(PER)은 한 주당 시장가치를 주당 순이익으로 나눈 값이고 주가순자산비율(PBR)은 한 주당 시장가치를 주당 순자산의 장부가치로 나눈 값이다. 일반적으로 손익계정인 순이익보다는 재무상태표 계정인 순자산이 변동성이 낮으므로 주가순자산비율이 주가수익비율에 비해 변동성이 작은 편이다.
ㄴ. (×) 자본잠식은 회사의 순자산이 자본금보다 작은 경우이다. 자본잠식이 발생하는 경우 순자산의 장부가치가 음수이므로 PBR 값은 음수이다.
ㄷ. (×) PBR=주당 시장가치/주당 순자산 장부가치이므로, PBR이 1보다 작은 경우 NPV는 0보다 작다. NPV는 기대 현금흐름의 현재가치에서 투자금액을 차감한 값이므로 기대 현금흐름의 현재가치(시장가치)와 투자금액(순자산 장부가)이 같아 순현재가치가 0일 경우 PBR은 1이다.

24

정답 ②

ㄱ. (×) 채권의 액면이자율이 높을수록 동일한 이자율 변동에 대한 채권 가격의 변동률이 작아진다.
ㄴ. (○) 만기가 긴 장기채권일수록 이자율 변동에 대한 채권 가격의 변동폭이 커진다.
ㄷ. (○) 채권의 이자율과 채권가격은 역의 관계이다.
ㄹ. (×) 채권의 볼록성으로 인해 이자율 하락 시 채권가격 상승분이 동일 이자율 상승 시 채권가격 하락분보다 크다.

25

정답 ②

자본시장선은 자산의 총위험과 수익률 간의 관계를, 증권시장선은 자산의 체계적 위험과 수익률 간의 관계를 나타낸다.

ㄱ. (X) SML은 자산의 체계적 위험과 수익률의 관계를 나타내므로 비효율적인 자산도 베타를 통해 자산의 수익률을 구할 수 있다. 하지만 CML은 총위험과 수익률의 관계를 나타내므로 비체계적 위험이 존재하는 경우 자산의 수익률을 구할 수 없다.

ㄴ. (O) 시장이 균형상태이더라도 SML상에 위치한 자산에 비체계적 위험이 있는 경우 이 자산은 CML의 우측에 위치한다.

ㄷ. (X) SML은 위험자산의 총위험이 아닌 체계적 위험과 기대수익률의 선형관계를 나타낸다.

ㄹ. (O) SML의 좌측에 있는 자산은 자산의 체계적 위험에 대한 적정 수익률보다 시장 수익률이 더 크기 때문에 시장에서 과소평가된 자산이다.

26

정답 ③

현금배당은 기업의 잉여금을 주주에게 현금으로 직접 지급하는 것이고, 자사주매입은 회사가 자사주를 매입해 간접적으로 주주에게 기업의 자금을 지급하는 것을 의미한다.

ㄱ. (X) 주당순이익은 기업의 순이익을 총주식 수로 나눈 것이다. 기업의 현금배당 시 회계적 순이익과 주식 수에 변함이 없으므로 주당순이익은 불변한다.

ㄴ. (O) 현금배당으로 인해 기업의 자금이 주주에게 유출되므로 주가는 하락한다.

ㄷ. (X) 회사가 자사주를 매입 후 소각하면 총 발행주식수가 감소한다.

ㄹ. (X) 자사주를 매입하는 경우 순이익은 불변하지만 총 주식수가 감소하므로 주당순이익은 증가한다.

27

정답 ①

① (X) 자본잠식은 기업의 적자가 누적되어 자산이 납입자본금보다 작을 때를 의미한다. 자본잠식 발생 시 순현재가치(NPV)를 극대화하더라도 채권자의 부채가치만 상승하고 자기자본가치에는 영향을 미치지 않을 수 있다.

② (O) 자기자본가치가 극대화되는 경우 타인자본이 일정하다면 기업가치 또한 극대화된다.

③ (O) 동일 투하자본에서 순현재가치를 극대화하는 경우 미래 현금흐름의 현재가치가 극대화되므로 기업가치는 커진다.

④ (O) 상호배타적 투자의사 결정 시 피셔수익률보다 순현가법에 적용하는 자본비용이 작은 경우 두 방법이 채택하는 투자안은 다르다. 하지만 피셔수익률보다 순현가법에 적용하는 자본비용이 큰 경우 두 방법은 동일 투자안을 채택한다.

28

정답 ②

순현재가치법은 내부수익률법에 비해 우수하다고 평가되므로 내부수익률법의 단점을 순현재가치법의 장점과 비교하는 것이 좋다.

① (O) 개별투자안의 내부수익률을 독립적으로 구하여 합산하거나 이를 합산한 결과를 비교할 수 없다.

② (X) 투자안의 내부수익률은 투자의 효율과 상대적 성과에 대한 정보를 제공하지만 투자 규모를 고려하지 못해 기업 전체의 가치 극대화에 대해 충분한 근거를 제공하지 못한다.

③ (O) 변동하는 할인율을 자본비용에 반영할 수 있는 순현재가치법과 다르게 내부수익률법은 변동하는 할인율을 반영할 수 없다.

④ (O) 상황에 따라 투자안이 복잡한 현금흐름으로 이루어진 경우 내부수익률을 구할 수 없다.

29

정답 ②

이부가격제는 통신 요금처럼 기본요금을 부과하고 추가로 사용하는 양에 따라 추가적으로 비용을 부과하는 가격체계이다. 독점기업이 이부가격제를 적용하는 경우 소비자 잉여에 해당하는 부분을 총 고정비용으로 설정하고 사용요금을 한계비용으로 설정하면 이윤이 극대화된다. 따라서 수요곡선과 MC 곡선이 만나는 지점에서 생산량이 결정된다.

독점기업의 수요함수가 $P=-Q+80$이고 총비용 함수로 도출한 한계비용(MC)은 10이다. 독점기업이 이부가격제 적용 시 소비자 잉여에 해당하는 부분을 기본요금으로 설정하므로 총 고정비용은 아래 그래프에 표시된 면적에 해당한다.

총 고정비용 $=1/2\times70\times70=2{,}450$

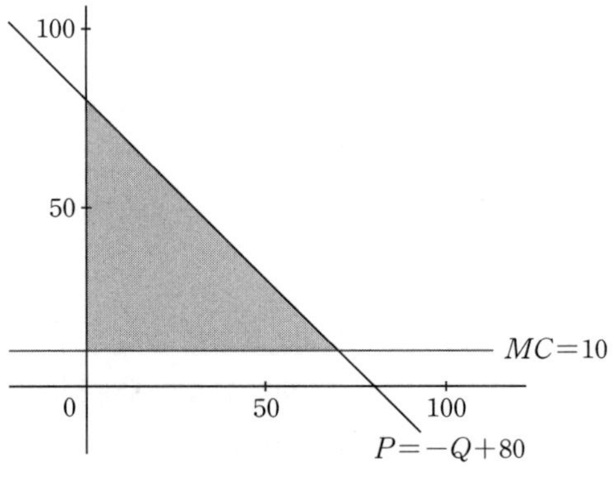

30

정답 ④

① (X) 기업이 개별판매를 하는 경우 세탁기 가격을 300만 원, 냉장고 가격을 500만 원으로 설정해 총 300만 원 +500만 원×2=1,300만 원의 매출을 달성할 수 있다.

② (X) 기업이 개별적으로 제품을 판매하는 경우 세탁기의 가격을 300만 원으로 설정해 소비자 1에만 판매하는 것이 100만 원으로 가격을 설정해 총 200만 원의 매출을 달성하는 것보다 유리하다.

③ (X) 세탁기와 냉장고를 묶음으로 판매하는 경우 달성할 수 있는 최대 매출은 1,600만 원이다.

④ (O) 묶음으로 판매 시 묶음당 가격이 800만 원을 초과하는 경우 소비자 1은 이를 구매하지 않을 것이다.

31

정답 ③

① (O) 필립스 곡선은 실업률과 인플레이션의 역의 관계를 나타낸다. 따라서 필립스 곡선에 따르면 낮은 인플레이션과 높은 고용은 동시에 달성하기 어렵다.

② (O) 원유가격 상승 시 총 공급곡선은 좌상향 방향으로 이동한다. 총 공급곡선과 필립스 곡선은 대칭적인 관계로 단기 필립스 곡선은 우상향 방향으로 이동한다.

③ (X) 자연실업률 가설에서는 정부의 확대 경제 정책이 단기적으로 산출량을 변화시킬 수는 있지만 장기적으로는 자연실업률에서 벗어날 수 없다는 것을 설명한다.

④ (O) 자연실업률 가설에서는 정부 정책이 단기적인 산출량, 실업률을 변화시킬 수 있다고 보았다.

32

정답 ③

ㄱ. (O) GDP는 일정 기간 한 국가의 영토 내에서 생산된 모든 재화와 서비스의 시장가치를 합한 것이다. 따라서 외국인이 한국에서 번 근로소득은 GDP에 포함된다.

ㄴ. (X) GDP가 증가한다고 하더라도 GNI가 항상 증가하는 것은 아니다. 교역조건이나 해외 순수취요소가 악화되는 경우 GDP가 증가하더라도 GNI는 감소할 수 있기 때문이다.

ㄷ. (O) 폐쇄 경제는 무역을 하지 않으므로 교역조건과 해외 순수취요소에 따른 손익이 0이기 때문에 GDP와 GNI의 크기는 같다.

ㄹ. (X) 전업주부의 가사 활동은 GDP에 포함되지 않지만, 전업주부가 경제활동에 참여하는 경우 GDP는 증가한다.

33

정답 ②

① (X) 환율이 계속 상승하고 있는 추세이므로 국내 기업의 달러 표시 외국 채무에 대한 부담이 커질 것이다.

② (O) 환율 상승은 미국에서의 한국 수입제품의 가격 하락에 영향을 미칠 것이므로 대미 수출품 가격경쟁력에 긍정적인 영향을 미칠 것이다.

③ (X) 현재 환율이 상승하고 원화가 평가절하되었는데 이러한 추세가 계속될 것이라고 예상된다. 따라서 미국 사람이 한국 여행을 미루는 것이 여행경비 절감에 유리할 것이다.

④ (X) 원/달러 환율 상승이 예상되므로 원화의 상대가치가 하락하고 달러화의 상대가치가 상승할 것이다.

34

정답 ④

ㄱ. (X) 가격차별은 독점적인 판매력을 갖춘 공급자가 서로 다른 가격을 부과하는 전략을 말한다. 따라서 소비자의 독점력(수요독점)은 가격차별의 성립과는 거리가 멀다.

ㄴ. (X) 시장(집단)의 분리가 가능해야 한다는 점은 가격차별의 성립조건에 해당한다. 단, 시장간 수요의 가격탄력성이 달라야 한다. 시장 간 수요자가 반응하는 탄력성이 달라야만 서로 다른 가격을 매길 수 있기 때문이다. 공급의 가격탄력성은 관련이 없다.

ㄷ. (O) 재판매가 가능하다면 가격차별을 적용할 수 없다.

ㄹ. (O) 시장 구분에 드는 비용이 이윤 증가분보다 더 크다면 굳이 가격차별을 적용할 유인이 발생하지 않는다.

35

정답 ①

리카도 대등정리는 정부의 지출 수준이 일정한 상태일 경우, 재원 조달 방법을 조세 '감면'으로 하건 '국채 발행'으로 하건 민간에는 아무런 영향을 미칠 수 없음을 설명하면서 '재정'정책의 무력성을 보여 주는 이론이다.

이 이론은 현실 설명력이 떨어진다는 비판을 받고 있으나, 금융권 필기시험에서 출제되는 빈도가 높으므로 개념은 꼭 기억해 두어야 한다.

36

정답 ②

① (X) 오퍼레이션 트위스트는 장기국채를 사들이고 단기국채를 매도함으로써 장기금리를 끌어내리고 단기금리는 올리는 공개시장 조작방식을 말한다.

② (○) 테일러 준칙이란 중앙은행이 금리를 결정할 때 경제성장률과 물가상승률에 맞춰 조정하는 것을 말한다. 중앙은행은 실제 경제성장률과 잠재 경제성장률의 차이인 국내총생산(GDP) 격차와 실제 물가상승률과 목표 물가상승률과의 차이인 인플레이션 갭에 가중치를 부여해 금리를 조정한다. 테일러 준칙에서는 인플레이션, 산출량을 고려해 명목이자율을 설정하며, 인플레이션이 1%p 올랐을 때 명목이자율은 1%p 이상으로 올려야 한다. 테일러의 연구에 따르면, 인플레이션이 목표치보다 높고 산출량이 자연율보다 높은 수준일 때는 인플레이션 압력을 줄이기 위해 고금리 정책(긴축적 통화정책)을 권장하고, 그 반대일 경우에는 저금리 정책(확장적 통화정책)을 권장한다.

③ (×) 물가안정목표제는 중앙은행이 일정기간 또는 장기적으로 달성해야 할 물가목표치를 미리 제시하고 이에 맞춰 통화정책을 수행하는 방식을 말한다.

④ (×) 동태적 비일관성은 개인 · 기업 · 정부 등의 경제주체가 세운 계획이 상황 변화에 따라 뒤바뀌는 것을 일컫는 경제학 용어로, 보통 정책당국이 의도된 발표를 함으로써 민간인으로 하여금 특정 행동을 취하게 만든 뒤에 기존에 발표했던 것과 다른 정책을 추진하려는 성향을 가리킬 때 사용한다.

37

정답 ③

① (×) A, B 두 국가는 X재와 Y재를 생산하고 있다. 따라서 X재 생산의 기회비용은 포기해야 하는 Y재의 크기이다. A국은 포기하는 Y재의 크기가 3, 5, 7, 10인 반면, B국은 1, 2, 3, 4이다. 두 국가 모두 기회비용은 점차 커짐을 알 수 있다.

② (×) ㉠~㉤ 모두 생산가능곡선상의 한 점이라고 했으므로 효율적인 생산이 이뤄지고 있다. ㉠~㉤ 중 한 지점을 선택하려면 두 재화의 가격이라든지 별개의 조건이 추가로 주어져야 한다. 제시된 내용만으로는 ㉠~㉤ 지점 간 차이가 없다.

③ (○) 생산에 필요한 자원의 양과 생산 기간이 서로 동일하다고 하였다. X재는 생산량이 최대 4개로 차이가 없는 반면, Y재는 A국의 생산량이 B국보다 월등히 많다. 따라서 A국의 Y재 생산 기술이 B국보다 높을 것이라 예상할 수 있다.

④ (×) A국은 ㉠ 지점(X재 0, Y재 25)에서 생산하고, B국은 ㉢ 지점(X재 2, Y재 7)에서 생산한다고 해 보자. 이때 B국이 Y재 3단위와 X재 1단위를 교역하면, A국은 X재 1, Y재 22, B국은 X재 1, Y재 10이므로, B국은 생산가능 재화의 조합보다 더 많은 재화를 소비할 수 있다.

38

정답 ②

ㄱ. (×) 기회비용은 하나를 선택했을 때, 나머지 대안 중 크기가 가장 큰 것을 말한다. 여기서는 주어진 대안 중 가장 큰 편익을 주는 100을 선택했기 때문에 합리적 선택이긴 하다. 다만 이 경우에도 기회비용은 발생하며, 그 값은 80과 50중 큰 것인 80이다.

ㄴ. (○) 명시적 비용 외에 눈에 보이지 않는 암묵적 비용까지 고려한다는 것이 기회비용의 개념이다.

ㄷ. (○) 예를 들어, 100, 50의 대안과 80, 50의 대안을 생각해 보자. 이 경우 100을 선택하건 80을 선택하건 기회비용은 50으로 같다. 다만 전자는 편익에서 기회비용을 뺐을 때 50이나 되고, 후자는 30밖에 되지 않는다. 이런 관점에서 편익이 더 큰 것을 선택한다는 의미이다.

ㄹ. (×) 예를 들어, 무료공원을 생각해 보자. 개인은 무료공원 이용 시 아무런 비용을 지불하지 않지만, 공원을 관리하는 비용은 누군가가 부담하기 마련이다.

39

정답 ④

ㄱ. (○) 규모의 경제는 생산량이 많아짐에 따라 평균비용이 하락하는 현상을 말한다. 단가라는 말이 평균비용을 의미하므로 옳은 설명이다.

ㄴ. (○) 다소 진부한 예시일 수 있지만, MS사의 윈도우(Windows) 프로그램을 생각하면 이해하기 수월하다. 규모의 경제가 존재하면 그 자체가 하나의 진입장벽으로 작용하기 때문에 독점화될 가능성이 높다.

ㄷ. (×) 상품의 종류가 많아진다고 해서 규모의 경제가 발생하는 것은 아니다. 생산설비를 공동으로 이용한다거나 하는 장점은 있으나, 그것이 규모의 경제를 가져오는 필수 요건은 아니다. 오히려 소수의 상품에 주력해 평균비용을 낮추는 것이 더 적절하다.

ㄹ. (×) 대개 미용실은 지역별, 소상공인에 가까운 수준으로 영업이 이뤄지고 있다. 또한 일의 특성상 사람의 노동력이 수반되기 때문에 규모의 경제로 발전시키기에는 한계가 있다. 규모의 경제는 대개 고정비용이 큰 반도체라든지 철강 산업에서 나타난다.

40

정답 ②

현재 A은행의 예금(은행이 갖고 있는 돈)은 2,000억 원이며, 법정지급준비율이 10%라고 했으므로, 법정지급준비금은 200억 원이다. 초과지급준비금은 실제 지급준비금 300억 원에서 법정지급준비금 200억 원을 뺀 값인 100억 원이다. 한편, 법정지급준비율의 역수가 신용승수이므로(민간의 현금 보유는 없다고 했으므로 역수로 계산), 초과지급준비금 100억 원에 신용승수를 곱하면 1,000억 원이 된다.

제3회 정답 및 해설

01	02	03	04	05	06	07	08	09	10
③	①	③	④	③	①	④	①	③	④
11	**12**	**13**	**14**	**15**	**16**	**17**	**18**	**19**	**20**
①	④	③	②	④	④	②	④	③	①
21	**22**	**23**	**24**	**25**	**26**	**27**	**28**	**29**	**30**
④	③	②	④	①	④	②	④	④	④
31	**32**	**33**	**34**	**35**	**36**	**37**	**38**	**39**	**40**
②	④	③	③	②	④	④	③	④	①

01

정답 ③

① (○) 감사는 업무집행, 법규 준수에 대한 감시뿐만 아니라 회사 회계에 대한 감사권이 있다. 감사는 독립성을 위해 회사의 사용인을 겸임할 수 없다.
② (○) 이사회는 이사로 구성되어 업무집행의 의사결정을 하는 기구이다.
③ (×) 주식회사의 최고 의결기관은 주주총회이다.
④ (○) 대표이사는 이사회와 같은 지배기구에서 결정된 사항을 집행한다.

[TIP] 주식회사의 기관
주식회사의 기관으로는 주주총회, 이사회, 감사가 있다. 주주총회는 주식회사의 최고기관으로 이사 또는 감사의 선임과 해임, 정관변경, 배당 등 기업의 주요 사항을 결정한다. 이사회는 이사로 구성되어 경영진의 업무 집행을 감독하는 기구로 소규모 회사에는 설립되지 않을 수 있다. 감사는 업무와 회계를 감시할 의무와 권한이 있으며 일정 자본금 규모 이상의 회사는 감사를 선임할 의무가 있다.

02

정답 ①

기업의 경영자는 조직의 목표달성을 위해 기업을 경영하고 조직에 대한 책임을 지는 역할을 한다.

① (○) 전문경영자는 소유경영자와 다르게 기업을 소유하지 않고 일반적으로 연임의 여부가 단기적 성과로 인해 결정되므로 단기적 성과에 치중하는 경향이 있다.
② (×) 기업 규모의 대형화로 인한 경영 전문화의 영향으로 출자와 관계없이 기업을 운영하는 경영자는 전문경영자이다.
③ (×) 기업 전체를 총괄하는 최상위 경영자는 최고경영자(CEO: Chief Executive Officer)이다. 일선 경영자는 조직의 경영자 최하층에 해당하며 생산 과정에 직접 관여하기도 한다.

④ (X) 자본의 분산과 경영의 전문화 향상 필요성이 대두되면서 기업에 전문적인 지식을 갖춘 경영자들이 필요하게 되었다.

> **[TIP] 소유경영자와 전문경영자의 비교**
> 소유경영자는 기업을 소유한 경영자로서 강력한 리더십을 바탕으로 과감한 의사결정을 내릴 수 있는 권한이 있지만 친족경영과 능력 부족문제가 발생할 수 있다. 반면에 전문경영자는 전문적 지식을 바탕으로 기업을 경영하지만 일시적인 임기로 인해 장기적 이익보다 단기적 이익에 치중할 수 있다는 단점이 있다.

03

정답 ③

목표관리는 부하직원과 상사가 공동으로 정한 목표를 설정해 이를 달성하려고 노력하며, 검토, 평가, 보상 등으로 경영 전반의 효율성을 높이는 관리 체계이다.

① (○) 목표관리에서는 목표에 수치를 포함하는 등 구체적이고 현실적인 목표를 설정하는 것의 중요성을 강조한다.

② (○) 목표관리는 지시적인 하향식 방법으로 목표를 설정하는 것이 아니라 부하직원과 상사가 모두 목표 설정에 참여한다는 특징이 있다.

③ (X) 목표관리에서는 목표 설정 시 기업 구성원의 참여가 필요하고, 모든 검토, 평가 등의 과정이 이루어지므로 행정 업무가 증가할 수 있다는 단점이 있다.

④ (○) 목표관리는 목표의 설정뿐만 아니라 달성 과정 중의 피드백을 통한 목표 달성을 강조한다.

04

정답 ④

ERG 이론은 매슬로우의 욕구단계이론의 다섯가지 욕구 차원을 다시 세 가지로 분류해 동기부여를 설명하는 이론이다.

① (○) 매슬로우의 생리적 욕구와 안전욕구가 ERG 이론의 존재욕구에 해당한다. 존재욕구는 배고픔, 안전 등에 대한 욕구를 의미한다.

② (○) 욕구단계 이론은 욕구의 발생 순서가 하위에서 상위로 순차적으로 이뤄진다고 봤다.

③ (○) ERG 이론은 상위 욕구가 좌절된 경우 하위 욕구의 크기가 상승하는 좌절-퇴행 과정을 제시했다.

④ (X) ERG 이론은 욕구단계 이론에 비하여 욕구의 위계 정도가 약하다. 즉, 상위 욕구가 하위 욕구를 전제로 존재하는 것이 아니며 복수의 욕구가 동시다발적으로 발생한다고 봤다.

05

정답 ③

인터넷 마케팅은 인터넷을 활용해 제품이나 서비스를 판매하는 것을 의미한다.

① (○) 인터넷 마케팅은 인터넷을 활용해 고객의 선호를 신속하게 파악하고 시장 변화에 빠르게 반응하고 대처할 수 있다는 장점이 있다.

② (○) 인터넷을 통해 소비자와 생산자의 직거래가 원활해져 유통상인이 감소할 수 있지만 판매대행, 가격 비교 등의 역할을 하는 새로운 중간상인이 증가할 수도 있다.

③ (X) 대량 고객화는 고객 맞춤화된 상품과 서비스를 낮은 원가로 대량생산하는 것을 의미한다. 인터넷 마케팅을 통해 대량 고객화가 가능한 것은 맞지만 제품의 표준화는 대량 고객화의 특징이 아니다.

④ (○) 전환비용은 기존의 제품에서 경쟁사의 다른 제품으로 전환하는 데 드는 비용을 의미한다. 인터넷에서는 시간과 공간의 제약이 적어 소비자가 다양한 제품의 가격 비교가 가능하다는 특징이 있다.

06

정답 ①

ㄱ. (○) 전환적 마케팅은 소비자의 부정적인 인식과 수요를 긍정적인 인식과 수요로 극복하기 위해 시행하는 마케팅이다.

ㄴ. (○) 동시화 마케팅은 계절 또는 시간에 따라 수요가 불규칙한 것을 극복하기 위한 마케팅이다.

ㄷ. (X) 대항 마케팅은 사회적으로 나쁜 영향을 미치는 상품들에 대한 수요를 제거하기 위한 마케팅이다. 회사가 의도적으로 자사의 상품의 수요를 줄이기 위한 마케팅은 디마케팅(demarketing)에 해당한다.

ㄹ. (X) 매스마케팅은 표준화와 대량 생산으로 인한 원가 절감의 효과는 얻을 수 있는 마케팅이다. 하지만 해당 건강보조제는 나이별로 차별화한 상품을 제공하였으므로 매스마케팅으로 보기 어렵다.

07

정답 ④

① (○) 일반적으로 산업재는 큰 규모로 구매하는 소수의 구매자가 있으므로 고객과 직접 접촉해 판매를 유도하는 인적판매가 효과적이다.

② (○) 푸시 전략은 '제조업체 → 유통업체 → 소매상'의 방향으로 수행하는 마케팅 전략이다.

③ (○) 풀 전략을 수행하는 경우 소비자의 수요 증가로 유통업체가 상품을 취급하게 된다.

④ (X) 제조업자가 유통업체에 대해 푸시 전략을 수행하는 경우 유통업자는 더 많은 상품을 취급하려고 하고, 유통업체

가 소비자에 대해 푸시 전략을 수행하는 경우 유통업자가 소비자에게 더 많은 상품을 판매하려고 한다.

08

정답 ①

제품은 소비자의 구매 시 노력 투입 정도에 따라 전문품, 선매품, 편의품으로 분류할 수 있다.

① (○) 전문품은 브랜드가 독특하며 제품 정체성이 뚜렷하다는 특징이 있다. 전문품에는 고급 시계, 고급 가방 등이 있다.

② (×) 전문품은 가격이 높고 구매 시 소비자의 많은 노력이 필요한 품목이다.

③ (×) 선매품은 편의품과 비교해 적은 수의 소매점에 선별적으로 유통을 한다.

④ (×) 편의품은 가격이 낮고 소비자가 구매 시 많은 고민을 하지 않는 품목이다. 편의품에는 치약, 칫솔 등이 있다.

09

정답 ③

서비스 매트릭스는 고객화와 노동집약도가 높고 낮음에 따라 서비스공장, 서비스숍, 대중서비스, 전문서비스로 구분한다.

① (×) 호텔과 항공사는 고객화와 노동집약도 수준이 낮은 서비스공장에 해당한다.

② (×) 고객화의 수준이 높은 경우 기업이 고객에게 개별적으로 적합한 서비스를 제공해야 하며, 서비스의 표준화는 적합한 전략이 아니다.

③ (○) 대중서비스는 고객화는 낮지만 노동집약도는 높은 서비스로, 대량으로 서비스를 생산한다는 특징이 있다.

④ (×) 노동집약도가 높을수록 자본보다 노동이 더 많이 투입되는 서비스이다.

[TIP] 서비스 매트릭스의 이해

노동집약도의 정도 \ 상호작용과 고객화의 정도	낮음	높음
낮음	**서비스공장** 공공서비스 (도서관, 기타서비스) 운송서비스 유통서비스 항공서비스	**서비스숍** 병원서비스 공공서비스(보건소)
높음	**대중서비스** 금융서비스 보험서비스 교육서비스 공공서비스 (사회복지시설, 행정)	**전문서비스** 전문서비스

10

정답 ④

ㄱ. (○) 파레토 원칙에 따르면 20%의 재고가 전체 재고금액의 80%를 차지하므로, ABC 재고관리는 중요한 부문을 관리하는 데 집중한다. ABC 재고관리에서는 A등급의 재고관리를 가장 엄격하게 하고 C등급의 재고관리를 제일 느슨하게 한다.

ㄴ. (×) EOQ 모형은 재고와 관련된 주문비용과 유지비용을 최소화하는 주문량을 결정하는 모형으로, 재고 공급에 불확실성은 존재하지 않는다고 가정한다.

ㄷ. (○) 재고의 공급이나 상품에 대한 수요에는 불확실성이 존재할 수 있다. 따라서 불확실한 상황에 대비해 미리 확보한 재고를 안전재고라고 한다.

ㄹ. (×) ABC 재고관리 시스템은 재고의 효율적인 관리를 위해 재고 가격이 높은 순서대로 A등급, B등급, C등급으로 구분한다. 따라서 가격이 낮고 빈번하게 구매되는 재고는 C등급 재고에 해당한다.

11

정답 ①

① (×) 대체적 회계 처리방법 인정 시 다른 기업 또는 다른 기간의 유사 정보와 비교할 수 있는 비교가능성은 감소한다.

② (○) 재무정보에 예측가치와 확인가치가 있는 경우 의사결정에 차이가 날 수 있도록 하는 목적적합성을 충족한다.

③ (○) 재무정보가 유용하기 위해서는 의사결정에 차이가 날 수 있도록 하는 목적적합성과 나타내고자 하는 현상을 충실하게 표현하는 표현충실성을 충족해야 한다.

④ (○) 재무정보의 예측가치는 재무정보의 근본적 질적 특성인 목적적합성과 관련 있는 요소로, 이는 정보이용자의 의사결정에 차이를 발생시킬 수 있다.

12

정답 ④

현금 회수기간은 기업이 재고 구입금액을 지출하고 매출채권을 회수할 때까지의 기간이다.

재고자산 회전율을 통해 재고자산 회전기간 30일(360일/12회)을 구할 수 있다. 또한 재고자산 회전기간과 매출채권 회수기간을 더하면 재고 구입부터 매출까지의 기간인 영업순환주기 90일(30일 + 60일)을 구할 수 있다.

따라서 영업순환주기에서 매입채무 지급기간을 차감한 현금 회수기간은 40일(90일 − 50일)이다.

> [TIP] 현금 회수기간의 계산식
> - 영업순환주기＝재고자산 회전기간＋매출채권 회수기간
>   ＝매입채무 지급기간＋현금 회수기간
> - 현금회수기간＝영업순환주기－매입채무 지급기간

13

정답 ③

이 문제를 풀이하기 위해서는 다음 회계등식을 알고 있어야 한다.

기초(기말)자산＝기초(기말)부채＋기초(기말)자본

- 당기순이익＝당기총수익－당기총비용
  ＝80,000－30,000＝50,000
- 기말자본＝기말자산－기말부채
  ＝300,000－150,000＝150,000
- 기말자본＝기초자본＋당기순이익＋유상증자－현금배당
  ＝기초자본＋50,000＋20,000－10,000
  → 기초자본＝90,000
- 기초자산＝기초부채＋기초자본
  ＝100,000＋90,000＝190,000

> [TIP] 무상증자로 인한 재무제표 영향
> 무상증자는 자본잉여금 또는 이익준비금을 자본금으로 전입해 발행한 주식을 주주에게 나눠 주는 증자 방식이다. 무상증자 시 기업의 자본총액은 변화하지 않으며 자본잉여금 또는 이익준비금이 감소하고 자본금이 증가해 자본의 구성이 바뀐다는 특징이 있다.

14

정답 ②

매도 목적으로 취득한 지분상품은 당기손익 공정가치 측정 금융자산으로 분류해야 한다. 따라서 관련 수수료 5,000원은 당기 비용으로 처리하므로 포괄손익계산서에서 인식할 평가 손익은 아래와 같다.

2022년 평가손익＝기말 공정가치－취득 시 공정가치
＝130,000－100,000＝30,000원

> [TIP] 금융자산의 평가손익
> 주어진 금융자산이 상각후원가 측정 금융자산인 경우 공정가치 평가 손익은 인정하지 않으며, 관련 수수료는 취득원가에 가산한다. 또한 금융자산이 기타포괄손익 공정가치 측정 금융자산인 경우 공정가치 취득 관련 수수료는 취득원가에 가산하며, 기말 공정가치와 취득가의 차이(＝130,000－105,000＝25,000원)는 기타포괄손익으로 인식한다.

15

정답 ④

판매보증 충당부채는 기업이 제공하는 일정 기간 보증서비스로 인해 발생할 미래 비용에 대해 인식한 부채이다.
상황별 확률과 판매보증비용이 주어졌으므로 이를 가중평균해 총 예상비용을 구하면 다음과 같다.

- 2022년 판매보증비: 2022년 제품 판매에 대한 충당부채는 100,000원×5%＋10,000원×5%＝5,500원이므로, 2022년에 인식할 판매보증비는 5,500원이다.
- 2022년 말 충당부채: 기업은 당해 판매분에 대해 충당부채 5,500원이 발생할 것이라고 예상하는데, 그중 2022년에 2,000원의 지출이 발생했으므로 기말 충당부채는 5,500원－2,000원(판매보증비 지출액)＝3,500원이다.

16

정답 ④

현금흐름은 그 원인에 따라 영업활동 현금흐름, 투자활동 현금흐름, 재무활동 현금흐름으로 구분한다.

① (X) 회사가 당기 원자재를 현금으로 구매하는 것은 기업의 수익창출활동과 관련된 영업활동 현금흐름에 해당한다.
② (X) 지분상품이나 채무상품의 취득과 관련된 현금흐름은 투자활동 현금흐름에 해당한다.
③ (X) 차입금 일부의 상환과 관련된 현금유출은 차입금의 크기에 변경이 수반되는 재무활동 현금흐름에 해당한다.
④ (O) 유형자산과 무형자산 등의 장기성 자산의 취득과 처분에 관련된 현금유출입은 투자활동 현금흐름에 해당한다.

17

정답 ②

- 순이익: 총수익－총비용
  ＝1,500,000－900,000＝600,000원
- 2022년 자본의 변화: 순이익＋유상증자－현금배당
  ＝600,000＋100,000－300,000＝400,000원 증가
- 기초자본: 기초자산－기초부채
  ＝5,000,000－2,000,000＝3,000,000원
- 기말자본: 기초자본＋자본의 증감
  ＝3,000,000＋400,000＝3,400,000원
- 기말자산: 기말자본＋기말부채
  ＝3,400,000＋2,500,000＝5,900,000원

따라서 ㉠에는 5,900,000, ㉡에는 3,400,000이 들어가야 한다.

18

정답 ④

㈜민국은 재고의 원가 설정 시 가중평균법과 실지재고조사법을 적용한 총평균법을 채택했다. 총평균법은 해당 기간 동안 보유한 재고의 매입 평균단가를 개별 원가로 가정한다.

- 총평균법 적용 시 단위당 원가: 12,500/500=25
- 회계연도 총매입: (150×20+250×30+100×20)
  =3,000+7,500+2,000=12,500
- 회계연도 총수량: 150(기초)+250(매입)+100(매입)
  =500
- 매출원가: 150×25=3,750
- 매출액: 3,750+(3,750×20%)=4,500

19

정답 ③

- 2022년 순이익: 총수익－총비용
  =1,000－500=500
- 2022년 기초자본: 기초자산－기초부채
  =1,500－700=800
- 2022년 기말자본: 기초자본+당기순이익
  =800+500=1,300
- 2022년 기말부채: 기말자산－기말자본
  =2,000－1,300=700

20

정답 ①

비용으로 인한 현금흐름
=손익+현금흐름유출없는비용+관련부채증가
=－12,000+2,000+2,000=－8,000

> [TIP] 현금흐름 간접법 적용해 구하는 법
> 현금흐름=손익±비현금손익항목 조정±관련부채증감∓관련자산증감

21

정답 ④

① (○) 매출총이익률: (매출－매출원가)/매출=(5,000－2,000)/5,000=60%
② (○) 부채비율: 부채/자기자본=6,000/4,000=150%
③ (○) 총자산 회전율: 매출액/총자산=5,000/10,000=0.5
④ (×) 자기자본 이익률: 순이익/자기자본
=1,000/4,000=25%

> [TIP] 재무비율의 분류
> - 매출총이익률, 자기자본 이익률: 투자에 대한 이익을 나타내는 수익성비율
> - 총자산 회전율: 자산의 효율적 운영을 나타내는 활동성비율
> - 부채비율: 기업 재무의 건전성을 나타내는 안전성비율

22

정답 ③

이 문제를 풀기 위해서는 투자안과 투자자의 효용함수가 주어졌을 때 확실성 등가를 구할 수 있어야 한다. 확실성등가는 불확실한 투자안에서 예상되는 기대효용과 동일한 효용을 가져다주는 확실한 소득을 의미한다.

- 투자안의 기대 부:
  40,000원×40%+2,500원×60%=17,500원
- 투자안의 기대효용:
  $\sqrt{40,000}\times40\%+\sqrt{2,500}\times60\%=110$원
- 확실성등가: 110^2=12,100원

23

정답 ②

① (×) APT는 여러 공통요인과 소수의 투자자만으로 시장균형이 달성 가능하다고 가정하므로, 가정이 엄격하지 않아 검증가능성이 높고 적용하기 쉽다는 장점이 있다.
② (○) CAPM과 APT의 공통된 가정이다.
③ (×) CAPM이 성립하기 위해서는 투자자가 위험회피적이라고 가정한다. 또한 CAPM은 투자자들의 합리적이고 동질적인 기대를 가정한다.
④ (×) APT에서 자산에서 가정하는 체계적 위험은 여러 요인이 있다고 가정한다. 이러한 여러 요인에는 시장포트폴리오, 기업의 규모, 가치주효과 등이 반영될 수 있다.

24

정답 ④

파마-프렌치의 3요인 모형에서는 자산의 수익률에 시장위험, 기업의 규모효과, 가치주효과를 반영한다.
① (×) 파마-프렌치의 3요인 모형은 3가지 공통요인으로 주식의 수익률을 결정한다고 가정한다.
② (×) 저PBR 주식이 수익률이 높은 것을 반영한 부문은 가치주효과에 해당한다.
③ (×) 소형주 자산의 수익률이 높은 것을 반영한 부문은 기업의 규모효과에 해당한다.
④ (○) 가치주는 기업의 현금흐름에 비해 시장가치가 낮은 주이다. PBR은 주당 시장가치를 주당 순자산 장부가치로

나눈 값이므로 주당 시장가치가 낮아 PBR이 낮은 주식은 가치주에 해당한다.

25

정답 ①

- 투자 시 투자자의 기대 부:
  $(10{,}000-1{,}900)\times 50\%+(10{,}000+2{,}100)\times 50\%$
  $=10{,}100$원
- 투자안의 기대효용:
  $\sqrt{8{,}100}\times 50\%+\sqrt{12{,}100}\times 50\%$
  $=90\times 50\%+110\times 50\%=100$원
- 확실성등가: $100^2=10{,}000$원
- 위험프리미엄:
  기대부 − 확실성등가 $=10{,}100-10{,}000=100$원

> **[TIP] 확실성등가의 의미**
> 확실성등가는 불확실한 투자안에 투자했을 때 예상된 기대효용과 같은 효용을 가져다주는 확실한 소득을 의미한다. 문제에서는 불확실한 투자안에 투자하면 10,100원의 기대수익을 얻을 수 있는데 이러한 불확실한 투자안에 투자하는 것과 10,000원의 확실한 소득은 투자자에게 같은 효용을 가져다준다.

26

정답 ④

하마다모형은 자본구조 변화에 따른 베타의 변화를 설명한다. $\beta_S{}^L$=부채가 있는 기업의 주식베타, $\beta_S{}^U$=무부채기업의 주식베타, β_B=부채의 베타, t=법인세율, $\frac{B}{S}$=부채비율일 때, 하마다모형은 다음과 같다.

$$\beta_S{}^L=\beta_S{}^U+(\beta_S{}^U-\beta_B)\times(1-t)\times\frac{B}{S}$$

대용기업인 ㈜민국의 자료를 통해 무부채기업 주식베타를 구하면 다음과 같다.

$3=\beta_S{}^U+(\beta_S{}^U-0)\times(1-50\%)\times 1$

$\therefore \beta_S{}^U=2$

따라서 ㈜대한의 신규투자안의 베타는

$2+(2-0)\times(1-50\%)\times 2=4$이다.

27

정답 ②

시장포트폴리오 수익률의 표준편차 $=\sigma_m$, 주식 A 수익률의 표준편차 $=\sigma_A$, 시장포트폴리오 수익률과 주식 A 수익률의 상관계수 $=\rho_{Am}$일 때, 베타는 다음과 같이 나타낼 수 있다.

$$\beta_A=(\sigma_A\times\rho_{Am})/\sigma_m$$

따라서 주식 A의 베타를 계산해 보면

$(20\%\times 0.4)/10\%=0.8$이다.

28

정답 ④

순현재가치법은 자본비용으로 할인한 현금 유입의 현재가치에서 현금 유출의 현재가치를 차감한 값이고, 내부수익률법은 기업 투자의 현금 유입과 현금 유출의 현재가치를 같도록 만드는 수익률을 의미한다.

① (○) 순현재가치법은 주어진 자본비용을 활용해 현금흐름의 현재가치를 계산하므로 화폐의 시간가치를 고려한다. 또한 내부수익률법은 발생하는 현금의 유입과 유출액의 현재가치를 0으로 만드는 비용이므로 화폐의 시간가치를 고려한다.

② (○) 순현재가치법과 내부수익률법은 현금흐름을 활용해 계산한다.

③ (○) 독립된 투자안에 있어서 순현가법과 내부수익률법은 동일한 결과를 얻지만, 상호배타적인 투자안의 선택인 경우에는 순현가법과 내부수익률법은 서로 다른 결과가 나타날 수 있다.

④ (×) 순현재가치법은 여러 투자안의 값을 더한 값을 투자안 비교에 활용할 수 있다. 하지만 내부수익률법은 가치의 가산원리가 적용되지 않는다.

29

정답 ④

수요의 가격탄력성은 수요량의 변화율을 가격의 변화율로 나눈 값으로 가격변화에 따른 수요량의 민감도를 나타낸다. 수요의 가격탄력성은 그 크기에 따라 완전비탄력적, 비탄력적, 단위탄력적, 탄력적, 완전탄력적으로 구분할 수 있다.

- 소비자 A: 주유 시 항상 일정 금액을 지출하므로 수요의 가격탄력성이 1이며 단위탄력적이다.
- 소비자 B: 주유 시 가격과 상관없이 항상 일정량의 기름을 주유하므로 수요의 가격탄력성은 0이며 완전비탄력적이다.

30

정답 ④

- 조업중단점: 가격이 평균가변비용보다 낮아 추가로 생산

하면 기업에 손실이 발생하는 지점으로, AVC와 MC가 교차하는 AVC의 최저점인 C이다.

- 손익분기점: 평균 총비용과 가격이 같아 경제적 이윤이 0이 되는 상황으로, AC와 MC가 교차하는 AC의 최저점인 D이다.

31

정답 ②

① (X) 최고점이 아닌 최저점을 아래에서 위로 통과한다.
② (O) 평균가변비용곡선에서 평균고정비용을 더한 만큼의 크기가 평균비용곡선이다.
③ (X) 단기에는 고정비용이 존재한다. 따라서 한계비용이 점차 증가하는 구간에서는 고정비용이 차지하는 비중이 점차 작아지므로, 수직거리는 점차 작아진다.
④ (X) 고정비용이 작아지는 것이 아니라 평균비용이 작아진다.

[TIP] 단기 비용곡선 그래프

고정비용은 그 값이 일정하기 때문에 평균고정비용(AFC)은 점차 감소한다는 점, 한계비용(MC)이 감소하다가 증가할 때는 평균가변비용(AVC)과 평균(총)비용(AC, ATC)의 최저점을 각각 아래에서 위로 통과한다는 점 등을 중심으로 정리해 두면 된다.

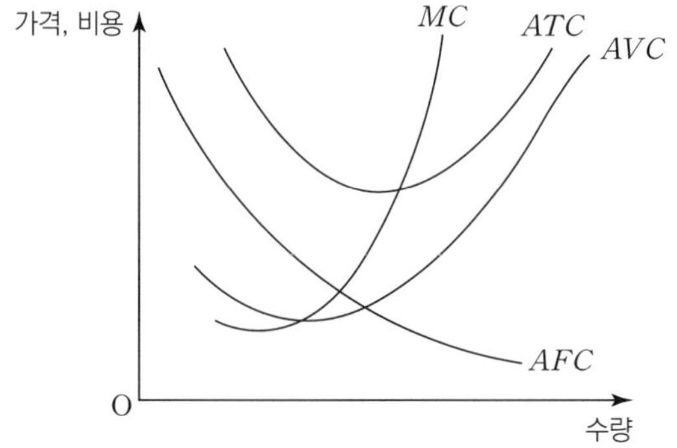

32

정답 ④

① (X) 환율이 상승하는 경우 수입원자재 가격이 상승하고 이로 인해 국내 물가가 상승한다. 또한 환율 상승 시 원화가 평가절하되므로 외화 부채를 가진 기업의 부담이 증가한다.
② (X) 외국 제품의 수입이 감소해 외환 수요가 감소하는 경우 환율은 하락한다.
③ (X) 환율 하락 시 원화 평가절상으로 수출이 감소하고 수입이 증가하며 수출기업의 성장이 둔화된다.
④ (O) 국내 실질 이자율 하락 시 원화 표시 금융자산의 예상 수익률이 하락하기 때문에 외국 자금 유출이 발생한다.

33

정답 ③

① (X) 해당 그림은 정부의 환율 상승(원화 평가 절하) 이후 무역수지가 악화, 개선되는 과정을 보여 주는 J커브 효과를 나타낸다.
② (X) 환율 하락 직후에는 환율변화에 따른 수출과 수입이 즉시 변화하지 않아 무역수지가 오히려 악화된다.
③ (O) 환율 하락 직후에는 수출 가격 수입 가격은 즉각 변화하지만, 수출량과 수요량은 천천히 변화한다.
④ (X) 변동환율제도에서 발생하는 J커브 효과는 자동안정화장치의 효과성을 감소시킨다. 변동환율제도에서 경상수지 적자가 발생해 환율이 상승하는 경우 수출이 증가해 균형이 달성되어야 한다. 하지만 J커브 효과로 인해 단기적으로 경상수지가 악화되므로 단기적으로 자동안정화장치를 방해할 수 있다.

34

정답 ③

- 행원 A가 대출상품 기획을 포기하는 경우: 행원 B는 대출상품을 기획하고, 행원 B가 대출상품을 기획하면, 행원 A는 기획을 포기한다. 따라서 (A 기획 포기, B 기획)이 내쉬균형이 된다.
- 행원 A가 대출상품을 기획하는 경우: 행원 B는 기획을 포기하고, 행원 B가 기획을 포기하면 행원 A는 대출상품을 기획한다. 따라서 (A 기획, B 기획 포기)가 내쉬균형이 된다.

따라서 내쉬균형은 2개가 존재한다.

35

정답 ②

조세는 비탄력적인 주체일수록 부담하는 크기가 커진다. 탄력도 자체가 조세부담을 회피할 수 있는 정도를 나타낸다고 접근하면 이해하기 수월하다.
② (O) 현재 공급곡선이 수직선이라고 했는데 수직선은 완전비탄력적이라는 의미이므로, 생산자가 조세를 모두 부담한다.

36

정답 ④

① (O) 실물경제 변동이란 부정적 충격이 발생했을 상황을 의미한다. 만약 이 경우 리브라와 주요국 법정통화 간 교환이 쉽다면, 자금 인출이 빈번해질 것이고 그 결과 대규모 뱅크런의 가능성으로 이어진다.

② (O) 토빈세는 국제 외환시장에서의 단기 투기자본을 줄이고자 부과하는 세금이다. 브라질은 2008년 세계금융위기 이후 토빈세를 도입한 적이 있다.

③ (O) 제시된 기사에 따르면 미국 달러는 충분히 주요국 법정통화에 해당한다.

④ (X) 예를 들어, 아르헨티나(페소화) 경기가 대외변동에 취약해 급격히 나빠졌다고 해 보자. 이 경우 페소화를 소유한 이들은 리브라를 통해 주요국 법정화폐로 교환할 것이다. 그러면 상대적으로 자국 화폐가치는 더욱 하락하게 된다.

37

정답 ④

① (X) 복권의 기대가치는 $(1,000,000 \times 0.5)+(0 \times 0.5)$ $=500,000$원이다.

② (X) 기대효용은 효용함수를 고려한다. 1,000,000과 0에 루트를 씌운 후 확률을 곱하면 되므로,
$(1,000 \times 0.5)+(0 \times 0.5)=500$이다.

③ (X) 효용함수를 통해 알 수 있다. 금액이 커질 때 효용은 체감적으로 증가하므로 위험기피자이다.

④ (O) A의 기대효용은 500이고, 이를 제곱한 확실성등가는 250,000원이다. 제시한 금액이 이보다 크므로 A는 거래에 응할 것이다.

38

정답 ③

일반적으로 '시중 통화량'이라고 하면 M2를 가리킨다. 따라서 학습 시 M2까지는 반드시 알아 둘 필요가 있으며, Lf는 M2보다 더 큰 지표 정도로만 기억해 두면 충분하다.

ㄱ. (O) 현금통화는 협의통화에 해당한다.

ㄴ. (O) 요구불예금은 협의통화에 해당한다.

ㄷ. (X) 실적배당형 금융상품은 협의통화에 해당하지는 않지만 더 넓은 통화 범위인 광의통화에 해당한다.

ㄹ. (O) 수시입출식 저축성예금은 협의통화에 해당한다.

ㅁ. (X) 생보사 계약준비금은 금융기관 유동성을 나타내는 지표에는 포함되지만 협의통화에는 해당하지 않는다.

[TIP] 통화 관련 개념

- 본원통화: 화폐발행액＋금융기관의 대(對)한은 원화예치금
- M1(협의통화): 현금통화＋요구불예금 · 수시입출식 저축성예금－동 금융상품의 예금취급기관 간 상호거래분
- M2(광의통화): M1 기간물 정기예금, 적금 및 부금＋시장형 금융상품(CD, RP, 표지어음)＋실적 배당형금융상품(금전신탁, 수익증권 등)＋금융채＋기타(투신증권저축, 종금사 발행어음)－동 금융상품 중 장기(만기 2년 이상) 상품－동 금융상품의 예금취급기관 간 상호거래분
- Lf(금융기관유동성): M2＋M2 중 만기 2년 이상 예적금 및 금융채＋㈜한국증권금융의 예수금＋생보사 계약준비금－동 금융상품의 Lf 편제대상기관 간 상호거래분

39

정답 ④

㉠, ㉡ 수요의 가격탄력성은 '가격'이 변화함에 따른 '수요량' 변화율을 나타내므로 '수요량변화율/가격변화율'이다.

㉢ 탄력성의 크기가 가격 변동 수준에 아무런 영향을 받지 않는다는 말은 '완전비탄력적'임을 의미한다.

㉣ 소득에 대한 수요탄력성은 '0'을 기준으로 정상재(0과 1 사이이면 필수재, 1 이상은 사치재)와 열등재로 구분한다.

㉤ 대체재가 많을수록 가격 변화에 따른 수요량 변화가 더 커지므로 가격탄력성 값도 '커진다'.

40

정답 ①

ㄱ. (O) 정부의 재정지출 확대는 경기부양을 의미하며, 이때 물가는 상승한다. 이자율 역시 정부의 재정지출 확대에 따른 대부자금 수요 증가로 상승한다.

ㄴ. (X) 정부의 재정지출 적자는 언젠가는 돌아올 부메랑이다. 따라서 후대 납세자들에게 '부'가 아닌 '빚'으로 작용할 가능성이 높다.

ㄷ. (X) 위 ㄴ과 같은 맥락으로 자산건전성(정부의 재정수지) 악화가 우려된다.

ㄹ. (O) 재정지출은 일반적으로 일자리 창출과 연결된다.

ㅁ. (O) 위 ㄹ과 같은 맥락으로 이해하면 된다. 정부가 ㄴ, ㄷ과 같은 문제를 인식함에도 재정지출을 확대하는 근거가 되기도 한다.

제4회 정답 및 해설

01	02	03	04	05	06	07	08	09	10
①	④	③	③	①	①	③	①	②	④
11	**12**	**13**	**14**	**15**	**16**	**17**	**18**	**19**	**20**
③	①	④	④	②	④	①	④	④	③
21	**22**	**23**	**24**	**25**	**26**	**27**	**28**	**29**	**30**
②	④	③	④	①	③	②	①	①	②
31	**32**	**33**	**34**	**35**	**36**	**37**	**38**	**39**	**40**
①	④	①	③	②	①	④	③	④	③

01

정답 ①

기업의 인수는 다른 기업의 주식 등을 취득해 경영권을 얻는 것을 의미하고, 합병은 기업들을 법률적 · 사실적으로 하나의 기업으로 통합하는 것을 의미한다.

ㄱ. (○) 신설합병은 기존의 기업이 모두 해산하고 신설 회사가 이를 모두 포괄적으로 승계한다는 특징이 있다.

ㄴ. (X) 산업의 공급사슬의 후방 또는 전방에 위치한 기업과 통합하는 것은 수직적 합병에 해당한다.

ㄷ. (X) 인수프리미엄은 인수합병 시 인수기업이 피인수기업에 피인수기업의 가치에 대해 추가로 지급하는 비용으로 인수 프리미엄이 높을수록 합병 NPV가 감소한다.

02

정답 ④

전사적 수준의 경영전략은 기업 규모와 여러 사업부에 대한 전략이다.

ㄱ. (X) 기업의 수평적 통합은 같은 업종의 기업을 통합하는 것이다. 전방통합과 후방통합은 기업의 수직적 통합에 해당한다.

ㄴ. (○) 수직적 통합 중 전방통합은 공급사슬에서 소비자의 방향으로 통합하는 것을 의미한다. 원재료를 공급하는 기업이 제조기업을 통합한 것은 소비자 방향으로 공급사슬을 확대한 것에 해당하므로 전방통합에 해당한다.

ㄷ. (○) 제한된 합리성은 인간의 비합리적인 측면으로 발생하는 시장의 비효율성을 의미하고 기회주의는 이익추구, 정보 제한 등의 이유로 거래 기업으로부터 불공정한 대우를 받는 상황을 의미한다. 이러한 이유로 기업에 발생하는 거래비용이 큰 경우 기업은 수직적 통합을 통해 기업의 기능을 내부화하려고 한다.

ㄹ. (○) 다각화는 기업이 기존의 사업과 다른 새로운 사업에 진출하는 전략이다. 다각화를 통해 다른 종류의 제품을 생산할 때 총 생산비용이 감소하는 범위의 경제 효과와 다양한 사업에 투자해 위험을 분산할 수 있는 효과를 얻을 수 있다.

03

정답 ③

① (○) 대리인 문제는 기업의 규모가 증가하고 지배구조가 다변화됨에 따라 주주의 소유와 전문경영인의 경영이 분리되어 발생했다. 대리인 문제는 대리인 문제를 해결하기 위해 소요되는 대리인 비용을 발생시킨다.

② (○) 대리인 문제의 예로는 기업의 자금으로 요트 등을 사고 자신의 돈인 것처럼 사용하거나, 회계 실적을 조작해 과도한 성과급을 받는 상황 등이 있다.

③ (X) 위임장 대결(proxy fight), 곰의 포옹(bear hug), 새벽의 기습(dawn raid)은 적대적 M&A 방법에 해당한다. 대리인 문제를 해결하는 방안으로는 경영자 교체, 주가와 연동해 보수를 지급하는 주식매입선택권(stock option) 부여 등이 있다.

④ (○) 감시비용은 대리인의 경영활동을 감시하는 데 드는 비용으로 대리인의 이익과 기업의 이익의 연관성을 높여주는 성과급, 독립된 감사인으로부터 재무제표를 감사받는 외부회계감사비용, 외부전문가를 이사로 선임해 이사회의 능력과 공정성을 높이는 사외이사제도가 이에 해당한다.

04

정답 ③

해크만과 올드햄의 직무특성모형에 따르면 기술다양성, 과업중요성, 과업정체성, 피드백, 자율성의 5가지 핵심직무차원이 동기부여의 크기를 결정한다.

① (X) 기술다양성은 해당 직무가 얼마나 다양한 기술을 요구하는지 나타내는 척도이다.

② (X) 과업정체성은 직무가 과업의 처음부터 끝까지에 관한 것인지 나타내므로 단순히 업무의 종류가 많은지 판단하는 척도가 아니다.

③ (○) 직무특성모형의 피드백 수준이 높은 경우 동기부여 수준 또한 상승한다.

④ (X) 자율성은 직무 수행자가 자신의 직무에 대해 책임감을 갖고 있는지 혹은 개인의 의사결정권이 보장되는지 나타내는 척도로 자율성이 높아야 동기부여 수준이 상승한다.

05

정답 ①

① (○) 평가센터법은 특정 장소에서 지원자들을 여러 평가방식을 통해 여러 방면에서 평가하는 것으로 비용과 시간이

많이 들어 관리자 선발 시에 활용된다.

② (X) 선발의 타당성은 선발기준과 직무수행능력의 연관성을 나타내는 척도이다. 선발 방식을 여러 번 적용했을 때 평가결과가 일관적일 때 선발의 신뢰성이 높다.

③ (X) 사내공모제는 조직 내 기존 구성원을 대상으로 인력을 선발하는 것으로 기존 직원은 사내공모제를 통해 원하는 직무를 얻거나 승진을 할 수 있다.

④ (X) 면접자가 의도적으로 피면접자를 당황하게 만들어 피면접자의 대처 능력을 평가하려는 면접은 스트레스 면접이다. 비구조화 면접은 기존에 정해진 질문지 없이 면접자가 피면접자에 필요한 질문을 하는 면접 방식이다.

06

정답 ①

SERVQUAL 모형은 서비스 품질과 이러한 품질에 대한 기대수준을 비교해 서비스 품질을 측정하는 모형이다.

ㄱ. (O) 서비스는 고유한 특성의 영향으로 측정의 일관성을 확보하기 어렵다. 따라서 SERVQUAL 모형에서는 서비스의 여러 측면에 대한 기대와 실제 제공 서비스를 비교해 서비스 품질을 측정하도록 했다.

ㄴ. (X) SERVQUAL 모형에서는 무형성을 평가요소로 제시하지 않는다.

ㄷ. (X) 서비스의 신뢰성은 약속된 서비스를 정확하게 제공했는지 평가하는 항목이다. 서비스 제공자들이 얼마나 신뢰성 있고 믿음직스러운지 평가하는 항목은 SERVQUAL 모형의 확신성에 해당한다.

[TIP] SERVQUAL 모형 평가요소

- 신뢰성: 약속된 서비스를 정확하게 제공했는지 평가하는 항목
- 확신성: 서비스 제공자들이 신뢰성 있고 믿음직스러운지 평가하는 항목
- 유형성: 시설, 장비 등 관련 물리적 요소를 평가하는 항목
- 대응성: 신속하게 서비스를 제공하는지 평가하는 항목
- 공감성: 고객에 배려를 제공하며 친절한지 평가하는 항목

07

정답 ③

제품수명주기이론은 신제품의 도입부터 퇴출까지의 과정을 설명하는 이론으로 신제품은 도입기, 성장기, 성숙시, 쇠퇴기를 거친다.

① (O) 도입기는 제품 개발 후 출시가 된 첫 단계이다. 도입기에서는 시장에서 제품에 대한 소비자의 선호가 형성되지 않았으므로 많은 홍보비용과 유통비용이 필요하다.

② (O) 성장기는 시장에서의 제품 판매가 가장 급격하게 증가하는 단계이다. 시장의 규모가 급격히 커지므로 이에 진입하는 경쟁기업 또한 증가한다. 성장기는 기업의 판매량과 신규 고객이 가장 가파르게 증가하는 단계로 기업은 시장의 성장에 대응해 확장전략을 채택할 수 있다.

③ (X) 매출이 가장 빠르게 상승하는 단계는 성장기이다. 성숙기는 많은 고객들이 제품에 대해 인지하는 단계로 신규 고객 증가율은 둔화되어 경쟁이 가장 치열하다.

④ (O) 쇠퇴기에서는 제품의 판매와 이익이 급격하게 감소하므로 수익성이 낮은 제품이나 유통경로를 축소하는 전략을 채택한다.

08

정답 ①

① (X) 동시화 마케팅은 시간 또는 계절에 의해 상품에 대한 수요의 변동이 클 때 이를 극복하기 위한 마케팅이다. 시간과 공간의 제약이 존재할 때 효과적인 마케팅은 인터넷 마케팅이다.

② (O) 개발적 마케팅은 아직 존재하지 않은 상품에 대해 수행하는 마케팅이다.

③ (O) 디마케팅은 특정 이유로 상품 구매를 의도적으로 줄이는 마케팅이다.

④ (O) 카운터 마케팅은 사회적으로 건전하지 않은 마약, 술과 같은 상품의 수요를 억제하려는 마케팅이다.

09

정답 ②

적시생산시스템은 기업의 생산 과정에서 지속적인 낭비와 불필요한 과정을 줄이는 생산 시스템이다.

ㄱ. (X) 적시생산시스템에서는 여러 작업을 다룰 수 있는 작업자가 필요하다.

ㄴ. (O) 적시생산시스템은 보관비용 등으로 인해 재고를 낭비로 보기 때문에 재고를 최소화하려고 한다.

ㄷ. (X) 적시생산시스템은 재고 최소화를 위해 긴밀한 관계의 공급자에게 자주 원재료를 납품받아야 한다고 주장한다.

ㄹ. (O) 적시생산시스템에서는 로트의 크기를 작게 하여 재고를 줄이고 불량을 빠르게 재작업할 수 있도록 한다.

10

정답 ④

① (O) 총괄생산계획은 계획기간 중 변동적인 수요에 대처하기 위해 생산 자원을 효율적으로 배분하는 중기계획이다. 총괄생산계획 수행 시 고용을 조절하는 추종 전략 또는 고

용을 유지하며 재고, 임시직 등으로 변동적인 수요에 대응하는 평준화 전략 등을 통해 수요의 변화에 대한 전략을 수립한다.

② (○) 주생산계획은 총괄생산계획을 기간과 제품별로 구체화한 세부생산계획을 의미한다.

③ (○) 자재소요계획은 원자재, 부품 등 종속적인 수요를 갖는 품목을 관리하는 기법이다.

④ (X) 일정계획은 한 달 미만의 단기생산계획이다. 입지, 설비배치, 장기생산능력은 장기계획시 결정하는 요소들이다.

11

정답 ③

① (○) 유동비율: 유동자산/유동부채＝10/5＝200%

② (○) 총자산순이익률: 순이익/총자산＝5/25＝20%

③ (X) 총자산회전율: 매출액/총자산＝50/25＝200%

④ (○) 매출액순이익률: 순이익/매출액＝5/50＝10%

[TIP] 재무비율의 분류

재무비율은 기업의 유동성을 나타내는 안정성비율, 경영성과를 나타내는 수익성비율, 운영의 효율성을 나타내는 활동성비율로 분류할 수 있다.

- 안정성비율: 유동비율, 당좌비율 등
- 수익성비율: 매출액총이익률, 자기자본순이익률 등
- 활동성비율: 매출채권회전율, 재고자산회전율 등

재무비율은 해당 용어와 계산방식의 연관성이 높으므로 이를 생각하며 암기하는 것이 효율적이다.

12

정답 ①

- 2021년 초 자본: 2021년 초 자산－2021년 초 부채
  ＝300,000－200,000＝100,000
- 2021년 말 자본: 2021년 초 자본＋당기순이익
  ＝100,000＋40,000＝140,000
- 2021년 말 자산: 2021년 말 부채＋2021년 말 자본
  ＝250,000＋140,000＝390,000

따라서 ㉠에 들어갈 수는 390,000, ㉡에 들어갈 수는 140,000이다.

13

정답 ④

- 매출원가
  ＝기초 재고＋당기 재고매입액－기말 재고
  ＝100,000＋800,000－300,000＝600,000
- 매출총이익
  ＝외상매출액－매출원가＝500,000
  ＝외상매출액－600,000
  → 외상매출액＝1,100,000
- 기말 매출채권
  ＝기초 매출채권＋외상매출액－매출채권 회수액
  ＝200,000＝기초 매출채권＋1,100,000－1,000,000
  → 기초 매출채권＝100,000

14

정답 ④

8%의 표시이자 800원을 3년간 수령하고, 액면금액이 10,000원인 조건을 고려하여 현재가치를 계산하면 채권의 2022년 초 장부금액은 9,500원이다.

- 재고를 판매하고 받은 채권의 가치
  ＝10,000×0.75＋2.5×800＝7,500＋2,000＝9,500원
- 2022년 채권의 이자수익＝9,500×10%＝950원
- 물건 판매와 관련된 총손익
  ＝매출－원가＋이자수익＝9,500－6,000＋950
  ＝4,450원

15

정답 ②

ㄱ. (○) 전기오류수정에 의해 발생한 손익거래는 당기 손익항목에 해당하지 않으므로 전기 손익에 반영해 자본항목을 조정해야 한다.

ㄴ. (X) 특별손익은 포괄손익계산서와 주석에 어떤 상황에서도 구분 표시할 수 없다는 것이 원칙이다.

ㄷ. (○) 포괄손익계산서에는 수익에서 매출원가와 판매관리비를 차감한 영업이익을 공시해야 한다.

ㄹ. (X) 한국채택국제회계기준에서는 포괄손익계산서에서 매출원가가 포함된 기능별 비용분류법을 적용하고 추가로 예측가능성을 높이기 위해 성격별 비용분류를 공시하도록 규정한다.

16

정답 ④

2022년 자본 증가액
＝2022년 당기순이익－자기주식 취득(2월 3일)＋자기주식 처분(8월 12일)
＝1,200,000－10×10,000＋5×30,000＝1,250,000원

자기주식 소각 시에는 자본 총액에 영향을 미치지 않는다. 또한 자기주식의 공정가치 변화분은 손익으로 인식하지 않으므로 주의해야 한다. 상각후 측정 금융자산은 손익계산서에 평가이익을 인식하지 않고 재무상태표에 취득원가로 인식한다.

17

정답 ①

ㄱ. (X) 자산은 과거 사건의 결과로 기업이 현재 통제하는 경제적 자원을 의미한다.
ㄴ. (O) 자본은 자산에서 부채를 차감한 잔여지분으로 소유주주에 귀속되는 지분을 의미한다.
ㄷ. (X) 수익은 자본의 증가를 가져오는 자산 증가와 부채의 감소로, 자본청구권 보유자의 분배와 관련된 사항은 제외해야 한다.
ㄹ. (O) 재무제표 요소의 정의를 충족하더라도 인식하는 것이 목적적합한 정보를 제공하고 표현충실성이 만족되어야 재무제표에 인식된다.

18

정답 ④

- 기말 사외적립자산＝기초 사외적립자산＋기여금 납부－급여 지급＋이자수익＋재측정손익＝80억＋15억＋2억＋3억＝100억
- 기말 순확정급여부채＝기말 확정급여채무－사외적립자산＝150억－100억＝50억

19

정답 ④

당기순이익에서 여러 요소를 조정해 현금흐름을 산출하는 간접법과 다르게 직접법으로 매출로 인한 현금 유입액을 계산하기 위해서는 손익계산서상 매출과 관련된 손익과 재무상태표상 매출과 관련된 자산과 부채의 증감을 조정해야 한다.
기업의 매출 발생 또는 대손 발생 금액과 현금 유입 · 유출 금액은 같지 않으므로, 자산의 증가와 부채의 감소는 현금흐름에서 차감하며, 자산의 감소와 부채의 증가는 현금흐름에 가산한다.
현금유입액
＝매출－대손상각비＋매출채권 감소＋대손충당금 증가
＝500,000－100,000＋100,000＋30,000
＝530,000

> **[TIP] 현금흐름 계산 시 조정 요소의 직관적 이해**
> 현금흐름을 구할 때 관련 자산의 감소와 부채의 증가는 가산하고 관련 자산의 증가와 부채의 감소는 차감한다. 이를 보다 직관적으로 이해하기 위해 부채가 증가하는 경우 기업이 지급해야 할 의무가 있는 현금을 덜 지급해 현금 유출이 감소했다고 생각할 수 있다. 또한 자산이 증가하는 경우 기업이 자산을 구입해 현금 유출이 증가했다고 생각할 수 있다.

20

정답 ③

㉠ 판매관리비: 급여＋광고선전비
＝15,000＋10,000＝25,000
㉡ 영업외손익: 이자수익－이자비용
＝25,000－20,000＝5,000

> **[TIP] 판매관리비와 영업외손익**
> - 판매관리비에 포함되는 항목: 광고선전비, 급여, 감가상각비, 대손상각비, 연구비 등
> - 영업외손익에 포함되는 항목: 이자수익, 이자비용, 금융자산 관련 손익, 배당금수익, 자산처분 손익 등

21

정답 ②

- 매출액 순이익률: 순이익/매출액＝200/10,000＝2%
- 총자산 회전율: 매출액/총자산＝10,000/4,000＝2.5
- 자기자본이익률(ROE): (순이익/매출액)×(매출액/총자산)×(총자산/자기자본)＝2%×2.5×2＝10%
- 총자산: 4,000
  → 자기자본＝2,000, 부채＝2,000
- 부채비율: 부채/자본＝2,000/2,000＝1 → 100%

> **[TIP] 자기자본이익률**
> 자기자본이익률(ROE: Return On Equity)은 자기자본 투자에 대한 수익률을 의미하며, 산출공식은 다음과 같다.
>
> ROE＝(순이익/매출액)×(매출액/총자산)×(총자산/자기자본)
> ＝매출액 순이익률×총자산 회전율×자본구조

22

정답 ④

ㄱ. (O) 인수합병시장의 활성화로 기존 기업들의 경영자가 주가를 방어할 요인이 생기므로 자기자본 대리인 문제를 완화시킬 수 있다.
ㄴ. (X) 적대적 인수합병의 방어 수단으로 보통주 한 주만으로 주총 결의사항에 거부권을 행사할 수 있는 강력한 권리를 가진 것은 황금주이다. 독약조항은 적대적 인수합병 시 기존주주를 대상으로 저가 신주발행을 허용하는 등의 방안을 통해 인수기업의 비용을 증가시켜 적대적 인수합병을 막는 방안이다.
ㄷ. (O) 적대적 인수합병 과정에서 인수기업의 주식 매입으로 주가가 상승해 피인수기업의 기존 주주가 이익을 얻을 수도 있다.

ㄹ. (O) 공개매수 시 매수제의를 받은 주주가 앞으로 주가가 상승할 것이라고 생각해 주식을 팔지 않는 무임승차 현상 때문에 인수합병이 이루어지지 않을 수 있다.

23

정답 ③

레버리지효과는 기업의 고정비로 인해 발생한다. 영업레버리지도는 매출액 1% 변동 시 영업이익의 변동 정도를, 재무레버리지도는 영업이익 1% 변동 시 당기순이익의 변동 정도를, 결합레버리지도는 매출액 1% 변동 시 당기순이익의 변동 정도를 나타낸다.

'결합레버리지도＝영업레버리지도×재무레버리지도'이므로, 영업레버리지도는 2로 계산된다. 따라서 매출액 10% 증가 시 영업이익은 10%×2＝20% 증가한다

> [TIP] 레버리지 계산
> - 영업레버리지도＝영업이익 변동률/매출액 변동률
>   ＝공헌이익/영업이익
> - 재무레버리지도＝순이익 변동률/영업이익 변동률
>   ＝영업이익/순이익

24

정답 ④

먼저 기대 시장수익률을 구한 뒤, 각 투자안의 베타를 투자금액을 기준으로 가중평균하여 전체 투자안의 베타를 구하고, 이를 이용해 전체 투자안의 기대수익률을 구할 수 있다.

- 기대 시장수익률: $E(R_m)=30\%\times0.5+10\%\times0.5=20\%$
- 전체 투자안의 베타: $\beta=1\times0.5+3\times0.5=2$
- 전체 투자안의 기대수익률: $R_f+[E(R_m)-R_f]\times\beta$
  $=5\%+(20\%-5\%)\times2=35\%$

25

정답 ①

신주인수권은 주주가 증자 시 참여할 수 있는 권리로, 증자 직전 주가에서 증자 직후의 주가를 차감해 구할 수 있다.

- 증자 주식 수:
  총 조달금액/한 주당 금액 2,000,000/10,000＝200주
- 신주 1주 인수 시 필요한 기존 주식 수:
  기존 발행 주식 수/증자 주식 수＝300주/200주＝1.5주
- 증자 후 주가: 증자 후 기업가치에서 새로 증자된 주식이 포함된 총 주식 수를 나눈 값
  ＝(30,000×300주＋10,000×200주)/(300＋200)주
  ＝11,000,000/500＝22,000원
- 기존 주식 1주에 포함된 신주인수권 가치:
  증자 전 주가－증자 후 주가＝30,000－22,000＝8,000원

26

정답 ③

NPV(순현재가치)는 현금흐름을 해당 할인율로 할인한 금액에 현재 투자금액을 차감해 구할 수 있다.

NPV＝－11,000＋13,200/(1＋10%)＝1,000원

IRR(내부수익률)은 현금유출과 현금유입의 현재가치를 0으로 만드는 할인율이다.

－11,000＋13,200/(1＋IRR)＝0 → IRR＝20%

27

정답 ②

합병 NPV는 합병으로 인해 발생한 추가적 현금흐름의 현재가치에서 피합병기업의 순자산가치를 초과해 지급한 인수프리미엄을 차감한 값을 의미한다.

- 합병으로 인한 시너지:
  합병 후 기업가치－합병 전 합병기업의 가치－합병 전 피합병기업의 가치
  ＝2,000,000－1,000,000－800,000＝200,000원
- 인수 프리미엄: 인수대가－합병 전 피합병기업의 순자산
  ＝300,000－200,000＝100,000원
- 합병 NPV: 합병으로 인한 시너지－인수 프리미엄
  ＝200,000－100,000＝100,000원

28

정답 ①

포트폴리오 선택이론은 투자자의 효용을 극대화하는 자산 집합의 구성에 대한 이론이다.

① (X) 위험선호자는 불확실한 투자안을 선호하므로 불확실한 투자안에 대한 기댓값의 효용보다 불확실한 투자안의 기대효용이 더 크다.

② (O) 위험중립자는 위험에 대한 추가적인 보상을 요구하지 않는 투자자로, 기댓값이 같으면 확실한 투자안과 불확실한 투자안을 무차별하게 여긴다. 확실성등가는 불확실한 투자안의 기대 현금흐름과 같은 효용을 가져다주는 확실한 현금흐름을 의미한다.

③ (O) 위험회피자는 불확실한 투자안보다 확실한 투자안을 선호하므로, 투자안의 기댓값의 효용은 불확실한 투자안의 기대효용보다 크다.

④ (O) 위험프리미엄은 기대부와 확실성등가의 차이이고 겜블의 비용은 현재의 부와 확실성 등가의 차이이다. 겜블의 비용과 위험프리미엄이 같은 게임은 공정한 게임으로, 이는 현재의 부와 게임을 한 후의 기대 부가 동일하다는 특징이 있다.

> **[TIP] 포트폴리오 선택이론의 가정**
> 포트폴리오 선택이론은 단일 기간의 투자안과 세금 등의 거래비용이 없다고 가정한다. 또한 평균과 위험만을 고려하는 위험회피적인 투자자가 합리적이라고 가정한다.

29

정답 ①

- 전기차의 수요 변화: 전기차 수요의 가격탄력성이 0.5이므로 전기차 가격이 10% 상승할 경우 전기차 수요량은 $10\% \times 0.5 = 5\%$ 감소한다. 또한 경유차 가격에 대한 전기차 수요의 교차탄력성은 0.1이므로 전기차 수요량은 $10\% \times 0.1 = 1\%$ 증가한다. 따라서 전기차의 수요는 총 4% 감소한다.
- 경유차와 전기차 간 관계: 교차탄력성이 양수이므로 전기차와 경유차는 대체재 관계이다.

30

정답 ②

① (O) 3급 가격차별이 유효하기 위해서는 소비자의 재판매가 불가능해야 하고 기업이 시장지배력을 가져야 하며 시장이 분리되어야 한다. 3급 가격차별의 예시로는 극장의 학생요금, 국내 판매가격보다 낮은 수출가격 설정 등이 있다.

② (X) 가격차별 시 가격차별을 하지 않을 때보다 항상 생산량이 감소하는 것은 아니다. 1급 가격차별 시 생산량은 완전경쟁시장일 때와 동일하다.

③ (O) 1급 가격차별 적용 시 재화 판매가격이 모든 소비자의 유보가격에 해당해 완전경쟁시장일 때 발생하는 소비자 잉여가 모두 독점기업의 이윤으로 전환된다는 차이가 있다. 하지만 현실적으로는 소비자의 모든 유보가격을 정확히 알기 어렵다는 한계가 있다.

④ (O) 2급 가격차별은 소비자의 사용량에 따라 단위당 가격을 다르게 설정하는 가격차별 방식이다.

31

정답 ①

상대적 구매력 평가설에서는 국내 물가상승률에서 외국 물가상승률을 차감해 환율변화율을 구할 수 있다.
환율 상승률 $= 5\% - 8\% = -3\%$이므로 내년의 환율은 현재 환율보다 3% 감소할 것이라고 예상된다. 따라서 내년 환율은 대략 1,261원이다.

32

정답 ④

- 2021년의 실질 GDP $= 10 \times 60 + 5 \times 40 = 800$
- 2022년의 실질 GDP(2021년 가격 기준) $= 10 \times 70 + 5 \times 60 = 1{,}000$
- 실질 GDP 성장률 $= 1{,}000/800 - 1 = 25\%$
- 2022년 명목 GDP $= 12 \times 70 + 6 \times 60 = 1{,}200$
- 2022년 GDP 디플레이터 = 2022년 명목GDP/2022년 실질GDP $\times 100 = 1{,}200/1{,}000 \times 100 = 120$

33

정답 ①

① (O) 실업률은 경제활동인구(실업자+취업자) 중 실업자가 차지하는 비율을 의미한다.

② (X) '실업률=실업자/경제활동인구'이므로 경제활동 참가율이 높아져 경제활동인구가 증가하는 경우 실업률이 하락할 수 있다.

③ (X) 구직단념자는 실망노동자로 실질적으로 실업자에 해당되지만 통계적으로 비경제활동인구에 포함되어 실망노동자가 증가하는 경우 통계적 실업률은 하락한다.

④ (X) '고용률=취업자/노동가능인구'이고, '실업률=실업자/경제활동인구'이므로 노동가능인구 중 비경제활동인구가 감소해 고용률이 증가하는 경우 실업률은 변화하지 않는다.

34

정답 ③

ㄱ. (X) 십분위분배율은 '하위 40%/상위 20%'이다. 따라서 소득분배가 완전히 균등하려면 그 값이 2이어야 한다.

ㄴ. (O) 로렌츠곡선이라는 용어를 정확하게 이해해야 한다. 일반적으로 가로축은 누적인구, 세로축은 누적소득을 나타낸다. 45도 대각선은 완전균등선이며, 소득 불균형도에 따라 그 사이에 선이 그어지는데 이것이 로렌츠곡선이다. 따라서 로렌츠곡선이 완전균등선과 일치할 경우에는 소득분배가 완전히 균등이 이뤄졌음을 의미한다.

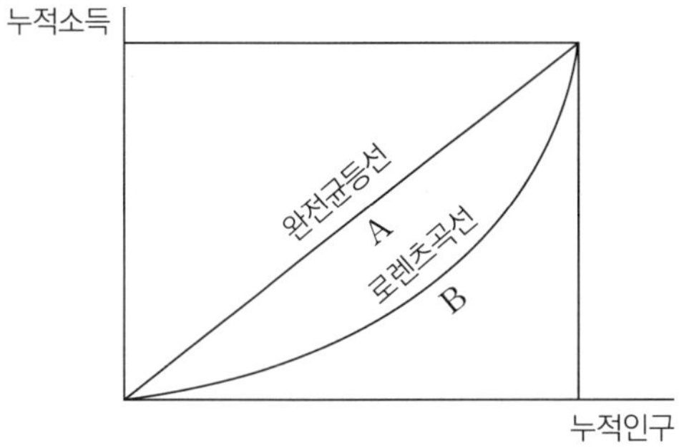

ㄷ. (X) 오분위배율은 '상위 20%/하위 20%'이다(교재에 따라서는 상위 20%를 5분위, 하위 20%를 1분위로 표시해서 '5분위/1분위'로 나타내기도 하지만 해석에는 차이가 없음). 오분위배율의 값이 2라는 것은 상위 20%가 하위 20%의 2배만큼 소득을 보유하고 있다는 뜻이므로 완전히 균등한 상태가 아니다.

ㄹ. (O) 지니계수는 위 ㄴ에서 살펴본 로렌츠곡선에서 면적을 따져 구한다. A/(A+B)인데, 이때 지니계수가 0이라는 말은 A의 값이 0이라는 뜻, 즉 로렌츠곡선이 완전균등선과 일치한다는 의미이다.

[TIP] 소득분배 비율 예시
- 오분위배율: 상위 20% 소득점유율/하위 20% 소득점유율
- 십분위배율: 상위 10% 소득점유율/하위 10% 소득점유율
- 십분위분배율: 하위 40% 소득점유율/상위 20% 소득점유율

35

정답 ②

빅맥 가격 대비 자국통화 평가를 시장환율 기준으로 나타내면 다음과 같다.

구분	빅맥 지수	현재 시장환율	자국화폐 평가
미국	4달러	–	–
한국	1,250원/1달러	1,100원=1달러	고평가
러시아	62.5루블/1달러	75루블=1달러	저평가
브라질	6헤알/1달러	5.5헤알=1달러	고평가
일본	100엔/1달러	105엔=1달러	저평가

저평가된 국가는 러시아와 일본이다. 이때 크기를 비교하면 러시아가 더 크다. 따라서 가장 저평가된 국가는 러시아이다.

36

정답 ①

ㄱ. (X) '소국'이라는 점에서 가격 형성에 영향을 미치지 못함을 알 수 있다.

ㄴ. (X) 교역 이후의 가격(세계 가격)이 이전의 가격보다 높기 때문에 국내 생산자들은 공급을 더 늘리고자 할 것이다.

ㄷ. (O) 오렌지 가격이 상승했기 때문에 국내 소비량이 감소한다. 따라서 거래량 역시 감소한다. 단, 상승한 가격 수준에서 공급과 수요의 차이가 수출로 이어진다.

ㄹ. (X) 가격 상승의 결과 거래량이 감소했기 때문에 소비자 잉여는 감소한다.

ㅁ. (X) 오렌지 수출 시 소비자 잉여는 감소하지만 생산자 잉여가 더 크게 증가해 사회적 총잉여가 증가한다.

37

정답 ④

- A: (O) 중국은 밀 1단위 생산에 1시간, 옥수수 1단위 생산에 4시간이 투입되며, 1주일 최대 생산량은 밀 40단위, 옥수수 10단위이다. 이는 전체 주어진 시간이 40시간이라는 뜻이다.
- B: (O) 인도는 중국에 비해 밀, 옥수수 모두 투입 노동시간이 더 많다. 따라서 절대열위에 있다.
- C: (O) 중국의 밀 생산 시 기회비용은 옥수수 1/4단위, 인도의 밀 생산 시 기회비용은 옥수수 2/5단위이다. 따라서 중국이 밀 생산에 비교우위가 있다.
- D: (X) 중국에서 밀 1단위 생산 시 기회비용은 옥수수 1/4단위이다.

38

정답 ③

③ (O) 원점에서 우상향하는 직선 형태의 공급곡선은 모든 점에서 탄력성이 같다. 즉, A~C 는 모든 점에서 공급의 가격탄력성은 1로 같다.

39

정답 ④

① (X) 제시문은 임금인상에 대해 부정적으로 생각하는 기업의 입장과 임금 인상에 대해 채용 축소와 감원 등의 기업 대처방안을 제시했으므로 틀린 보기이다.

② (X) 최저임금을 인상하면 여성과 청소년의 일자리가 많아진다는 것은 최저임금 인상에 반대하는 입장에 대한 근거로는 부적절하며, 제시문의 내용과도 거리가 멀다.

③ (X) 최저임금 인상은 숙련 노동자와 미숙련 노동자 모두의 임금 상승을 가져온다. 하지만 기업(고용주) 입장에서는 숙련 노동자를 원할 것이므로, 최저임금 인상에 따른 부담으로 미숙련 노동자를 해고할 가능성이 상대적으로 크다.

그 밖에도 숙련 노동자의 임금은 최저임금보다 높은 수준인 경우가 대부분이기 때문에, 최저임금 피해는 주로 미숙련 노동자에게 돌아간다.

④ (O) 최저임금 인상으로 기업의 고용이 감소하면, 최저임금보다 낮은 임금이라도 받고 일하고자 하는 사람이 발생할 수 있다. 이때 고용주의 불법 고용 문제가 나타날 여지가 있다는 뜻이다.

40

정답 ③

① (X) 만약 기업들이 즉각적으로 대응한다면 가격은 신축적으로 움직일 것이다. 그러면 메뉴비용도 발생하지 않고, 기업은 생산량 대신 가격을 조절한다. 하지만 기업들이 현실적으로는 즉각적으로 시장변화에 대응하지 못하기 때문에 생산량을 조절하여, 총공급곡선이 수직이 아닌 우상향하게 된다.

② (X) 화폐환상이란 노동자들이 노동량 결정에 필요한 정보가 부족해 발생하는 문제인데, 노동자들은 명목임금의 변화를 실질임금의 변화로 착각한다. 즉, 실질임금에는 변화가 없음에도 물가상승에 의한 결과인 명목임금 상승에 따라 노동공급을 증가시킨다. 그 결과 단기총공급곡선이 우상향한다.

③ (O) 임금의 하방경직성을 설명하고 있다. 물가가 하락하면 수요 부족으로 임금 역시 하락해야 하는데, 단기적으로 임금은 경직되어 있다. 이 경우 노동의 초과공급은 비자발적 실업으로 연결되고, 그 결과 총공급곡선 우상향으로 이어진다.

④ (X) 임금과 물가가 신축적으로 조정되는 것은 장기 총공급곡선이 수직이라는 점을 설명할 때 소개되는 내용이다.

> **[TIP] 총공급곡선의 단기 우상향 근거**
> - 임금과 물가의 경직성(임금계약이론)
> - 노동공급자의 화폐환상
> - 메뉴비용의 존재(가격의 비신축성)

제5회 정답 및 해설

01	02	03	04	05	06	07	08	09	10
②	④	④	①	④	③	①	②	③	④
11	**12**	**13**	**14**	**15**	**16**	**17**	**18**	**19**	**20**
④	②	①	①	④	④	③	①	③	④
21	**22**	**23**	**24**	**25**	**26**	**27**	**28**	**29**	**30**
④	②	③	④	②	④	②	②	①	④
31	**32**	**33**	**34**	**35**	**36**	**37**	**38**	**39**	**40**
④	②	④	②	①	③	④	①	②	③

01

정답 ②

ㄱ. (O) 고전적 조건화는 조건적인 자극이 반응을 유발하는 과정을 설명하는 이론이다. 강아지에게 먹이를 줄 때마다 종소리를 울리게 되면 이후에 강아지는 종소리만 울려도 침을 흘리는데 이때 종소리가 조건자극에 해당한다.

ㄴ. (X) 자기감시성향은 스스로 감정과 태도를 감시하고 외부상황과 변화에 얼마나 잘 적응하는지 나타내는 성향이다. 자기감시성향이 높을수록 주어진 상황에서 유연하게 대처하는 데 능숙하며 외부자극에 민감하다는 특징이 있다.

ㄷ. (X) 조직시민행동은 조직에서 공식적으로 의무가 주어지거나 보상이 이루어지지는 않지만, 자발적으로 조직과 조직의 구성원을 위해 수행하는 활동을 의미한다.

ㄹ. (O) 자기존중감이란 자신을 얼마나 가치 있는 존재로 인식하는지에 대한 것으로 자기존중감이 높은 사람은 스스로 가치 있다고 느끼며 긍정적이다.

02

정답 ④

이 문제를 풀이하기 위해서는 마이클 포터의 경쟁전략이론에 대해 알아야 한다, 이 이론에 따르면 산업의 수익률은 5가지 요인에 영향을 받는데, 공급자의 교섭력, 대체재의 위협, 구매자의 교섭력, 잠재적 진입자의 위협, 현재 산업 내 경쟁이 모두 낮을 때 산업의 수익률이 높다.

① (X) 교섭력이 강한 구매자에 납품할수록 기업은 상품을 저렴하게 판매하거나 소비자의 요구에 맞춰야 하므로 산업의 수익률이 하락한다.

② (X) 진입장벽이 낮아 잠재적 경쟁자가 진입하기 쉬울수록 산업의 수익률은 하락한다.

③ (X) 원료 공급자의 차별화 정도가 높아질수록 공급자의 교섭력이 강하므로 기업에 더 비싼 가격에 공급하려고 할 것이다.

④ (○) 기업이 공급하는 상품과 동일한 효용을 제공하는 대체재가 적을수록 해당 산업에 종사하는 기업의 수익률이 상승한다.

03

정답 ④

이 문제를 풀이하기 위해서는 통제의 위치에 따른 성격의 분류에 대해 알아야 한다. 통제의 위치는 사람이 자신의 운명을 통제할 수 있다고 믿는 정도를 나타낸다. 내재론자는 스스로의 운명을 통제할 수 있다고 믿으며, 이와 반대로 외재론자는 외부 요인에 의해 자신의 운명이 결정된다고 믿는다.

① (내재론자) 적극적이고 참여적이므로 도전적 사업에 투입하는 것이 적합하다.
② (내재론자) 비교적 동기부여의 수준이 높아 업무에서 더 높은 성과를 내는 경향이 있다.
③ (내재론자) 안정적 정서를 바탕으로 자기통제에 능하고 적극적이고 참여적인 자세를 가지므로 참여적 리더십을 선호한다.
④ (외재론자) 불확실성에 대해 스트레스를 많이 받는 외재론자는 정립된 과업에 투입하는 것이 효과적이다. 내재론자를 이러한 업무에 배치하는 경우 지루함을 느낄 수 있다.

04

정답 ①

경영의 효과성은 기업의 목표달성 여부와 관련된 개념이고, 경영의 효율성은 투입 대비 산출의 비율과 관련된 개념이다.

① (×) 투입량 대비 산출의 비율은 효율성 개념에 해당한다.
② (○) 기업이 예상보다 적은 자원을 투입했지만 목표를 달성하지 못했다면 이는 효율적이라고 볼 수 있지만 효과적이라고 할 수 없다.
③ (○) 자원의 낭비 감소는 투입 대비 효율을 나타내는 효율성을 향상하는 데 영향을 미치지만 경영의 효과성과는 관련성이 떨어진다.
④ (○) 효과성은 목표달성을 나타내므로 조직 목표달성 시 경영이 효과적이라고 할 수 있다.

05

정답 ④

① (×) 차별화 전략은 다른 경쟁 기업과 차별화된 제품, 서비스를 통해 경쟁우위를 달성하려는 전략이다.
② (×) 브랜드 라인 확장은 현재 브랜드가 포함된 제품 범위 내에서 특징을 변형해 기존 브랜드명과 함께 새로운 세분시장을 공략하는 것이다.
③ (×) 시장 잠재력은 특정 시장에서 최적의 조건하에 일정 기간 동안 경쟁회사와 자회사가 올릴 수 있는 최대 판매량 또는 매출액을 합산한 시장수요의 상한이다.
④ (○) 제품 수명주기는 제품 및 서비스가 도입 후 성장, 성숙, 쇠퇴 단계를 거치는 단계를 설명하는 이론이다. 제품 수명주기는 변화 속도가 빠른 시장에 적용하기 용이하며, 적용하는 제품에 따라 다른 속도로 적용될 수 있고, 회사의 전략에 따라 변화할 수 있다.

06

정답 ③

제조업체가 유통업체를 대상으로 마케팅을 하는 것은 푸시(Push) 전략에 해당한다. 이와 대조적으로 제조업체가 소비자를 대상으로 직접 마케팅을 수행해 소비자가 유통업체에서 자사의 제품을 찾도록 하는 것은 풀(Pull) 전략에 해당한다.

ㄱ. (×) 제조업체가 유통경로의 상인을 대상으로 마케팅 활동을 하는 것은 푸시 전략에 해당한다.
ㄴ. (○) 제조업체의 소비자에 대한 마케팅 활동을 통해 상인들이 더 많은 물량을 자발적으로 취급하는 것은 풀 전략에 해당한다.
ㄷ. (×) 도매 유통업자가 소매 유통업자에게 더 많은 물량을 밀어붙이는 전략은 푸시 전략에 해당한다.
ㄹ. (○) 제조업체가 직접 소비자를 대상으로 하는 마케팅 활동은 풀 전략에 해당한다.

07

정답 ①

소비재는 구매자의 태도에 따라 편의품, 선매품, 전문품으로 분류할 수 있다.

(가) 선택적 유통경로는 소수의 소매점을 통해 제품을 선별적으로 유통하는 것으로, 가구와 내구재 같은 '선매품' 유통 시 활용된다.
(나) 브랜드의 특징이 가장 독특하며 가장 많은 시간과 노력을 투입하는 것은 '전문품'에 해당한다.
(다) 구매 시 소비재 중 가장 적은 시간과 노력이 투입되는 것은 '편의품'에 해당한다.

08

정답 ②

① (○) 라인 확장은 기존의 브랜드와 제품에 맛, 색 등을 변화시킨 브랜드 개발방식이다. 라인 확장 중 하향적 확장은 기

존 상품보다 낮은 가격으로 확장하는 것으로 기존 브랜드 이미지를 훼손할 위험이 있다.

② (X) 신규 브랜드 전략은 새로운 브랜드를 새로운 제품범주에 적용하는 브랜드 개발방식으로, 기존 브랜드의 인지도를 활용하지는 않는다.

③ (O) 코브랜드 전략은 인지도가 낮은 자사의 브랜드와 다른 유명 브랜드를 결합해 시장 진출을 용이하게 하려는 브랜드 전략이다.

④ (O) 복수브랜드 전략은 동일 제품에서 여러 브랜드를 사용하는 전략이다.

09

정답 ③

자재소요계획은 원자재, 부품 등 종속수요를 가진 재고를 관리하는 기법이다.

① (O) 자재소요계획은 최종 제품의 수요에 의해 종속수요를 갖는 하위 품목들에 대한 계획을 수립한다.

② (O) 자재소요계획은 완제품의 생산계획에 따라 하위 품목의 재고관리 일정이 정해지므로 별도의 하위 품목 수요 예측과정이 필요하지 않다.

③ (X) 주생산계획, 재고기록, 자재명세서는 자재소요계획 수립 시 필요한 정보들이므로 수립 순서가 잘못되었다.

④ (O) 자재소요계획은 컴퓨터에 기초해 종속수요의 변화에 빠르게 대응할 수 있다.

10

정답 ④

① (X) 가동 준비비용은 기업이 제품 생산 시 필요한 준비에서 발생하는 비용이다.

② (X) 주문비용은 외부에서 재고 구매 시 드는 비용이다.

③ (X) 재고 부족비용은 재고가 다시 보충될 때 발생하는 비용으로 고객이 재고가 보충될 때까지 기다려서 발생하는 비용과 고객이 주문을 취소해 발생하는 비용이 이에 해당한다.

④ (O) 유지비용은 저장비용, 재고를 구매하기 위한 자본의 기회비용, 보험료 등 재고 유지와 관련된 모든 비용이다.

11

정답 ④

이 문제를 풀이하기 위해서는 복구의무가 있는 유형자산 취득 후 발생하는 비용에 대해 알아야 한다.

- 건물 취득가: 공사대금＋복구 관련 부채의 현재가치
  ＝10,000＋2,000＝12,000원
- X1년 감가상각비: 12,000/4＝3,000원
- X1년 이자비용: 복구충당부채×할인율
  ＝2,000×10%＝200원
- X1년 포괄손익계산서 비용＝3,200원

[TIP] 건물에서 발생하는 비용

건물의 취득가 계산 시 복구충당부채금액을 포함하는 것에 주의해야 한다. 또한 복구의무가 있는 건물과 관련해 발생하는 비용은 감가상각비뿐만 아니라 복구충당부채의 이자비용이 있으므로 이를 누락하지 않도록 주의해야 한다.

12

정답 ②

자본 총계는 자산에서 부채를 차감한 금액이고, 자본금 총계는 주주 납입 자본 중 발행주식 수와 액면가를 곱한 금액이다.

- 자본 총계 증가액: 액면 주식발행(1월 1일) 100주×100원＋할증 주식발행(3월 10일) 100주×200원＋할인 주식발행(5월 27일) 50주×50원－자기주식 매입(9월 4일) 10주×150원＋자기주식 처분(10월 25일) 5주×200원＝32,000원
- 자본금 총계 증가액: 액면 주식발행(1월 1일) 100주×100원＋할증 주식발행(3월 10일) 100주×100원＋할인 주식발행(5월 27일) 50주×100원＝25,000원

[TIP] 자본거래 회계처리의 이해

문제의 사례처럼 주식발행초과금이 있는 경우 주식을 할인발행하면 아래와 같이 회계처리를 해야 한다.

(차) 현금	2,500	(대) 자본금	5,000
(차) 주식발행초과금	2,500		

또한 자기주식 취득시의 회계처리는 다음과 같다

(차) 자기주식	1,500	(대) 현금	1,500

13

정답 ①

이 문제를 풀이하기 위해서는 재고자산의 평가손실을 계산할 수 있어야 한다. 재고자산의 평가손실은 장부상 원가에서 재고의 순실현가치를 차감해 구할 수 있다. 확정판매계약을 적용하는 재고의 경우에는 확정된 계약가격을 반영해 평가손실을 구할 수 있다.

- 확정반판매를 한 상품 A의 평가손실:
  100개×(10,000원－13,000원)＝－300,000원
- 일반판매계약을 한 상품 A의 평가손실:
  100개×(12,000원－1,000원－13,000원)＝－200,000원

- 일반판매를 한 상품 B의 평가손실:
  100개×(15,000원−1,000원−20,000원)=−600,000원
- 총평가손실:
  300,000원+200,000원+600,000원=1,100,000원

14

정답 ①

매입으로 인한 현금유출액은 매출원가, 재고 감모손실처럼 매입과 관련된 손익에서 관련 자산과 부채를 조정해 구할 수 있다.

> 매입으로 인한 현금유출액
> =−매출원가−재고 감모손실+매입채무 증가+재고자산 감소−선급금 증가

위 공식에 따라 계산해 보면,
−1,000,000−100,000+150,000+200,000−50,000
=−800,000이므로, 매입으로 인해 800,000이 유출되었음을 알 수 있다.

15

정답 ④

충당부채는 과거 사건의 결과로 현재 의무가 있으며 부채의 지출 시기 또는 금액이 불확실한 경우 인식한다.

① (○) 충당부채는 부채 중 지출의 시기와 금액이 불확실하지만 자원의 유출 가능성과 신뢰성 있는 추정 가능성이 모두 높을 때 인식한다.
② (○) 의제 의무는 경영방침, 관행 등으로 인해 상대방이 기업이 의무를 이행할 것이라고 정당하게 기대하는 경우 발생한다. 부채에서 말하는 현재 의무에는 법적 의무뿐만 아니라 이러한 의제 의무도 포함된다.
③ (○) 충당부채는 지출 시기 또는 금액이 불확실한 부채로 충당부채를 인식하기 위해서는 부채의 인식요건을 충족해야 한다.
④ (×) 금액의 신뢰성 있는 추정이 불가능한 경우 재무상태표에 충당부채로 인식하지 않고 주석에 우발부채로 공시해야 한다.

16

정답 ④

먼저 2022년 초 자산을 구하면,
2022년 초 자산=2022년 초 부채+2022년 초 자본
=10,000+20,000=30,000이다.
다음으로 순이익을 계산해 보면,
순이익=총수익−총비용=15,000−9,000=6,000이다.
이를 통해 2022년 말 자본을 구하면,
2022년 말 자본=기초자본+순이익+유상증자−현금배당
=20,000+6,000+500−1,500=25,000이다.
마지막으로 2022년 말 자산을 구하면,
2022년 말 자산=2022년 말 부채+2022년 말 자본
=20,000+25,000=45,000이다.
따라서 ㉠에는 30,000, ㉡에는 45,000, ㉢에는 25,000이 들어가면 된다.

> **[TIP] 유상증가와 현금배당**
> - 유상증자: 자본총계 증가, 현금 증가 · 주식 수 증가
> - 현금배당: 자본총계 감소, 현금 유출 · 주식 수 불변

17

정답 ③

기업이 적정 대손충당금보다 더 작은 금액으로 대손충당금을 인식하는 경우 대손상각비가 적게 계상되어 총비용이 감소하고 영업이익이 과대평가된다. 또한 자본이 과대평가되어 총자산 또한 과대평가된다.

① (×) 대손충당금을 적게 인식할 때 영업이익이 과대평가된다.
② (×) 대손충당금을 적게 인식할 때 손익계산서의 총비용이 과소평가된다.
③ (○) 대손충당금을 적게 인식할 때 적정보다 자산총계가 과대평가된다.
④ (×) 대손충당금을 적게 인식할 때 재무상태표의 자본총계가 과대평가된다.

18

정답 ①

현금흐름=매출−대손상각비∓자산의 증감±부채의 증감
=500,000−20,000−100,000+200,000=580,000

> **[TIP] 현금흐름 계산 시 조정항목의 이해**
> 현금흐름을 계산할 때는 손익계정에서 자산의 증가분과 부채의 감소분을 차감하며 자산의 감소분과 부채의 증가분을 가산한다. 자산이 증가하면 기업이 보유한 현금이 자산으로 전환되어 현금흐름이 감소하고, 이와 반대로 자산이 감소하면 기업의 자산이 현금으로 전환되어 현금흐름이 증가했다고 이해하면 된다.

19

정답 ③

구분	2022년	2023년
매출액	100%	100%
매출원가 비율	85만/100만=85%	90만/120만=75%
판매관리비 비율	5만/100만=5%	10만/120만 =8.33%
법인세 비율	2만/100만=2%	4만/120만 =3.33%
당기순이익 비율	8만/100만=8%	16만/120만 =13.33%

③ (X) 매출원가 비율은 작년 대비 10%p 감소했다.

20

정답 ④

먼저 NPV를 계산해 보면, $-500,000+300,000/(1+10\%)^1+360,000/(1+10\%)^2=70,248$이므로, NPV =70,248이다.

다음으로 IRR을 계산해 보면, $-500,000+300,000/(1+IRR)^1+360,000/(1+IRR)^2=0$이므로, IRR=20%이다.

> [TIP] 객관식 문항의 풀이
> 이 문제에서 NPV의 경우, 구체적인 계산을 하지 않고 계산식만 보아도 그 값이 0이나 100,000은 아니라는 것을 짐작할 수 있다. 따라서 선택지 ①, ②는 쉽게 소거할 수 있는 것이다. 이처럼 4지 선다형이라는 객관식 문항의 특성을 항상 염두에 두고, 시간을 효율적으로 사용하는 것이 좋다.

21

정답 ④

	당기 초	당기 말
매출액	10,000	12,000
총비용(이자비용 제외)	6,000	6,000
영업이익	4,000	6,000
이자비용	2,000	4,000
순이익	2,000	2,000

영업레버리지=영업이익 변동률/매출액 변동률
=(2,000/4,000)/(2,000/10,000)
=50%/20%
=2.5

> [TIP] 영업레버리지
> 영업레버리지는 '영업이익 변동률/매출액 변동률' 또는 '(매출액−변동비용)/영업이익'으로 나타낼 수 있는데, 이 문제에서는 '공헌이익(=매출액−변동비용)'을 구할 수 없으므로 '영업이익 변동률/매출액 변동률'을 적용한다. 한편, 영업레버리지가 2.5라는 것은 매출액 1% 변동 시 영업이익은 2.5% 변동함을 의미한다.

22

정답 ②

이 문제를 풀이하기 위해서는 주어진 자료를 활용해 잉여현금흐름을 구할 수 있어야 한다. 잉여현금흐름은 영업현금흐름에서 기업의 성장과 유지를 위한 현금유출을 제외한 금액이다.

FCF=잉여현금흐름, OCF=영업현금흐름, NWC=순운전자본, FA=비유동자산일 때, 다음과 같이 계산할 수 있다.

- OCF=영업이익×(1−법인세율)+감가상각비
  =100,000×(1−10%)+10,000=100,000원
- FCF=OCF−(NWC 추가투자+비유동자산 추가투자+감가상각비)
  =100,000−(6,000+2,000+10,000)=82,000원

23

정답 ③

이 문제를 풀이하기 위해서는 자본자산가격결정모형의 증권시장선(SML)에 대해 알아야 한다. 증권시장선은 체계적 위험과 개별 자산수익률의 관계를 나타낸 식이다.

$E(R_A)$=자산의 기대수익률, R_f=무위험 수익률, $E(R_M)$=시장포트폴리오의 기대수익률, β_A=자산의 체계적 위험인 경우 자산의 기대수익률은 다음과 같다.

$E(R_A)=R_f+\{E(R_M)-R_f\}\times\beta_A$
$=5\%+(10\%-5\%)\times3$
$=20\%$

24

정답 ④

- ㈜만세의 가중평균 자본비용: 자기자본비용×자기자본/총자산+타인자본비용×(1−법인세율)×타인자본/총자산=30%×0.5+20%×(1−50%)×0.5=20%
- 투자안 A의 순현재가치(NPV): 투자안 발생 현금흐름의 현재가치−투자금액=2,000,000/20%−8,000,000=2,000,000원

25

정답 ②

① (○) CML은 자산의 총위험과 수익률 간의 관계를, SML은 자산의 체계적 위험과 수익률 간의 관계를 나타낸다.
② (×) CML은 자산의 총위험과 수익률의 관계를 나타내므로, 비체계적 위험이 있는 자산은 CML 우측에 존재한다.
③ (○) SML은 체계적 위험과 수익률의 관계를 나타낸 것으로, 비효율적 자산을 포함한 모든 자산의 기대수익률을 계산할 수 있다.
④ (○) 시장포트폴리오는 위험 대비 보상이 가장 큰 포트폴리오이다.

26

정답 ④

① (×) 액면채는 발행 시 시장이자율과 액면이자율이 같아 발행가와 채권의 액면금액이 동일한 채권으로 만기에 가까워질 때까지 이자수익률이 일정하다는 특징이 있다.
② (×) 채권의 보유기간수익률이 아닌 만기수익률에 대한 설명이다. 보유기간수익률은 채권 발행 이후부터 만기 전까지 보유한 기간에 얻을 수 있는 수익이다.
③ (×) 수의상환조건채권은 채권 발행자의 선택에 따라 만기 전에 원금을 조기 상환할 수 있는 권리가 있는 채권이다. 수의상환조건채권은 채권 발행자에게 추가적인 권리가 있으므로 채권 투자자들은 더 높은 수익률을 요구한다.
④ (○) 채권의 만기수익률은 채무불이행이 없을 때 채권을 만기까지 보유한 경우 얻을 수 있는 수익률이다. 보유기간수익률은 채권 거래 시 시장이자율에 따라 달라지므로 만기수익률과 차이가 있을 수 있다.

27

정답 ②

채권의 듀레이션은 채권에서 발생하는 현금흐름의 가중평균 기간이다.
ㄱ. (×) 상환청구조건이 있는 경우 채권이 조기상환 될 수 있으므로 듀레이션은 감소한다.
ㄴ. (○) 액면이자율이 작은 경우 액면이자율이 큰 경우보다 채권의 듀레이션이 증가한다.
ㄷ. (×) 무이표채는 만기 전에 이자를 지급하지 않고 만기 시 이자와 원금을 동시에 지급하는 채권이다. 무이표채의 듀레이션은 채권의 만기와 동일하므로 만기가 짧아지는 경우 듀레이션 또한 감소한다.
ㄹ. (×) 이표채는 만기 전 일정 기간마다 이자를 지급하는 채권이다. 이표채 취득 이후에 시간이 경과하는 경우 채권의 듀레이션은 감소한다.

28

정답 ②

① (○) 재무관리는 한정된 회사의 자금 조달과 운영을 보다 효과적으로 할 수 있도록 한다.
② (×) 회계적 이익은 적용 방식에 따라 이익의 변동성이 크고 투자안의 기회비용과 불확실성에 대해 고려하지 못하므로 재무관리의 목표로 적합하지 않다. 재무관리의 목표로는 기업가치 극대화 또는 자기자본 극대화가 적합하다.
③ (○) 회사는 자기자본 조달 시 주주에 대한 추가적 자금조달 방법인 주식 발행뿐만 아니라 내부의 잉여금을 활용할 수 있다.
④ (○) 재무관리는 자본비용 감소 등을 통한 기업가치와 자기자본 극대화를 목표로 한다.

29

정답 ①

소비세를 재화 한 단위당 4원씩 부여할 때 수요곡선은 $P=-Q+20-4=-Q+16$이다.
소비세 부과 전 균형은 $-Q+20=Q+10$, $2Q=10$이므로 $Q=5$, $P=15$이다.
소비세 부과 후 균형은 $-Q+16=Q+10$, $2Q=6$이므로 $Q=3$, $P=13$이다.
(가) $2\times3+0.5\times2\times2=8$
(나) $2\times3+0.5\times2\times2=8$
위 내용을 그래프로 나타내면 다음과 같다.

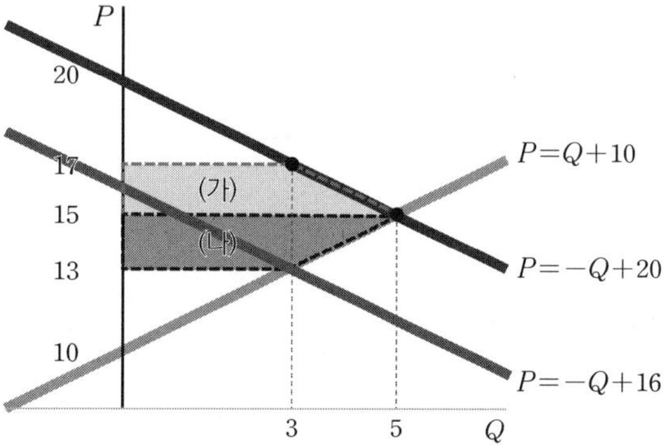

30

정답 ④

• 단위당 가격: 완전경쟁시장의 장기균형은 장기 평균비용 곡선의 최저점에 위치한다. 장기평균 곡선을 미분해 최저

점을 구하면 $2Q-10=0$이므로, 개별 기업은 $Q=5$에서 균형이다. 따라서 개별 기업의 장기균형은 $Q=5$, $P=10$에서 결정된다. 즉, 단위당 가격은 10이다.

- 기업의 수: 가격이 10일 때 시장 수요함수를 통해 총 수요량이 $-5\times10+100=50$개인 것을 알 수 있다. 따라서 장기균형의 총 기업의 수는 50개/5개=10개이다.

31

정답 ④

① (○) 경제 개방 전 소비자 잉여는 $0.5\times100\times100=5{,}000$이고 경제 개방 후 소비자 잉여는 $0.5\times150\times150=11{,}250$이다.

② (○) 경제 개방 후 가격 150을 공급곡선에 대입하면 A국은 $Q=150-100=50$을 생산한다. 경제 개방 전 곡물 생산량은 100이므로 경제 개방 후 곡물 생산량이 감소한다.

③ (○) 개방 전 A국의 균형 가격은 200, 균형 수량은 100이다. 국제 가격이 개방 전 A국의 균형 가격보다 작으므로 A국은 곡물을 수입하게 된다.

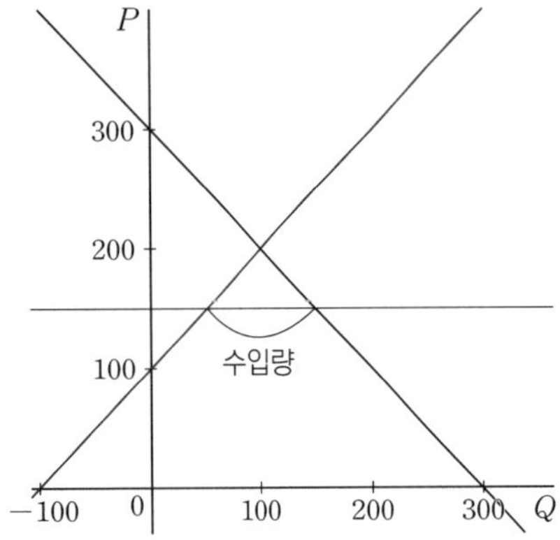

④ (×) 경제 개방 전 생산자 잉여는 $0.5\times100\times100=5{,}000$이고 경제 개방 후 생산자 잉여는 $0.5\times50\times50=1{,}250$이다.

32

정답 ②

ㄱ. (×) 정부의 재정지출이 증가하면 재정적자가 증가해 국내총지출이 감소하므로 경상수지가 악화된다.

ㄴ. (○) 국내 통화 평가절하 시 수출 시 가격은 감소하지만 수출 수량이 증가해 경상수지가 개선된다.

ㄷ. (○) 경상수지 적자는 국내총생산이 국내총지출보다 작은 경우 발생한다. 국내 저축이 증가하면 국내총지출이 감소해 경상수지가 개선된다.

ㄹ. (×) 국내 투자가 증가하면 국내총지출이 증가하므로 경상수지가 악화된다.

33

정답 ④

ㄱ. (×) 중앙은행이 지방은행들에 국채를 매도한 경우 본원통화가 감소하고 화폐 공급 또한 감소한다.

ㄴ. (×) 국제결제은행(BIS) 기준의 자기자본비율은 국제 결제은행이 일반 은행에게 권고하는 자기자본비율 수치이다. 은행의 자기자본비율이 높은 경우 신용창조가 감소해 통화 공급이 감소한다.

ㄷ. (○) 민간의 현금 보유 비중이 감소하는 경우 통화 승수가 증가해 통화 공급이 증가한다.

ㄹ. (○) 법정 지급준비율은 시중 은행이 일정 비율의 현금을 중앙은행에 예치하도록 법적으로 강제하는 제도이다. 법정 지급준비율이 인하되는 경우 통화승수가 커지고 통화 공급이 증가한다.

34

정답 ②

ㄱ. (○) 중고 거래는 주의해서 계산해야 한다. 만약 중고 거래 사이트를 통해 개인 대 개인 간 단순 거래가 발생했다면 GDP 증가를 가져오지 않는다. 하지만 본 사례에서와 같이 500만 원에 구입해 600만 원에 판매하는 '부가가치'가 발생하면 그 부가가치만큼 GDP에 포함한다. 참고로, 이때 발생하는 GDP의 크기는 100만 원이다.

ㄴ. (×) 단순한 시세 변동에 따른 주택 가격 상승은 GDP 증가를 가져오지 않는다.

ㄷ. (×) 실업급여나 생활보조금과 같은 정부의 이전지출은 GDP에 포함되지 않는다.

ㄹ. (○) 가사도우미로 일하는 경우 GDP에 포함된다. 주부의 가사 노동은 포함되지 않는다는 점과 구분하면 된다.

ㅁ. (○) 공장을 짓는 것은 설비투자이므로, GDP에 포함된다.

35

정답 ①

① (○) 변동환율제도하에서는 중앙은행이 환율을 일정하게 유지할 필요가 없기 때문에, 외환시장에 개입할 필요가 없다는 뜻이다.

② (×) 환리스크는 환율변동에 따른 위험을 가리키는데, 변동환율제도에서는 언제든지 환율이 요동칠 가능성이 있다.

③ (X) 고정환율제도에서는 중앙은행이 환율을 유지해야 하기 때문에 통화정책 시 환율을 고려해야 한다. 따라서 고정환율제도가 변동환율제도에 비해 제약이 더 크다.
④ (X) 수급 불균형이 환율에 반영될 뿐, 통화량에 영향을 미치지는 않는다. 반면 고정환율제도에서는 외환 수급에 불균형이 생기면 환율이 달라지기 때문에 국내 통화량을 조절해야 한다.

36

정답 ③

① (O) 희소성은 인간의 물질적 욕구에 비하여 그 충족 수단이 질적 · 양적으로 제한되어 있거나 부족한 상태로, '절대적' 부족이 아닌 '상대적' 부족이라는 점에 유의해야 한다.
② (O) 기회비용은 고려하는 것이 맞지만, 매몰비용은 이미 지출된 비용이므로 고려하지 않는다.
③ (X) 규범경제학은 가치판단을 전제하는 반면, 실증경제학은 경제현상을 객관적으로 파악하는 것 자체를 말한다. 소상공인 보호를 위해 대기업의 골목상권 진입을 금지해야 한다는 주장은 가치판단에 해당하기 때문에 규범경제학에 가깝다.
④ (O) 유량은 '기간', 저량은 '시점'으로 구분하면 이해하기 수월하다. 국내총생산은 대개 1년간의 생산을 가리키므로 유량이 맞다.

37

정답 ④

ㄱ. (X) 로렌츠곡선은 인구와 소득의 관계다. 그래서 (가)에는 소득 누적 점유율(%), (나)에는 인구 누적 비율(%)이 들어간다.
ㄴ. (O) C를 통과한 로렌츠곡선은 그래프의 끝 지점(인구와 소득 모두 100인 지점)을 통과해야 한다. 또한 그 기울기는 갈수록 가팔라져야지 완만해져서는 안 되는데, D를 통과하면 기울기가 어긋난다.
ㄷ. (O) B를 통과하려면 기울기가 45도여야 한다. 그런데 B와 C를 통과하면 기울기가 작아진다.
ㄹ. (O) 로렌츠곡선이 완전 균등 분배선을 따르는 경우다.

38

정답 ①

기존의 생산자잉여는 포함하지 않고, 증가한 크기만을 구해야 한다. 생산자잉여 증가분은 다음 그래프의 A 면적으로 나타난다.

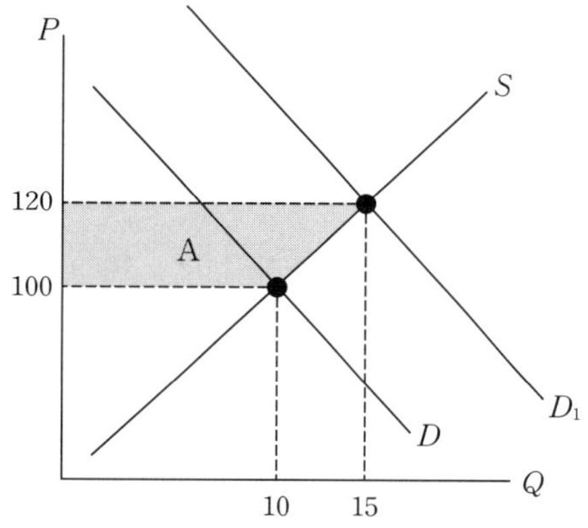

따라서 생산자잉여의 증가분을 계산해 보면,
$20\times(10+15)/2=250$이다.

39

정답 ②

① (O) 사분면 관점에서 파악하면 된다. 무차별곡선의 1사분면이기 때문에 효용은 양(+)의 값으로 나타난다.
② (X) 효용의 합을 나타낸 것이 무차별곡선이다. B점은 A점보다 원점에서 멀리 떨어진 무차별곡선이기 때문에 B점에서의 효용의 합이 더 크다.
③ (O) 무차별하다는 말은 효용의 크기가 같다는 뜻이다. B점과 C점은 동일한 무차별곡선상에 있다.
④ (O) 무차별곡선의 두 축은 재화 소비량을 나타낸다. 다만 C점이 A점보다 효용은 더 큰데, 이는 X재 소비량이 더 많고 X재의 한계효용이 양(+)의 값을 갖기 때문이다.

40

정답 ③

① (O) 제시문의 핵심은 '미세먼지'가 부정적 외부효과를 발생시킨다는 데 있다. 서울시는 미세먼지를 발생시키는 노후 경유차를 폐차하고자 하는데, 이는 서울시 나름대로 사회적으로 바람직한 수준까지 줄여 나가겠다는 의미로 해석할 수 있다.
② (O) 배출가스저감장치를 설치하면 미세먼지 배출량은 감소할 것이다. 따라서 사회후생은 증가할 것이라고 볼 수 있다.
③ (X) 노후 경유차를 운행하면 사적 비용 외에 사회적 한계피해(미세먼지에 따른 비용)가 발생한다. 사회적 비용은 이를 더한 것이므로, 사회적 비용이 더 크다.
④ (O) 실제로 '5등급차량 운행제한' 같은 정책이 대표적이다. 강제성이 문제가 되나, 미세먼지 발생량이 줄어들기 때문에 사회후생은 증가할 것이라 예상할 수 있다.

제6회 정답 및 해설

01	02	03	04	05	06	07	08	09	10
①	③	④	②	③	③	④	③	②	③
11	12	13	14	15	16	17	18	19	20
④	②	④	④	①	①	②	②	④	③
21	22	23	24	25	26	27	28	29	30
③	④	④	②	④	④	②	②	④	①
31	32	33	34	35	36	37	38	39	40
①	④	④	③	②	②	①	③	①	①

01

정답 ①

(가) '직무충실화'에 대한 설명이다. 직무확대는 과업을 수평적으로 확대해 과업의 수를 늘리는 것이다.

(나) '직무평가'에 대한 설명이다. 직무분석은 면접, 질문지 등의 분석 방법을 통해 직무에 대해 정보를 수집, 분석하는 것으로 직무에 대한 평가는 이루어지지 않는다.

(다) '직무명세서'에 대한 설명이다. 직무기술서에는 직무의 명칭, 개요, 의무, 책임 등 직무에 관한 간략한 내용이 포함된다.

02

정답 ③

① (O) 공정성이론에서는 직원들이 자신의 투입과 보상을 타인의 투입과 보상과 비교해 불공정을 느끼는 경우 이를 해소하려는 현상을 설명한다.

② (O) 기대이론에서는 동기부여 수준이 기대감, 수단성, 유의성이 결합해 결정된다고 보므로 하나의 요소가 매우 낮은 경우 동기부여 수준은 매우 낮다.

③ (X) 허쯔버그(Herzberg)의 2요인 이론(Two Factor Theory)에 의하면, 임금 및 작업환경은 동기요인이 아닌 위생요인으로, 이를 높여 주거나 개선하는 것으로는 종업원의 만족도를 높일 수 없다.

④ (O) 기대이론은 목표달성에 보상수준을 나타내는 수단성, 유의성과 목표달성에 대한 주관적인 가능성을 나타내는 기대감이 개인의 동기부여 수준을 결정한다고 봤다.

[TIP] 동기부여의 내용이론과 과정이론

- 동기부여의 내용이론: 동기부여시키는 요소에 초점을 맞추어 동기부여를 설명하는 이론으로, 2요인이론, 욕구단계이론이 이에 해당한다.
- 동기부여의 과정이론: 사람들이 동기부여되는 과정에 초점을 맞추어 동기부여를 설명하는 이론으로, 기대이론, 공정성이론이 이에 해당한다.

03

정답 ④

포터의 산업구조분석 이론에 따르면, 산업의 수익률은 공급자의 교섭력, 대체재의 위협, 구매자의 교섭력, 잠재적 진입자의 위협, 현재 산업 내 경쟁의 5가지 요인에 영향을 받는다.

ㄱ. (O) 규모의 경제가 큰 산업의 경우 잠재적 경쟁자가 진입하는 데 어려움이 있다. 따라서 규모의 경제가 큰 산업일수록 잠재적 진입자 위협이 감소하므로 산업의 매력도는 증가한다.

ㄴ. (X) 산업 내 제품의 차별화가 낮을수록 산업 내 기업 간 경쟁은 치열하다. 따라서 산업 내 제품의 차별화가 낮은 경우 산업 내 경쟁 위협이 증가하고 산업의 매력도는 감소한다.

ㄷ. (X) 구매자가 원재료 공급 기업의 방향으로 후방통합이 가능한 경우 구매자의 교섭력은 상승한다. 따라서 구매자가 후방통합을 할 수 있는 경우 구매자의 교섭력은 상승하고 산업의 매력도는 감소한다.

04

정답 ②

① (X) 주식회사의 최고 의결 기관은 주주총회이다.

② (O) 주주총회는 주식회사의 최고 기관으로 중요한 의사결정이 이루어진다. 이사회는 주주를 대신해 기업 경영을 감시할 의무가 있는 기관이다. 감사는 회계와 기타 기업의 수탁 책임에 대한 감독 감시기구이다.

③ (X) 주주는 출자 금액을 한도로 책임을 지는 유한책임이 있다.

④ (X) 주식회사의 대리인 비용은 경영자가 주주의 이익에 반하는 의사결정을 해서 발생한 손실인 잔여손실을 포함한다.

[TIP] 대리인 비용

대리인 비용은 기업의 소유자인 주주와 경영자 사이의 이해 상충으로 인해 발생하는 비용이다. 대리인 비용에는 감시비용, 확증비용, 잔여손실이 있다. 감시비용은 주주가 경영자의 올바른 의사결정을 감시하는 데 드는 비용이고, 확증비용은 경영자가 주주의 이익을 증가시키는 의사결정을 한 것을 증명하는 데 드는 비용이다. 또한 잔여손실은 경영자가 주주의 이익에 반하는 의사결정을 해서 발생한 손실이다.

05

정답 ③

① (○) 생산 개념은 소비자가 저렴한 제품을 선호한다고 보고 효율성 증가를 통한 원가 절감을 강조했다.
② (○) 판매 개념은 고객에 대한 활발한 판촉 활동을 통해 많은 수량의 상품을 판매할 수 있다고 봤다.
③ (×) 사회와 소비자의 장기적 후생을 고려한 마케팅은 사회적 마케팅에 해당한다. 마케팅 개념은 고객 욕구를 충족시키는 것을 중요시하는 개념이다.
④ (○) 현대사회로 가까워질수록 마케팅 개념은 사회 전체의 후생을 생각하는 방향으로 발전해 왔다.

06

정답 ③

ㄱ. (서비스) 서비스 특징 중 소멸성과 소비와 생산의 비분리성에 대한 설명이다.
ㄴ. (제품) 제품은 서비스와 비교해 형태가 있으며 저장이 가능하다. 따라서 재고 조정을 통해 변동하는 수요에 대응하는 평준화 전략을 적용하기 용이하다.
ㄷ. (서비스) 서비스의 특징 중 이질성에 대한 설명이다. 서비스는 고객뿐만 아니라 종업원, 해당 상황에 따라 품질이 크게 달라질 수 있다.
ㄹ. (제품) 규격화와 표준화로 품질 평가가 용이한 것은 제품에 해당한다.

[TIP] 서비스의 특징
서비스는 제품과 비교해 형태가 존재하지 않으며 표준화와 규격화가 어려워 품질 평가를 적용하기 어렵다. 또한 고객의 참여도가 높아 서비스 산출물의 품질과 만족도의 변동성이 크며 생산과 소비가 동시에 이루어져 저장할 수 없다는 특징이 있다.

07

정답 ④

① (○) 아이디어 창출 및 심사 단계에서는 소비자, 기업 내부, 경쟁업체 등 다양한 경로에서 얻은 아이디어를 창출하고 선별이 이루어진다.
② (○) 컨셉 도출 단계에서는 이전의 아이디어 창출 및 심사 단계에서 채택된 아이디어를 구체화한 컨셉을 개발하며 테스트한다.
③ (○) 마케팅믹스의 요소는 제품, 가격, 유통, 촉진으로, 컨셉 도출 단계 뒤에 이러한 마케팅믹스 요소들을 결정한다.
④ (×) 소비자 요구분석은 신제품 개발과정의 초기 단계에서 수행되어야 한다.

[TIP] 신제품 개발과정
일반적인 신제품 개발과정은 다음과 같이 이루어진다.

소비자 선호분석
↓
아이디어 창출 및 심사
↓
컨셉 도출
↓
마케팅믹스 개발
↓
사업성 확인
↓
시제품 생산
↓
시장테스트
↓
출시

08

정답 ③

ㄱ. (○) 제품별 배치는 일정 방향의 흐름에 따라 표준화된 제품을 생산하는 배치구조로 제품을 낮은 원가로 대량생산할 수 있다는 장점이 있다.
ㄴ. (×) 공정별 배치는 여러 제품 생산을 위해 장비와 조건을 변경할 수 있는 배치구조이다. 일자형의 형태로 공정 순서가 이루어지는 것은 제품별 배치에 해당한다.
ㄷ. (×) 제품별 배치는 프로세스가 일렬로 이루어지며 인력과 장비의 가동률 또한 높으므로 장비 고장 발생 시 손해가 크다.
ㄹ. (○) 공정별 배치는 유연하게 작업을 적용해 여러 작업을 수행할 수 있으므로 다양한 제품 생산 시 적합하다.

[TIP] 제품별 배치와 공정별 배치 예시

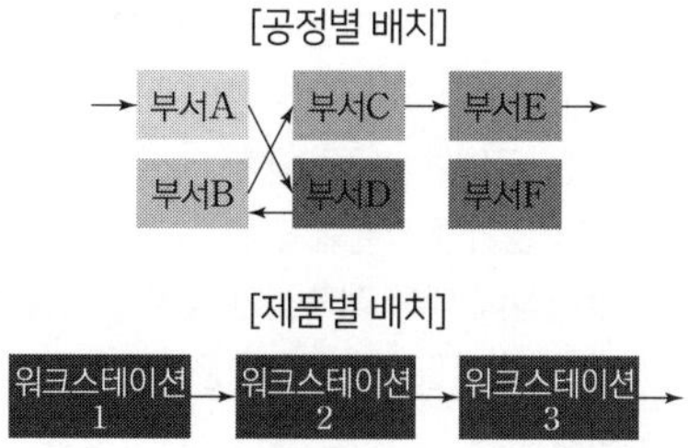

09

정답 ②

전사적 자원관리 시스템은 제조, 판매, 회계, 재무, 인사관리 등 기업의 여러 분야에서 데이터를 얻고 활용하는 시스템이다.

ㄱ. (○) 전사적 자원관리로 정보 공유의 속도가 빨라지고 원활해진다.

ㄴ. (×) 전사적 자원관리를 통해 여러 부서들이 표준화된 데이터로 더 많은 정보 공유를 할 수 있으므로 커뮤니케이션이 원활해진다.

ㄷ. (○) 전사적 자원관리로 여러 부서로부터 정보의 신속한 수집과 빠른 대처가 가능해지므로 고객 만족을 높일 수 있다.

ㄹ. (×) 전사적 자원관리는 기업의 여러 부문에서 정보를 기록하고 활용할 수 있도록 하므로 초기 비용이 많이 든다.

10

정답 ③

① (×) 리엔지니어링은 기업의 제반 구조의 근본적인 재설계를 통해 기업의 경쟁력을 확보하려는 경영혁신기법이다.

② (×) 종합적 품질경영은 모든 기업의 구성원이 고객 만족과 품질 개선을 위해 지속적으로 노력하는 과정 지향적인 프로세스이다.

③ (○) 식스 시그마는 DMAIC 모형을 통해 불량률을 낮추고 기업의 프로세스를 개선하는 경영혁신기법이다.

④ (×) 균형성과표는 재무적, 고객, 내부 프로세스, 학습과 성장 관점에서 종합적으로 기업의 성과를 평가하는 방식이다.

11

정답 ④

차입원가 자본화는 일정한 조건을 충족하는 자산 건설과 관련된 차입원가를 자산의 원가에 더하는 것을 의미한다.

ㄱ. (×) 일반차입금의 자본화 이자율은 자본화 기간이 아닌 해당 회계연도에 특정 차입금을 제외한 전체 차입원가를 가중평균해 구한 이자율을 적용한다.

ㄴ. (×) 차입원가 자본화를 적용할 수 있는 자산은 의도된 용도로 사용하는 데 상당한 기간이 필요한 자산이다.

ㄷ. (○) 차입원가 자본화 시 자산 금액에서 특정차입금을 자본화하고 남은 금액에 가중평균한 일반차입금 이자비용을 적용해 차입원가를 자본화한다.

ㄹ. (○) 회사가 자산에 대해 적극적인 개발 활동을 중단하거나 지연하고 이것이 필수적이지 않은 경우 차입원가 자본화를 중단한다.

12

정답 ②

(가) 고객으로부터 유입＝현금매출＋신용매출＋매출채권 증가＝500,000＋1,000,000－200,000＝1,300,000원

(나) 영업비용으로의 유출＝－영업비용－선급비용 증가＋미지급비용 증가＝－300,000－100,000＋200,000＝－200,000원

> **[TIP] 현금흐름의 계산식**
> - 고객으로부터의 유입: 매출액－대손비＋대손충당금 등의 부채 증가－매출채권 등의 채권 증가－대손충당금 등의 부채 감소＋매출채권 등의 채권 감소
> - 영업비용으로의 유출: －영업비용－선급비용 등 자산 증가＋미지급비용 등 부채 증가＋선급비용 등 자산 감소－미지급비용 등 부채 감소

13

정답 ④

영업이익은 매출총이익에서 판매관리비를 차감해 구할 수 있고, 당기순이익은 영업이익에 영업외손익을 조정해 구한다.

- 영업이익＝매출－매출원가－임차료－종업원급여
  ＝300,000－100,000－20,000－10,000
  ＝170,000
- 당기순이익＝영업이익＋영업외손익－법인세비용
  ＝170,000＋20,000－10,000＝180,000

> **[TIP] 계정과목별 비용 예시**
> - 판매관리비: 종업원 비용, 감가상각비, 연구비, 세금과공과
> - 영업외손익: 이자수익 · 비용, 배당수익, 금융자산 처분손익

14

정답 ④

① (○) 부채비율: 총부채/자기자본
＝200,000/200,000＝100%

② (○) 매출총이익률: (매출액－매출원가)/매출액
＝(100,000－60,000)/100,000
＝40,000/100,000＝40%

③ (○) 자기자본 순이익률(ROE): 10,000/200,000＝5%

④ (×) 총자산 순이익률(ROA): 10,000/400,000＝2.5%

15

정답 ①

재무제표는 경영성과와 재무상태에 대한 정보를 제공하는 문서로, 재무상태표, 포괄손익계산서, 현금흐름표, 자본변동표, 주석으로 구성된다.

① (○) 포괄손익계산서와 현금흐름표는 일정 기간의 재무성과를 나타내는 동태적 재무제표에 해당한다.

② (×) 손익계산서는 일정 기간의 기업의 경영성과를 나타낸다.

③ (×) 현금흐름표는 영업활동 · 투자활동 · 재무활동 현금흐름으로 구성된다.

④ (×) 재무제표 작성 시 계정 분류, 금액 추정 등에 작성자의 주관이 개입될 수 있다.

[TIP] 일반목적 재무제표의 한계
일반목적 재무제표는 정보이용자들이 필요로 하는 모든 정보를 제공하는 것을 목적으로 하지 않으며 모든 정보를 제공할 수도 없다. 또한 상당 부분이 추정과 판단을 바탕으로 작성된다는 특징이 있다.

16

정답 ①

ㄱ. (○) 재고와 유형자산 같은 다른 자산에서 원가모형을 적용하는 투자부동산으로 분류변경하는 경우 대체 전 자산의 장부금액으로 인식하면 된다.

ㄴ. (○) 투자부동산은 취득원가로 인식하고 감가상각을 적용하는 원가모형과 감가상각은 수행하지 않지만 공정가치로 평가하는 공정가치모형을 적용할 수 있다.

ㄷ. (×) 투자부동산에 공정가치모형을 적용하는 경우 공정가치로 평가해 발생한 손익은 당기손익으로 인식한다.

ㄹ. (×) 투자부동산에 원가모형을 적용하는 경우 감가상각을 수행해야 한다. 반면에 공정가치모형을 적용하는 경우에는 감가상각을 수행하지 않는다.

17

정답 ②

주식발행초과금
=발행금액−액면금액−주식발행 직접 관련 비용
=1,000주×(1,000원−100원)−20,000원=880,000원

[TIP] 주식발행초과금의 증가와 감소
주식발행으로 인한 주식발행초과금의 증가금액은 발행금액에서 액면가와 관련 비용을 차감해 구할 수 있다. 이러한 주식발행초과금은 이후 주식할인발행차금이 발생하는 경우 우선 상계한다.

18

정답 ②

- 당기순이익: 당기총수익−당기총비용
 =1,500,000−1,000,000=500,000
- 기말자본: 기말자산−기말부채
 =4,000,000−2,000,000=2,000,000
- 기말자본: 기초자본+유상증자−현금배당+당기순이익
 =2,000,000
 =기초자본+200,000−100,000+500,000
 → 기초자본=1,400,000
- 기초부채: 기초자산−기초자본
 =3,500,000−1,400,000=2,100,000

[TIP] 기초자본과 기말자본의 차이 조정
기말자본은 기초자본에 당기순이익과 자본 거래의 증감을 조정한 값으로, 이 문제에서는 자본 거래로 유상증자와 현금배당만 주어졌기 때문에 유상증자의 자본 가산효과와 현금배당의 자본 차감효과만 고려하면 된다.
자본 거래 조정 시 회사에서 주식배당을 결의한 경우에는 현금배당과 다르게 자본 총계에는 영향이 없다는 것에 주의해야 한다.

19

정답 ④

- 기말재고: 10+20−10+10−10=20개
- 선입선출법 적용 시 기말재고: 10×\$20+10×\$10=\$300
- 총평균법 적용 시 기말재고 단위당 원가:
 (10×10+20×10+10×20)/40=500/40=\$12.5
- 총평균법 적용 시 기말재고: 20×12.5=\$250

따라서 (가)는 \$300, (나)는 \$250이다.

[TIP] 재고자산 원가흐름의 가정
재고자산 원가흐름의 가정으로는 개별법, 선입선출법, 후입선출법, 가중평균법이 있다. 후입선출법은 국제회계기준에서 표현 충실성의 저하로 금지하고 있다.
- 개별법: 각각의 재고자산별로 특정 원가를 부여하는 방식으로 특정 프로젝트 또는 소규모의 값비싼 재고를 관리하는 데 적용할 수 있다.
- 선입선출법: 먼저 생산되거나 매입된 재고가 먼저 판매되는 원가 흐름 가정 방식이다.
- 가중평균법: 계속기록법을 적용한 이동평균법과 실지재고조사법을 적용한 총평균법이 있다. 이동평균법은 매출과 매입 시 평균 단가를 계속 적용해 원가와 재고 가격을 책정하며, 총평균법은 회계 기간의 기초재고와 매입한 재고의 총 평균단가를 적용해 일괄적으로 재고와 원가를 산정한다.

20

정답 ③

판매보증비용이 발생할 상황이 여러 가지일 때는 하자 발생 확률과 금액을 가중평균한 비용을 충당부채로 인식한다.

- 제품 판매 시 충당부채 인식액(당기 제품보증비 인식액): $100,000 \times 10\% + 1,000,000 \times 10\% = 110,000$원
- 충당부채 기말금액: $110,000 - 50,000$(판매보증비 지출액)$=60,000$원

따라서 (가)는 60,000원, (나)는 110,000원이다.

[TIP] 충당부채
충당부채는 금액과 지출의 시기가 불확실한 부채를 말한다. 대표적인 예로 제품보증 충당부채가 있다. 기업은 재무상태표에서 부채를 인식하며 포괄손익계산서에서는 충당부채에 대한 비용을 인식한다. 다음은 충당부채 회계 처리 방식이다.

- 제품 매출

(차) 제품보증비	110,000	(대) 제품보증충당부채	110,000

- 보증비용 발생

(차) 제품보증충당부채	50,000	(대) 현금	50,000

21 정답 ③

ㄱ. (○) 감가상각비 절세효과는 감가상각비 계상 시 당기순이익이 감소해 세금이 감소하는 효과를 의미한다. 이러한 감가상각비 절세효과는 현금흐름에 반영해 투자안의 가치를 증가시킬 수 있다.
ㄴ. (×) 매몰원가는 이미 지출된 비용으로 회수할 수 없거나 앞으로의 의사결정과 관련 없는 원가를 의미한다. 투자안의 가치 평가 시 고려하는 투자 현금흐름에는 매몰원가를 제외해야 한다.
ㄷ. (×) 증분 현금흐름으로 의사결정을 할 때도 투자안의 선택으로 인해 포기한 다른 투자안 중 가장 가치가 큰 기회비용을 고려해야 한다.
ㄹ. (○) 위험이 높은 투자안의 이자율을 높게 설정해 투자안의 가치를 작게 도출하거나 위험이 낮은 투자안의 이자율을 낮게 설정해 투자안의 가치를 크게 도출할 수 있다.

22 정답 ④

채권의 가격은 표면이자와 만기 시 받는 액면금액의 현재가치이다.
① (○) 만기가 길수록 듀레이션이 증가하여 이자율 변동에 따른 채권가격의 변동이 증가한다.
② (○) 채권 만기가격과 이자를 액면이자율보다 높은 시장이자율로 할인하는 경우 채권의 액면가보다 발행가가 작다.
③ (○) 시장이자율이 상승하면 채권가격은 하락하고, 반대로 시장이자율이 하락하면 채권가격은 상승한다.
④ (×) 듀레이션은 채권투자로부터 회수할 수 있는 현금흐름의 회수기간이며, 다른 의미로는 이자율 1% 변동에 따른 채권가격 변동을 의미한다. 이자율이 상승할 때는 미래 채권가격이 하락할 것으로 예상되기 때문에 채권의 듀레이션을 짧게 가져가서 이자율 상승에 따른 포트폴리오 위험을 줄여야 한다.

[TIP] 만기 전 일정하게 액면이자를 지급하는 이자부채권의 발행
- 액면발행: 액면이자율=시장이자율
- 할인발행: 액면이자율<시장이자율
- 할증발행: 액면이자율>시장이자율

23 정답 ④

영업레버리지는 매출액 1% 변화에 따른 영업이익의 변화율을 나타내며 고정비로 인해 발생한다. 재무레버리지는 영업이익 1% 변화에 따른 순이익의 변화율을 나타내며 부채의 이자비용으로 인해 발생한다.
매출액이 10% 상승하는 경우 영업이익은 $10\% \times 5 = 50\%$ 증가하며, 순이익은 $10\% \times 5 \times 2 = 100\%$ 증가한다.
- 매출액 10% 상승 시 영업이익:
  $2,000,000 \times (1 + 50\%) = 3,000,000$원
- 매출액 10% 상승 시 순이익:
  $1,000,000 \times (1 + 100\%) = 2,000,000$원
- 주당순이익: 순이익/총 주식수$=2,000,000/1,000$
  $=2,000$원

[TIP] 레버리지의 직관적 이해
고정비용 비중이 높아 레버리지가 높은 기업은 시장이 호황일 때 또는 상황이 좋을 때 비교적 높은 수익을 얻을 수 있다. 하지만 이러한 기업들은 시장이 불황이거나 상황이 좋지 않을 때 큰 손실을 볼 수 있다.

24 정답 ②

이 문제를 풀기 위해서는 영구현금 현재가치 계산을 통해 NPV를 구할 수 있어야 한다. NPV를 구하기 위해서는 현금흐름을 가중평균 자본비용으로 할인한 금액에서 투자액을 차감해야 한다.
- 가중평균 자본비용$=0.5 \times 15\% + 0.5 \times 10\% \times (1 - 50\%) = 10\%$
- 투자안의 A의 NPV$=(150/10\%) - 1,000 = 500$원

> **[TIP] 성장현금흐름의 할인**
> 현금흐름이 일정한 성장속도(g)로 성장하며, PV=현재가치, CF_1=1년 이후 현금흐름, r=할인율일 때 현금흐름의 현재가치는 다음과 같다.
> $$PV=CF_1/(r-g)$$

25

정답 ④

영업레버리지는 매출액 변화 시 영업이익의 변화를 나타낸다. 레버리지를 구하기 위해서는 손익계산서를 다음과 같이 변경하는 것이 계산하기 편하다.

	당기초	당기말
매출	100	110
변동비	40	44
공헌이익	60	66
고정비	30	30
영업이익	30	36
이자비용	10	10
세전순이익	20	26

- 영업이익 변화율=(36−30)/30=20%
- 매출 변화율=(110−100)/100=10%
- 영업 레버리지도=영업이익 변화율/매출액 변화율 =20%/10%=2

26

정답 ④

이자율 기간구조이론은 채권의 만기별 금리가 다른 원인을 설명하는 이론이다.

ㄱ. (X) 미래 이자율이 하락하는 경우 우하향 수익률 곡선이나 수평의 수익률 곡선이 나타날 수 있다.

ㄴ. (O) 금리 상승 예상 시 장기채권과 단기채권을 무차별하게 여기는 순수기대이론과 장기채권에 위험 프리미엄을 요구하는 유동성 선호이론에서 수익률곡선은 우상향한다.

ㄷ. (X) 유동성 선호이론에서는 선도이자율에 미래의 불확실한 상황에 대한 위험프리미엄이 포함되므로 선도이자율이 미래 기대 현물이자율보다 높다.

ㄹ. (O) 순수기대이론은 장기채권과 단기채권을 무차별하게 평가해 장기채권에 대해 추가적인 위험프리미엄을 요구하지 않으므로 선도이자율과 미래 기대 현물이자율이 동일하다.

27

정답 ②

ΔB=채권가격 변화액, MD=수정 듀레이션, B=채권가격, ΔR=이자율 변화인 경우, 채권가격 변동액은 다음과 같이 구할 수 있다.

$\Delta B=-MD\times B\times \Delta R$

$=-3\times 100$만 원$\times 5\%=-15$만 원

따라서 채권의 가격은 100만 원−15만 원=85만 원이다.

> **[TIP] 수정듀레이션**
> 수정듀레이션은 이자율이 1%p 변화할 때 채권가격의 변화율을 나타낸다. 즉, 수정 듀레이션은 채권 수익률에 대한 채권가격의 민감도를 나타낸다. 수정듀레이션은 듀레이션을 (1+이자율)로 나눠 계산할 수 있다.

28

정답 ②

① (X) 주주의 권리는 채권자의 부채에 대한 권리보다 후순위에 있으므로 주주는 채권자보다 더 큰 위험을 부담한다. 따라서 주주의 기대수익률인 자기자본비용은 채권자의 기대수익률인 타인자본비용보다 크다.

② (O) 투자안의 위험이 높은 경우 투자자들은 더 높은 수익률을 요구하므로 자본비용이 증가한다.

③ (X) 사내 유보이익은 기업이 보유한 현금이지만 기회비용을 고려해야 하므로 자본비용은 0이 아니다.

④ (X) 신규 투자안에 적용될 가중평균자본비용은 새로운 사업의 위험과 기업의 자본구조를 고려해 새로 계산해야 한다.

29

정답 ④

ㄱ. (X) 홍차의 원재료 상승으로 홍차 공급이 감소하므로 공급곡선이 좌측으로 이동한다. 홍차의 공급곡선이 좌측으로 이동해 홍차의 거래량은 감소하고 홍차 가격은 상승한다.

ㄴ. (X) 홍차의 원재료 상승으로 공급곡선이 좌측으로 이동해 새로운 공급곡선과 수요곡선에서 균형이 결정된다. 원재료 상승으로 인해 수요곡선이 이동한 것이 아니라 수요곡선상 균형이 변화했다.

ㄷ. (O) 설탕의 보완재인 홍차의 가격 상승으로 설탕의 수요가 감소해 설탕 수요곡선이 좌측으로 이동한다. 따라서 기존의 균형보다 설탕의 생산자 잉여가 감소한다.

ㄹ. (O) 커피의 대체재인 홍차의 가격 상승으로 커피의 수요가 증가해 커피 수요곡선이 우측으로 이동한다. 따라서 기존의 균형보다 커피의 거래량이 증가한다.

30

정답 ①

기회비용은 하나의 대안을 선택했을 경우 그로 인해 포기한 것들 중 가장 큰 것의 가치를 의미한다.
대학원 진학의 기회비용은 학비 5,000만 원－생활비 절약 1,000만 원＋포기한 잠재연봉 4,000만 원＝8,000만 원이다. 기회비용은 포기한 대안 중 가장 큰 가치를 의미하므로 연봉 3,000만 원은 고려하지 않는다.

31

정답 ①

① (○) 정부가 재정지출을 줄이는 경우 IS곡선과 총수요 곡선 모두 좌측으로 이동한다.
② (×) 물가가 상승하는 경우 총공급곡선은 이동하지 않고 공급곡선상 이동이 발생한다.
③ (×) 예상 물가수준 하락 시 단기 총공급곡선은 우측으로 이동하지만 장기 총공급곡선은 이동하지 않는다.
④ (×) 장기 총공급곡선은 수직의 형태이다. 단기 총공급곡선이 우상향한다.

32

정답 ④

① (×) 10분위 분배율은 '하위 40%의 소득/상위 20%의 소득'으로 구한다. 따라서 10분위 분배율이 낮을수록 불평등한 소득 분배를 의미한다. 2021년은 2020년보다 10분위 분배율이 높아졌으므로 전년도보다 불평등이 감소했다.
② (×) 지니계수는 인구 누적점유율과 소득 누적점유율을 기준으로 나타낸 로렌츠 곡선의 면적으로 구한 불평등 정도를 나타낸 것으로, 그 값이 클수록 불평등한 소득 분배를 의미한다. 2022년의 지니계수는 2021년에 비해 증가했으므로 불평등이 증가했다.
③ (×) 10분위 분배율이 점점 커지고 있으므로 불평등이 감소하는 추세이다.
④ (○) 지니계수가 점점 커지고 있으므로 불평등이 증가하는 추세이다.

33

정답 ④

① (×) b점은 생산가능곡선의 내부에 있기 때문에, 즉 비효율적이기 때문에 생산하지 않는 것이지, 생산할 수 없는 것은 아니다.
② (×) B재 생산의 기술진보가 이뤄지면, 더 적은 생산요소를 투입하고도 기존과 동일한 수준으로 B재를 생산할 수 있다. 또한 문제의 조건에서 A재와 B재의 생산요소 투입은 서로 대체 가능하다고 하였으므로, 기존 B재 생산에 투입된 생산요소를 A재에 투입하면 A재를 더 많이 생산할 수 있다. 따라서 c점에서 생산할 수 있다.
③ (×) 기회비용, 즉 기울기 측면을 설명하고 있다. 대개의 생산가능곡선은 원점에 대해 오목한 형태를 띠고 있으나 여기서는 우하향하는 직선이다. 직선이라는 말은 기회비용 측면에서 그 값이 일정하다는 뜻이므로 점차 커진다고 하면 적절하지 않고, 일정하다고 해야 옳다.
④ (○) 천연자원의 발견은 생산요소의 증가를 가져온다. 생산요소의 증가는 일반적으로 생산가능곡선을 확장시킨다.

34

정답 ③

① (×) 소비의 상호의존성이란 어느 개인의 소비가 다른 사람의 소비 행태로부터 영향을 받음을 뜻한다. 이는 항상소득이론이 아니라 상대소득이론(소비의 상대소득, 타인의 소득 혹은 과거 소득 등을 말함)과 관련이 있다.
② (×) 항상소득이론에서 임시소득은 대부분 저축된다고 가정한다.
③ (○) 항상소득이론에서는 소득을 '항상소득'과 '임시소득'으로 구분했으며, 이 중 소비에 영향을 미치는 것은 항상소득이라고 보았다. 임시소득은 일시적인 변동이기 때문에 소비에 영향을 미치지 못하거나 또는 영향을 미치는 정도가 매우 낮다. 대리에서 과장으로 승진해 월급이 오른 것은 항상소득 증가를 가져오므로, 소비 역시 기존보다 커질 것이다.
④ (×) 항상소득이론에서는 재난지원금을 임시소득으로 본다. 임시소득은 소비 진작에 영향을 주지 못한다. 따라서 세율을 낮추는 것(세율 인하는 항상소득 인상을 가져옴)과 같은 정책이 유효하다고 본다.

35

정답 ②

경상수지는 상품수지, 서비스수지, 본원소득수지, 이전소득수지를 합한 값이다.
(가) 경상수지 ＋600억 원
(나) 경상수지 －100억 원
(다) 자본금융계정(직접투자) －100억 원
(라) 경상수지(이전소득수지) －1억 원
(마) 자본금융계정(증권투자) ＋10억 원
(바) 경상수지(본원소득수지) －20억 원

따라서 경상수지에 해당하는 거래는 (가), (나), (라), (바)이며, 그 값은 479억 원이다.

> **[TIP] 경상수지와 자본금융계정**
> 경상수지의 경우 배당금, 무상원조가 포함된다는 점에 주의할 필요가 있으며, 자본금융계정에는 해외투자, 주식 또는 채권 거래가 포함된다는 점을 알아 두면 좋다. 단, 국내회사가 외채에 대해 이자를 지급한 경우에는 본원소득수지에 해당한다.

36

정답 ②

기회비용과 한계적 선택에 대해 묻는 문제로, 음식 가격 대비 만족감이 더 큰지 그렇지 않은지를 따지면 된다. 식당 B까지는 가격 대비 만족감이 더 크므로 식당을 방문하며, C부터는 방문하지 않는다. D는 가격과 만족감이 같은데, 문제에서 A~D 식당을 순서대로 방문한다고 했으므로, 영희는 B까지만 방문한다.

37

정답 ①

① (○) 한계효용균등의 법칙, 즉 효용극대화에 대한 공식으로 옳다.
② (×) NX는 순수입이 아닌 순수출이다.
③ (×) 화폐수량설에 대한 공식으로, $MV=PY$이어야 옳다.
④ (×) 피셔방정식으로, 실질이자율(r)에 인플레이션율(π)을 더한 결과는 명목이자율(i)이 된다.

38

정답 ③

외국인의 자본 유출은 외환수요 증가를 가져오며 환율을 '상승'시킨다. 환율 상승은 원화표시 수출가격의 하락을 나타내므로 순수출 '증가'로 이어진다.

39

정답 ①

제시문은 노동과 여가 간 모형을 통해 대체효과와 소득효과를 설명하고 있다. 여가의 기회비용인 임금 인상 시 노동시간을 늘렸으므로 대체효과, 반대로 임금 인상 시 여가를 늘린 것은 소득효과이다. 이 둘을 합한 가격효과는 대체효과와 소득효과의 상대적 크기에 따라 결정되는데, 시급이 인상되자 여가를 늘렸다고 했으므로 소득효과 > 대체효과이다.
따라서 ㉠에 들어갈 말은 '대체', ㉡에 들어갈 말은 '소득'이다.

40

정답 ①

소득이 증가했을 때 여가를 감소시킨다고 했으므로 여가는 열등재임을 파악해야 한다. 이 노동자의 임금이 상승한다고 했으므로 소득효과는 노동공급량 증가(소득 증가 시 열등재인 여가 감소), 대체효과 역시 노동공급량 증가이다. 결과적으로 둘을 합한 노동공급량은 증가한다.
따라서 ㉠에는 '열등', ㉡~㉣에는 각각 '증가'가 들어가는 것이 적절하다.

제7회 정답 및 해설

01	02	03	04	05	06	07	08	09	10
③	③	④	③	②	②	①	③	③	①
11	12	13	14	15	16	17	18	19	20
④	②	②	④	③	①	④	④	②	④
21	22	23	24	25	26	27	28	29	30
②	①	③	④	①	③	③	①	①	②
31	32	33	34	35	36	37	38	39	40
①	①	②	②	③	②	④	③	②	①

01

정답 ③

① (X) 조인트 벤처는 두 독립된 기업이 특정 목적을 위해 함께 설립한 회사이다.

② (X) 컨글로머리트는 기업의 새로운 시장 진출 등의 목표로 합병을 통해 결합한 기업을 의미한다.

③ (O) 카르텔은 비슷하거나 동종 업종에 있는 독립적인 각 기업이 담합을 통해 이익을 극대화하려는 경영전략을 의미한다.

④ (X) 콘체른은 법적으로 독립적인 여러 기업들이 경제적 지배구조를 통해 이어진 기업결합형태이다.

02

정답 ③

포터의 산업구조분석 모형은 기업이 직면하는 위협과 크기를 설명하는 모형이다.

① (O) 동일한 욕구를 다른 방법으로 충족시키는 제품 · 서비스는 대체재이다. 이러한 대체재가 적을수록 위협요인이 감소한다. 대체재의 관계에 있는 재화의 예로는 커피와 홍차가 있다.

② (O) 제품 차별화, 원가 우위 정부의 규제는 진입자 위협에 영향을 미치는 요소이다. 진입장벽이 없는 경우 산업 내 높은 이익을 얻는 기업이 사라질 때까지 신규 진입이 이어진다. 신규 진입자들은 진입에 드는 비용을 고려해 신규 진입을 고려한다.

③ (X) 공급자의 수와 제품의 차별화는 공급자의 교섭력에 영향을 미치는 요소이다. 판매자의 높은 교섭력은 기업의 원가를 높인다. 공급자의 수가 소수이고 제품 차별화 정도가 높을수록 공급자의 교섭력이 강해지고 기업의 위협은 상승한다.

④ (O) 경쟁자의 수와 기업의 제품 차별화는 경쟁자 위협에 영향을 미치는 요소이다. 산업 내 경쟁 정도가 약할수록 사업의 환경은 매력적이다.

> **[TIP] 포터의 Five Forces Model**
> 이 모형에 따르면 공급자의 교섭력, 구매자의 교섭력, 경쟁자 위협, 대체재 위협, 진입자 위협이 모두 낮을수록 기업이 처한 사업환경이 매력적이라고 할 수 있다.

03

정답 ④

사업부 수준의 경영전략은 기업이 특정 산업 또는 사업부에서 이익을 극대화하기 위해 채택하는 전략이다.

ㄱ. (O) 기업의 원가우위 전략은 사업부 수준의 전략으로 낮은 원가를 통해 경쟁우위를 차지하려는 전략이다.

ㄴ. (X) 기업의 수직적 통합과 다각화 전략은 기업 규모와 여러 사업부에 대한 전략에 해당하는 전사적 수준에 해당하는 경영전략이다.

ㄷ. (O) 포터의 차별화 전략은 기업이 제품 고유의 특성으로 소비자들로부터 높은 선호도를 얻어 경쟁우위를 달성하려는 사업부 전략이다.

ㄹ. (X) 컴퓨터를 생산하는 업체가 반도체 사업에 진출한 것은 수직적 통합 중 후방통합의 예시이다. 수직적 통합은 기업 전반과 관련된 전사적 전략이므로 틀린 보기이다.

04

정답 ③

① (O) 서번트 리더십: 리더의 희생적 자세를 바탕으로 직원뿐만 아니라 지역사회에 봉사하는 리더십이다.

② (O) 변혁적 리더십: 부하 직원이 리더를 신뢰하고 존경하게 함으로써 직원이 조직에 높은 관심을 갖고 높은 성과를 달성하도록 하는 리더십이다. 변혁적 리더십은 거래적 리더십보다 상위 개념으로, 거래적 리더십 이상으로 직원들의 성과를 끌어낼 수 있다.

③ (X) 거래적 리더십: 부하들에 대한 구체적인 요구를 통해 부하들을 계획된 방향으로 이끄는 리더십으로 뛰어난 성과에 대해 보상을 하거나 예외적인 사건이 발생하면 간섭하는 방법 등이 이에 포함된다.

④ (O) 슈퍼 리더십: 스스로 리더의 역할 모델이 되어 끊임없는 학습하는 모습을 통해 부하들이 자기 자신을 이끌 수 있는 역량을 갖출 수 있도록 하는 리더십이다.

> **[TIP] 변혁적 리더십과 거래적 리더십**
> 변혁적 리더십은 거래적 리더십보다 상위 개념이지만 상충관계는 아니다. 즉, 두 리더십은 상호보완적 관계이며 변혁적 리더십과 거래적 리더십을 모두 갖춘 리더가 이상적인 리더이다.

05

정답 ②

① (X) 직능급은 직원의 직무수행능력을 기준으로 임금을 지급하는 체계이다.
② (O) 직무급은 직원이 맡은 직무의 난이도와 가치를 기준으로 임금을 지급하는 체계이다. 이는 동일노동 동일임금 원칙에 부합하며 합리적 기준이지만 직무의 가치에 대한 평가가 필요하므로 적용절차가 복잡하다는 단점이 있다.
③ (X) 연공급은 직원의 근속연수가 같으면 성과가 동일한 것으로 보고 근속연수에 따라 임금을 지급하는 체계이다.
④ (X) 성과급은 회사에 대한 직원의 공헌을 고려해 임금을 차등 지급하는 임금체계이다.

06

정답 ②

기업은 높은 가격을 지급할 용의가 있는 소비자에게는 높은 가격을 받고 가격에 민감한 소비자들에게는 낮은 가격을 받아 총이익을 극대화한다. 가격차별을 효과적으로 시행하기 위해서는 소비자들이 상품을 되파는 것을 불가능하게 하고, 소비자들이 가격차별에 대해 나쁜 감정을 갖지 않게끔 해야 한다.

① (O) 수량할인은 소량 구매자보다 가격 민감도가 높은 대량 구매자들을 유인하려는 가격차별방법이다.
② (X) 이중 요율은 가격체계가 기본요금과 이용요금 두 가지로 이루어진 가격정책으로 가격에 민감한 대량 사용자들과 소량사용자들에게 가격 차별을 하는 효과를 갖는다. 쿠폰을 제시하는 사람에게 할인을 제공하는 것은 할인 쿠폰 정책으로서, 가격에 민감한 사람들에게 쿠폰을 통해 할인을 제공한다.
③ (O) 항공산업은 변동비 비중이 적고 고정비 비중이 높으므로 최대한 좌석을 많이 판매해 이익을 극대화하려고 한다. 따라서 가격에 민감한 집단에는 특정 방식을 이용해 가격을 할인해 좌석 점유율을 높이려고 한다.
④ (O) 할인시간 가격은 특정 시간대에 몰리는 것을 피하기 위해서 특정 시간에 할인을 적용하는 가격차별이다.

07

정답 ①

이 문제를 풀이하기 위해서는 로저스의 신제품 수용 시기에 따른 수용자 계층이론에 대한 이해가 필요하다. 로저스는 혁신적인 신제품을 빠르게 받아들이는 순서대로 혁신자, 조기수용자, 조기다수자, 후기다수자, 지각수용자로 구분했다.

① (O) 신제품을 가장 빠르게 받아들이는 소비자 집단은 혁신자이다. 로저스의 이론에 따르면 이러한 혁신자는 전체 소비자의 2.5%를 차지한다.
② (X) 조기수용자는 혁신자 이후 신제품을 받아들이는 집단으로 자신이 속한 집단의 여론주도 역할을 한다는 특징이 있다. 로저스의 이론에 따르면 이러한 조기수용자는 전체 소비자의 13.5%를 차지한다.
③ (X) 조기다수자는 조기수용자 이후 신제품을 받아들이는 집단으로 의사결정 시 신중하지만 신제품을 비교적 빠르게 받아들인다. 로저스의 이론에 따르면 이러한 조기다수자는 전체 소비자의 34%를 차지한다.
④ (X) 지각수용자는 후기다수자 이후 신제품을 마지막으로 받아들이는 집단으로 변화를 선호하지 않으며 전통을 중요시한다. 로저스의 이론에 따르면 지각수용자는 전체 소비자의 16%를 차지한다.

08

정답 ③

제품수명주기이론은 신제품의 도입부터 퇴출까지의 과정을 설명하는 이론으로 신제품은 도입기, 성장기, 성숙기, 쇠퇴기를 거친다.

ㄱ. (X) 동일 업종의 제품이더라도 회사의 마케팅에 따라 제품 수명주기가 다를 수 있으므로 틀린 보기이다. 제품수명주기는 회사의 마케팅 활동의 종속변수로 회사의 노력에 따라 달라질 수 있다.
ㄴ. (O) 제품의 수요자가 가파르게 증가하는 단계는 성장기이다. 성장기에서는 시장의 성장률이 가장 높아 산업에 뛰어드는 경쟁자의 수 또한 빠르게 증가한다.
ㄷ. (X) 신제품 출시 초기에 고가격 전략을 채택하는 경우 많은 소비자의 구매를 유발할 수 없으므로 틀린 보기이다.
ㄹ. (X) 제품 수명주기는 제품에 대해 적용해야 하며 브랜드에 적용하는 것은 적합하지 않다. 일반적으로 제품은 시장에 진출하고 소멸하지만 브랜드는 제품보다 수명이 길기 때문이다.

09

정답 ③

ㄱ. (O) 관리도의 변동이 일정한 패턴을 유지하는 경우 이러한 변동을 일으키는 문제의 원인이 있을 것이라고 판단할 수 있다. 일정한 패턴이 아닌 무작위의 변동이 있는 경우 이러한 변동이 우연하게 발생했다고 판단할 수 있다.

ㄴ. (X) 관리도의 관리한계선에서 벗어나는 경우 이상 원인에 의해 품질에 변동이 발생한 것으로 본다. 관리한계선의 폭이 좁을수록 같은 품질변동이라도 이상변동으로 고려될 확률이 높아지고 이상변동을 탐지하기 유리하다.

ㄷ. (X) 품질문제에 큰 영향을 미치는 소수의 요인을 파악하고 개선하기 위해 활용하는 것은 파레토도에 해당한다. 히스토그램은 수집된 자료를 막대그래프로 간결하게 나타낸 것이다.

ㄹ. (O) 특성요인도는 문제 발생을 체계적으로 정리한 도표로 이를 통해 문제의 원인을 파악할 수 있다.

10

정답 ①

① (X) 적시생산시스템은 낮은 재고수준을 유지하려고 하므로 잦은 빈도로 재고를 납품받아야 한다. 따라서 적시생산시스템은 소수의 공급자와 긴밀한 관계를 유지해 높은 품질의 부품을 자주 납품받으려고 한다.

② (O) 적시생산시스템은 비교적 적은 수량의 원자재를 여러 번 조달해 재고 수준을 낮추려고 한다.

③ (O) 적시생산시스템은 고객이 주문 시 생산에 착수하는 풀 방식을 적용한다. 이와 비교해 푸시방식은 미리 제품을 생산한 뒤에 고객에게 판매하는 방식이다.

④ (O) 적시생산시스템은 재고로 인해 리드타임과 보관비용이 증가하고 작업 장의 문제가 가려지는 것을 방지하기 위해 재고의 최소화를 주장했다.

11

정답 ④

① (X) 손익계산서는 동태적 재무제표로 일정 기간의 경영성과를 나타낸다.

② (X) 재무제표는 상호 간의 연계성이 높아 서로 영향을 미친다는 특징이 있다.

③ (X) 재무상태표의 자산과 부채는 원칙적으로 역사적 원가를 적용한다.

④ (O) 기업회계기준에 따르면 자산이 유동자산과 비유동자산으로 분리되고 공시 순서의 제약은 없다.

[TIP] 자산의 측정기준

자산의 측정에는 여러 측정기준을 사용할 수 있는데 이에 대한 예시로 역사적 원가, 현행원가, 공정가치 등이 있다. 역사적 원가는 자산 취득 시 대가와 거래원가를 포함하고 현행원가는 측정일 현재에 지급 대가와 거래원가를 포함한다. 공정가치는 측정일에 시장의 정상거래에서 형성되는 가격이다.

12

정답 ②

회수가 가능할 것으로 추정되는 매출채권의 금액을 구하기 위해서는 기말 매출채권 총액에서 대손충당금 기말잔액을 차감해야 한다.

기말 대손충당금 잔액 = 기초 대손충당금 + 당기 대손충당금 설정(대손상각비 처리) − 대손처리 된 매출채권
= 5,000 + 15,000 − 10,000 = 10,000원

위의 식을 T계정으로 나타내면 아래와 같다.

대손충당금

대손처리 매출채권	10,000	기초 대손충당금	5,000
기말 대손충당금	10,000	대손상각비 설정	15,000

회수 가능 추정 매출채권 = 100,000 − 10,000 = 90,000

13

정답 ②

이 문제를 풀이하기 위해서는 재고자산과 관련된 회계처리에 대한 이해가 필요하다.

ㄱ. (X) 재고자산에는 판매를 위한 제품과 상품뿐만 아니라 판매 전 생산 중에 있는 재공품과 생산 과정 투입 전의 원재료가 포함된다.

ㄴ. (O) 판매 목적의 부동산은 판매를 목적으로 보유하고 있으므로 재고자산으로 분류한다.

ㄷ. (X) 생물자산에서 수확한 농림어업 수확물은 순공정가치로 측정하여 수확 시점에 최초로 손익을 인식한다.

ㄹ. (O) 소매재고법은 재고자산의 원가와 매가를 비교해 계산한 원가율을 판매가격에 적용해 기말재고와 매출원가를 계산하는 방식이다.

14

정답 ④

이 문제를 풀이하기 위해서는 재고자산의 단위당 원가 결정 방식에 대해 알아야 한다.

총평균법은 기초재고와 회계 기간 중 매입한 재고의 총 평균 단가를 일괄적으로 적용해 원가를 산정하는 방식이다. 선입선출법은 먼저 생산되거나 매입된 재고가 먼저 판매되는 것을 가정한 원가 산정 방식이다.

- 기말재고: 10개 = 10 + 10 − 20 + 20 − 10
- 총평균법 적용 시 기말재고 단위당 원가
  = (10 × ₩5 + 10 × ₩15 + 20 × ₩30)/40 = ₩800/40
  = ₩20, 기말재고 = 10 × ₩20 = ₩200
- 선입선출법 적용 시 기말재고 = 10 × ₩30 = ₩300(단, 선입선출법 적용 시 기초재고와 3/17에 매입한 재고는 모두 팔렸다고 가정한다)

15

정답 ③

① (O) 채무상품 중 현금흐름 수취 목적은 상각후원가 측정 금융자산으로, 현금흐름 수취와 매도 목적은 기타포괄손익-공정가치 측정 금융자산으로, 매도 등 기타 목적은 당기손익-공정가치 측정 금융자산으로 분류한다.
② (O) 금융자산의 계정분류는 사업모형에 따라 상각후원가 측정 금융자산, 기타포괄손익-공정가치 측정 금융자산, 당기손익-공정가치 측정 금융자산의 세 가지 중 한 방법을 선택할 수 있다.
③ (X) 지분상품 중 단기매매 목적으로 취득한 것이 아닌 경우 취득 시 기타포괄손익-공정가치 측정 금융자산으로 분류할 수 있고 이는 추후 취소할 수 없다.
④ (O) 사업모형이 현금흐름 수취 목적인 경우 만기까지 보유할 필요가 없으며 부수적으로 매도도 가능하다. 또한 사업모형이 매도 목적이어도 부수적으로 현금흐름을 수취할 수 있다.

16

정답 ①

투자부동산은 시세차익이나 임대수익을 얻기 위해 보유하는 부동산이다.

ㄱ. (O) 장기 시세차익을 얻기 위해 보유하는 건물은 투자부동산에 해당한다.
ㄴ. (X) 영업을 위해 종업원이 사용하고 있는 부동산은 유형자산에 해당한다.
ㄷ. (O) 미래 사용 목적을 결정하지 못하고 보유하고 있는 부동산은 투자부동산에 해당한다.
ㄹ. (X) 정상적인 영업 과정에서 판매하기 위한 부동산은 재고자산에 해당한다.
ㅁ. (X) 자가사용부동산은 유형자산에 해당한다.

17

정답 ④

이 문제를 풀이하기 위해서는 재무제표 상세 내역을 바탕으로 기업의 자산총액, 자본총액, 부채총액을 구할 수 있어야 한다.

- 자산총액 = 유동자산(현금 + 매출채권 + 재고) + 비유동자산(토지 + 건물)
  = 10,000 + 30,000 + 50,000 + 20,000 + 10,000
  = 120,000
- 부채총액 = 단기 차입금 + 미지급 임차료 + 장기차입금
  = 30,000 + 10,000 + 40,000 = 80,000
- 자본총액 = 120,000 − 80,000 = 40,000

기초에 발행한 자본은 100주를 주당 200원으로 발행한 20,000원이지만 기말 자본을 구할 때는 기말 자산에서 기말 부채를 차감해 구하는 것에 주의해야 한다.

18

정답 ④

이 문제를 풀이하기 위해서는 재고 수량과 단위당 원가 결정 방식에 따른 재고금액을 계산할 수 있어야 한다.
회사는 재고의 원가 설정시 가중평균법과 실지재고조사법을 적용한 총평균법을 채택했다. 총평균법은 해당 기간 동안 보유한 재고의 매입 평균단가를 개별 원가로 가정한다.
총평균법 적용 시 단위당 원가 = 12,500/500 = 25
회계연도 총 매입 = (150 × 20 + 250 × 30 + 100 × 20)
= 3,000 + 7,500 + 2,000 = 12,500
회계연도 총 수량: 150(기초) + 250(매입) + 100(매입) = 500
매출원가: 100개 × 25 = 2,500,
매출액: 2,500 + (2,500 × 20%) = 3,000

19

정답 ②

- 매출원가 = 기초 상품재고 + 당기 상품매입액 − 기말 상품재고 = 150 + 100 − 120 = 130
- 매출액 = 매출원가 + 매출총이익 = 130 + 100 = 230
- 기말 매출채권 = 기초 매출채권 + 외상매출 − 매출채권 회수액 = 30 + (230 − 50) − 200 = 10

[TIP] 다른 답 도출 방식
해설에서는 기말 매출채권을 구할 때 필요한 정보부터 차례로 풀었지만 이와 다르게 기말 매출채권을 X라고 하고 필요한 회계등식을 만들어 풀이할 수도 있다.
- X = 기초 채권(30) + 외상매출(Y) − 회수액(200)
- Y = 매출액(Z) − 현금매출액(50)
- Z = 매출원가(C) + 매출총이익(100)
- C = 기초재고(150) + 당기 상품매입(100) − 기말재고(120)

20

정답 ④

- 정액법: (100,000 − 20,000)/4 = 20,000
- 연수합계법: (100,000 − 20,000)) × 3/10 = 24,000
  3/10에서 10은 연수합계(1 + 2 + 3 + 4)를 의미
- 이중체감법: (100,000 − 100,000 × 50%) × 50% = 25,000

> **[TIP] 감가상각비 인식 시점에 따른 주의사항**
> 문제에서 X2년 초 유형자산의 장부금액이 주어졌지만 구해야 할 값은 X3년의 손익계산서상 감가상각비이기 때문에, 감가상각비가 해당하는 연도를 잘못 판단하지 않도록 주의해야 한다.
> 감가상각 방법으로는 정액법, 연수합계법, 정률법, 이중체감법 등이 있다. 월할계산을 고려하지 않은 감가상각 공식은 아래와 같다.
> - 정액법 감가상각비=(취득가−잔존가치)/내용연수
> - 연수합계법 감가상각비=(취득가−잔존가치)×기초 잔존 내용연수/잔존내용연수 합계
> - 정률법 감가상각비=기초장부금액×정률법 상각률
> - 이중체감법 감가상각비=기초장부금액×상각률(=2/내용연수)
>
> 만약 문제에서 X2년 감가상각비를 물어본 경우, 연수합계법은 정액법보다 초기에 감가상각비를 무조건 많이 계상하는 방식이기 때문에 연수합계법과 이중체감법만 고려해 크기를 판단하면 시간을 절약할 수 있다. 하지만 이 문제에서는 X3년도 감가상각비를 물어봤기 때문에, 감가상각 방식 각각의 크기를 모두 계산해야 한다.

21

정답 ②

자본의 증감=유상증자(200×10)−자기주식 취득(100×10)−유상감자(10×50)+기타포괄금융자산평가이익(200−100)+당기순이익 10,000=10,600

> **[TIP] 총자본의 증감 계산**
> 총자본의 증감을 구할 때는 현금유출과 현금유입을 고려하면 수월하다. 회사가 유상감자를 했을 때는 감자로 인한 현금유출로 총자본이 감소한다. 만약 회사가 무상감자를 한 경우에는 감자로 인한 현금유출과 유입이 없으므로 자본 총계는 불변이다.

22

정답 ①

① (X) MM의 배당이론에 따르면 배당은 주주의 부의 크기에 영향을 미치지 않고 부의 구성만 변동시키므로 틀린 보기이다.
② (O) 잔여 배당정책은 신규 투자 후 잉여현금을 배당하는 정책이고 안정 배당정책은 안정적인 배당을 위해 조정계수를 통해 배당성향에 변화를 주는 배당정책이다.
③ (O) 회사에 수익성 있는 투자기회가 많은 경우 투자 자금이 많이 필요하므로 현금을 유출하는 배당을 줄이려고 할 것이므로 옳은 보기이다.
④ (O) 높은 배당 지급은 오직 이익을 많이 내는 기업에서 가능하며 이익이 적거나 거의 없는 기업은 높은 배당을 지급하기 어렵다. 따라서 정보의 비대칭성이 존재하는 경우 경영자는 시장에 기업정보를 전달하는 수단으로 배당을 사용할 수 있다.

23

정답 ③

인수합병은 기업에 시너지효과를 통해 기업가치를 제고할 수 있게 한다. 시너지의 원천으로는 수익 증가, 세금 감소, 저평가기업의 인수, 비용 감소, 재무적 시너지 등이 있다.
① (O) 인수합병을 통해 법인세 절감효과를 얻을 수 있다.
② (O) 인수합병을 통해 저평가된 기업을 자산의 가치보다 더 낮은 가격에 매입해 이익을 얻을 수 있다.
③ (X) 인수 프리미엄은 실제 가치보다 더 높은 가격을 지불한 것으로 인수 프리미엄의 지불금액이 클수록 인수 후에 더 높은 기업가치 달성 가능성이 낮다.
④ (O) 인수합병을 통해 기존 재무구조의 구성과 비율을 변경함으로써 기업에 적용하는 할인율을 감소시킬 수 있다.

> **[TIP] 기업합병 관련 계산**
> 인수기업 가치=V_A, 피인수기업 가치=V_B, 합병 후 기업가치=V_{AB}이라고 할 때 합병의 시너지=$V_{AB}-V_A-V_B$이다.

24

정답 ④

매출채권 회수기간은 1년의 일수를 매출채권회전율로 나눈 값이고 재고자산 회수기간은 1년의 일수를 재고자산회전율로 나눈 값이다.
매출채권회전율=매출액/매출채권=1,200억/40억=30
매출채권 회수기간=360일/매출채권회전율=360일/30=12일
재고자산회전율=매출원가/재고자산=800억/80억=10
재고자산 회수기간=360일/재고자산회전율=360일/10=36일

25

정답 ①

이 문제를 풀이하기 위해서는 상호 배타적 투자안의 평가에 대해 이해해야 한다.
㉠ 두 투자안의 증분현금흐름의 내부수익률은 피셔수익률로 두 투자안의 NPV 값을 같게 만드는 수익률이다. 위에 주어진 문제에서 증분현금흐름의 내부수익률이 10%로 주

어졌으므로 두 투자안의 NPV를 같게 만드는 피셔수익률 또한 10%이다.

㉡ 투자안(가)는 투자안(나)에 비해 NPV값은 크지만 IRR은 더 작으므로 NPV곡선의 기울기가 가파르다.

㉢ NPV법은 IRR보다 재투자수익률 가정이 합리적이고 기업가치 극대화 목표와 부합하므로 NPV법을 적용한다.

26

정답 ③

회사는 자본을 한 주당 10,000원에 조달하고 주당 시가도 10,000원이다. 주당 3,000원의 배당을 지급하므로 회사의 자기자본비용은 3,000/10,000=30%로 구할 수 있다.

총자산$=V$, 자기자본$=S$, 타인자본$=B$, 자기자본비용$=k_e$, 타인자본비용$=k_d$, 법인세율$=t$일 때 기업의 가중평균 자본비용$=k_e\times(S/V)+k_d\times(1-t)\times(B/V)=30\%\times 1/3+10\%\times(1-40\%)\times 2/3=14\%$

> **[TIP] 이자비용 절세효과**
> 가중평균자본비용을 계산할 때 이자비용(타인자본비용)에 법인세율을 반영하는데 이자비용은 법인세를 줄여주는 효과가 있으므로 자본비용을 감소시키는 효과가 있다.

27

정답 ③

영업현금흐름은 영업자산에서 유입된 순현금흐름을 의미한다.

영업현금흐름=영업이익×(1−법인세율)+감가상각비
=1,000,000×(1−20%)+200,000
=1,000,000

> **[TIP] 영업현금흐름 계산 식**
> 영업현금흐름=EBIT×(1−t)+Dep
> =EBITDA×(1−t)+Dep×t
> ※EBIT=영업이익
> t=법인세율
> EBITDA=인세, 이자, 감가상각비 차감 전 영업이익
> Dep=감가상각비

28

정답 ①

ㄱ. (○) 주식배당은 이익잉여금을 자본금으로 전입하는 배당방식으로 주식 배당 시 자본의 구성요소는 변화하지만 자본 총액은 변화하지 않는다.

ㄴ. (×) 주식분할 시 자본잉여금이 자본금으로 전입되지 않으므로 틀린 보기이다. 주식분할 시 발생하는 비용이 없는 경우 자본의 총액과 구성에 변화가 없으며 주식 수만 증가한다.

ㄷ. (○) 정보 비대칭이 존재할 때 기업이 가장 선호하지 않는 신주발행방식으로 자금을 조달하는 경우 기업 외부에 경영상황이 좋지 않다는 정보를 전달한다.

ㄹ. (×) 수정된 MM이론에 따르면 부채사용기업은 무부채기업보다 부채에 법인세율을 곱한 값만큼 기업가치가 크다.

29

정답 ①

① (○) 일반적으로 사치재는 수요의 가격탄력성이 탄력적이며 생활필수품은 비탄력적이다.

② (×) 생산 시설의 유휴설비가 충분할수록 공급자는 가격 상승 시 더 많은 재화를 생산하려고 할 것이므로 탄력적이다.

③ (×) 대체재가 별로 없는 재화는 가격이 상승하더라도 소비자가 다른 재화를 소비할 수 없으므로 수요의 가격탄력성이 작다.

④ (×) 재화의 분류범위가 좁아질수록 수요의 가격탄력성이 더 커진다.

30

정답 ②

ㄱ. (×) 오염 배출권 제도에는 정부는 오염배출권의 발행에는 관여하지만 오염배출권의 가격은 시장에서 결정된다.

ㄴ. (○) 생산의 외부경제가 있는 경우 생산자들이 느끼는 효익보다 더 많은 사회적 효익이 발생한다. 따라서 시장 균형 생산량은 사회적 최적 생산량보다 적다.

ㄷ. (×) 양의 외부효과가 존재하는 경우 최적 수량보다 더 작은 수량이 시장에서 거래되므로 양의 외부효과가 크다고 좋은 것은 아니다.

ㄹ. (○) 소비의 외부불경제가 있는 경우 소비자들이 느끼는 효익보다 더 작은 사회적 효익이 발생한다. 따라서 시장 균형소비량은 사회적 최적 소비량보다 크다.

31

정답 ①

ㄱ. (○) 인구 고령화로 노동인구가 감소하면 AS곡선이 좌측으로 이동해 (가)에서 새로운 균형점이 발생할 수 있다.

ㄴ. (×) 정부지출이 증가하는 경우 AD곡선이 우측으로 이동한다.

ㄷ. (○) 국제 원유가격 상승 시 총 공급곡선이 좌측으로 이동하고 (가)에서 새로운 균형점이 발생할 수 있다.
ㄹ. (×) 생산기술 발전은 AS 곡선을 우측으로 이동시킨다.

32

정답 ①

국내총생산(GDP)은 일정 기간 한 나라 내에서 생산된 모든 재화와 서비스의 시장가치의 합계이다. 국민총생산(GNP)은 일정 기간 한 나라의 국민이 생산한 모든 재화와 서비스의 시장가치의 합계이다. 국내총소득(GDI)은 일정 기간 교역조건 변화를 고려해서 한 나라안에서 거주인이 벌어들인 소득의 합계이다. 국민총소득(GNI)은 일정 기간 한 나라의 국민이 국내외 생산 활동에 참여하거나 생산에 필요한 자산을 제공한 대가로 받은 소득의 합계이다.

- 국민총생산(GNP) = GDP + 국외순수취 요소소득 = 1,000 + 100 = 1,100
- 국내총소득(GDI) = GDP + 교역조건 변화에 따른 실질무역손익 = 1,000 + 200 = 1,200
- 국민총소득(GNI) = GDP + 교역조건 변화에 따른 실질무역손익 + 국외순수취 요소소득
= 1,000 + 200 + 100 = 1,300

33

정답 ②

① (○) 배달앱이 과도한 이윤 추구를 위해 독점적 권한을 행사할지 모른다. 이 경우 협상력이 떨어지는 자영업자는 큰 위협을 받으리라 예상할 수 있다.
② (×) 소비자의 선택권을 제약하는 방식은 현실성이 떨어지며, 적절한 방법으로 보기 어렵다.
③ (○) 자영업자 입장에서는 배달 수수료가 무료인 공공앱이 개발된다면 환영할 것이다.
④ (○) 공공앱은 수수료를 받지 않지만, 결국 운영에는 비용이 따른다. 그래서 세금으로 충당할 수밖에 없다.

34

정답 ②

토빈의 q는 주식시장에서 평가된 기업의 시장가치를 해당 기업의 실물자본 대체비용으로 나눈 값이다. 1보다 크면 투자 적절, 그보다 작으면 투자 유보로 판단한다.
① (×) 주식투자자금이 증가하면 그만큼 기업의 시장가치가 커진다. 따라서 토빈의 q값 역시 커진다고 해야 옳다.
② (○) 기업의 시장가치에는 미래 성장성도 반영되어 있다. 따라서 옳다.
③ (×) 법인세율 하락은 기본적으로 기업의 투자를 활성화시키는 방향으로 작용한다. 따라서 법인세율이 낮아지면 그만큼 기업의 시장가치는 커지고, 투자 역시 증가한다고 봐야 옳다.
④ (×) 정부의 정책 역시 기업 활동 시 고려하는 요인 중 하나이므로 옳지 않다.

35

정답 ③

구매력평가설에 따라 다음의 식이 성립한다.

$$\frac{\Delta P}{P}=\frac{\Delta e}{e}+\frac{\Delta P_f}{P_f}$$

또한 이자율평가설에 따라 $2-3=-1(\%)$이다.
따라서 $4\% = -1\% + \Delta P_f/P_f$이므로 미국의 예상물가상승률은 5%이다.

36

정답 ②

기회비용을 숫자로 표시할 때 분자/분모를 정확히 구분할 수 있는지를 묻고 있다. 물고기 생산에 2시간을 할애하고 있다는 말은 과일 채취에도 2시간을 할애하고 있다는 뜻이다. 따라서 현재 생산량은 (16, 18)이다. 이때 물고기 생산을 1시간으로 줄이고 과일 생산을 1시간 늘리면 생산량은 (9, 24)가 된다. 늘어난 과일의 양은 6, 감소한 물고기의 양은 7이므로 물고기 7/6단위이다.

37

정답 ④

① (×) 게임이 반복될수록 참가자들은 비협조가 아닌 협조를 선택한다. 협조(죄수의 딜레마 모형에서는 자백이 아닌 부인을 선택하는 것)가 더 큰 이득을 가져다주기 때문이다. 단, 일회성일 경우에는 자신에게 유리한 선택만을 하기 때문에 비협조(자백)를 선택한다.
② (×) 비협조(자백)라는 우월전략이 존재한다.
③ (×) 다수가 아닌, 소수 기업(대개 과점)의 전략적 행동을 분석할 때 사용한다.
④ (○) 자유로운 의사소통이 가능하다면 선택의 결과 역시 달라진다. 죄수의 딜레마는 상대방이 어떤 선택을 내리는지 모르는 상황에서 결정하기 때문에, 자유로운 의사소통이 불가능하다고 전제한다.

38

정답 ③

제시된 경상거래를 구분하면 다음과 같다. 상품수지 5, 서비스수지 0, 본원소득수지 −8, 이전소득수지 −5로 전체 경상수지는 8억 달러 감소했다.

항목	구분	증감 (억 달러)
반도체, 화공품, 승용차 · 부품 등을 중심으로 30억 달러 상품 수출	상품수지	+30
자본재 및 소비재 수입 증가, 원자재 수입 감소 등에 따라 25억 달러 상품 수입	상품수지	−25
해외 투자로부터 배당금 10억 달러 수취	본원소득수지	+10
국내 단기체류 해외 노동자의 임금 18억 달러 지급	본원소득수지	−18
내국인의 해외 주식 투자 2억 달러 지급	※ 자본 · 금융계정으로 경상수지에 해당 안 됨	
코로나19 취약국에 무상원조 5억 달러 지급	이전소득수지	−5
외국인 여객 수송료 15억 달러 수취	서비스수지	+15
특허권 사용료 15억 달러 지급	서비스수지	−15
인도네시아 현지 공장 설립을 위해 20억 달러 투자	※ 자본 · 금융계정으로 경상수지에 해당 안 됨	

① (X) 전체 경상수지는 감소했으므로 옳지 않은 설명이다.

② (X) 본원소득수지는 배당금, 단기체류 해외 노동자의 임금이 포함된다. 결과는 −8억 달러이므로 옳지 않다.

③ (O) 서비스수지에는 여객 수송료(15)와 특허권 사용료(−15)가 포함된다. 따라서 증감의 변화가 없다.

④ (X) 주식 및 채권의 거래, 대외직접투자는 자본 · 금융계정에 해당하므로 옳지 않다.

39

정답 ②

① (X) 생산자물가지수는 월 1회 조사한다.

② (O) 생산자물가지수는 지표이기 때문에 절대수준을 나타내는 데 한계가 있다.

③ (X) ㉠ 농림수산품, ㉡ 공산품, ㉢ 서비스 순이다. 가중치는 공산품이 가장 높으며 그 다음으로 서비스, 농림수산품 순으로 나타난다.

④ (X) 선박, 무기류, 항공기, 예술품 등은 생산자물가지수 조사 대상에서 제외된다. 그 이유는 동일한 품질규격이 어렵기 때문이다.

40

정답 ①

ㄱ. 도덕적 해이는 보험에 가입한 사람이 최선을 다해 나쁜 결과를 방지하려고 노력하지 않는 경향이다.

ㄴ. 선별은 능력이나 자질을 갖춘 사람을 신속하게 가려내는 절차를 의미하므로 경호업체에서 지원자의 이력을 확인하는 것은 선별에 해당한다.

ㄷ. 역선택은 정보 비대칭이 존재하는 상황에서 정보가 부족한 쪽이 불리한 선택을 하는 상황이다.

ㄹ. 스마트폰 구입 시 무상수리서비스를 제공하는 것은 신호발송에 해당한다. 제조사는 제품 구입 시 이 정도의 혜택을 준다는 정보를 제공해 그만큼 자신 있는 상품임을 알린다.

제8회 정답 및 해설

01	02	03	04	05	06	07	08	09	10
①	②	②	①	②	④	①	②	②	④
11	12	13	14	15	16	17	18	19	20
②	②	③	④	③	④	②	①	①	②
21	22	23	24	25	26	27	28	29	30
④	③	①	④	④	①	②	③	④	③
31	32	33	34	35	36	37	38	39	40
③	④	③	④	③	③	③	②	③	①

01

정답 ①

① (X) 현금 젖소(Cash Cow)에 해당하는 사업부에서는 많은 현금이 창출되어 현금이 필요한 물음(Question Mark)표에 투자하는 것이 바람직한 현금흐름이다.

② (O) 별(Star)에 속하는 사업은 시장점유율과 시장의 성장률이 모두 높으므로 옳은 보기이다.

③ (O) BCG 매트릭스의 시장의 성장률은 기업 외부의 시장 상황을 나타내고 상대적 시장점유율은 경쟁사 대비 자사의 경쟁력을 나타낸다.

④ (O) 시장의 성장률은 높지만 상대적 시장점유율이 낮은 물음표(Question Mark)에 속하는 사업은 기업의 운영과 투자에 따라 개(Dog) 또는 별(Star)로 이동할 수 있다.

02

정답 ②

① (X) SO 전략은 외부환경의 기회(Opportunity) 속에서 강점(Strength)을 통해 경쟁우위를 점하려는 전략이다.

② (O) ㈜행복유통은 코로나로 인한 수요 감소의 위기 속에서 강점인 잘 확립된 온라인 유통망을 활용해 위기를 극복하려는 ST(Strength-Threat) 전략을 채택하고 있다. 'S'는 내부의 강점을, 'T'는 외부의 위협을 의미한다.

③ (X) WO 전략은 외부환경의 기회(Opportunity) 속에서 약점(Weakness)을 보완하려는 전략이다.

④ (X) WT 전략은 외부환경의 위협(Threat) 속에서 약점(Weakness)을 보완하려는 전략이다.

[TIP] SWOT 분석 전략 판단

기업 내부요인의 강점인 국내 온라인 유통망이 잘 확립되어 있다는 특징과 시장이 국내에 한정된 특징이 동시에 주어져 답안을 선택하는 데 어려움이 있을 수 있다. 하지만, 기업이 고려하는 전략이 강점인 국내 온라인 유통망을 지원해 이익을 얻는 것이므로 외부환경의 어려움 속에서 기업 내부요인을 강화하는 ST 전략이 가장 옳은 보기이다.

03

정답 ②

① (X) 집중화 전략은 사업부 수준에서 특정 시장 또는 소비자 등의 목표에 집중하는 전략을 의미한다.

② (O) 구조조정은 기업 구조의 효율을 높이기 위해 사업, 조직, 재무를 포함한 조직의 시스템을 개편하는 일련의 활동을 의미한다.

③ (X) 청산전략은 기업 경영 유지가 어렵거나 청산하는 것이 유리한 경우 사업의 일부 또는 전부를 처분하는 전략이다.

④ (X) 전략적 제휴는 둘 이상의 기업이 상호 목표 달성을 위해 협력하는 것으로 인수 · 합병과 같은 복잡한 절차를 필요로 하지 않는다는 장점이 있다.

04

정답 ①

ㄱ. 다면평가 또는 360도 성과평가에 대한 설명이다. 다면평가는 상급자뿐만 아니라 다양한 사람들로부터 평가를 받을 수 있다는 장점이 있다.

ㄴ. 후광오류에 대한 설명이다.

ㄷ. 중요사건 기술법에 대한 설명이다.

[TIP] 인사평가 용어 알아두기

- 목표관리법은 조직 전체의 목표 달성을 위해 조직의 모든 구성원이 지속적으로 노력하는 방식이다.
- 대비오류는 평가자가 자신을 기준으로 피평가자를 평가해 발생하는 오류이다.
- 서열법은 평가 시 절대적 점수가 아닌 피평가자들의 상대적 서열을 고려해 인사평가하는 방식이다.

05

정답 ②

표적시장은 시장세분화 후 이익을 최대화할 수 있는 시장을 선택하는 것이다.

① (O) 차별적 마케팅은 여러 세분시장을 대상으로 제품을 제공하는 마케팅이다.

② (X) 고객의 특성 등을 기준으로 시장을 세분화한 후에 세분시장 중 하나 또는 여러 개를 표적시장으로 선택해야 하므로 틀린 보기이다.

③ (O) 니치 마케팅 또는 틈새시장 마케팅은 특정 성격의 소

규모 소비자 집단을 대상으로 하는 마케팅 전략으로 현대 사회의 다양한 소비자 욕구를 반영한다는 특징이 있다.
④ (○) 매스마케팅은 세분시장을 목표로 하지 않고 불특정 다수의 소비자에 하나의 동일한 상품을 판매하는 전략이다.

06

정답 ④

제품수명주기는 제품 및 서비스가 도입 후 성장, 성숙, 쇠퇴 단계를 거치는 단계를 설명하는 이론이다.
① (○) A단계는 도입기로 제품이 시장에 처음 출시되어 시장의 규모가 작으므로 시장세분화가 어렵다. A단계는 도입기로 제품 인지도가 낮아 이를 높이고 소비자들이 제품을 경험할 수 있도록 하는 마케팅 전략을 수립한다.
② (○) B단계는 성장기로 시장에 제품 판매가 급격히 증가하는 단계이다.
③ (○) C단계는 성숙기로 포화 상태의 시장에 경쟁이 매우 치열하다는 특징이 있다.
④ (×) D단계는 쇠퇴기로 시장규모가 축소되어 시장세분화의 실익이 낮다.

[TIP] 제품수명주기 유의사항
제품수명주기는 빠른 속도로 이루어지는 시장에 적용하기 용이하다. 하지만 모든 제품이 제품수명주기에 일괄적으로 적용되는 것이 아니라 회사의 제품개발, 마케팅 활동 등에 의해 변화할 수 있다.

07

정답 ①

마케팅믹스의 4P 중 서비스는 제품과 비교해 저장이 어렵고 고객 참여율이 높다는 특징이 있다.
① (○) 서비스는 산출되는 과정에서 고객의 영향이 크게 미치므로 품질 변동성이 높다.
② (×) 서비스는 소멸성의 특징으로 인해 보관이 불가하다는 특징이 있다.
③ (×) 서비스는 제품에 비해 저장이 어려우므로 평준화 전략을 적용하기 어렵다.
④ (×) 서비스는 생산과 서비스가 동시에 발생한다는 특징이 있으므로 틀린 보기이다.

[TIP] 마케팅믹스의 4P
마케팅믹스는 목표 달성을 위해 마케팅의 각종 전략을 종합적으로 구성한 것이다. 마케팅믹스의 4P는 제품(Product), 유통경로(Place), 판매가격(Price), 판매촉진(Promotion)으로 구성된다.

08

정답 ②

완전정보의 기대가치는 의사결정자가 완전한 정보를 얻기 위해 지불 할 의사가 있는 금액이다. 완전정보의 기대치는 완전정보 아래에서의 기댓값에서 기존 정보 하의 기댓값을 차감해 구할 수 있다.
완전 정보 하의 기대가치는 시장이 호황 상황이 벌어지면 공장 규모를 확대할 것이고, 시장이 불황 상황에 벌어지면 공장 규모를 줄일 것이므로 $0.5\times1{,}000+0.5\times200=600$이고
기존 정보 하의 기대가치는 아래 중 더 큰 값이므로 550이다.
1) 규모 확대 시 기대 이익$=0.5\times1{,}000+0.5\times100=550$
2) 규모 축소 시 기대 이익$=0.5\times500+0.5\times200=350$
완전정보의 기대치$=600-550=50$

[TIP] 완전정보의 기대가치의 계산 이해
완전정보의 기대가치는 완전정보 아래에서의 기대가치에서 기존 정보 아래의 기대가치를 차감해 구할 수 있다. 완전 정보 아래에서의 기대가치는 주어진 상황별 최적의 선택을 했을 때의 기대가치를 의미하므로 위의 자료에서는 시장이 호황일 때 공장 규모를 확대하는 것이 최적의 선택이고 시장이 불황일 때는 공장 규모를 축소하는 것이 최적의 선택이다. 또한, 기존 정보 아래에서의 의사결정은 더 큰 기대 이익을 갖는 선택을 할 것이므로 기존 정보 아래의 기대가치는 공장 규모 확대 시의 기대 이익과 축소 시 기대 이익 중 더 큰 값이다.

09

정답 ②

① (×) 인플레이션에 대비하거나 원료의 가격 인상에 대비해 미리 확보한 재고는 투기재고이다.
② (○) 공장, 물류센터, 판매점 간 이동 중에 있는 재고는 파이프라인 재고이다.
③ (×) 공급과 수요의 불확실성에 대비해 보유하는 재고는 안전재고이다.
④ (×) 생산공정 간 속도가 다른 경우 작업의 독립성을 유지하기 위한 재고는 완충재고이다.

10

정답 ④

① (○) 여유 생산능력이란 평균가동률이 총생산 가능 능력인 100% 이하로 감소한 것이며 다른 조건이 일정한 경우 수요의 변동이 큰 업종일수록 수요 증가에 대비하기 위해 여유 생산능력을 크게 유지해야 할 필요성이 있다. 수요 변동성이 높은 상황 이외에도 고객서비스가 중요한 산업은 높은 여유 생산능력이 필요하다.

② (○) 유효생산능력은 정상적 상황에서의 최대 산출량을 의미하므로 이상적 조건에서의 최대 산출량을 의미하는 피크생산능력과 차이가 있다.

③ (○) 자본집약도가 높은 기업은 변동비보다 고정비용의 비중이 높기 때문에 여유 생산능력을 최소화하는 것이 유리하다. 자본집약도가 높은 경우 외에도 인력 조절의 유연성이 높을 때, 표준 제품이나 서비스 공급 시 낮은 여유 생산능력이 유리하다.

④ (×) 범위의 경제는 기업이 두 개 이상의 제품을 생산하여 각각 생산하는 것보다 생산비용을 줄이는 것을 의미한다.

11

정답 ②

이 문제는 무형자산과 관련된 회계처리 방식에 관한 내용이다.

ㄱ. (×) 내부창출 고객목록은 관련 비용을 식별하기 어려우므로 즉시 비용으로 인식해야 한다.

ㄴ. (○) 연구단계에서 발생한 지출은 발생 즉시 비용으로 인식해야 한다.

ㄷ. (○) 개발단계 지출 중 미래 경제적 효익이 존재하고 금액에 대한 신뢰성 있는 측정이 가능하며 무형자산을 완성할 수 있는 성공 가능성과 기업의 의도와 능력이 있는 경우 자산으로 인식 가능하다.

ㄹ. (×) 내부창출 영업권은 즉시 비용으로 인식해야 하므로 틀린 보기이다.

12

정답 ②

① (×) 매출원가 비율은 전기가 70%(=700/1,000)이고 당기는 60%(=1,200/2,000)이므로 작년보다 하락했다.

② (○) 영업이익 비율은 전기가 20%(=200/1,000)이고 당기는 30%(=600/2,000)이므로 작년보다 상승했다.

③ (×) 당기순이익 비율은 전기가 10%(=100/1,000)이고 당기는 15%(=300/2,000)이므로 작년보다 상승했다.

④ (×) 판매관리비 비율은 전기가 10%(=100/1,000)이고 당기는 10%(=200/2,000)이므로 작년과 동일하다.

13

정답 ③

당기손익 공정가치 측정 금융자산은 매도 등 기타의 목적으로 취득한 채무상품 또는 지분상품에 적용할 수 있다.

당기손익 공정가치 측정 금융자산은 취득과 관련된 거래원가를 즉시 비용으로 인식하고 후속측정 시 관련 손익을 당기손익으로 인식한다.

2022년 처분 손익=처분가액−2022년 초 장부가
=250,000−200,000=50,000

> **[TIP] 당기손익 공정가치 측정 금융자산의 손익**
> 2022년에 인식할 처분 손익은 매각 금액에서 기초 공정가치를 차감해 구한다. 2021년의 공정가치 평가와 관련된 손익은 다음과 같다.
> 2021년 평가손익=기말 공정가치−취득가
> =200,000−100,000=100,000

14

정답 ④

당기 대손상각비=X일 때 관련 식은 아래와 같다.

기말 대손충당금 잔액
=기초 대손충당금+당기 대손충당금 설정(대손상각비 처리)
+당기 대손충당금 회수−대손처리 확정된 매출채권
=600,000=500,000+X+200,000−300,000, X=200,000

대손충당금과 관련된 T계정으로 나타내면 아래와 같다.

대손충당금

대손확정 매출채권	300,000	기초 대손충당금	500,000
기말 대손충당금	600,000	대손상각비 회수	200,000
		대손상각비 설정	200,000

15

정답 ③

2022년 자본 증가분
=2022년 당기순이익−자기주식 취득+유상증자+기타포괄손익공정가치 측정 금융자산 평가이익−유상감자
=1,000,000−10,000×10+20,000×10+(20,000−10,000)
−5,000×10=1,060,0000

> **[TIP] 자본 총액 증감 구할 때 주의할 사항**
> 자본은 자본금, 자본잉여금, 자본조정항목, 기타포괄손익누계액, 이익잉여금으로 구성된다. 자본증감에 관한 문제를 풀 때 용어를 혼동해 자본금의 증감금액만을 답으로 선택하거나 자본의 여러 구성항목을 고려하지 않는 실수를 범하기 쉬우니 자본 증감을 구할 때는 관련 요소를 모두 고려하는 것에 주의해야 한다.

16

정답 ④

회계정책의 변경은 재무제표에 적용된 회계정책을 다른 회계정책으로 변경하는 것이다. 오류수정은 당기 중 발견된 당기 또는 전기의 오류를 수정하는 것이다.

ㄱ. (X) 재고자산 원가흐름가정을 가중평균법에서 선입선출법으로 변경한 것은 회계정책변경에 해당한다.

ㄴ. (O) 유형자산 측정기준의 변경을 원가모형에서 재평가모형으로 변경한 것은 회계정보의 신뢰성과 목적적합성을 높이기 위한 회계정책변경에 해당한다.

ㄷ. (X) 재고자산에 저가법을 재고자산 총액 기준으로 인식할 수 없으므로 틀린 보기이다.

ㄹ. (X) 전기 오류수정과 관련된 항목은 자본항목을 조정하고 재무제표를 소급해 작성하는 것이 원칙이다.

17

정답 ②

ㄱ. (O) 역사적 원가는 취득원가로 인식하는 것이 원칙이며 손상과 관련된 항목만을 반영한다. 따라서 가치변동이 재무제표 이용자에게 중요하지 않은 경우 역사적 원가로 인식할 수 있다.

ㄴ. (X) 현행원가로 자산 측정 시 발생할 거래원가를 가산해야 한다. 현행원가로 부채를 측정할 때는 발생할 거래원가를 차감해야 하므로 틀린 보기이다.

ㄷ. (O) 사용가치는 기업 특유의 가정을 바탕으로 현금흐름 측정기준으로 가치를 측정하는 방식이다.

ㄹ. (X) 공정가치는 거래원가를 반영하지 않으므로 틀린 보기이다.

18

정답 ①

매출로 인한 현금 유입액을 계산하기 위해서는 손익계산서상 매출과 관련된 손익과 재무상태표상 매출과 관련된 자산과 부채의 증감을 조정해 산출해야한다. 조정 시 자산의 증가와 부채의 감소는 현금흐름에서 차감하며, 자산의 감소와 부채의 증가는 현금흐름에 가산한다.

매출 5,200 − 대손상각비 1,000 + 대손충당금 증가(−200) − 매출채권 증가(1,000) = 매출관련 현금흐름 3,000

[TIP] 매출관련 현금흐름의 계산

- 포괄손익계산서상 매출과 관련된 이익은 매출, 대손충당금 환입 등이 있고 매출과 관련된 비용은 대손상각비, 매출채권 처분손실 등이 있다.
- 재무상태표상 매출과 관련되어 현금흐름에 가산하는 항목은 매출채권의 감소, 대손충당금의 증가 등이 있고 현금흐름에 차감하는 항목은 매출채권의 증가, 대손충당금의 감소 등이 있다. 증감 분석을 통한 영업활동 현금흐름의 계산 식은 아래와 같다.

  영업활동 현금흐름
  = 손익계산서상 영업활동 손익 ∓ 영업관련 자산증감 ± 영업관련 부채증감

19

정답 ①

구분	A회사 장부	은행
조정 전	?	1,500
회사 미기록 출금	(200)	
회사 미기록입금	100	
은행 미기록 출금		(500)
회사 미기록입금		300
조정 후	1,300	1,300

현금 및 현금성 자산
= 소액 현금 100원 + 지급기일도래 공채 이자표 200원 + 타인발행당좌수표 400원 + 당좌예금 1,300원
= 2,000원

[TIP] 현금 및 현금성 자산의 범위

수입인지, 우표, 차용증서는 현금 및 현금성 자산에 포함되지 않으므로 계산 시 제외해야 한다. 이외에도 현금 및 현금성 자산에 포함되지 않는 것은 선일자수표, 가불증, 부도수표, 당좌개설보증금 등이 있다. 또한 지급기일이 도래한 공채 이자표, 취득일부터 만기일까지 3개월 이내인 단기투자자산 등은 현금 및 현금성 자산에 포함되는 항목이다.

문제에서는 은행의 당좌예금 잔액 증명서의 기말 잔액만 주어졌기 때문에 은행계정조정표를 통해 올바른 장부계상 당좌예금 잔액을 구해야 한다.

20

정답 ②

① 증권(가)는 CML의 오른쪽(또는 아래쪽)에 위치하기 때문에 비효율적인 투자안이다.

② 자산과 시장포트폴리오와의 상관계수가 1인 경우 그 자산은 효율적인 투자안이다. 자본시장선(CML) 위에 위치한 자산이 효율적인 투자안인데, 증권(가)는 자본시장선 아래에 위치하므로 시장포트폴리오와의 상관계수는 1이 아니다. 이를 식으로 증명하면

$15\% = 5\% + (10\% - 5\%) \times \beta_A \rightarrow \beta_A : 2$

β_A = 상관계수 × (증권(가) 표준편차)/(시장포트폴리오 표준편차)

= 상관계수 × 12.5%/5% → 상관계수 = 0.8

③ 결정계수는 총위험 중 체계적 위험의 비율로, 상관계수의 제곱으로 구할 수 있다. $0.8^2 = 0.64$

④ 체계적 위험에 대한 보상은 위험프리미엄으로, 증권(가)의 위험프리미엄은 10%이다. 증권 수익률 15% − 무위험 수익률 5% = 10%

21

정답 ④

경제적부가가치(EVA: Economic Value Added)란 세후 이익에서 투하자본과 가중평균자본비용을 곱한 값을 차감한 것으로, 주주의 자기자본에 대한 기회비용을 감안한 실질적 이익이다.

④ (○) EVA＝50,000－(220,000×20%)＝6,000

> **[TIP] EVA 문제풀이**
> 문제에서 자기자본비용과 법인세율이 주어졌지만 EVA를 구하는 데는 필요 없는 자료이다. EVA를 구하는 방법을 숙지한 후 필요한 숫자를 대입하면 빠르게 답을 구할 수 있다.

22

정답 ③

적대적 M&A는 피인수 기업의 동의 없이 인수와 합병을 시행하는 것이다.

김 이사와 이 상무의 방어수단은 각각 포이즌필(poison pill)과 황금낙하산에 대한 내용이다.

> **[TIP] M&A 방어수단**
> - 백기사: 피인수 기업에 우호적인 제3자를 활용하여 적대적 합병 공격을 방어하는 것이다.
> - 팩맨(역공개매수): 어떤 기업이 적대적 매수를 시도할 때 오히려 매수 대상기업이 매수기업에 대한 역매수 계획을 공표하고 매수기업의 주식을 공개매수하는 등의 전략을 통해 반격하는 극단적인 방어전략이다.
> - 황금주: 1주만 있어도 주총 결의사항에 거부권을 행사할 수 있는 적대적 M&A 방어수단이다.

23

정답 ①

이 문제를 풀이하기 위해서는 여러 재무비율의 종류와 그 의미에 대해 알아야 한다. 정보이용자들은 재무제표에 포함된 정보를 활용한 재무비율을 의사결정에 활용할 수 있다.

ㄱ. 부채 총액을 자기자본으로 나눠 구한 안전성 비율은 부채비율이다.

ㄴ. 매출원가를 재고자산으로 나눠 구한 활동성 비율은 재고자산 회전율이다. 재고자산 회수기간은 365일을 재고자산회전율로 나눠 구한 값이다.

ㄷ. 유동자산을 유동부채로 나눠 단기 유동성 능력을 측정하는 비율은 유동비율이다. 당좌비율은 유동자산에서 재고를 제외한 당좌자산을 유동부채로 나눈 값이다.

24

정답 ④

주주의 실질적 이익을 나타내는 경제적 부가가치는 세후 영업이익에서 자본비용을 차감한 값이다.

ㄱ. (×) 경제적 부가가치는 당기순이익에 추가적으로 자기자본비용을 고려한다는 특징이 있다. 당기순이익은 이자비용이 차감된 값으로 타인자본비용을 고려한 값이다.

ㄴ. (×) EVA를 현재가치로 할인해 더한 것은 MVA (Market Value Added)이다.

ㄷ. (○) 경제적 부가가치는 세후 영업이익에서 자본비용을 차감해 구하므로 세후 영업이익이 증가하거나 자본비용이 감소하면 경제적 부가가치는 증가한다.

ㄹ. (○) 투하자본 이익률＝세후 영업이익/투하자본이므로
EVA＝세후 영업이익－가중평균자본비용×투하자본
＝(세후 영업이익/투하자본－가중평균자본비용)×투하자본
＝(투하자본이익률－가중평균자본비용)×투하자본
이다.

25

정답 ④

① (×) 내부수익률법은 미래 기대 현금흐름의 유입액과 유출액을 같도록 만드는 할인율을 의미한다.

② (×) 회수기간법은 투자금액을 회수하는데 얼마나 걸리는지 측정하는 척도이다.

③ (×) 회계이익률법은 순이익을 투자액으로 나눈 값이다.

26

정답 ①

포트폴리오의 베타는 각 자산의 베타를 가중평균해 구할 수 있다.

포트폴리오 베타＝1.5×0.6＋2×0.4＝1.7

포트폴리오 기대수익률＝무위험이자율＋(시장포트폴리오 기대수익률－무위험이자율)×베타＝5%＋(15%－5%)×1.7＝22%

27

정답 ②

이 문제를 풀이하기 위해서는 CAPM이 성립할 때 시장 포트폴리오 자산 배분이 시가총액 비율과 동일한 기준으로 이루어진다는 내용을 알아야 한다.

투자자 ㈜대한의 시장포트폴리오 금액 중 30%가 주식(가)에 투자되었고 20%가 주식(나)에 투자되었으며 시가총액에서

각 주식이 차지하는 비율 또한 동일하다.
주식(가)의 시가총액은 전체 시가총액의 30%이고 주식(나)의 시가총액은 전체 시가총액의 20%이므로 ㉠ =30%/20%=3/2이다.
㈜민국의 주식 포트폴리오 중 주식(가)에 투자한 금액 ㉡ =500만 원×30%=150만 원이다.

28

정답 ③

이 문제는 배당 평가모형을 통해 주식가치를 구하는 문제이다.
한 주당 주식의 가치=1년 후 배당/(할인율－배당성장률)=10,000원/(10% －5%)=200,000원

> **[TIP] 배당평가 모형**
> 미래의 영구적인 배당을 요구수익률로 할인해 기업 가치를 구하는 평가방식이다.

29

정답 ④

기업이 속한 산업의 진입장벽이 높고 퇴출장벽이 낮을수록 산업의 수익률이 높다.

> **[TIP] 산업의 퇴출장벽과 진입장벽**
> - 퇴출장벽은 낮은 수익과 투자 손실이 예상되어도 사업에서 철수하지 못하는 기타 요소들을 의미한다.
> - 진입장벽은 타 기업이 특정 산업에 진입할 때 높은 수익이 예상되어도 기업이 산업에 진입하기 어려운 경제적 전략적 기타 요소들을 의미한다.

30

정답 ③

해당 사례는 중고 시장에서 정보의 비대칭으로 인한 역선택의 상황을 나타낸다. 구매자는 컴퓨터의 상태가 좋은지 나쁜지 알 수 없지만 시장 전체 컴퓨터 중 절반의 상태가 좋으며 나머지 절반의 상태가 나쁘다는 것을 알고 있다. 따라서 구매자는 0.5×120만 원+0.5×60만 원=90만 원을 지불할 용의가 있을 것이다.
판매자는 좋은 상태의 컴퓨터를 최소 100만 원을 받고 팔기를 원하므로 좋은 상태의 컴퓨터는 시장에서 거래가 되지 않을 것이고 상태가 나쁜 컴퓨터만 거래될 것이다.

31

정답 ③

① (X) 금본위제는 각 나라가 금과 자국 통화의 교환비율을 정한 고정환율제이다.
② (X) 브레튼 우즈 체제는 달러화를 기준으로 하는 고정환율제이다. 브레튼 우즈 체제 아래에서 달러와 금의 교환비율이 결정되어 있고 다른 통화는 달러와의 교환비율이 결정되어 있다.
③ (O) 미국의 경제 악화 상황에서 달러를 금으로 태환하는 조치를 중단한 닉슨쇼크 뒤 브레튼 우즈 체제에서 스미소니언 체제로 전환되었다.
④ (X) 킹스턴 체제에서는 회원국이 변동환율, 고정환율 등 환율제도를 자유롭게 선택할 수 있도록 재량권을 부여했다.

32

정답 ④

① (O) 갑국은 옷과 소파를 생산하는데 을국보다 적은 시간이 소요되므로 절대우위에 있다.
② (O) 갑국의 옷의 상대가격은 2시간/50시간=침대 0.04개이고, 을국의 옷의 상대가격은 침대 4시간/60시간=0.067개이므로 갑국은 옷 생산에 비교우위가 있다.
③ (O) 을국의 침대 상대가격은 60시간/4시간=옷 15벌이고 갑국의 침대 상대가격은 50/2=옷 25벌이므로 을국은 침대 생산에 비교우위가 있다.
④ (X) 두 국가가 무역 시 침대의 상대가격은 옷 15벌과 옷 25벌 사이에서 결정되므로 틀린 보기이다.

33

정답 ③

ㄱ. (X) 대체재가 많을수록 수요의 가격탄력성은 커진다(가격 상승 시 대체재로의 이동이 그만큼 크게 발생한다는 의미).
ㄴ. (X) 수요의 소득탄력성을 간단하게 정리하면 '소득 변화에 따른 수요 변화'이다. 즉 소득보다 수요가 더 크게 변화하는 재화의 경우로, 대개 사치재가 해당한다. 수요의 교차탄력성은 해당 재화의 가격 변화에 따른 다른 재화의 수요량 변화를 나타내는 개념인데, 이 값이 크면(0보다 크면) 대체재 관계에 있다. 정리하면 사치재일수록 대체재인가라는 내용인데, 둘 사이에는 일정한 관계가 성립하지 않는다.
ㄷ. (O) 일반적으로 토지는 그 공급할 수 있는 양이 제한되어 있어서 토지 가격이 달라진다고 해서 토지 공급량을 크게 늘리거나 줄일 수 없다. 따라서 토지의 공급의 가격탄력성이 매우 작다는 설명은 옳다.
ㄹ. (X) 거시경제학에서도 탄력성은 중요한 이슈로 다뤄진다. 예를 들어 '고용탄력성'은 GDP가 1% 성장했을 때 고용

이 몇 % 변화했는지를 나타내는 지표로 활용된다. 탄력성이 어느 정도인가에 따라 정책 집행과 그 결과가 달라지므로 미시와 거시 전 영역에 걸쳐 쓰인다고 해야 옳다.

[TIP] 규모의 경제와 범위의 경제 개념부분
ㄴ. 과 비슷한 유형으로 '규모의 경제'와 '범위의 경제'가 예시문으로 나올 수 있다. "규모의 경제가 존재하면 범위의 경제가 존재한다"든가, "범위의 경제가 존재하면 규모의 경제가 존재한다"와 같은 지문인데, 둘 사이에는 아무런 관련이 없다.

34 　정답 ④

먼저 담배수요의 가격탄력성이 0.2일 때, 소비량이 10% 감소하려면 가격은 50% 상승해야 한다. 한편 소비량이 20% 감소하려면 가격은 100% 상승해야 한다. 따라서 7,500원, 10,000원이다.

35 　정답 ③

수요의 가격탄력성이 1로 일정한 경우는 직각쌍곡선을 말한다. ②와 같이 수직선에 가까울수록 0에 가까워지고, 수평선에 가까울수록 무한대(∞)에 가까워진다. 주의해야 할 것은 ①과 같은 그래프인데, 이때는 어느 지점에서 측정하느냐에 따라 탄력성의 크기가 달라진다.

36 　정답 ③

생산가능곡선은 현재 주어진 자원을 대상으로 효율적인 생산이 이뤄졌을 때를 나타내는 개념이기 때문에 ㄱ, ㄷ이 해당한다. 신기술의 등장 혹은 천연자원의 추가 발견은 기존에는 없었던 생산요소이기 때문이다. 반면 실업의 감소는 기존의 자원이 효율적으로 사용되지 못했다는 뜻이기 때문에, 이 경우는 생산가능곡선 내부에서 곡선상의 한 점으로 이동하는 데 그친다.

37 　정답 ③

시장가격이 180원이므로, 한계비용이 180원보다 낮은 구간에서는 꾸준히 생산량을 늘려야 한다. 이는 9개 생산까지이다. 10개 생산 시부터는 총가변비용 증가(한계비용 증가분) 값이 182로 가격을 넘어선다. 가변비용(한계비용)에 따라 표를 다시 정리하면 다음과 같다.

생산량	평균고정 비용	평균가변 비용	총 가변 비용	한계비용 증가분
1	200	160	160	
2	100	130	260	100
3	66.7	115	345	85
4	50	105	420	75
5	40	100	500	80
6	33.3	97	582	82
7	28.6	96	672	90
8	25	98	784	112
9	22.2	102	918	134
10	20	110	1,100	182

38 　정답 ②

ㄱ. (X) 수요의 가격탄력성이 1인 지점은 수요곡선의 중점을 의미한다. 독점기업은 수요곡선(D)의 2배 기울기를 갖는 한계수입(MR)곡선에서 자신의 이윤극대화 생산량을 정한다. 따라서 이윤극대화 지점은 수요곡선상 탄력적인 지점(중점보다 왼쪽에 위치한 구간)에서 결정된다.

ㄴ. (O) 직선의 수요곡선 중점에서 가격탄력도가 1이고, 이 지점에서 한계수입은 0이 되면서 총수입은 극대화된다.

ㄷ. (X) 비용구조는 독점기업마다 다르기 때문에 관련 없는 설명이다.

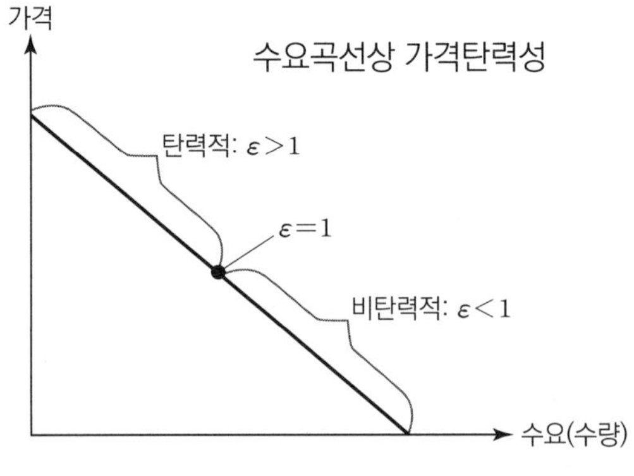

39 　정답 ③

ㄱ. (X) 1인당 GDP가 가장 큰 국가는 C국이다. 하지만 1인당 GDP외에 인구수가 주어지지 않았으므로 정확히 알 수 없는 내용이다.

ㄴ. (X) ㉠과 같은 맥락이다. 제시된 값은 실업률이지, 실업자 수가 아니다.

ㄷ. (O) 평균 생활수준은 1인당 GDP로 파악할 수 있다. B국의 1인당 GDP는 1만 달러임에 반해 A국의 평균 생활수준은 3만 달러이다. 따라서 B국의 평균 생활수준은 A국보다 낮을 것이라 예상할 수 있다.

ㄹ. (O) 디플레이션은 물가상승률을 통해 확인할 수 있다. C국의 물가상승률은 0.2%로, 세 국가 중 가장 낮고 그 값 역시 0에 가깝다. 따라서 디플레이션(물가 하락)이 발생할 가능성이 A국보다 높다는 설명은 타당하다.

40

정답 ①

현재 효용이 극대화되는 소비가 이뤄지고 있으므로 다음의 식이 성립한다.

$$MRS_{XY}=\frac{M_X}{M_Y}=\frac{P_X}{P_Y}$$

한편, X재의 가격은 5,000에 8단위를 소비하고 있으므로 X재 지출 크기는 총 40,000이다. 나머지 Y재는 6단위를 소비하고 있으므로 Y재 가격은 10,000임을 알 수 있다. Y재의 가격을 구했으니 P_X/P_Y에 대입하자. 그러면 MRS_{XY}=5,000/10,000 → 0.5이다.

제9회 정답 및 해설

01	02	03	04	05	06	07	08	09	10
③	④	④	④	③	③	②	③	②	①
11	12	13	14	15	16	17	18	19	20
④	③	③	③	②	③	①	③	③	④
21	22	23	24	25	26	27	28	29	30
④	②	②	④	③	③	④	①	②	③
31	32	33	34	35	36	37	38	39	40
①	②	④	①	②	①	③	①	①	③

01

정답 ③

균형성과표는 재무관점, 고객관점, 내부 프로세스 관점, 학습 및 성장관점에서 기업을 평가하는 방식이다.

① (O) 학습과 성장 관점은 재무, 고객, 내부 프로세스 관점의 바탕이 되는 근본적인 평가 요소이다.

② (O) 고객관점에 해당하는 평가 지표로는 고객만족, 고객수익성, 시장점유율 등이 있다.

③ (X) 기업의 시장점유율은 균형성과표 평가요소 중 고객관점에 해당하므로 틀린 보기이다.

④ (O) 내부 프로세스는 기업의 프로세스가 성과 향상을 위한 핵심 역량을 갖추고 있는지 평가하는 척도이다.

02

정답 ④

ㄱ. 욕구단계이론: 매슬로우의 욕구단계이론에 따르면 인간은 생리적 욕구, 안전욕구, 사회적 욕구, 존경욕구, 자아실현 욕구의 순서대로 결핍된 욕구를 충족시키고자 한다. 욕구단계이론은 낮은 차원에서 높은 차원의 순서로 욕구가 발생하고 개인의 욕구에 대한 결핍이 동기부여를 일으킨다고 보았다.

ㄴ. 2요인이론: 허쯔버그의 2요인 이론에 따르면 성취감, 책임감 등의 동기요인은 개인의 만족을 증가시키고 급여, 직장의 안전성 등의 위생요인은 개인의 불만족을 감소시킨다고 보았다.

ㄷ. 기대이론: 기대이론에서는 노력했을 때 목표를 성취할 수 있는 주관적인 확률을 나타내는 기대감, 목표 성취 시 보상이 이루어지는지 나타내는 주관적 믿음인 수단성, 보상이 개인에게 얼마나 유의적인지 나타내는 유의성에 의해 동기부여 수준이 결정된다.

03

정답 ④

주식회사는 주주의 출자로 인해 발행된 주식을 바탕으로 설립된 회사로 현대 기업의 대표적 형태이다.

① (○) 주식회사의 소유와 경영의 분리에 대한 설명이다.

② (○) 자본의 증권화에 대한 설명으로 기업은 증권 발행을 통해 주주로부터 자금을 조달한다.

③ (○) 자본의 증권화는 기업의 자본조달과 주주의 매매를 원활하게 만든다.

④ (×) 유한책임을 가진 주주는 출자 금액 아래에서 책임을 진다. 즉 기업이 부채가 많더라도 주주의 추가 출자 의무는 없다.

04

정답 ④

이 문제는 인적자원관리 중 모집의 방식에 따른 장단점에 대한 내용으로서, 내부모집은 조직 내의 기존 직원들로부터 인력을 모집하는 방식이고, 외부모집은 지원자의 지원, 추천, 대학, 온라인모집, 직업소개소, 구인광고 등을 통해 외부에서 지원자를 모집하는 방식이다.

ㄱ. (×) 혁신과 전략변화에 유리한 모집방식은 외부모집으로 틀린 보기이다.

ㄴ. (×) 지원자에 대한 평가의 정확성이 높은 방식은 내부모집이다.

ㄷ. (○) 외부모집의 단점으로 새로운 직원이 조직과 직무에 적응하는 데 시간이 걸리고 추가적인 비용이 발생할 수 있다는 점이 있다.

ㄹ. (○) 내부모집은 불합격된 직원의 불만 발생 또는 내부의 과다경쟁으로 조직 분위기 악화 등의 문제가 발생할 수 있다.

05

정답 ③

ㄱ. (×) 사회적 태만은 개인으로 일할 때보다 집단으로 일하는 경우 개인이 노력을 적게 하는 현상이다. 이러한 사회적 태만을 극복하는 해결책으로는 집단의 규모를 최적화하고 개인별로 업무를 할당하는 방법이 있다.

ㄴ. (×) 명목집단법은 참여자가 서로 의사소통을 하지 못하게 하여 타인의 영향력을 차단하고 참여자의 독립적인 의견을 얻기 위해 수행된다.

ㄷ. (×) 특정 상황에서 집단 구성원이 어떠한 행동을 취해야 하는지에 대한 기준은 규범이다.

ㄹ. (○) 터크만의 집단 발전 4단계에 따르면 집단은 형성기, 격동기, 규범기, 수행기를 거쳐 형성되고 이후 소멸한다. 세 번째 단계인 규범기는 구성원이 응집력을 갖고 집단이 되는 단계이므로 옳은 내용이다.

06

정답 ③

이 문제는 로저스의 신제품 수용 시기에 따른 수용자 계층이론에 대한 내용이다. 로저스는 혁신적인 신제품을 빠르게 받아들이는 순서에 따라 혁신자, 조기수용자, 조기다수자, 후기다수자, 지각수용자로 구분했다.

① (○) 소비자들은 혁신적인 신제품 수용 시 소비자의 기존 사용습관과 전혀 다른 제품을 접하는 경우 수용 속도는 느려진다.

② (○) 전체 수용자의 13.5%를 차지하는 조기수용층은 혁신자 다음으로 신제품을 수용하는 집단으로서 사회적으로 의견선도자의 역할을 담당한다.

③ (×) 캐즘(chasm)은 조기수용층과 조기다수층 사이의 간극이다. 캐즘은 조기수용층에서 조기다수층으로 수용자가 확대되기 전 일시적으로 수요가 후퇴하는 것을 의미한다.

④ (○) 지각수용자는 가장 늦게 신제품을 수용하는 집단으로 전통을 중요시한다.

07

정답 ②

이 문제를 풀이하기 위해서는 여러 직무관리 방법에 대해 알아야 한다.

① (×) 직무확대는 직원이 수행하는 과업의 수는 증가하지만 권한과 책임은 증가하지 않으므로 틀린 내용이다.

② (○) 직무순환은 직원의 능력과 자질 발전을 위해 한 직원이 여러 직무를 경험할 수 있도록 하는 직무관리방법이다.

③ (×) 직무기술서는 직무의 형태, 내용 등 직무 자체 정보를 중심으로 기술한 문서이다. 이에 비해 직무를 수행하기 위해 담당자가 갖춰야 할 직무에 필요한 지식, 기술, 능력 등의 인적 요건을 중심으로 기술한 문서는 직무 명세서이다.

④ (×) 면접법, 질문지법, 관찰법은 직무평가방법이 아닌 직무분석방법에 해당하므로 틀린 내용이다.

08

정답 ③

이 문제는 최소식별차이(JND)의 개념에 대한 내용이다. 최소식별차이는 소비자가 가격 변화를 알아차릴 수 있는 최소한의 가격 변화이다.

① 단수가격은 가격의 끝자리에 단수를 포함시켜 소비자에게 가격을 매우 낮게 책정했다는 인식을 줄 수 있도록 하는 가격책정방식이다.
② 유보가격은 구매자가 특정 제품에 대해 지불할 용의가 있는 최대 가격을 의미한다. 소비자가 구매하려는 제품의 가격이 유보가격보다 높은 경우 소비자는 제품을 구매하지 않는다.
③ 최소식별차이 안에서 상품 가격이 인상된다면 소비자는 이를 알아차리지 못하고 수요량에도 변동이 없을 것이다. 따라서 회사가 최소식별차이 내에서 가격을 인상하면 총 매출이 증가한다.
④ 준거가격은 소비자가 상품의 가격이 저렴하다고 생각하는지 혹은 비싸다고 생각하는지 판단하는 기준이다.

09

정답 ②

CPM은 시청자 1,000명에 도달하는데 필요한 비용이다.
총 TV 광고료＝1,000,000명/1,000명×5만 원＝5,000만 원

> [TIP] CPM(Cost Per Mille)의 계산
> CPM＝(총광고비/청중 수)×1,000

10

정답 ①

대량 고객화는 고객 맞춤화 제품 또는 서비스를 대량으로 생산하는 것을 의미한다.
① (X) 대량 마케팅은 세분시장을 구분하지 않고 하나의 제품 또는 서비스로 전체 시장을 목표로 하는 마케팅이다. 대량 고객화는 고객 맞춤화 서비스를 제공하므로 대량 마케팅과 관련성이 떨어진다.
② (O) 대량 고객화는 고객 맞춤화뿐만 아니라 대량생산으로 인한 원가 절감의 효과를 얻을 수 있는 개념이다.
③ (O) 지연 차별화는 고객 맞춤화 공정 적용 전까지 생산한 제품을 이후 고객의 수요가 정해지면 맞춤화 공정을 적용하는 생산방식이다.
④ (O) 주문조립생산방법은 표준화된 부품을 미리 생산한 이후 고객의 수요에 맞게 조립하는 생산방식이다.

11

정답 ④

주어진 재무정보 중 손익항목의 구성요소를 구분해 내는 내용이다. 판매관리비는 기업이 제품을 판매하거나 기업 관리 활동 시 발생하는 비용으로 급여, 광고비, 접대비, 임차료, 보험료, 감가상각비, 대손상각비, 연구비 등이 포함된다. 영업외손익은 기업의 일반적인 영업 활동 외에 발생한 손익으로 이자수익, 배당금수익, 금융자산 관련 손익, 투자자산 처분이익 등이 포함된다.
㉠ 판매관리비＝종업원 급여＋광고선전비
＝150,000＋50,000＝200,000
㉡ 영업외손익＝이자수익－투자자산 처분손실
＝200,000－100,000＝100,000

12

정답 ③

이 문제를 풀이하기 위해서는 상업적 실질이 없는 교환취득으로 인한 자산의 취득가를 계산할 수 있어야 한다.
상업적 실질이 없을 때 교환으로 취득한 자산의 취득원가는 제공한 자산의 장부금액을 기초로 한다. ㈜민국은 기계장치 취득 시 기존의 순장부금액이 500,000원인 기계장치를 제공하고 100,000원의 현금을 추가로 지급했으므로 취득가는 600,000원이다.

[TIP] 상업적 실질이 없는 교환으로 취득한 경우 회계처리

(차) 유형자산(신규취득)	600,000	(대) 유형자산(기존사용)	1,000,000
(차) 감가상각누계액(기존사용)	500,000	(대) 현금	100,000

13

정답 ③

재무제표의 현금흐름표에 표시되는 현금흐름은 영업활동, 투자활동, 재무활동으로 분류할 수 있다.
① (O) 유형자산 취득은 투자자산의 취득, 처분으로 인한 현금흐름이며 미래 현금흐름 창출과 관련이 있으므로 투자활동 현금흐름에 해당한다.
② (O) 사채의 상환은 타인자본과 관련된 현금흐름으로 재무활동 현금흐름에 해당한다.
③ (X) 이자비용 지급의 현금흐름은 투자활동 현금흐름이 아닌 영업활동 현금흐름으로 분리된다. 영업활동 현금흐름에 포함되는 항목으로는 매출, 매입, 종업원 급여, 이자, 법인세, 기타 영업비용으로 인한 현금 유입 · 유출이 있다.
④ (O) 매출채권 회수는 기업의 수익 창출 활동에서 발생한 현금흐름이므로 영업활동 현금흐름에 해당한다.

> [TIP] 현금흐름의 분류
> • 영업활동 현금흐름: 투자, 재무활동이 아닌 기업의 수익 창출과 관련된 현금흐름이 포함
> • 투자활동 현금흐름: 유형자산 · 무형자산 · 금융자산의 취득 · 처분, 대여금 회수 등에서 발생한 현금흐름이 포함

- 재무활동 현금흐름: 차입금 조달 · 상환, 신주 발행, 배당금 지급, 자기주식 처분 등의 자금조달 · 상환 활동에 관련된 현금흐름 포함

14

정답 ③

이 문제를 풀이하기 위해서는 재무제표 요소의 변화에 따른 재무비율의 변화를 파악해야 한다.

- 외상으로 상품 판매 시 상품(재고)이 감소하고 매출채권이 증가한다.
- 유동비율(유동자산/유동부채)이 100% 이상일 때 재고가 감소하지만 동일금액의 매출채권이 증가하므로 유동비율은 불변한다.
- 당좌자산은 유동자산에서 재고를 차감한 것으로 당좌비율 [(유동자산−재고자산)/유동부채]은 증가한다.

[TIP] 대입을 통한 빠른 풀이

당좌자산, 유동부채, 유동자산에 임의의 숫자를 대입하면 상품 외상 구입 시 유동비율과 당좌비율의 증감을 빠르게 파악할 수 있다. 유동자산=200만 원, 재고=50만 원, 유동부채=100만 원을 대입하면 재무비율은 아래와 같다.

- (구입전)당좌비율=(200만−50만)/100만=150만/100만=150%
- (구입후)당좌비율=(200만−40만)/100만=160만/100만=160%(증가)

15

정답 ②

사채의 할증발행은 사채의 액면이자율이 유효이자율보다 높은 경우 액면가보다 발행가가 더 높게 형성되는 사채이다.

ㄱ. (×) 표시 이자금액은 사채 발행회사가 액면가 대비 지급하는 이자율로 시간이 지나도 일정하다.

ㄴ. (×) 할증발행한 사채는 액면이자율이 유효이자율보다 높아 발행금액이 액면금액보다 크다는 특징이 있다.

ㄷ. (○) 발행 후 사채의 발행가는 액면가보다 큰데 시간이 경과할수록 장부가가 감소해 액면가로 수렴한다,

ㄹ. (○) 시간이 경과할수록 할인발행사채뿐만 아니라 할증발행사채의 상각액 또한 증가한다.

16

정답 ③

여러 재무정보가 주어졌지만 정보를 정리하면 단순한 방정식 문제로 답을 풀이할 수 있는 문제이다.

2021년 기준 제품 A의 매출대비 이익률=(1,000,000−500,000−300,000)/1,000,000=20%이므로 제품 B의 매출대비 이익률이 20%가 되는 제품 B의 개당 가격을 구하면 된다.

제품 B의 매출대비 이익률=(500개×B판매가−500×1,000−300,000)/500개×B판매가=20%이므로 제품 B의 단위당 가격은 2,000원이다.

17

정답 ①

충당부채는 과거사건의 결과로 발생한 현재 의무 중 지출의 시기 또는 금액이 불확실한 부채이다. 충당부채로 인식하기 위해서는 금액이 신뢰성 있게 추정 가능해야 하며 효익의 유출 가능성이 커야 한다.

ㄱ. (○) 미래의 손실을 회피할 수 있는 경우 과거사건으로 인한 현재의무로 볼 수 없으므로 충당부채로 인식할 수 없다.

ㄴ. (×) 충당부채로 인식하기 위해서는 금액이 신뢰성 있게 추정 가능해야 하므로 틀린 보기이다.

ㄷ. (×) 과거 사건으로 인해 발생한 의무가 미래 행위의 영향을 받지 않고 독립적이면 충당부채로 인식할 수 있다.

18

정답 ③

퇴직급여제도는 근무용역을 제공한 회계 기간 말부터 12월 이후에 결제될 것이라고 예상되는 장기종업원 급여에 해당한다.

ㄱ. (○) 확정기여형 퇴직급여제도는 기업이 금융기관과 같은 외부의 실체에 고정 기여금을 납부하고 이후 외부 기관의 운용성과에 따라 퇴직급여가 변동되는 제도이다. 확정급여형 퇴직급여제도는 근로자가 퇴직 시 받을 퇴직급여가 사전에 확정된 제도이다.

ㄴ. (○) 확정기여제도에서 기업의 의무는 출연 약정금액을 기금에 지급 시 종료되므로 기금의 보험수리적 위험과 투자위험은 모두 종업원이 부담한다.

ㄷ. (×) 퇴직급여는 직원이 근무용역을 제공한 회계기간에 대응해 발생주의로 인식하는 것이 원칙이므로 틀린 보기이다.

ㄹ. (×) 확정기여형 퇴직급여제도에 대한 설명으로 틀린 보기이다. 확정급여형 퇴직급여제도를 적용할 때는 퇴직급여와 관련된 부채가 발생한다.

19

정답 ③

- 회계연도 총 매입액: (10×100+20×200+20×100) =7,000
- 회계연도 총 수량: 10(기초)+20(매입)+20(매입)=50
- 총 가중평균단가: 7,000/50=140
- 매출원가: 10개×140=1,400
- 매출액: 1,400+(1,400×10%)=1,540

[TIP] 원가흐름 가정의 차이에 따른 재고자산 금액
회사는 실지재고조사법과 가중평균법을 적용하기 때문에 해당 연도의 단위당 판매 재고가격은 전체 매입가를 전체 매입수량으로 나눠 계산한다는 것에 주의해야 한다. 한편, 회사 매출은 매입원가에 10%를 가산해 구하기 때문에 먼저 매입원가를 구하고 매입원가에 가산율을 더해 최종 매출액을 구할 수 있다.
위의 문제와 다르게 가중평균법이 아닌 선입선출법을 적용하는 경우 매출원가는 기초재고 단위당 가격을 적용한 100원×10=1,000원으로, 매출액은 1,000×1.1=1,100원으로 계산된다.

20

정답 ④

① (X) 일반차입금이 아닌 특정차입금에 관한 자본화를 먼저 해야 한다.
② (X) 취득 활동 중단 또는 지연은 적극적인 개발 활동을 중단한 기간이기 때문에 차입금 자본화를 중단한다.
③ (X) 단기간에 제조 가능한 재고자산은 차입원가 자본화를 적용할 수 있는 적격자산에 해당하지 않는다.
④ (O) 유형자산, 무형자산, 투자자산뿐만 아니라 취득에 1년 이상 소요되는 재고자산 또한 포함될 수 있다.

[TIP] 차입원가 자본화
적격자산 취득 또는 제조 시 직접 관련된 차입원가를 취득 자산의 원가로 자본화하는 것이다. 차입원가 자본화는 기타 차입원가가 발생 시 비용으로 인식되는 것과 다르게 자산을 감가상각할 때 비용으로 인식한다는 특징이 있다.
아래는 차입원가 자본화를 이해하기 위한 간단한 예시이다.
회사는 X2년 1월 1일 건물 건설을 시작해 X2년 12월 31일에 완공했다. 회사는 X2년 1월 1일에 공사비로 100원을 지출하고 X2년 7월 1일에 100원을 지출했다. 회사의 차입금으로는 회사의 건물 건설을 위한 특정차입금(이자율 20%) 100원과 일반차입금(이자율 10%) 1,000원이 있을 때 X2년에 자본화할 차입원가는 다음과 같이 구할 수 있다.
- X2년 자본 평균지출액: (100×12/12)+(100×6/12) =150
- 특정차입금 순지출액: 100원, 특정차입금 순금융비용: 20원
- 일반차입금 관련 자본화 금융비용: {150(자본 평균지출액)−100(특정차입금 순지출액)}×10%=5
- 자본화할 차입원가: 20(특정차입금 자본화)+5(일반차입금 자본화)=25

21

정답 ④

- 고객으로부터 유입액: 현금매출(1,000)+신용매출(10,000)+매출채권감소(1,000)=12,000원
- 영업비용으로 유출액: 영업비용(−3,000)−선급비용 증가(2,000)+미지급비용 증가(1,000)=−4,000

[TIP] 영업활동과 관련된 현금흐름 계산법
주어진 문제는 영업활동과 관련된 현금흐름이 주된 내용이다.
- 고객으로부터의 유입액: 매출액−대손비+대손충당금 등의 부채 증가−매출채권 등의 채권 증가−대손충당금 등의 부채 감소+매출채권 등의 채권 감소
- 영업비용으로의 유출액: −영업비용−선급비용 등 자산 증가+미지급비용 등 부채 증가+선급비용 등 자산 감소−미지급비용 등 부채 감소

22

정답 ②

이 문제를 풀이하기 위해서는 '풋-콜 패리티'를 통해 옵션의 가격을 구할 수 있어야 한다.
S=현재 주가, P=풋옵션 가격, C=콜옵션 가격, $PV(X)$=행사가의 현재가치일 때 동일한 만기와 행사가격을 가진 옵션의 관계를 나타내는 '풋-콜 패리티'는 아래와 같다.

$$S+P-C=PV(X)$$

$900+200-C=1{,}100/(1+10\%),\ C=100$원

23

정답 ②

합병 NPV는 합병으로 인해 증가한 가치인 시너지에서 피합병회사에 추가적으로 지급한 인수프리미엄을 차감해 구할 수 있다.
합병으로 인한 시너지
$=V_{AB}-V_{A}-V_{B}=500{,}000-200{,}000-100{,}000$
$=200{,}000$
인수프리미엄=합병대가$-S_{B}=150{,}000-100{,}000=50{,}000$
합병 NPV=200,000−50,000=150,000

24

정답 ④

적대적 인수합병의 수단에 대한 문제로서 적대적 M&A는 협의를 통해 기업의 경영권을 얻는 우호적 M&A와 다르게 피인수기업의 의사에 반해 기업 경영권을 얻는다는 특징이 있다. 공개매수는 경영권 지배를 위해 짧은 시간 동안 공개적으로 주식을 대량 매수하는 적대적 인수합병 방법이다. 이러한 적대적 인수합병방식은 피합병기업과 합병기업 간의 합의 또는 계약 없이 이루어진다는 특징이 있다.

> **[TIP] 적대적 M&A의 장단점**
> 적대적 M&A의 단점으로는 기업의 정상적인 운영의 어려움이 있을 수 있다는 점과 과도한 M&A로 인한 주주의 부담이 발생할 수 있다는 것이다. 긍정적 측면으로는 경영진이 주가 방어를 위해 추가로 노력할 유인이 생기고 경영진을 감시하는 기능이 있다는 점이 있다.

25

정답 ③

주어진 수익성지수 PI를 활용해 NPV와 IRR를 구하는 문제이다.

PI＝유입 현금흐름의 현재가치/유출 현금흐름의 현재가치이다.

① (○) PI＝1.4＝유입현금흐름 현재가치/1억, 유입현금흐름 현재가치＝1.4억, 투자안(가) NPV＝1.4억－1억＝0.4억
② (○) PI＝1.3＝유입현금흐름 현재가치/2억, 유입현금흐름 현재가치＝2.6억, 투자안(가) NPV＝2.6억－2억＝0.6억
③ (×) 투자안(가) 미래 유입 현금흐름＝1.4억×1.1＝1.54억, 1.54억/(1＋IRR)＝1억, IRR＝54%
④ (○) NPV법으로 구한 최적 투자안은 투자안(나)이고 IRR법으로 구한 최적 투자안은 투자안(가)이므로 최적투자안이 다르다.

26

정답 ③

재무관리의 목표는 기업가치의 극대화이다.

① (○) 타인자본비용은 채권자가 요구하는 수익률로 일반적으로 부채에 대한 이자비용 절세효과가 있으므로 이를 반영해 가중평균자본비용을 계산한다.
② (○) 주주는 기업 투자에 대해 유한책임을 가진다. 즉, 기업이 채권자에게 지급하는 이자비용과 정부에 지급하는 법인세를 제외한 순이익이 주주의 몫이 된다.
③ (×) 자기자본비용은 주주가 요구하는 수익률이고 타인자본비용은 채권자가 요구하는 수익률이다. 위험이 크면 요구수익률도 커지는데, 주주는 채권자보다 후순위에 있으며 자신이 투자한 금액 내에서 유한책임을 가지므로 위험부담이 크다. 따라서 자기자본비용은 일반적으로 타인자본비용보다 높다.
④ (○) 회계적 이익 극대화는 판단과 추정이 많이 개입되며 불확실성이 크다. 또한 화폐 시간가치를 고려하지 않으므로 재무관리의 목표로 적합하지 않다.

27

정답 ④

- ㈜민국의 합병 전 EPS＝5,000,000원/10,000주＝500원
  ㈜민국의 합병 후 EPS가 기존의 EPS인 500원보다 높아야 합병에 찬성할 것이다.
- ㈜민국의 합병 후 EPS＞500원
  → [(5,000,000원＋3,000,000원＋2,000,000원)/(10,000주＋30,000주×교환비율)]＞500원
  → 1,000원/(1＋3×교환비율)＞500원
  → 교환비율$<\frac{1}{3}$

28

정답 ①

이 문제를 풀이하기 위해서는 금리스왑계약에서 각 기업이 부담하는 금리를 계산할 수 있어야 한다. 금리스왑계약은 기업이 비교우위에 있는 금리로 차입해 부담하는 최종금리를 감소시키는 계약이다.

금리스왑계약이 없다면 ㈜대한은 변동금리를 선호하므로 L＋1%에 차입하고 ㈜만세는 고정금리를 선호하므로 9%로 차입할 것이다. 이 두 기업의 차입규모와 기간은 동일하므로 두 기업이 부담하는 총 금리는 (L＋1%)＋9%＝L＋10%이다.

반면에 두 기업이 비교우위에 있는 금리로 차입 후 금리스왑계약을 체결한다면 기업이 부담하는 총 금리는 아래와 같다.

㈜대한이 고정금리로 차입하고 ㈜만세가 변동금리로 차입 시 총 금리＝6%＋(L＋2%)＝L＋8%,

스왑의 총 이익＝(L＋10%)－(L＋8%)＝2%이다.

두 기업은 스왑의 이익을 동일하게 배분하므로 각 기업은 각자가 유리한 금리에서 차입 후 금리스왑계약을 체결한다면 기존의 금리보다 1% 낮은 금리에서 차입할 수 있다.

29

정답 ②

제시글은 공유자원의 이용을 개인의 자율에 맡길 경우 서로의 이익을 극대화함에 따라 자원이 남용되거나 고갈된다는 공유지의 비극(Tragedy of the commons)에 관한 일례이다.

① (○) 공유지 사용 시 한 사람이 자원을 많이 소비하면 다른 사람이 사용할 수 있는 자원이 줄어들기 때문에 공유지의 비극이 발생한다.

② (×) 공유지의 비극은 소비의 부정적 외부성과 관련이 있는 현상이다.

③ (○) 소유권이 분명하게 정해지지 않아 사람들이 자원을 아껴 쓸 유인이 감소한다.

④ (○) 소유권을 적절히 설정해 소비의 부정적인 외부성으로 인해 발생하는 공유지의 비극 문제를 해결할 수 있다.

30

정답 ③

① (×) 롤스는 사회의 후생수준이 사회 구성원 중 가난한 사람의 후생수준에 의해 결정된다고 보아 가장 가난한 사람의 소득을 최대한 높이는 것을 중요시했다.

② (×) 롤스는 각 구성원들의 효용을 완전 보완적 관계로 보았다.

③ (○) 공리주의는 한계효용이 높은 저소득층에 소득을 분배하는 것이 사회 전체의 효용을 증가시킬 수 있다고 보았다.

④ (×) 공리주의는 소득재분배와 관련해 한계효용의 체감의 개념을 적용했으므로 틀린 보기이다.

31

정답 ①

Y=실제 총생산, Y_N=잠재 총생산, $\alpha>0$, P=실제 물가, P^e=예상 물가일 때 루카스 공급곡선은 $Y=Y_N+\alpha(P-P^e)$이다. 루카스 공급곡선에 따르면 $P>P^e$인 경우 Y는 증가한다. 중앙은행이 10%의 통화량을 증가시킨다고 발표했지만 실제로는 20%의 통화량을 증가시켜 실제 물가가 예상 물가보다 커진 상황이다.

이러한 상황에서 경제 참여자들은 생산 재화의 가격이 커졌다고 착각해 더 많은 생산을 하게 되어 생산을 증가시킨다.

따라서 물가수준은 통화량 증가로 상승하고 국민총생산은 단기적으로 증가한다.

32

정답 ②

① (×) 실제 실업률이 5%보다 높은 경우 실제 인플레이션은 기대 인플레이션보다 작다. 예를 들어 위의 식에 실제 실업률 6%를 대입하는 경우 실제 인플레이션=기대 인플레이션 -0.5%이다.

② (○) 실제 인플레이션과 기대 인플레이션이 동일할 때 잠재 GDP가 달성되므로 잠재 GDP에서 실업률(u)은 5%이다.

③ (×) 기대 인플레이션(π^e)과 실제 인플레이션(π)이 같은 경우 실업률(u)은 5%이다.

④ (×) $\pi-\pi^e=-1\%=-0.5(u-0.05)$이기 때문에 실제 실업률($u$)은 7%가 되어야 한다.

33

정답 ④

① (○) 수요가 탄력적일수록 소비자의 지불용의금액은 그만큼 낮아진다. 따라서 실제 지불한 금액과 지불용의금액 간의 차이를 나타내는 소비자잉여의 경우, 수요가 완전탄력적이면 그 값이 0이 된다.

② (○) 가격이 상승하면 그만큼 더 많은 금액을 지불해야 한다는 뜻이므로 소비자잉여는 감소한다.

③ (○) 일반적인 수요 · 공급 원리란 X자 형태의 수요 · 공급곡선을 말한다. 정부가 보조금(조세 부과가 아님에 주의)을 지급하면 소비자의 지불가격은 하락하고 생산자의 수취가격은 상승한다. 따라서 소비자잉여와 생산자잉여 모두 증가한다. 반면 정부는 보조금을 줬기 때문에 손실을 본다. 여기서는 정부의 잉여(혹은 손실)에 대한 언급 없이 소비자잉여와 생산자잉여만 묻고 있으므로, 옳은 설명이다.

④ (×) 정부가 조세를 부과하면 정부의 조세수입(+)이 발생하는 반면 소비자잉여와 생산자잉여는 모두 감소(−)하는 결과를 낳는다. 또한 그 과정에서 사회적 후생손실이 발생한다.

34

정답 ①

국내 소비자의 수요가 가격 변화에 둔감해야 총수입액이 커진다(총수입=가격×수량). 이는 수요의 가격탄력성이 비탄력적이라는 뜻이다. 반면 칠레 화폐 가치가 원화 대비 평가절하 될 경우 가격 경쟁력을 갖기 때문에(즉, 칠레 와인 가격이 상승했지만 자국 화폐 평가절하로 가격 상승을 상쇄했다는 의미) 총수입이 증가한다.

35

정답 ②

실질환율 변화율 = 명목환율 변화율(5%)+해외물가상승률(3%)−국내물가상승률(1%) → 7%

36

정답 ①

ㄱ. (X) 해당 재화의 가격 자체의 변화는 수요곡선상의 이동이다. 따라서 A~B 간의 이동에 그칠 뿐, 수요곡선 자체의 이동에는 해당하지 않는다.

ㄴ. (O) 대체재의 가격이 상승하면(그만큼 대체재의 수요가 감소하고, 그 감소한 수요가 이동해) 해당 재화의 수요가 증가한다. 따라서 같은 가격 수준에서 수요가 증가하는지를 따져보면 된다. A→D는 동일한 가격 수준에서 수요곡선 자체의 이동이 나타나므로 옳다.

ㄷ. (X) 소비자의 선호 증가는 수요곡선 자체의 이동을 가져온다. 따라서 A→D, 또는 C→B여야 옳다.

ㄹ. (X) 소득에 따른 재화 구분은 크게 정상재, 열등재이다. 정상재는 소득 증가 시 수요도 증가하며 열등재는 그 반대이다. 괄호 안에서 해당 재화는 열등재라고 했으므로 수요 감소로 해석해야 한다. C→B가 아닌, B→C 혹은 D→A라고 해야 옳다.

37

정답 ③

ㄱ. 가계가 현금을 보유하면 상대적으로 은행의 예금 비율이 낮아진다. 그 결과 통화승수는 작아진다.

ㄴ. 통화승수는 본원통화 대비 통화량의 비율로, 본원통화가 커졌다고 해서 통화승수가 변하지는 않는다(단, 본원통화가 커지면 본원통화×통화승수이므로 통화량은 증가한다).

ㄷ. 전자화폐를 사용한다는 것은 현금 비중이 줄어든다는 뜻이다. 따라서 통화승수는 커진다.

ㄹ. 지급준비율을 높이면 은행 입장에서 그만큼 대출해줄 수 있는 여력이 낮아진다. 그 결과 통화승수는 작아진다.

정리하면 ㄱ, ㄹ이 통화승수가 작아진다는 점에서 변화 방향이 같다.

38

정답 ①

제시된 그래프는 베블런곡선을 설명하고 있으며, 과시적 소비를 나타낼 때 소개된다.

② 밴드왜건 효과에 대한 설명이다.

③ 톱니효과를 설명하고 있다.

④ 타인의 소비형태에 영향을 받는다는 전시효과이다.

39

정답 ①

① (O) 달러 강세, 즉 환율 상승(원화 약세)을 의미한다. 일반적으로 환율 상승은 수출 증가로 이어진다.

② (X) 기준금리(일반적으로 총수요 관점에서의 이자율) 인상은 긴축의 신호이다. 따라서 기업 투자 및 가계 소비 감소로 이어진다. 이는 총수요 감소에 가깝다.

③ (X) 코로나19에 따른 대외활동에 제약이 가해지면서 총수요 감소로 이어진다.

④ (X) 지급준비율 인상은 시중 통화량을 줄이겠다는 신호이다. 일반적으로 시중에 통화량 공급을 늘려야 소비나 투자 활성화를 이끌어내는데, 이와 반대로 통화량을 줄인다고 했으므로 총수요 증가로 보기 어렵다.

40

정답 ③

① (O) A국은 자동차와 선박 모두 B국보다 더 많이 생산해낼 수 있다. 따라서 자동차 생산에 있어 절대우위를 갖는다는 표현은 옳다.

② (O) 먼저 비교우위를 살펴보자. A국은 자동차 1단위 생산에 따른 기회비용은 선박 1단위이지만, B국은 자동차 1단위 생산에 따른 기회비용이 선박 1/2단위이다. 따라서 B국은 자동차에 비교우위, 즉 선박에 비교열위가 있다.

③ (X) ②에서 알 수 있듯이 선박 1단위이다.

④ (O) B국의 자동차 생산 시 기회비용(포기해야 하는 선박 생산량)은 1/2단위이다. 반면 A국의 자동차 생산 시 기회비용은 선박 1단위이다. 따라서 옳은 설명이다.

제10회 정답 및 해설

01	02	03	04	05	06	07	08	09	10
③	②	③	③	③	②	①	②	③	②
11	**12**	**13**	**14**	**15**	**16**	**17**	**18**	**19**	**20**
②	②	③	①	③	④	④	②	④	②
21	**22**	**23**	**24**	**25**	**26**	**27**	**28**	**29**	**30**
①	④	①	④	③	①	③	②	③	③
31	**32**	**33**	**34**	**35**	**36**	**37**	**38**	**39**	**40**
①	③	③	②	④	③	②	②	③	①

01

정답 ③

경영전략 분석 방식의 한 종류인 SWOT 분석은 기업의 내부상황과 외부환경 평가 시 활용할 수 있다.

① (X) 기업의 취약한 국제 경쟁력은 기업 내부의 약점(Weakness)에 해당한다. 위협은 기업 외부의 환경적 요인이다.

② (X) SWOT 분석은 기업의 외부 가능성과 내부 역량을 모두 분석하기 위해 사용하는 방법이다.

③ (O) S(강점)-O(기회) 상황은 기업 외부 환경 요소가 긍정적이고 기업 내부의 강점이 존재하는 경우 채택하는 전략이다.

④ (X) W(약점)-O(기회) 상황에서는 내부 약점을 극복해 외부의 기회를 활용하려는 전략을 적용해야 한다.

[TIP] SWOT 분석의 그림

외부 \ 내부	강점(S)	약점(W)
기회(O)	SO전략	WO전략
위협(T)	ST전략	WT전략

02

정답 ②

이 문제를 풀이하기 위해서는 조직행동이론과 관련된 여러 개념에 대해 알아야 한다.

ㄱ. 직무만족에 대한 설명이다. 조직시민행동은 개인의 공식적 업무와 무관하게 다른 조직 구성원이나 조직에 긍정적인 영향을 미칠 수 있는 행동을 자발적으로 하는 것을 의미한다.

ㄴ. 조직몰입에 대한 설명이다. 직무몰입은 개인이 직무와 자신을 동일시하며 자신이 맡은 직무를 가치 있게 생각하며 적극적으로 수행하는 것을 의미한다.

ㄷ. 집단사고에 대한 설명이다. 집단이동적사고는 집단 내 토의 이후 의견이 양극단으로 쏠리는 현상을 의미한다.

03

정답 ③

이 문제를 풀이하기 위해서는 동기부여 과정이론에 해당하는 여러 이론에 대해 알아야 한다. 동기부여 과정이론은 동기부여가 일어나는 과정을 중심으로 동기부여를 설명한다.

ㄱ. (X) 허즈버그의 2요인 이론은 동기부여를 일으키는 요인과 보상을 중심으로 동기부여를 설명하는 동기부여 내용이론에 해당한다. 2요인 이론에서 동기요인은 개인의 만족을 증가시키고 위생요인은 개인의 불만족을 감소시킨다.

ㄴ. (O) 아담스의 공정성이론은 개인의 동기부여가 자신의 투입 · 산출과 다른 사람의 투입 · 산출을 비교해 정해진다고 분석한 동기부여 과정이론이다.

ㄷ. (O) 브룸의 기대이론은 동기부여가 기대감, 수단성, 유의성 세 요소에 의해 결정된다고 설명하는 동기부여 과정이론이다.

ㄹ. (X) 알더퍼의 ERG이론은 동기부여 내용이론에 해당한다. 알더퍼는 매슬로우의 다섯가지 요인을 다시 생존욕구, 관계욕구, 성장욕구 세 가지로 분류해 동기부여를 설명했다.

04

정답 ③

이 문항 풀이를 위해서는 포터의 산업구조분석모형을 알아야 한다. 포터의 산업구조분석은 기업이 직면하는 위협과 크기를 설명하는 모형이다. 포터는 기업이 직면하는 다섯가지 위협을 구매자의 협상력, 공급자의 협상력, 대체재의 위협, 기존기업 간 경쟁, 잠재적 경쟁자로 설명한다.

① (O) 구매자의 수가 적거나 제품의 낮은 차별화 등의 이유로 인해 기업의 구매자의 협상력이 강할수록 산업의 수익성은 하락한다.

② (O) 기업에 원재료, 부품 등을 공급하는 공급자의 협상력이 강할수록 산업의 수익성은 하락한다.

③ (X) 마이클 포터의 산업구조분석에 따르면 보완재가 아닌 대체재가 적을수록 산업의 매력도는 상승한다. 보완재가 많을수록 산업의 수익률이 상승할 가능성이 높다.

④ (O) 낮은 진입장벽 등의 이유로 신규 진입자의 진입 가능성이 상승하면 산업의 수익성은 하락한다.

05

정답 ③

① (X) 변증법적 토의법은 집단 구성원을 반으로 나눠 서로 반대 의견을 주장하도록 토론을 진행하는 방식이다.
② (X) 지명 반론자법은 의견 제시자에게 반론할 사람을 지정해 반박하게 하는 방식이다.
③ (O) 델파이법은 전문가를 통해 불확실성이 큰 상황을 예측하는데 활용할 수 있다.
④ (X) 명목집단법은 참여자가 서로 의사소통을 하지 못하게 하여 타인의 영향력을 차단하고 참여자의 독립적인 의견을 얻기 위해 수행하는 집단의사결정방식이다. 명목집단법은 델파이법과 다르게 필수적으로 전문가가 참여할 필요가 없으며 의사결정에 참석하는 서로를 아는 것을 허용한다.

06

정답 ②

피들러의 상황적 리더십 모형은 리더를 과업지향적인 리더와 관계지향적인 리더로 분류해 특정 리더가 우수한 성과를 낼 수 있는 상황에 대해 제시했다.

ㄱ. (X) LPC(Least Preferred Coworker) 설문은 같이 일했던 동료 중 가장 함께 일하고 싶지 않은 동료를 평가하도록 해 이에 호의적으로 응답한다면 관계지향적 리더로 분류했고 이에 비호의적으로 응답한다면 과업지향적 리더로 분류했다. 따라서 LPC 설문지를 통해 리더가 관계지향적인지 과업지향적인지 평가했다.
ㄴ. (O) 피들러가 제시한 리더와 부하 직원의 관계는 부하 직원의 리더에 대한 신뢰를 측정하고 과업구조는 직무가 적합하게 구조화되었는지 측정한다. 마지막으로 직위 권력은 리더가 해고, 임금 등에 영향을 미칠 수 있는지 측정한다.
ㄷ. (O) 피들러는 리더십을 인간관계에 중심을 둔 관계지향형 리더십과 인간관계보다 성과를 중요시하는 과업지향형 리더십으로 나눴다.
ㄹ. (X) 피들러의 상황적 리더십 모형에 따르면 상황이 아주 불리하거나 아주 유리한 경우 인간관계보다 생산성 향상에 더 집중하는 과업지향적 리더십이 효과적이다.

07

정답 ①

① (X) 소비자가 가장 중요하게 생각하는 속성만 고려하고 다른 속성은 고려하지 않는 경우는 비보완적방식에 해당한다.
② (O) 소비자의 지각은 여러 자극을 조직화하고 해석하는 과정을 의미한다.
③ (O) 일상적 문제해결은 일상생활에서 생활용품을 구입하는 것처럼 상품 구매 시 소비자의 노력과 시간이 적게 소요되는 의사결정이다.
④ (O) 관여도에 따른 문제해결의 유형으로는 포괄적, 제한적, 일상적 문제해결이 있다. 포괄적 문제해결은 소비자가 노력과 시간을 들여 신중하게 의사결정하는 방식으로 가장 높은 수준의 소비자의 노력과 시간이 투입된다.

> **[TIP] 소비자 대안평가방식의 분류**
> 소비자의 대안평가방식은 보완적 방법과 비보완적 방법으로 구분할 수 있다. 보완적 방법은 하나의 선택지의 여러 특성을 고려하며 한 특성의 약점을 다른 특성의 강점이 보완할 수 있는 평가방법이다. 반면에 비보완적 방법은 제일 선호하거나 제일 선호하지 않는 특성 한가지로 인해 의사결정하는 평가방법이다.

08

정답 ②

ㄱ. (X) 판매 대리점은 판매 상품에 대한 소유권이 없으므로 틀린 보기이다. 상품에 대한 소유권을 가진 유통업체는 상인도매상 등이 있다.
ㄴ. (O) 통합적 유통은 제조업자가 유통기능을 직접 보유하기 때문에 비용이 많이 들지만 보다 까다로운 제품을 운반하거나 고객 맞춤 서비스를 제공할 때 유리하다.
ㄷ. (X) 전문품은 독특한 특성이 있는 고가의 제품이다. 집약적 유통은 최대한 다양한 지역과 대리점에 많은 제품을 공급하려는 유통으로 전문품에는 적합하지 않다. 전문품은 일정 지역에서 소수의 유통업자에게 제품을 유통하는 전속적 유통에 적합하다.
ㄹ. (O) 수직적 마케팅 시스템은 생산부터 유통까지 유통경로 구성원들을 모두 단일의 시스템에 결합하는 시스템이다. 수직적 마케팅 시스템은 기업적 VMS가 통합 수준이 제일 높으며 그 뒤로 계약적 VMS, 관리적 VMS 순서대로 통합 수준이 높다.

09

정답 ③

ㄱ. (X) 시계열 수요예측기법은 과거 데이터로부터 파악한 특성을 바탕으로 미래 수요를 예측하므로 양적 수요예측방법에 해당한다.
ㄴ. (X) 델파이법은 전문가들로부터 서면으로 독립적 의견을 수집하고 이를 종합 하고 정리하는 과정을 반복하는 질적 기법에 해당한다. 양적 수요예측방법은 객관적인 과거 데이터를 바탕으로 수요를 예측하는 방법이다.
ㄷ. (X) 예측오차는 실제 발생한 수요에서 예측한 값을 뺀 것

으로 예측오차의 합계가 0이 되어야 수요예측이 우수하다.
ㄹ. (○) 회귀분석은 수요에 영향을 미치는 요소를 독립변수로 설정하고, 수요를 종속변수로 설정해 인과관계를 밝히는 수요예측방법이다.

10

정답 ②

ㄱ. (×) 공정의 생산능력이 증가하면 생산 가능한 능력 중 현재 가동하고 있는 부분을 나타내는 이용률이 감소하므로 틀린 보기이다.
ㄴ. (×) 가동 전 준비시간이 증가하면 전반적인 생산능력은 감소하므로 틀린 보기이다.
ㄷ. (×) 주기시간은 각 작업장에서 제품 한 단위 생산 시 허용 가능한 최대 시간이다. 다른 조건이 같은 경우 주기 시간이 긴 공정의 재공품 개수가 그렇지 않은 공정보다 적어진다.
ㄹ. (○) 병목공정은 생산 과정 중에 있는 공정 중 가장 산출능력이 적어 여유생산능력이 없는 공정을 의미한다. 이러한 병목공정은 생산량을 달성하기 위해 비병목공정보다 이용률이 높다는 특징이 있다.

11

정답 ②

매출로 인한 현금흐름 유입액은 포괄손익계산서에 보고된 매출 손익에서 재무상태표에 보고된 매출 관련 자산, 부채의 증감을 조정해 계산한다. 매출, 대손상각비, 매출채권 처분손실 등이 매출 관련 포괄손익계산서 계정에 포함되며 매출채권의 증감, 대손충당금의 증감 등이 매출 관련 재무상태표 계정에 포함된다.
조건에 따라 유입 현금흐름을 계산해 보면
2,000,000원(현금매출)+1,000,000원(신용매출)+200,000원(매출채권 감소)=3,200,000원이다.

- 매출채권 증가→증가한 만큼 매출액에서 차감(매출채권 증가한 금액만큼 현금이 유입되지 않았기 때문)
- 매출채권 감소→감소한 만큼 매출액에 가산(매출채권이 회수된 금액만큼 현금이 유입되었기 때문)

[TIP] 매출과 관련된 현금흐름
이 문항에서는 매출과 관련된 계정뿐만 아니라 영업비용과 관련된 계정이 주어졌지만, 문제에서 요구하는 매출로 인한 유입 현금흐름을 계산하기 위해서는 영업비용, 선급비용 계정과목이 필요 없다는 것을 파악해야 한다. 이처럼 현금흐름표 문제를 풀이할 때는 관련 없는 계정을 제외하고 이외의 자료만을 이용해 신속하게 풀이하는 것이 중요하다. 참고로, 주어진 자료를 바탕으로 구한 영업과 관련된 현금유출액은 아래와 같다.
1,000,000(영업비)+200,000(선급비용 증가)=1,200,000 유출

12

정답 ②

이 문제를 풀이하기 위해서는 정률법을 적용한 유형자산의 감가상각비와 기말 장부금액을 계산할 수 있어야 한다.
2022년 감가상각비=기초 장부금액×상각률
=2,000,000원×40%×(6/12)
=400,000원
2022년 유형자산 기말 장부금액=2,000,000−400,000
=1,600,000원

[TIP] 정률법 적용 시 잔존가치
정률법은 상각률에 잔존가치에 대한 고려가 포함되어 있으므로 장부가에서 감가상각누계액을 차감한 금액에 상각률을 곱해 감가상각비를 계산한다.

13

정답 ③

2022년 유형자산 감가상각비
=(취득가−잔존가치)/내용연수=(100억−20억)/4년=20억
2022년 감가상각 후 유형자산 장부가
=취득가−감가상각누계액=100억−20억=80억
유형자산 처분 손익
=처분 대가−처분 시 장부금액=102억−80=22억
유형자산 관련 총 손익
=처분이익−감가상각비=22억−20억=2억
=판매가−기초취득가=102억−100억=2억

14

정답 ①

보기에서 주어진 감가상각방식을 적용해 계산한 2022년 감가상각비는 아래와 같다.
① (○) 정액법 적용 시 감가상각비
=(취득원가−잔존가치)/내용연수
=(100,000−10,000)/5=18,000
② (×) 생산량 비례법 적용 시 감가상각비
=(100,000−10,000)×30%=27,000
③ (×) 연수합계법 적용 시 감가상각비
=(취득원가−잔존가치)×(기초 잔존내용연수/잔존내용연수 총 합계)
=(100,000−10,000)×5/15=30,000
기초 잔존내용연수/잔존내용연수 총 합계
=5/(5+4+3+2+1)=5/15
④ (×) 정률법 적용 시 감가상각비=기초장부가×상각률
=100,000×37%=37,000

[TIP] 문제를 보다 신속하게 풀이하는 방법
문제에서는 유형자산 취득 후 첫해의 감가상각비가 가장 작게 계상되는 감가상각방법을 고르라고 주어졌다. 이중체감법, 연수합계법, 정률법은 감가상각법 특성상 기초에 감가상각비가 크게 계산되므로 정액법과 생산량 비례법만을 고려해 답을 구하면 빨리 답을 구할 수 있다.

15

정답 ③

① (X) 사채를 액면발행해 발행가와 액면가가 동일하면 만기까지 표시이자비용으로 이자비용을 인식한다. 따라서 시간이 경과하더라도 유효이자비용은 일정하다.
② (X) 할인발행 사채는 기간이 경과함에 따라 사채발행차금 상각액이 증가한다.
④ (X) 할인발행 사채는 기간이 경과할수록 이자비용이 증가한다.

[TIP] 사채의 할인발행의 이해
사채의 액면 금액이 10,000원이고 매년 말 액면이자율(=표시이자율)이 2%인 2년 만기 채권이 있다. 사채에 적용되는 이자율이 6%이고 적용되는 단일금액 현가계수가 0.89, 연금현가계수가 1.8일 때 사채와 관련된 사항은 아래와 같다(단, 아래의 계산에는 소수점 첫째 자리 반올림을 적용한다).
사채 발행가
=10,000×0.89+200×1.8=8,900+360=9,260
첫해 유효이자비용
=9,260×6%=556
첫해 사채할인발행차금 상각액
=9,260×6%−10,000×2%=356
상각 후 사채 장부가
=9,260×(1+6%)−10,000×2%=9,616
두 번째 해 유효이자비용
=9,616×6%=577(첫해에 비해 증가)
두 번째 해 사채할인발행차금 상각액
=9,616×6%−10,000×2%=377(첫해에 비해 증가)
상각후 사채 장부가
=9,616×(1+6%)−10,000×2%=10,000(단수차이 발생)

16

정답 ④

R=유효이자율일 때 기말사채 금액은 아래와 같이 구한다.
기초사채×(1+R)−액면이자=기말사채
기초사채+250−150=1,100, 기초 사채=1,000억
1,000억×R=250억, R(유효이자율)=25%

17

정답 ④

이 문제는 종업원 급여와 관련된 회계 처리에 대한 이해를 요하는 문제이다.
① (O) 종업원에는 정규직 직원, 임시직 직원뿐만 아니라 경영진도 포함된다.
② (O) 단기종업원 급여는 직원이 근무용역을 제공한 회계 기간의 말부터 12월 이내에 결제될 종업원 급여이다. 이러한 단기종업원 급여는 빠른 시일 내에 결제되어 현재가치로 할인할 실익이 없다.
③ (O) 종업원에 이익분배와 상여금을 지급한 것은 직원의 근무 용역에 대한 것이고 주주와의 거래에서 발생한 것이 아니므로 배당이 아닌 당기 비용으로 인식한다.
④ (X) 단기종업원 급여는 현금주의가 아닌 발생주의로 인식해야 한다. 즉, 단기종업원 급여는 현금을 지급할 때가 아닌 근무용역을 제공한 회계 기간에 대응해 비용으로 인식해야 한다.

18

정답 ②

건물 취득가: 10,000 (공사대금)+2,000(복구 관련 부채) =12,000
- 1년 감가상각비: (12,000−2,000)/5=2,000
- 1년 이자비용: 2,000(복구 관련 부채)×10%=200

[TIP] 건물 취득가 계산시 복구충당부채 고려
건물의 원상복구와 관련된 비용은 건설 완료 시 복구충당부채로 인식하는 것에 주의해야 한다. 주어진 문제에서 복구충당부채가 2,000원이므로 이자율 10%를 곱해 해당 연도에 인식하는 이자비용을 구한다. 또한, 건물 취득 비용에 복구충당부채가 포함되어 취득가가 증가하므로 감가상각비 또한 증가한다. 유형자산 취득 시 복구충당부채가 있는 경우 해당 유형자산과 관련된 비용은 감가상각비뿐만 아니라 복구충당부채의 이자비용까지 고려해야 한다.
또한, 감가상각 적용 시 월할상각에 주의해야 한다. 해당 문제는 1월 1일부터 사용할 수 있으므로 감가상각 적용 시 취득가에서 잔존가치를 차감한 금액에 0.2를 곱해서 구하지만, 기중 사용하기 시작한 경우에는 월별로 계산해야 한다.

19

정답 ④

- 자본 총계: 증자(1/1)50×10+증자(3/19)40×5+증자(5/12)100×1−자기주식 매입(6/2)40×2+자기주식 처분(9/26)100×1=820
- 주식할인발행차금(3/19): (40−50)×5=−50

- 주식발행초과금(5/12): $(100-50)\times1=50$
- 자기주식처분이익(9/26): $(100-40)\times1=60$
- 자본잉여금 총계: $-50+50+60=60$

[TIP] 자본거래에 따른 자본의 증감
- 총 주식 가능 발행 수는 자본 기말 잔액과 관련이 없다는 것에 주의해야 한다.
- 자본 총계는 주식 발행 시, 자기주식 처분 시 증가한다.
- 자본잉여금은 주주와의 자본거래에서 발생한 잉여금으로 주식발행초과금, 자기주식 처분이익 등이 포함된다.

20
정답 ②

① 주문비용: 재고 외부 구매 시 드는 비용으로 대량 주문할 때 비용을 감소시킬 수 있다.
③ 품목비용: 재고 품목 자체를 생산 · 구매하는데 드는 비용으로 변동비용의 성격을 갖고 있다.
④ 유지비용: 저장비용, 재고를 구매하기 위한 자본의 기회비용, 보험료 등 재고 유지와 관련된 모든 비용이다.

21
정답 ①

- 보험에 가입하지 않았을 때 기대 부:
  $81\times50\%+121\times50\%=101$
- 보험에 가입하지 않았을 때 기대효용:
  $\sqrt{81}\times50\%+\sqrt{121}\times50\%=10$
- 확실성 등가액: $10^2=100$
- 최대 보험료: 보험보장액 − 확실성 등가액
  $=101-100=1$

[TIP] 보험 종류에 따른 최대보험료 계산 방법
위험 회피자가 지불할 최대 보험료를 구하는 문제에서는 보험이 위험을 제거하는 보험인지 최대 수익을 보장하는 보험인지 구분하는 것이 중요하다. 문제에서는 투자자의 위험을 제거하는 보험이기 때문에 보험은 게임 참가 이후의 기대 부인 101원을 보장해, 보험의 보장액은 101원이다(만약, 투자자의 최대 수익을 보장하는 보험 조건이라면 보험보장액은 121원이 될 것이다).
여기까지 파악한 후, 위험 회피자가 불확실한 투자로 갖는 기대효용과 동일한 효용을 가져다주는 확실한 부인 확실성 등가를 구하고, 보험의 보장액에서 확실성 등가를 차감해 최대 보험료를 계산한다(※ 최대 수익을 보장하는 보험인 경우 최대 보험료는 보험보장액 (121) − 확실성등가액(100) = 21원이 된다).

22
정답 ④

자본시장선은 무위험 이자율과 시장포트폴리오로 구성된 포트폴리오로 자본배분선(CAL) 중 위험 대비 보상율이 가장 크다는 특징이 있다.
① (O) 증권A는 CML 좌측에 있기 때문에 표준편차에 대한 적정수익률보다 시장수익률이 높으므로 효율적인 자산이다.
② (O) 증권M은 자본시장선과 효율적 투자선이 만나는 지점으로 모든 위험자산이 시장가치비율대로 구성된 효율적인 시장포트폴리오를 의미한다.
③ (O) 증권B는 CML 우측에 있기 때문에 표준편차에 대한 적정수익률보다 시장수익률이 낮아 비효율적인 자산이다.
④ (X) 증권C는 자본시장선 위에 위치하므로 효율적인 투자안이다. 효율적 투자안은 시장포트폴리오와 상관계수가 1이므로 틀린 보기이다.

23
정답 ①

재정환율은 기준환율과 교차환율을 통해 구한 환율이다.
1달러 = 1,200원이므로
1유로 = 1.5달러 = 1.5 × 1,200원 = 1,800원이다.

24
정답 ④

$E(R_{(나)})=R_f+\{E(R_m)-R_f\}\times\beta_{(나)}$이므로 자산(나)의 수익률을 통해 구한 시장위험프리미엄은 아래와 같다,
$10\%=5\%+\{E(R_m)-R_f\}\times0.5$, $E(R_m)-R_f=10\%$, $E(R_m)=15\%$
따라서 자산(가)의 기대수익률은 아래와 같다.
$E(R_{(가)})=R_f+\{E(R_m)-R_f\}\times\beta_{(가)}=5\%+10\%\times1.8=23\%$

25
정답 ③

ㄱ. (O) NPV법은 유입현금흐름의 현재가치가 유출현금흐름의 현재가치를 초과한 값이므로 절대적 성과를 나타낸다. 반면에 IRR법은 1원당 투자수익의 효율을 나타내므로 상대적 성과에 대한 정보를 제공한다.
ㄴ. (X) IRR법은 유입현금흐름과 유출현금흐름의 현재가치의 합계를 0으로 만드는 할인율이다. IRR법은 NPV법과 비교해 가치의 가산원리가 적용되지 않는다는 점에서 열등하다. 가치의 가산원리가 성립하지 않는다는 것은 여러 투자안의 IRR 값을 구해도 이를 더해 새로운 유의미한 비교를 할 수 없다는 의미이다.
ㄷ. (X) PI는 유입현금흐름의 현재가치를 유출현금흐름의 현재가치로 나눠 구할 수 있다. 단일 투자안의 경우 PI가 1

보다 큰 경우 투자하고 상호 배타적 투자안은 PI가 더 큰 투자안에 투자한다.

ㄹ. (○) 회수기간은 초기에 투자했던 비용을 회수하기까지 걸리는 시간을 의미한다. 회수기간법에서는 화폐의 시간가치를 고려하지 않으므로 할인회수기간법을 통해 이를 보완할 수 있다. 할인회수기간은 현재가치로 할인한 현금흐름을 회수하기까지 걸리는 시간이므로 회수기간보다 길다.

26

정답 ①

CF_1=1년 후 현금지급, R=할인율, g=성장률

영구현금흐름의 현재가치$=CF_1/(R-g)=1{,}000{,}000/(10\%-5\%)=20{,}000{,}000$

> **[TIP] 선불연금과 후불연금**
> 영구연금의 구하기 위해서는 처음 연금을 지급하는 시기에 주의해야 한다. 만약 위의 영구연금이 기초($t=0$)에 영구연금에 투자하는 즉시 1,000,000원을 지급하고 이후 1년주기로 5%씩 성장하는 연금을 지급할 때 영구현금흐름의 현재가치는 아래와 같다.
> 선불연금의 현재가치$=1{,}000{,}000\times(1+0.05)/(10\%-5\%)+1{,}000{,}000=22{,}000{,}000$

27

정답 ③

콜옵션은 만기 시 행사가격으로 주식을 매입할 수 있는 권리를 의미한다. 만기일의 주가가 행사가보다 높아야 콜옵션의 가치가 있으므로 만기 시 콜옵션 가치는 아래와 같이 구한다.

만기 시 콜옵션 가치

$=40\%\times(11{,}000-10{,}000)+20\%\times(16{,}000-10{,}000)$
$+10\%\times(18{,}000-10{,}000)=400+1{,}200+800=2{,}400$

풋옵션은 만기 시 행사가격으로 주식을 매도할 수 있는 권리를 의미한다. 만기일의 주가가 행사가보다 낮아야 풋옵션의 가치가 있으므로 만기 시 풋옵션 가치는 아래와 같이 구한다.

만기 시 풋옵션 가치

$=10\%\times(10{,}000-7{,}000)+20\%\times(10{,}000-8{,}000)$
$=300+400=700$

28

정답 ②

이 문제를 풀이하기 위해서는 위험을 제거하기 위한 헷지수단에 대한 이해가 필요하다. ㈜만세는 6개월 뒤에 대금을 수취할 예정이므로 환율하락위험이 존재한다.

ㄱ. (○) 풋옵션을 매입하는 경우 만기에 정해진 가격으로 달러를 매도할 수 있다. 따라서 6개월 뒤에 유입된 달러를 정해진 가격의 원화와 교환할 수 있으므로 환율하락위험을 회피할 수 있다.

ㄴ. (×) 콜옵션을 매입하는 경우 만기에 정해진 가격으로 달러를 매입할 수 있다. 콜옵션 매입은 달러상승위험을 방어하기 위한 수단이므로 틀린 보기이다.

ㄷ. (○) 현재 달러를 차입해 원화로 교환하고 6개월 후 받은 수출대금에 대한 달러로 채무를 상환하는 경우 환율 하락위험을 회피할 수 있다.

ㄹ. (×) 현재 달러를 대출하는 경우 6개월 후 달러가 유입되므로 환율상승위험을 회피할 수 있다.

ㅁ. (○) 선물환을 매도하는 경우 주어진 환율에 달러를 매도할 수 있으므로 환율하락위험을 회피할 수 있다.

29

정답 ③

① (○) 수요함수 $P=-Q+20$와 공급함수 $P=2Q-10$의 교점인 $P=10$, $Q=10$에서 균형이다.

② (○) 가격 상한제 적용 시 가격 6일 때 공급량인 8개만 시장에서 거래된다.

③ (×) 단위당 6원의 가격상한제 적용 시 재화 X의 초과수요는 가격이 6일 때 수요량인 14에서 가격이 6일 때 공급량인 8을 차감한 6개이다.

④ (○) 가격상한제로 인해 시장균형수량보다 공급량이 감소해 사회적 후생손실이 발생한다.

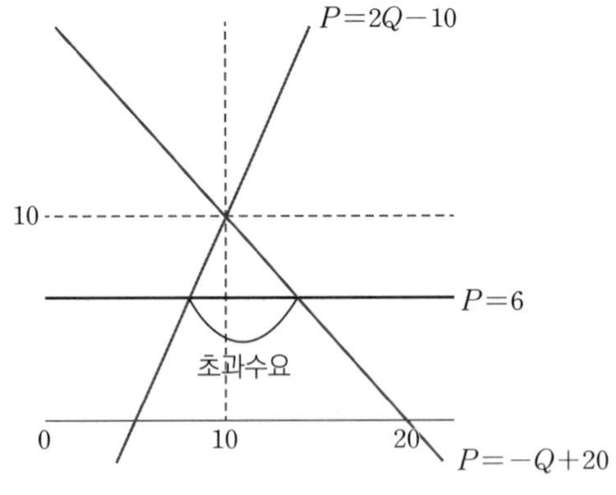

30

정답 ③

① (×) 과점이론 중 슈타켈버그 모형에서는 선도자와 추종자를 가정해 추종자가 선도자의 생산량을 주어진 것으로 보아 최적의 선택을 하는 모형이다. 두 기업의 비용함수가 동일한 경우 선도자의 생산량은 완전경쟁시장의 1/2이고 추종자의 생산량은 완전경쟁시장의 1/4이다. 따라서 완전경

쟁시장인 경우 수량을 구하면 아래와 같다.

$P=MC=200-Q=0$, $Q=200$이다.

따라서 기업A의 생산량은 100개이고 기업B의 생산량은 50개이므로 시장에서 거래되는 전체 수량은 150개이다.

② (X) 기업 B의 생산량은 기업A의 생산량의 절반이다.

③ (O) 기업 A의 이윤은 $100\times50-0=5{,}000$이다.

④ (X) 균형 거래가격은 시장 수요곡선에 전체 수량 150개를 대입한 $P=200-Q=200-100-50=50$이다.

31

정답 ①

ㄱ. (O) 유동성 선호이론에서는 채권과 화폐 두 가지 자산만이 존재한다고 가정했다.

ㄴ. (X) 투자와 저축에 의해 이자율이 결정된다고 본 학파는 고전학파이다. 케인즈는 화폐의 수요와 공급에 의해 이자율이 결정된다고 보았다.

ㄷ. (O) 유동성 함정은 이자율이 최저 수준이어서 채권가격이 최고가격이므로 사람들이 모두 자산을 화폐로 보유하고 있는 상태이다.

ㄹ. (X) 유동성 함정 상태에서는 확장적 금융정책으로 이자율이 변화하지 않아 비효과적이다. 유동성 함정 상태에서는 확장적 재정정책이 효과적이다.

32

정답 ③

무역 전 국내 곡물의 균형은 국내 수요곡선과 공급곡선의 교점인 $P=100$, $Q=100$에서 결정된다. 곡물의 관세부과 후 국제 가격은 $60+20=80$이다. 관세를 폐지했을 때는 관세부과로 인한 사회적 후생손실이 감소한다.

관세부과로 인한 사회적 후생손실은 아래 그래프의 B와 C의 면적이므로 $(1/2\times20\times20)+(1/2\times20\times20)=400$이다. 따라서 관세 폐지로 인해 사회적 후생손실이 400 감소한다.

추가적으로 관세 폐지 시 증가하는 소비자 잉여는 A+B+C+D이고 관세 폐지로 인한 세수 감소는 A이다.

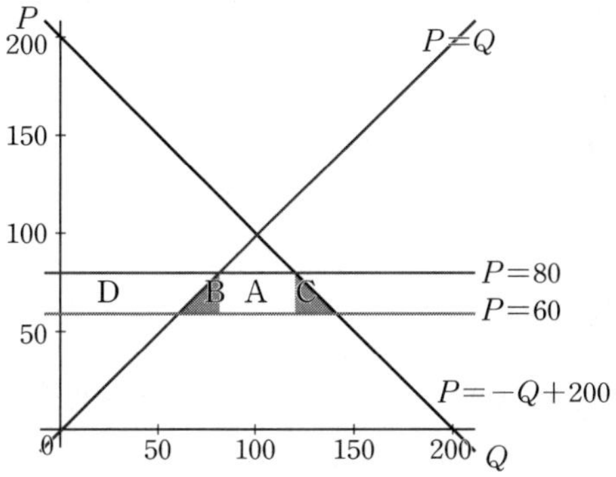

33

정답 ③

효용극대화 조건은 다음과 같다.

$$\frac{MU_X}{P_X}=\frac{MU_Y}{P_Y}$$

제시된 값에 따르면 $P_X=200$, $MU_X=600$이므로 3이다. 현재 이 소비자는 효용극대화를 추구한다고 했으므로 $MU_Y=300$이어야 한다.

[TIP] 효용극대화 문제 접근 방법

은행 필기시험에서 효용극대화 문제가 복잡하게 출제되는 경우는 드물어서 통상 이 문제의 난이도를 벗어나지 않는다. 이때 대표적인 실수를 예로 들자면 분자와 분모를 반대로 놓는 것이다. 실전에서 효용극대화를 추구한다는 문구가 나오면 "가격 대비 효용" 표현을 직관적으로 떠올리며 "두 값(X, Y)이 같아지는 지점을 찾는다"는 생각으로 접근하자.

34

정답 ②

피셔의 교환방정식이 성립한다고 했으므로 $MV=PY$를 변형한 식에 대입하면 된다.

$$\frac{\Delta M}{M}+\frac{\Delta V}{V}=\frac{\Delta P}{P}+\frac{\Delta Y}{Y}$$

이때 묻는 통화공급증가율은 $\Delta M/M$이다. 따라서 나머지 값을 대입하면 된다. $\Delta M/M+2=2+3$, 따라서 3%이다.

35

정답 ④

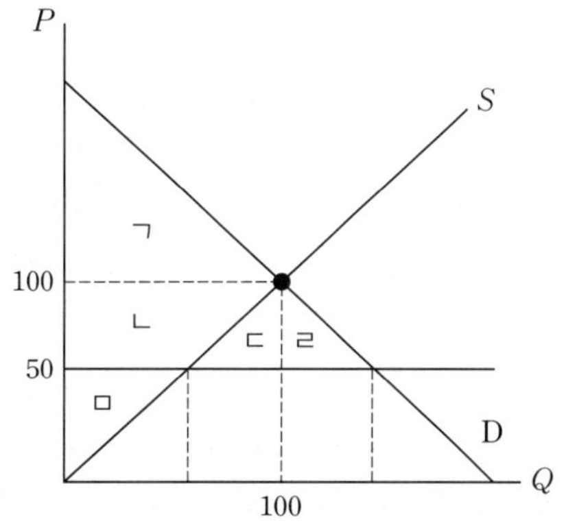

① (X) 개방 이전 (100만 원, 100만 대)에서 거래가 이뤄지고 있으며 절댓값이 같다고 했으므로 소비자잉여와 생산자잉여는 삼각형 형태이면서 그 크기는 같다고 해야 옳다.

② (X) 개방 이전 소비자잉여는 ㄱ이었다가 ㄴ, ㄷ, ㄹ만큼 커진다. 증가하긴 했으나 4배 이상은 아니므로 옳지 않다.
③ (X) 개방 이전 생산자잉여는 ㄴ, ㅁ이었다가 ㅁ으로 감소했다. 따라서 절반 이상 감소하였다고 해야 옳다.
④ (O) 개방 이전 총잉여는 ㄱ, ㄴ, ㅁ에서 개방 이후 ㄱ, ㄴ, ㄷ, ㄹ, ㅁ으로 변하였다.

36

정답 ③

리디노미네이션(redenomination)이란, 한 나라에서 통용되는 모든 화폐에 대해 실질 가치는 그대로 두고, 액면가를 동일한 비율의 낮은 숫자로 변경하는 조치다. 예를 들어 1000원을 1원으로 표기하는 식이다. 한 국가의 경제 규모가 커지고, 오랜 인플레이션으로 경제량을 표현하는 숫자의 개수가 많아질 때, 회계 상의 불편을 해소하려는 목적으로 리디노미네이션이 도입된다.
리디노미네이션을 실시할 경우 자국 통화의 대외적 위상이 높아지고 지하 자금의 양성화로 인한 세수 증대 효과가 발생하는 등의 긍정적 효과가 있다. 반면, 화폐단위 변경에 따른 사회적 혼란도 적지 않다. 화폐 단위가 바뀌면 물가가 가파르게 상승할 확률이 높다. 아울러 새로운 화폐 제조에 따른 비용이 많이 들고, 국가 전체적으로 컴퓨터 시스템을 교환해야 하는 불편이 수반된다.
ㄱ. (O) 리디노미네이션 시행 시 발생할 단점 중 하나다.
ㄴ. (O) 지하자금 양성화는 세수 증대 효과로 이어질 수 있으므로 장점에 해당한다.
ㄷ. (X) 컴퓨터 시스템 교환을 비롯해 거의 모든 거래에서 숫자를 다시 표기해야 한다. 따라서 초기비용은 증가한다.
ㄹ. (X) 무인기기 보급은 리디노미네이션의 예상 효과로 보기 어렵다. 오히려 디지털, 전자화폐 보급과 가깝다.
ㅁ. (X) 숫자가 작아지기 때문에 오기(잘못 기입) 문제가 줄어든다. 따라서 불편이 예상된다기보다 장점으로 봐야 적절하다.
ㅂ. (O) 예를 들어, 1달러에 1원이라고 하는 것과 1달러에 1,100원이라고 하는 것의 차이다. 숫자가 작아지면 그만큼 화폐가치가 대외적으로 높아 보인다는 이유다.

37

정답 ②

구축효과란 정부지출 증가로 인해 민간 부문의 투자가 감소하는 현상을 말한다. 정부가 경기 부양을 위해 세금을 걷지 않고 지출을 늘리려면 국채를 발행해서 돈을 빌려야 하는데, 그럴 경우 민간에서 빌릴 수 있는 자금이 줄어들어 이자율이 상승하고 민간 투자가 감소한다. 결국 투자 감소로 인해 민간부분에서 창출될 생산증가가 감소하여 정부의 재정지출로 인한 생산증가를 상쇄하게 되는 현상이 나타난다.
경제가 불황일 때에는 민간의 투자수요가 적기 때문에 구축효과가 크지 않을 수 있지만, 경제가 정상이거나 활황일수록 구축효과는 더 뚜렷하게 나타날 수 있다.
③은 승수효과의 크기이고, ①은 (승수효과 및 구축효과를 고려한) 정부지출 결과를 나타낸다.

[TIP] 재정지출 확대와 구축효과 그래프 이해
보통 구축효과의 개념 정도만 알고 있지, 실제 구축효과의 크기를 측정하는 그래프는 접해보지 못했을 것이다. 하지만 최근 금융권 필기시험 난이도가 높아짐에 따라 예상하지 못했던 부분, 예를 들면 국제무역에서 대국과 소국의 그래프를 주고 수치 계산까지는 묻지 않더라도 전체적인 변화를 파악할 줄 아는 지 정도를 점검하는 경우가 있으니 학습을 통해 준비하는 것이 좋겠다. 따라서 구축효과 역시 그 크기를 계산하기보다 증감 정도는 파악할 수 있어야 한다.

38

정답 ②

제시문은 경제 전반의 성장(과열)을 지적하고 있다. 따라서 긴축 정책이 적절하다. 이를 설명한 것은 ②이다. 국채를 매각하면 통화량이 감소하고 이자율은 상승한다. 나머지는 경제활성화와 관련된 내용을 담고 있다.

39

정답 ③

예상된 인플레이션이 발생하면 실물자산이나 금융자산 모두 (인플레이션 정도에 따라) 반응하기 때문에 유불리를 따지기 어렵다. 이것이 적용되는 경우는 예상하지 못한 인플레이션이 발생했을 때이다.
- 먼저 금융자산, 실물자산을 살펴보자. 인플레이션 발생에 따라 화폐가치가 하락하기 때문에 실물자산은 그만큼 즉각적으로 상승하는 반면 금융자산은(그 크기가 고정되어 있기에) 손해를 볼 가능성이 높다.
- 채권자와 채무자 중에서는 채무자가 이득을 본다. 예를 들어 100만 원을 빌렸는데, 물가가 상승해 100만 원이 예전 가치만 못해져도 채무자는 100만 원만 갚으면 되기 때문이다.
- 마지막으로 임금근로자와 고용주 사이에서는 임금근로자가 손해를 본다. 근로계약으로 급여가 정해져 있기 때문에 인플레이션을 반영하지 못한다는 이유 때문이다.

40

정답 ①

먼저 20만 원을 주고 책상을 구입한 것은 현 시점에서 '매몰비용'이기 때문에 고려할 필요가 없다. 그러면 3가지 경우로 나눌 수 있다.

- 본인이 계속 소유: 17만 원
- 손질해서 판매할 경우: 22만 원의 비용을 들여 40만 원에 판매하므로, 순편익은 18만 원
- 그냥 판매할 경우: 15만 원

따라서 그냥 판매할 바엔 본인이 계속 소유하는 게 낫고, 그냥 소유할 바에는 손질해서 판매하는 게 더 낫다.

MEMO

금융권 일반

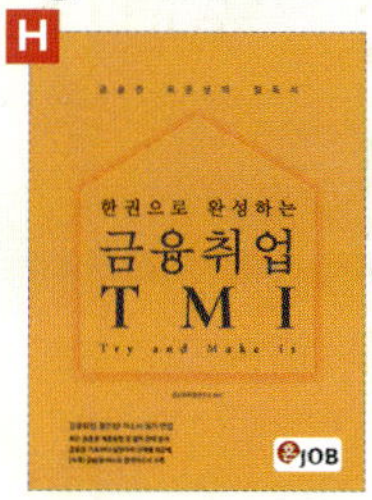

금융권 · 공기업 NCS

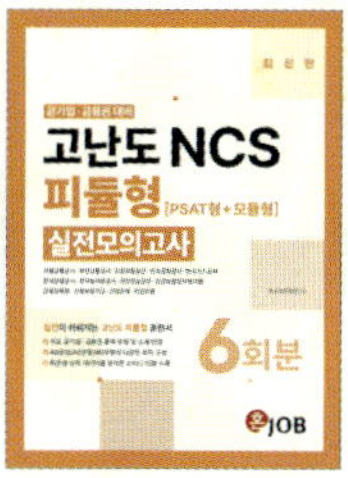

금융권 · 공기업 전공

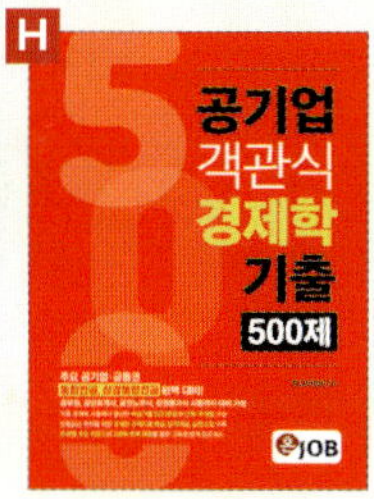

취업 논술

취업 면접

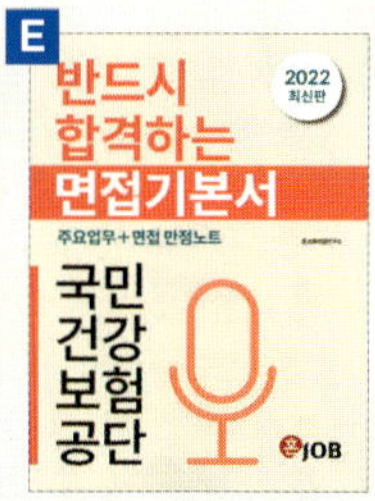

직업상담사 2급

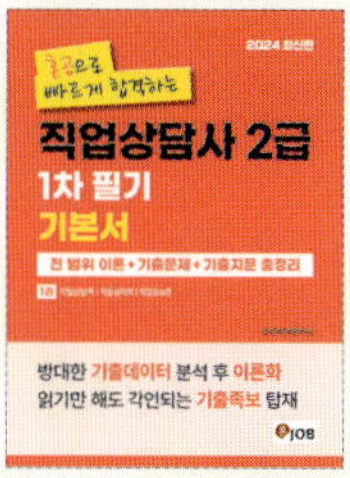

혼JOB은

오직 수험생 여러분의 합격만을 위해
치밀하게 연구합니다

나만의 성장 엔진, 혼JOB

www.honjob.co.kr

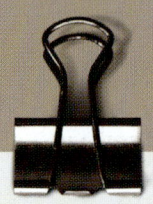

은행 필기 합격을 위한

직무수행능력 Level Up! 인강

구분	교재	강의정보
객관식 경영학		**"직무수행능력 대비 경영학 맞춤 강의"** • 수업내용 – 일반경영, 조직, 인사, 전략: 경영이론, 동기부여, 집단 조직행동 등 – 마케팅: 마케팅 믹스, 마케팅 전략, 소비자 행동 등 – 생산관리와 운영관리: 생산시스템, 품질관리, 재고관리 등 – 회계와 재무관리: 재무제표, 원가회계, CAPM과 APT 등
객관식 경제학		**"직무수행능력 대비 경제학 맞춤 강의"** • 수업내용 – 경제학 일반론: 경제학의 기초, 수요·공급 이론 및 응용 등 – 미시경제학: 소비자이론, 생산자이론, 시장이론 등 – 거시경제학: 국민소득결정이론, 소비함수와 투자함수 등
핵심 회계원리		**"직무수행능력 회계분야 준비에 필요한 핵심 압축 과정"** • 수업내용 회계원리 총론, 재무제표의 이해 및 계정과목 해설, 복식부기의 원리, 유동자산, 비유동자산, 유동부채, 비유동부채, 자본회계처리, 원가회계 및 재무비율 • 종합 모의고사 문제풀이: 자산편, 부채편, 자산·부채·자본편
핵심 재무관리		**"직무수행능력 재무분야 준비에 필요한 핵심 압축 과정"** • 수업내용 재무관리 기초, 수익률과 위험, 자본예산, 자본구조, 배당이론 및 주식과 채권 가치평가, 손익분기점 분석과 재무비율 분석, 재무관리 관련 기타 주제, 파생상품 • 종합 50제 문제풀이

프로그램 문의

이 외에도 다양한 취업 프로그램이 마련되어 있으니 편하게 문의 주시기 바랍니다.

홈페이지 honjob.co.kr > 고객센터 > 1:1 문의하기 전화 010-3833-4439